BLUE BOOK

智 库 成 果 出 版 与 传 播 平 台

中国社会科学院创新工程学术出版资助项目

社会蓝皮书
BLUE BOOK OF CHINA'S SOCIETY

2022年中国社会形势分析与预测

SOCIETY OF CHINA ANALYSIS AND FORECAST (2022)

主 编 / 李培林 陈光金 王春光

副主编 / 李 炜 邹宇春 朱 迪

社会科学文献出版社

SOCIAL SCIENCES ACADEMIC PRESS (CHINA)

图书在版编目(CIP)数据

2022年中国社会形势分析与预测 / 李培林, 陈光金,
王春光主编. -- 北京：社会科学文献出版社, 2022.1
（社会蓝皮书）
ISBN 978-7-5201-9496-9

Ⅰ.①2… Ⅱ.①李… ②陈… ③王… Ⅲ.①社会分
析-中国-2022②社会预测-中国-2022 Ⅳ.①D668

中国版本图书馆CIP数据核字（2021）第256239号

社会蓝皮书
2022年中国社会形势分析与预测

主　　编 / 李培林　陈光金　王春光
副 主 编 / 李　炜　邹宇春　朱　迪

出 版 人 / 王利民
组稿编辑 / 邓泳红
责任编辑 / 桂　芳　张　媛
责任印制 / 王京美

出　　　版 / 社会科学文献出版社·皮书出版分社（010）59367127
　　　　　　地址：北京市北三环中路甲29号院华龙大厦　邮编：100029
　　　　　　网址：www.ssap.com.cn
发　　　行 / 市场营销中心（010）59367081　59367083
印　　　装 / 天津千鹤文化传播有限公司

规　　　格 / 开　本：787mm×1092mm　1/16
　　　　　　印　张：29.25　字　数：445千字
版　　　次 / 2022年1月第1版　2022年1月第1次印刷
书　　　号 / ISBN 978-7-5201-9496-9
定　　　价 / 128.00元

本书如有印装质量问题，请与读者服务中心（010-59367028）联系

社会蓝皮书编委会

主　　　　编　李培林　陈光金　王春光

副　主　编　李炜　邹宇春　朱　迪

课题核心组成员　李培林　陈光金　王春光　李　炜　邹宇春
　　　　　　　朱　迪　崔　岩　任莉颖　傅学军　林　红
　　　　　　　田志鹏

本　书　作　者（以文序排列）

　　　　　　　李培林　陈光金　王春光　贾德刚　陈　云
　　　　　　　惠大帅　吕学静　李　涛　刘丽云　邓霜娇
　　　　　　　刘　蔚　袁蓓蓓　田志鹏　邹宇春　梁茵岚
　　　　　　　朱　迪　崔　岩　高文珺　王　卡　滕素芬
　　　　　　　刘保中　郭亚平　张丽萍　王广州　朱剑桥
　　　　　　　栗元广　张德志　李　妍　汤　哲　祝华新
　　　　　　　潘宇峰　廖灿亮　田　明　冯　军　贾　峰
　　　　　　　周恋彤　黄潇漪　刘汝琪　唐玉佳　赵晓艺
　　　　　　　张立龙　王　晶　吴惠芳　李文慧　李建栋

主要编撰者简介

李培林　博士，研究员，全国人民代表大会社会建设委员会副主任委员，中国社会科学院原副院长、学部委员，俄罗斯科学院外籍院士。主要研究领域：发展社会学、组织社会学、工业社会学。主要研究成果:《村落的终结》（专著）、《社会结构转型——中国经济体制改革的社会学分析》（专著）、《和谐社会十讲》（专著）、《另一只看不见的手——社会结构转型》（专著）、《转型中的中国企业：国有企业组织创新论》（合著）、《新社会结构的生长点》（合著）、《社会冲突与阶级意识——当代中国社会矛盾问题研究》（合著）、《国有企业社会成本分析》（合著）、《中国社会发展报告》（主编）、《中国新时期阶级阶层报告》（主编）等。

陈光金　博士，研究员，中国社会科学院社会学研究所所长，《社会学研究》主编。主要研究领域：农村社会学、社会分层与流动、私营企业主阶层。主要研究成果:《中国乡村现代化的回顾与前瞻》（专著）、《新经济学领域的拓疆者——贝克尔评传》（专著）、《当代中国社会阶层研究报告》（合著）、《当代英国瑞典社会保障》（合著）、《内发的村庄》（合著）、《中国小康社会》（合著）、《当代中国社会流动》（合著）、《多维视角下的农民问题》（合著）、《当代中国社会结构》（合著）等。

王春光　博士，研究员，中国社会科学院社会学研究所副所长，中国农村社会学专业委员会理事长。主要研究领域：农村社会学、社会政策、移民和流动人口、社会流动和贫困问题等。主要研究成果:《社会流动和社会重构——京城"浙江村"研究》(专著)、《中国农村社会变迁》(专著)、《中国城市化之路》(著作/合著)、《巴黎的温州人:一个移民群体的跨社会建构行动》(专著)、《超越城乡:资源、机会一体化配置》(专著)、《移民空间的建构》(专著)。

李 炜 博士,研究员,中国社会科学院国情调查与大数据研究中心副主任。主要研究领域:发展社会学、社会分层、社会研究方法。主要研究成果:《社会福利建设研究的民意视角》(专著)、《提升社会质量的社会政策建设》(著作/合著)、《农民工在中国社会转型中的经济地位和社会态度》(论文/合著)、《当代中国社会阶层的主观性建构和客观实在》(论文/合著)、《中韩两国社会阶级意识比较研究》(论文)。

邹宇春 博士,副研究员,中国社会科学院社会学研究所发展社会学研究室主任。主要研究领域:社会发展与社会治理、社会资本与信任、志愿服务研究、社会调查方法、反贫困研究。主要研究成果:《中国城镇居民的社会资本与信任》(专著)、《当代中国社会质量报告》(著作/合著)、《中国城市居民的信任格局及社会资本的影响》(论文/合著)、《自雇者与受雇者的社会资本差异研究》(论文/合著)、《城镇居民普遍信任的区域间及区域内差异分析——基于"资源因素论"视角》(论文/合著)、《大学生社会资本:内涵,测量及其对就业的差异化影响》(论文)、《中国志愿者现状调查报告》(论文/合著)。

朱 迪 博士,研究员,中国社会科学院社会学研究所青少年与教育社会学研究室副主任。主要研究领域:消费社会学、青年与青少年、社会分层、新业态与新经济以及互联网与社会。主要研究成果:《新中产与新消费——互联网发展背景下的阶层结构转型与生活方式变迁》(专著)、《品味与物质欲望:当代中产阶层的消费模式》(专著)、《努力形成橄榄型分配格局——基于2006-2013年中国社会状况调查数据的分析》(论文/合著)。

序　分阶段扎实推进共同富裕

2021 年 8 月 17 日，习近平总书记主持召开中央财经委员会第十次会议，他在会上强调，"共同富裕是社会主义的本质要求，是中国式现代化的重要特征，要坚持以人民为中心的发展思想，在高质量发展中促进共同富裕"。这个讲话在社会上引起强烈反响，说明民众在这方面有热切的期盼，同时这也意味着，扎实推进共同富裕成为我国高质量发展的重要战略任务。

然而，坊间关于共同富裕也有各种各样的说法，似乎这也成为民粹主义情绪宣泄的适当话题。所以我们也必须厘清：共同富裕不是我国历史上的"均贫富"口号，不能采取杀富济贫的办法；共同富裕更不是要返回我国改革开放之前的平均主义，不能再搞"大锅饭"；共同富裕也不是一种空想的理想状态，在社会分工不断深化的现代社会，共同富裕是有差别的共同富裕。

在中央扎实推进共同富裕的相关部署中，有几句很重要的也容易被忽视的话，就是共同富裕是一个长远目标，需要一个过程，不可能一蹴而就，对其长期性、艰巨性、复杂性要有充分估计，要深入研究不同阶段的目标，分阶段促进共同富裕。

所以我认为，我国实现共同富裕，也应该像当年提出"小康社会"那样，有一个推进共同富裕的阶段性的、数量化的、经过努力可以实现的目标，以实现从"共享"到"共富"推进。

衡量共同富裕或者说衡量收入和财富差距的国际通用指标有多种，比如基尼系数、中等收入群体比例、十分位系数（最高 10% 收入组均值与最低 10% 收入组均值的比值）、相对贫困率等，但我们的选择要依据我国自身的

国情，从实际出发，也要具有可操作性。

在我国实现共同富裕，与乡村振兴有密切的联系，因为从走向现代化的要求来看，或者说从现代化社会的主要指标来看，我国当前存在的巨大城乡差距，是实现现代化的最大软肋和短板。另外，从国际比较来看，我国整体收入差距的最大影响因素，就是城乡差距，大概可以解释整体收入差距的40%的原因，这是我国相比较发达国家的一个特殊性。

我国仍处于并将长期处于社会主义初级阶段，我国是世界上最大的发展中国家，这两个基本国情都没有变。从我国的基本国情出发，推进共同富裕的政策取向，不是"削尖"，而是"抬基"，因为在我国收入分配结构中，有一个庞大的底座，绝大多数是务农的农民，"抬基"就是使这个庞大底座中的相当一部分人进入中等收入群体。

基于我国国情，分阶段促进共同富裕一定要和乡村振兴结合起来。我国农村已经全部消除了绝对贫困人口，这是一个历史性的伟大成就。在改革开放初期的1981年，世界上每100个生活在贫困线下的人口中，就有43个是中国人。改革开放几十年来，中国成为世界上减贫人数最多的国家，有7亿多人摆脱绝对贫困，对世界减贫贡献率超过70%。然而，我国的乡村目前仍存在数量庞大的低收入人口、生活脆弱人口、相对贫困人口。按照世界上现代化国家通行的标准，相对贫困人口一般是指年收入低于全国居民收入中位数的50%的人口。2019年，我国居民年人均可支配收入的中位数是2.65万元，50%就是1.33万元。那么我国现阶段还有多少农村居民收入低于这个标准呢？

按照国家统计局公布的农村居民住户调查的收入五等分数据，2019年农村最高20%收入组家庭的年人均可支配收入是3.60万元，20%中间偏上收入组家庭是1.97万元，20%中间收入组家庭是1.40万元，农村这三组比较富裕和相对富裕的家庭，年人均收入都超过了1.33万元的相对贫困线。

但是20%中间偏下收入组家庭的年人均收入是0.97万元，20%低收入组家庭是0.43万元，这都低于1.33万元的相对贫困线。由此我们可以推算，我国2019年总人口14亿人，按常住人口计算的城镇化率是60.6%，农村常住人口约5.5亿人。这5.5亿农民的40%，就是2.2亿人。也就是说，我国农村现阶段还有至少 2.2 亿人属于相对贫困人口、生活脆弱人口，占全国总人口的 15.7%。

这个 15.7% 的相对贫困率是什么概念呢？根据经合组织（OECD）发布的统计资料，按照低于收入中位数 50% 的相对贫困率计算，在 2018 年到 2019 年，发达国家（经合组织成员国）的平均相对贫困率是 11.1%，其中比较有代表性的国家类型，美国是 17.8%、韩国 16.7%、英国 12.4%、法国 8.5%，北欧国家多在 7% 以下。

我们这样一个正在成长的发展中大国，如果在一定时期内，比如 7 年，能把现在农村 15.7% 的相对贫困率降到 10% 以下，就可以说实现了共同富裕第一步的"共享"目标，因为这已经低于现在世界现代化国家的平均相对贫困率。而这意味着，要使我国现有 2.2 亿相对贫困农民中的 8000 万农民，较大幅度地提高收入和改善生活。这是在巩固脱贫成果基础上的一个新的走向共同富裕的伟大工程，可以称为实现初步共同富裕的"新七八规划"，即用 7 年时间较大幅度提高 8000 万生活脆弱农民的收入、地位。

这也是一个现实的经过努力可以达到的目标，我国为实现这个目标也已经奠立很好的基础。2011~2020 年，我国农村居民人均可支配收入由 6272.4 元增加到 17131.5 元，按可比价格计算，这 10 年累计增长 111.9%，翻了一番多，年均增长 7.8%，为全国居民人均收入在此期间翻番发挥了决定性作用。农村居民收入实际增速已连续 11 年快于城镇居民，城乡居民的收入比（以农村居民收入为 1）从 2010 年的 2.99 倍下降到 2020 年的 2.56 倍。在实施乡村振兴战略的大背景下，预计这个发展的大趋势不会改变。

要实现这个初步的共同富裕目标，当然是一项非常艰巨的任务。从实现脱贫攻坚的经验来看，就是要动员全社会力量来给予支持，要发挥各发达地区、城市各部门、各行业、各企业和各种社会力量的作用，实行精准帮扶。这不是搞"一平二调"，也不是不计成本，而是先富帮助后富找到富裕的路子，重要的不是转移支付了多少钱，而是能否培育出农村和农民长期发展的内生动力和活力。

李培林

2021 年 11 月 25 日

前　言

本书是中国社会科学院"社会形势分析与预测"课题组第 30 本分析和预测社会形势的年度社会蓝皮书。

2021 年，是全面建设社会主义现代化国家征程的开启之年，也是我国国民经济和社会发展第十四个五年规划的开局之年。过去的一年，在党中央坚强领导下，在全国人民抗击新冠肺炎疫情的不懈努力奋斗中，我国经济持续恢复发展，就业形势稳定；居民收入保持增长，收入差距继续缩小，共同富裕扎实推进；民生领域推出多项重大举措，乡村振兴启动全面规划，生态文明建设不断推进。这些发展标志着我国迈向新的经济社会形态的转型阶段。但经济社会发展中也存在诸多风险和挑战。国内外形势依然复杂多变，新冠肺炎疫情仍然肆虐全球，高质量就业发展空间亟待拓展，共同富裕建设任重道远；人口老龄化、少子化对经济社会发展的影响更加凸显，基本公共服务的均等化、公平化仍需继续推进；乡村振兴与脱贫攻坚的有效对接还面临一些困难。2022 年及整个"十四五"期间，将紧紧围绕推进高质量发展，推进城乡融合发展和乡村振兴，促进全体人民共同富裕、人的全面发展和社会全面进步等社会建设任务要求，着力推进经济社会发展和全面建设社会主义现代化国家。

2021 年，中国有效控制了多次疫情反复冲击，经济继续保持正增长发展势头，第一、二、三季度国内生产总值同比增速分别为 18.3%、7.9%、4.9%，预计第四季度的增速仍将有所放缓，但全年国内生产总值增长率仍可达到 8% 左右。这表明，我国经济发展韧性仍然是很强的，但依然面对诸多不确定性

的严峻挑战。

2021年，新发展理念得到了进一步落实，新的发展格局初步形成，促进全体人民共同富裕的发展战略正在引领我国经济社会向着新的形态转型。首先，我国经济治理框架出现新的转变，从过去"小康社会建设"的速度优先，转向"共同富裕建设"的平衡、安全、自主可控与公平优先。2021年政府对金融科技、互联网平台、娱乐游戏、加密货币、碳排放和碳中和、校外培训以及房地产等领域的监管开始升级，出台了多种严厉的监管政策和措施，将防控风险、强化自主产业链、维护国家安全和社会公平作为经济治理的重要目标。其次，国家对事关民生发展、共同富裕、"卡脖子"高技术研究、医药卫生、新能源等领域给予倾斜性支持，共同富裕和乡村振兴成为经济发展的重点优先方向。最后，社会结构也开始新的变化，城乡二元边界、一二三产业边界、区域边界等许多传统的社会边界趋于消解或重塑，城乡公共服务、基础设施一体化推进，教育资源城乡均等化配置受到更多重视，医疗卫生健康资源向乡村下沉，生产要素特别是人、资本、就业在城乡之间双向流动和转换渠道更加畅通，城乡融合发展、城乡文化交融互渗格局逐步形成。

2021年，就业形势基本稳定，新增就业人数超预期，就业和劳动条件获得进一步改善。1～9月，全国新增就业人数达到1045万人，完成全年目标的95%，预计全年新增就业将超过1100万人的目标。同期全国城镇调查失业率均值为5.2%，低于5.5%左右的全年宏观调控预期目标。特别值得注意的是，至第三季度，全国外出务工农村劳动力规模达到18303万人，同比增加351万人，同比增长2%，基本恢复至2019年同期水平。

2021年，城乡居民的收入和消费保持较高的增长水平。据统计，前三季度，全国居民人均可支配收入26265元，比上年同期名义增长10.4%，扣除价格因素，实际增长9.7%，预计全年全国居民收入增长率将略高于全国国内生产总值增长率。分城乡看，前三季度，全国城镇居民人均可支配收入35946元，与2020年同期相比名义增长9.5%，扣除价格因素后实际增长8.7%；农村居民人均可支配收入13726元，同比名义增长11.6%，扣除价格因素后实际增长11.2%。继续保持农村居民收入增速快于城镇居民收入增速的态势，城乡居民收入差距继续缩小，城乡居民人均可支配收入之比从 2020 年前三季度的 2.67∶1 收窄为 2021 年前三季度的 2.62∶1。

2021 年，中国公共服务供给、基础设施建设和民生事业向着更高质量的均等化目标发展，促进全体人民共同富裕战略迈出坚实步伐。中央支持浙江省建设共同富裕先行示范区，要求率先基本实现人的全生命周期公共服务优质共享，努力成为共建共享品质生活的省域范例。基本公共服务实现均等化，更高水平推进幼有所育、学有所教、劳有所得、病有所医、老有所养、住有所居、弱有所扶。基本建成学前教育、公共卫生、养老照料、体育健身等"15 分钟公共服务圈"，实现城乡区域公共服务更加普惠均等可及。可以预期，这些要求也将成为全国促进更高质量的均等化发展的目标。2021 年，国家继续深化医疗卫生体制改革，进一步推进医疗卫生资源向基层下沉，扩大医共体和医联体建设，提升村医疗服务站质量。2021 年，养老金全国统筹继续推进，企业职工基本养老保险基金中央调剂比例上调 0.5 个百分点，达到 4.5% 的水平。2021 年开启了新一轮的农村基础设施建设，在 2020 年实现最后一个村庄通公路的基础上，2021 年加快推进县、乡、村三级农村物流节点网络建设，创新网络货运、共同配送等运输组织模式，推广应用标准化物流周转箱等先进适用的技术装备，充分利用现代信息技术有效整合各类物流资源，推动农村物流线上线下一体化发展，结合地方发展实际和特色优势产业，不断延伸农村物流服务链条，不断提升品牌培育成效。社会保障事业继续稳步发展。

2022 年，中国经济社会发展面临若干问题和挑战。2021 年经济增长速度呈现"前高后低"态势，2022 年实现全年经济平稳增长任务艰巨。就业形势面临一些不容乐观的新问题。年轻人失业率较高，"躺平""内卷化"成为流行词，将会继续影响青年就业行为从而影响就业形势；随着部分大型外资企业继续外迁，中小微企业经营形势改善预期仍然不乐观，稳就业压力不可轻忽；结构性失业和部分企业缺工现象继续并存；随着人工智能的发展，"机器替代人力"的现象开始出现，可能压缩劳动力就业空间；以网络平台为依托的灵活就业迅速发展，灵活就业人员的劳动关系和社会保障问题更加凸显。

城乡居民收入差距仍然较大，全国基尼系数仍在 0.46 以上高位徘徊，对调节收入分配差距起着重要作用的转移性收入增速和占比均有所下滑。人口老龄化的压力继续增大，国家人口政策仍需进一步调整。社会保障体系公平发展的社会要求更高，推进养老保险、医疗保险等全国统筹的力度需要进一步加大。数字化、智能化社会发展在继续推进的过程中需要高度重视城乡平衡、区域平衡等重大问题。

本年度"社会蓝皮书"的作者来自专业的研究和调查机构、大学以及政府有关研究部门，除总报告外，各位作者的观点，只属于作者本人，既不代表总课题组，也不代表作者所属的单位。

本年度"社会蓝皮书"涉及的大量统计和调查数据，由于来源不同、口径不同、调查时点不同，所以可能存在着不尽一致的情况，请在引用时认真进行核对。

本课题的研究受到中国社会科学院的重点资助，本课题的研究活动的组织、协调以及总报告的撰写，均由中国社会科学院社会学研究所负责。

本年度"社会蓝皮书"由陈光金、王春光、李炜、邹宇春、朱迪、任莉颖、崔岩、林红、田志鹏负责统稿，李培林撰写了序言并审定了总报告，傅学军负责课题的事务协调和资料工作。社会科学文献出版社社长王利民，皮书分社社长邓泳红，编辑桂芳、张媛为本书的出版做了大量工作，在此表示诚挚谢意。

编 者

2021 年 11 月 25 日

摘　要

　　本报告是中国社会科学院"社会形势分析与预测"课题组的 2021 年度分析报告（社会蓝皮书），由中国社会科学院社会学研究所组织研究机构专家、高校学者以及政府机构研究人员撰写。

　　本报告分析了 2021 年经济社会发展形势。报告认为，随着国家正式开启全面建设社会主义现代化国家的新征程，随着国民经济社会发展第十四个五年规划的开局，2021 年的社会发展进入一个新的阶段，这就是伴随新社会形态逐步发展而来的新社会转型阶段。一年来，在促进全体人民共同富裕方面迈出新的步伐。中央支持浙江省建设共同富裕先行示范区，出台了《中共中央 国务院关于支持浙江高质量发展建设共同富裕示范区的意见》，为促进全体人民共同富裕擘画了第一张蓝图。全国就业形势基本稳定，新增就业人数超预期，就业和劳动条件获得进一步改善。城乡居民收入相比 2020 年显著增长，增长速度高于同期国内生产总值增速；农村居民收入增速继续快于城镇居民收入增速，城乡居民收入差距继续缩小。基本公共服务、城乡基础设施建设、民生与社会保障事业的均等化发展取得新的成效。城乡融合发展和乡村振兴战略全面启动，农业农村现代化有力推进。社会治理现代化进入"五治融合"的总体安全体系建设新阶段，生态文明建设进入以"碳达峰、碳中和"为抓手的新时代。报告同时指出，在经济社会发展总体格局平稳的同时也面临诸多难题和挑战。2022 年，中国共产党第二十次全国代表大会将要召开，对引领未来中国社会主义现代化建设，必将发挥更加关键的作用。但国际形势的复杂性和不确定性仍然严峻，对我国经济社会发展的影响将会形成

新的挑战。要实施更加有力的就业政策，不断拓宽就业渠道，不断提高就业质量。要继续推动教育、医疗、养老、社区服务等民生建设迈向高质量发展。要进一步推进社会治理创新，更好地统筹社会发展与社会安全。要把共同富裕建设从点到面推开，构建体现效率、促进公平的收入分配体系，进一步缩小各种收入差距。要进一步推进脱贫攻坚成果巩固与乡村振兴的有效衔接，推进城乡融合发展和以人为中心的新型城镇化，使它们成为促进共同富裕的重要着力点。

本报告以翔实的统计数据和实地调查资料为依据，分四大板块，用1篇总报告和17篇分报告（未含附录部分），分析讨论2021年中国经济社会运行发展的总体状况和未来形势。总报告分析了中国经济社会2021年发展的主要成就、问题以及2022年发展的趋势和任务，提出了应对挑战和难题的若干对策建议。第二板块为发展篇，由6篇报告组成，比较全面地分析了2021年的劳动就业、居民收入和消费、教育事业、社会保障事业、公共卫生事业以及社会治安等领域的形势和问题。第三板块为调查篇，包括6篇调查报告，这些报告基于翔实调查数据，分别分析了现阶段中国社会发展质量状况、志愿服务发展状况、新业态与新就业青年发展状况、大学生就业和生活状况、城乡居民生育意愿和生育行为状况以及城市消费者满意度状况。第四板块为专题篇，由5篇专题报告组成，分别考察了2021年中国互联网舆情形势、食品药品安全形势、环境和生态文明建设发展形势、中国养老照护发展形势、乡村振兴战略实施进展。在所有这些问题上，各篇分报告都提出了具有针对性的对策建议。

目 录 ↖

I 总报告

II 发展篇

Ⅲ 调查篇

Ⅳ 专题篇

V 附录

皮书数据库阅读**使用指南**

总 报 告

General Report

B.1

在高质量发展阶段开启扎实推进共同富裕的新征程

——2021~2022 年中国社会形势分析与预测

中国社会科学院"社会形势分析与预测"课题组

王春光 执笔 *

摘 要： 2021 年是我国继全面建成小康社会和完成脱贫攻坚任务之后迈向全面建设社会主义现代化国家征程的新起点，也是实施国民经济和社会发展第十四个五年规划和 2035 年远景目标纲要的开局之年。过去的一年，在党中央的坚强领导下，在全国人民抗击新冠肺炎疫情的不懈努力奋斗中，我国经济恢复态势持续，就业形势稳定；居民收入保持增长，绝对贫困消除推动共同富裕；民生领域多项重大举措推出，乡村振兴启动全面规划，生态文明建设不

---

* 王春光，中国社会科学院社会学研究所副所长、研究员。

断推进。这些标志着我国迈向新的经济社会形态的转型阶段，但经济社会发展中也存在诸多风险和挑战。国内外形势依然复杂多变，新冠肺炎疫情仍然肆虐全球，高质量就业发展空间亟待拓展，共同富裕建设任重道远；人口老龄化、少子化对经济社会发展的影响更加凸显，基本公共服务的均等化、公平化仍需继续重视；乡村振兴与脱贫攻坚的有效对接还面临一些困难。2022 年及整个"十四五"期间，经济社会发展将紧紧围绕以高质量发展推进乡村振兴及共同富裕社会建设的任务要求，着力推进全面建设社会主义现代化国家。

关键词： 新发展阶段　高质量发展　共同富裕　乡村振兴

　　2021 年是中国共产党建党 100 周年，是实施国民经济和社会发展第十四个五年规划和 2035 年远景目标纲要的开局之年，也是我国继全面建成小康社会和完成脱贫攻坚任务之后迈向全面建设社会主义现代化国家征程的新起点。在这一年中，国际形势依然复杂多变，全球新冠肺炎疫情没有得到有效的抑制，国内发展不平衡、不充分的问题依然突出，人民对美好生活的要求越来越高。全国人民在中国共产党的坚强领导下，共庆党的百年华诞，以更加昂扬的精神、更大的信心和更稳健的姿态，接力传承党的百年奋斗精神，在新阶段以新发展理念，开创新发展格局，全面推进经济、社会、文化、政治和生态协调发展，为实现共同富裕开启航向。2021 年经济社会发展呈现一些新的特点和态势，面临一些更为复杂的问题和挑战。

一　"十四五"开局年中国经济社会全面发展新起步

　　在"十三五"规划成功实施、取得脱贫攻坚决定性胜利以及全面建成小康社会的坚实基础上，2021 年，我国在"十四五"开局之年又取得了经济、社会、文化、治理、生态等各方面全面发展的新成就，特别是经济社会渐露新形态，中国式现代化道路愈发清晰可见。

（一）迈向新经济社会形态的新社会转型阶段

在党中央坚强领导下，在全国人民的紧密配合和共同努力下，从 2020 年下半年开始，我国逐步控制住新冠肺炎疫情，并在艰难的处境中取得了 2.3% 的经济增长，2020 年国内生产总值达到 101.65 万亿元，首次突破百万亿元，在全世界主要经济体中成为唯一正增长的国家。2021 年，中国有效控制了多次疫情反复冲击，经济继续保持正增长发展势头，第一、二、三季度国内生产总值同比增速分别为 18.3%、7.9%、4.9%，① 预计第四季度的增速仍将有所放缓，但全年国内生产总值增长率仍可达到 8% 左右。这表明，我国经济发展韧性仍然是很强的，但依然面对诸多不确定性的严峻挑战。

与此同时，新发展理念得到了进一步落实，新的发展格局初步形成，共同富裕发展战略正在引领我国经济社会向着新的形态转型，新的社会形态正在建构中。首先，我国经济治理框架出现新的转变，从过去"小康社会建设"的速度优先，转向"共同富裕建设"的平衡、安全、自主可控与公平优先。具体表现为，2021 年政府对金融科技、互联网平台、娱乐游戏、加密货币、碳排放和碳中和、校外培训以及房地产等领域的监管开始升级，出台了多种严厉的监管政策和措施。所有这些表明，我国正在将防控风险、强化自主产业链、国家安全和社会公平作为经济治理的重要目标。其次，国家对那些事关民生事业、共同富裕、"卡脖子"高技术研究、医药卫生、新能源等领域给予倾斜性支持，共同富裕和乡村振兴成为经济发展的重点优先方向。最后，社会结构也开始新的变化，城乡二元边界、一二三产业边界、区域边界等许多传统的社会边界趋于消解、模糊化乃至融合、重塑，新的社会形态正在形成之中，进入新社会转型时代。在推进乡村振兴和共同富裕过程中，各地都瞄向公共服务、基础设施一体化，教育资源城乡均等化配置，医疗卫生健康

---

① 国家统计局：《前三季度国民经济总体保持恢复态势》，http://www.stats.gov.cn/tjsj/zxfb/202110/t20211018_1822960.html。

资源向乡村下沉，生产要素特别是人、资本、就业在城乡之间双向流动和转换；产业之间的融合与城乡融合同步推进；城乡文化也开始出现交融、互相渗透等。当然，这种转型并不是短时间内就能实现的，但是现在不论从政策取向还是实际行动上都开始表现出来，在2021年尤其明显。

（二）就业形势基本稳定，新增就业人数超预期，就业和劳动条件获得进一步改善

2020年我国就业虽然受到新冠肺炎疫情的影响和冲击，但城镇新增就业人数仍达到1186万人。2021年1~9月，新增就业人数达到1045万人，完成全年目标的95%，预计全年新增就业将超过1100万人的目标。同期全国城镇调查失业率均值为5.2%，低于5.5%左右的全年宏观调控预期目标。[①]

重点群体就业形势总体稳定。党中央、国务院高度重视重点群体就业工作，2021年以来先后出台了延续实施部分减负稳岗扩就业政策举措、加强就业帮扶助力乡村振兴意见及《"十四五"就业促进规划》等，扎实推动高校毕业生、农业转移劳动力、城镇困难人员等重点群体就业，并对"十四五"时期促进就业工作做出了全面部署。各项政策措施的落地落实，稳定了社会预期和市场主体信心，从而稳定了就业。

从就业主体人群看，2021年前三季度25~59岁人口失业率各月均在5.0%及以下，9月降至4.2%。[②]大学毕业生入职就业增加，带动青年失业率下降，2021年7~9月16~24岁城镇人口失业率由16.2%下降到14.6%。至第三季度，全国外出务工农村劳动力达到18303万人，同比增加351万人，同比增长2%，基本恢复至2019年同期疫情前水平。[③]

2021年7月国家市场监督管理总局等七部门联合印发了《关于落实网络

---

① 国家统计局:《王萍萍：前三季度就业形势总体平稳》，http://www.stats.gov.cn/tjsj/sjjd/202110/t20211019_1823050.html。

② 国家统计局:《王萍萍：前三季度就业形势总体平稳》，http://www.stats.gov.cn/tjsj./sjjd/202110/t20211019_1823050.html。

③ 《国家统计局：三季度大学毕业生入职就业增加，带动青年人失业率下降》，https://baijiahao.baidu.com/s?id=1713947783204734699&wfr=spider&for=pc。

餐饮平台责任切实维护外卖送餐员权益的指导意见》，对保障外卖送餐人员正当权益提出全方位的规定，对改善他们的劳动条件以及提高他们的就业稳定性起到了一定的作用。职业技能提升行动有所加快，到 2021 年底，2019 年 5 月 24 日国务院办公厅印发的《职业技能提升行动方案（2019—2021 年）》规定的目标能够完成，技能劳动者占就业人员总量的比例达到 25% 以上，高技能人才占技能劳动者的比例达到 30% 以上。劳动者的技能水平有了进一步提高。

（三）从消除绝对贫困到扎实推进共同富裕，居民收入保持较高的增长水平

自党的十八大以来，到 2020 年，脱贫攻坚让 9899 万农村贫困人口实现了脱贫，贫困县全部摘帽，绝对贫困历史性地得到解决，消除了农村绝对贫困现象（按照 2020 年不变价格，以农村家庭年人均收入 2300 元计算贫困线）。仅 2020 年就让 551 万农村贫困人口全部实现脱贫，全年贫困地区农村居民人均可支配收入 12588 元，比上年增长 8.8%，扣除价格因素后实际增长 5.6%。[①]脱贫攻坚进一步加快了农村居民收入增长，有利于城乡收入差距缩小，目前已经缩小到 1 : 2.56（以农村居民收入为 1）。2021 年前三季度全国居民人均可支配收入 26265 元，比上年同期名义增长 10.4%，扣除价格因素后，实际增长 9.7%，[②]预计全年全国居民收入增长率将略高于全国国内生产总值增长率。分城乡看，前三季度，全国城镇居民人均可支配收入 35946 元，与 2020 年同期相比名义增长 9.5%，扣除价格因素后实际增长 8.7%；农村居民人均可支配收入 13726 元，同比名义增长 11.6%，扣除价格因素后实际增长 11.2%。继续保持农村居民收入增速快于城镇居民收入增速的态势，城乡居民收入差距继续缩小，城乡居民人均可支配收入之比从 2020 年前三季度的 2.67 ： 1 收窄为

---

① 国家统计局：《中华人民共和国 2020 年国民经济和社会发展统计公报》，http://www.gov.cn/xinwen/2021-02/28/content_5589283.htm。

② 国家统计局：《2021 年前三季度居民收入和消费支出情况》，http://www.stats.gov.cn/tjsj/zxfb/202110/t20211018_1822962.html。

2021 年前三季度的 2.62∶1。

为持续推进收入差距缩小特别是城乡收入差距缩小，国家实施乡村振兴发展战略和共同富裕发展战略，密集出台多项政策措施。第一，巩固脱贫攻坚成果，建立乡村振兴与脱贫攻坚有效对接的长效机制；第二，全国推动乡村振兴规划落地；第三，出台多项改革农村土地制度尤其是宅基地机制，落实集体建设用地入市政策；第四，国家在浙江全省开启共同富裕先行示范区建设。这些政策有利于共享发展成果，实现高质量发展和高质量生活。

（四）公共服务、基础设施和民生事业向着更高质量的均等化目标发展

2021 年，国家把公共服务和基础设施、民生事业建设纳入共同富裕建设之中。2021 年 2 月 25 日，习近平在全国脱贫攻坚总结表彰大会上的讲话中指出，"我们始终坚定人民立场，强调消除贫困、改善民生、实现共同富裕是社会主义的本质要求，是我们党坚持全心全意为人民服务根本宗旨的重要体现，是党和政府的重大责任"。他尤其强调，要主动解决各种差距包括地区差距、城乡差距和收入差距，坚持在发展中改善民生，统筹好就业、收入分配、教育、社保、医疗、住房、养老、扶幼等工作，向农村、基层、欠发达地区倾斜。2021年，中央支持浙江省建设共同富裕先行示范区，浙江省随后颁布了《浙江高质量发展建设共同富裕示范区实施方案（2021—2025 年）》，明确提出，"率先基本实现人的全生命周期公共服务优质共享，努力成为共建共享品质生活的省域范例。基本公共服务实现均等化，更高水平推进幼有所育、学有所教、劳有所得、病有所医、老有所养、住有所居、弱有所扶。基本建成学前教育、公共卫生、养老照料、体育健身等'15 分钟公共服务圈'，实现城乡区域公共服务更加普惠均等可及"。① 显然这也是其他省区市共同富裕建设的重要内容。

2021 年在公共服务方面一个最大的行动是为中小学生减负。中共中央办公厅、国务院办公厅于 7 月 24 日印发了《关于进一步减轻义务教育阶段学生

---

① 《浙江高质量发展建设共同富裕示范区实施方案 (2021—2025 年)》，《浙江日报》2021 年 7 月 19 日，https://baijiahao.baidu.com/s?id=1705706912769503546&wfr=spider&for=pc。

作业负担和校外培训负担的意见》，通知指出，要全面压减作业总量和时长，减轻学生过重作业负担；坚决从严治理，全面规范校外培训行为。各地方政府也出台各种实施措施，如北京市推出中小学校长教师在学校间交流轮岗的举措，破除名师、名校与重点班合一的格局；有的地方推出延长学校放学时间的举措；有的地方出台小学一年级到三年级不进行纸质考试等举措；另外对校外培训机构进行清理，有不少机构转向其他行业发展。公共服务另一项重大举措是深化医改。在过去十年的新医改基础上，进一步推进医疗卫生资源向基层下沉，扩大医共体和医联体建设，提升村医疗服务站质量。公共服务的第三项重大举措是开启新的农村基础设施建设。在 2020 年实现最后一个村庄通公路的基础上，2021 年又加快县、乡、村三级农村物流节点网络建设，创新网络货运、共同配送等运输组织模式，推广应用标准化物流周转箱等先进适用的技术装备，充分利用现代信息技术有效整合各类物流资源，推动农村物流线上线下一体化发展，结合地方发展实际和特色优势产业，不断延伸农村物流服务链条，不断丰富扩大品牌培育成效。

（五）社会治理现代化进入"五治融合"的总体安全体系建设阶段

自党的十八届三中全会提出国家治理体系和治理能力现代化之后，从中央政府到地方政府都非常重视社会治理现代化建设，从政策到行动上加大力度，取得了明显的进展。十九届四中全会进一步提出市域社会治理现代化，2020 年中央政法委在全国推行市域社会治理现代化试点工作[①]，到 2021 年全国市域社会治理现代化试点取得了初步效果。在市域社会治理现代化建设中，试点的地级市利用自己拥有的立法权，出台符合当地安全要求的法规，推进社会治理现代化；同时用高科技结合社区网格化建设，形成了立体式的安全治理网络，不仅有效地堵塞了安全漏洞，而且调动了基层社会治理活力和积极性，形成上下有效互动的格局。2021 年 4 月党中央、国务院还出台了《关于加强基层治理体系和治理能力现代化建设的意见》，强化党建引领作用，从

---

① 《陈一新：着眼把重大矛盾风险化解在市域 打造社会治理的"前线指挥部"》，中国长安网，http://www.chinapeace.gov.cn/chinapeace/c100007/2020-10/22/content_12406293.shtml。

原来的"三社联动"（社区、社会组织和社会工作）升级为"五社联动"（社区、社会组织、社会工作者、社区志愿者、社区慈善资源）①，更重要的是将乡镇街道纳入基层社会治理范畴，有利于形成政社互动，促进"五社联动"，更好地实现"德治、法治、自治、政治和智治"的"五治融合"。各地在五治融合上，注入了许多新的内容。如德治方面，农村能人（许多地方叫乡贤或者新乡贤）被动员起来参与村庄治理，挖掘本地的传统治理文化，来充实德治内容；如自治方面，除了过去的村庄选举外，村支书记兼任村主任的"一肩挑"做法也在全国推行，全过程民主和协商民主成为基层居民自治的实现方式。

（六）乡村振兴跨出具有战略性意义的一步，农业农村现代化建设获得了更坚实的制度性保障

2017 年党的十九大提出乡村振兴发展战略之后，中央先后出台了相关的政策，并在一些关乎城乡的体制尤其是农村体制上进行了一些改革创新，初步形成了相应的乡村振兴政策体系。尤其值得关注的是，2021 年党中央、国务院《关于全面推进乡村振兴加快农业农村现代化的意见》（中央一号文件）明确提出加快村庄规划工作，在 2021 年基本完成县级国土空间规划编制，明确村庄布局分类，这对于乡村振兴来说是具有重要的战略性意义的一个步骤。各地方政府都在推进乡村振兴规划工作。虽然从实际情况看，各地的乡村振兴规划水平和进展确实存在差异，但是乡村振兴规划的重要性在于明确了乡村振兴的具体做法、路径、投入以及具体目标等，避免了盲目性和无序性。与此相应的是，从中央到地方，加大了对乡村振兴的投入，农村基础设施建设和公共服务优先得到了发展，农业农村的发展机会比以前有了明显的增多。

2021 年，我国农业农村现代化建设取得了进一步的成效。首先，尽管河南、山西等地遭受罕见的洪灾，800 多万亩农地受损巨大，但全国粮食产量并没有受到影响，依然保持着连续增长的势头。在一些主要粮食产区，亩产量取得了前所未有的增长和丰收，有的单产突破历史纪录。其次，农业生

---

① 《中共中央 国务院关于加强基层治理体系和治理能力现代化建设的意见》，中国政府网，http://www.gov.cn/zhengce/2021-07/11/content_5624201.htm。

产机械化、智能化水平得到快速的提升，农业生产"无人化"试验有了明显的进展，在一定程度上弥补了劳动力的老化和短缺带来的问题。最后，农村一二三产业融合出现一些新机制和新方式。随着电子商务向乡村延伸，农村物流发展加快，有越来越多的农户加入了农产品的粗加工和销售环节，延长了其产业链、价值链和收益链。在这样的背景下，开始出现一部分外出务工的村民带上打工积攒起来的收入，返回乡村带动以农业为基础的一二三产业融合发展。可以说，上述农业现代化新进展为构建双循环的新发展格局奠定了较好的农业基础。

与农业现代化相伴而来的是农村现代化也有明显进展。脱贫攻坚成果得到有效巩固，绝大多数地区建立了防止返贫的预防机制，所有脱贫政策都获得很好的延续，派驻干部制度和政策向乡村振兴延展。农村社会治理得到了进一步提高，越来越多的农村被纳入了网格化治理，在原先的道路、卫生以及社区阵地等建设的基础上增加了许多与网格化有关的硬件设施建设。越来越多的村庄生态环境和村容村貌得到了改善。

（七）生态文明建设进入以"碳达峰、碳中和"为抓手的新时代

国家对生态文明建设越来越重视，常抓不懈的态势已经形成。2021年9月中共中央办公厅、国务院办公厅印发了《关于深化生态保护补偿制度改革的意见》，为生态文明建设迈出了关键性的一步。该意见明确指出，"完善生态文明领域统筹协调机制，加快健全有效市场和有为政府更好结合、分类补偿与综合补偿统筹兼顾、纵向补偿与横向补偿协调推进、强化激励与硬化约束协同发力的生态保护补偿制度，推动全社会形成尊重自然、顺应自然、保护自然的思想共识和行动自觉，做好碳达峰、碳中和工作，加快推动绿色低碳发展，促进经济社会发展全面绿色转型，建设人与自然和谐共生的现代化，为维护国家生态安全、奠定中华民族永续发展的生态环境基础提供坚实有力的制度保障"。[1] 这个意见将会调动许多地方对生态保护的积极性，同时可以

---

① 生态环境部：《中共中央办公厅 国务院办公厅印发〈关于深化生态保护补偿制度改革的意见〉》，http://mee.gov.cn/zcwj/zyygwj/202109/t20210913_936077.shtml。

更好地促进区域均衡发展，为共同富裕建设提供一项重要的制度保障。各地结合当地实际，推进田园综合体建设，把生态美作为乡村振兴的一个重要抓手，以此带动村庄环境建设、产业发展（尤其是民宿发展和农家乐等农旅、农文旅产业发展），"绿水青山是金山银山"的理念落地见效。

中国在国际生态保护上发挥越来越重要的作用。首先，作为世界上最大的发展中国家，中国提出碳达峰和碳中和的目标和时间表，对全球减排具有引领作用。其次，在国际关系特别是中美关系处于低谷状态，生态保护和减排合作则成为少有的国际合作亮点。中国在风电、太阳能发电上发展非常迅猛，对绿色能源的利用和发展走在世界前列。最后，中国在"一带一路"建设以及与发展中国家的合作中把生态保护和减排、绿色能源发展作为重要的内容来抓，有效地推进这些国家的发展转型。

（八）以人民为中心的文化建设有了新举措，取得新效果

2021年在文化建设上有三项重大举措，引起巨大反响，获得广泛的赞誉。首先，国家下大决心实施"双减"政策，清理校外培训机构，这既是一项公共服务行动，又是一项重大的文化建设行动。这项行动不仅有助于减轻学生学业负担和家长的经济、精神、时间负担，而且还可改善教育生态环境，改变人们的文化教育理念。其次，国家清理网络游戏，加强对未成年人尤其是中小学学生的游戏治理。2021年8月30日《国家新闻出版署关于进一步严格管理　切实防止未成年人沉迷网络游戏的通知》发布，规定所有网络游戏企业仅可在周五、周六、周日和法定节假日每日向未成年人提供1小时网络游戏服务[1]，对于解决未成年人沉溺网络游戏、身心健康受影响的问题起到非常重要的作用。最后一项行动是整顿娱乐场所尤其明星的不良行为和形象，特别是对"饭圈"的治理，大大地改善了社会偶像形象，引导年轻人特别是未成年人形成良好的人生观。

与此同时，国家在文化建设上向着深度内涵挖掘和发展的方向推进。一

---

[1] 《国家新闻出版署关于进一步严格管理切实防止未成年人沉迷网络游戏的通知》，中国政府网，http://www.gov.cn/zhengce/zhengceku/2021-09/01/content_5634661.htm。

方面旨在提升全民的文化素养，另一方面也是为了满足全民对文化越来越高的需求，还将文化作为重要的发展资源，助力国家高质量发展。在 2015 年中办、国办印发的《关于加快构建现代公共文化服务体系的意见》以及后来国家颁布的《中华人民共和国公共文化服务保障法》的基础上，2021 年 3 月文化和旅游部、国家发改委、财政部三部门联合印发了《关于推动公共文化服务高质量发展的意见》，在总体上解决"缺不缺、够不够"问题之后，来解决"好不好、精不精"这样的高水平、高品质的公共文化供给缺乏问题，以进一步提升公共文化服务水平，为人民群众提供更高质量、更有效率、更加公平、更可持续的公共文化服务。与此同时，文化和旅游部、中宣部、国家发改委、财政部、人社部、市场监管总局、国家文物局、国家知识产权局等八部门联合印发了《关于进一步推动文化文物单位文化创意产品开发的若干措施》[①]，让过去对绝大多数人来说显得高不可攀甚至神秘高深的文化文物更好地走向广大民众，提高全社会的文化素养，还可以带动文化产业的发展，更好地满足人民的高质量文化需要。由此可见，迈入"十四五"时期，文化建设也呈现新气象。

二　现代化建设新征程、新任务、新挑战

2021 年，我国开启了新的社会主义现代化征程，也意味着未来肩负着新的艰巨任务和面临新的挑战。国际形势复杂多变，不确定性越来越多，而且许多不确定性将会在较长时期内存在；国内发展也处于新的快速转型和提升期，面对许多结构性问题和风险。更重要的是，不平衡和不充分发展问题还比较突出，一些领域的体制机制障碍还相当明显，改革和创新任务相当艰巨，利益固化和利益配置不合理问题比较普遍，城乡差距、区域差距、阶层和群体差距交错并存，实现共同富裕显得急迫又艰巨，尤其是农村农业发展短板、社会治理短板以及文化建设薄弱等问题依然突出。

---

① 《关于进一步推动文化文物单位文化创意产品开发的若干措施》，中国政府网，http://www.gov.cn/zhengce/zhengceku/2021-08/31/content_5634552.htm。

（一）就业形势不容乐观，高质量就业发展空间有待拓展

2021年我国经济增长出现"前高后低"发展态势，虽然新增就业人数超出原定的计划目标，但是，就业形势面临一些不容乐观的新问题，需要关注并迫切加以解决。就业是最大的民生，是社会稳定的基石。2021年规上企业的发展好于中小微企业，受新冠肺炎疫情、大宗商品价格猛涨、劳动力成本增长、消费不振等一些不利因素的影响，不少中小企业倒闭或者歇业；与此同时，受国际关系尤其中美关系、生产成本上涨以及对利润的追求影响，不少著名外资企业出现撤资并向东南亚、南亚及其本国转移的现象；"90后"乃至"00后"的年轻人开始步入就业阶段，他们拥有全新的就业观、生活观、人生观，从而影响其就业行为和中国的就业市场。在这诸多因素的作用下，2021年的就业问题表现出这样的特点：第一，年轻人失业率高。有关调查表明，仅仅在6月，全国20岁到24岁大专及以上人员的调查失业率就达到21.1%，这一水平是2020年的调查失业率5.2%的4倍，比2019年同期上升了5.7个百分点。"躺平""内卷化"成为流行词。年轻人之所以表现出这样的生活态度和精神状态，有各种各样的解读，其中一些相似的看法是，他们对生活缺少追求，即使有追求，他们感觉到发展的空间小、渠道窄，所以就转向选择"消极"的生活状态。这背后的关键原因是就业市场不乐观，他们找不到称心如意的工作。第二，一些大型外资企业转移以及中小微企业倒闭导致的失业人数增加，他们再就业的能力受到影响，既不能与新就业人员竞争，又面临着就业市场机会短缺问题。第三，结构性失业和缺工长期并存，没有得到有效解决，从而影响共同富裕建设。不少中小微企业受资本成本、原料价格上涨以及市场需求饱和等影响，利润空间小，无法给出较高的工资以吸引劳动力就业；另外，劳动力成本上涨过快，也成了导致中小微企业倒闭或歇业的最后一根"稻草"。与此同时，规上企业为了减少劳动成本，转向技术升级，采用"机器代替人"的策略，从而进一步压缩了劳动力的就业空间。网上购物的发展，吸引了从其他产业中释放出来的劳动力，他们转变为快递员、骑手等零工，虽然收入并没有减少，甚至还有不少增加，但是他

们的劳动条件和保障面临着缺位的问题，虽然人社部、工信部、市场监管总局等相关部门开始对这种就业环境进行规范和管理，但是政策和法规的不完善问题依然存在，已有的政策法规在实施上缺乏有效的抓手。

（二）收入分配差距依然较大，共同富裕建设任重道远

现阶段收入差距仍然较大。从 2020 年全国居民五等分收入分组的数据来看，低收入组人均可支配收入 7869 元，高收入组人均可支配收入 80294 元。高低收入组人均可支配收入比值为 10.2。[①] 与疫情前相比，2021 年居民收入增长还处于恢复期，没有达到疫情以前的水平。与此同时，在四类收入中，转移性收入增速比 2020 年有所减缓，占比也有所降低。居民收入中中位数增长慢于平均数。城乡收入差距还在 1∶2.6 左右（以农村居民收入为 1）徘徊，基尼系数从 2008 年的峰值 0.491 见顶回落，近年来还维持在 0.46~0.47 区间。东部、中部、西部地区之间的收入差距虽然有所缩小，但还是偏大，特别是东北地区与其他地区的差距在拉大。这样的收入差距格局在一定程度上加大了推进共同富裕的难度，也说明共同富裕建设迫切而重要。

（三）人口老龄化压力增大，人口发展战略需要继续调整

人口老龄化程度不断加深。从国家统计局公布的第七次全国人口普查公报数据来看，全国 65 岁及以上人口数量从 2015 年的 1.44 亿人增加到 2020 年的 1.9 亿人，占总人口的比例从 10.5% 增加到 13.5%。[②] 2020 年中国总和生育率降至 1.3，出生人口较 2019 年下降 260 万人。如果总和生育率依旧不能提升，中国人口将在"十四五"时期陷入负增长。人口老龄化对中国经济社会发展将产生三个方面的潜在影响，一是劳动年龄人口总量开始下降，二是社会整体负担水平持续上升，三是应对人口老龄化的公共服务成本不断增加。

---

① 国家统计局:《中华人民共和国 2020 年国民经济和社会发展统计公报》，http://www.gov.cn/xinwen/2021-02/28/content_5589283.htm。

② 国家统计局:《第七次全国人口普查主要数据情况》，http://www.stats.gov.cn/tjsj/zxfb/202105/t20210510_1817176.html。

我们已走出人口红利期，人口数量和质量共同影响经济社会领域，人口老龄化、少子化关系到经济繁荣发展和社会活力。[1]

应对人口老龄化国家战略只是人口发展战略中的一部分，还需要针对中国人口数量、人口结构、人口素质、人口分布方面存在的中长期问题，进行政策和战略调整，特别是要进一步优化生育政策，增强生育政策包容性，提高优生优育服务水平，应对当前低生育水平和婚育年龄不断延迟所带来的各种问题。

（四）基本公共服务均等化有待更大力度推进，均等化、公平水平亟须提高

我国已名副其实地进入了老龄化社会，在不久的将来65岁及以上人口将突破2亿，进入深度老龄化社会。但是与此相关的公共服务水平有待提高：个别省份养老基金收支已经出现很大的平衡压力，未来会更为严重；农村养老金处于较低的水平，家庭养老与老人自己养老仍然是主要方式；长期护理保险只是在城市试点和推广，而且存在护理人员短缺、专业化水平低、护理机构规范程度低等问题。

我国普及了基础义务教育，最近的"双减"政策大大地减轻了教育负担，但是基础义务教育资源配置不均衡，尤其是城乡和区域之间配置不均衡问题长期存在。农村教育大规模的撤点并校，使得大多数学生不能实现就近上学，许多农村家长出于对子女教育的殷切期望，纷纷将孩子转学到县城学校，其结果是一方面导致县城学校学生拥挤、班级规模过大（一个班超过60个学生是普遍现象），而乡村学校由于学生流失严重、学生过少，教师和管理者失去了教学成就感和工作动力；另一方面，那些转学到县城的学生家长却出现进城租房陪读的现象，增加了教育负担，同时也减少了外出务工赚钱机会，由此带来的经济负担不减反增。

医疗服务和保障经过2009年启动的10年新医改，解决了药品太贵、医疗机构乱收费问题，医保报销水平也有了明显提高。但是"看病难、看病

---

① 任泽平：《中国生育报告：放开三孩，积极生育》，https://mp.weixin.qq.com/s/HLyzNOZ_aXLrUd0TxKBilw。

贵"问题依然存在：医疗资源难以下沉、过度医疗、医患关系紧张、短医缺药、健康预防薄弱、疾病控制不受重视、突发传染病预防漏洞等问题，还没有得到有效解决；一些改革举措没有真正落地，特别是农村老百姓还没有真正享受医改的红利。比如有效的医保包干、绩效分配、上下共享政策都没有真正得到实施，基层医疗机构能力依然薄弱等。同样，像住房保障、托幼、社会保障等公共服务也存在不少发展不均衡、不充分从而影响共同富裕的问题。

（五）基层社会治理仍面临诸多问题，需要进一步加强

虽然基层社会治理现代化越来越受到各级党政领导的重视，公共服务嵌入基层网格成为基层治理的基本模式，党建引领的作用得到空前的加强和巩固，但是专业化治理水平普遍不高，越往基层越低，跨行业领域的协调合作不力，社会参与治理和服务的主动性不够，特别是社区、社会组织、社会工作者、社会志愿者和社会慈善资源之间的互动和合作缺乏有效的支持政策和体制机制。比如，食品安全的治理，虽然取得了明显的效果，但是在实施过程中，基层食品检测和监督人员严重缺乏，专业能力明显不足，与基层管理体系如社区和网格之间缺乏协调和联动性；生产加工经营者的主体意识不强，过多重视产量而忽视品质安全；消费者也在缺乏安全意识的同时缺乏社会参与的积极性和渠道。与此同时，基层治理工作压力大，各种指标考核依然盛行，减负效果并不明显，规避风险成为优先选择的行为方式。

（六）社会治安形势风险点多，呈"散发式"特点

首先，政治安全问题越来越突出。各种外部力量利用民族、宗教、涉藏、涉疆、涉港等所谓的问题，开展各种宣传抹黑、渗透乃至颠覆活动。在意识形态领域，在网络阵地、文艺娱乐圈和饭圈等方面面临越来越多的挑战。其次，涉黑涉恶源头乱象问题突出，尤其是金融放贷、工程建设、交通运输、市场流通、自然资源、生态环境、文化旅游、教育卫生、信息网络和社会治安等行业领域存在的问题和乱象比较明显。再次，电信网络诈骗依然猖狂，

仅从 2021 年 1 月至 5 月，全国共破获电信网络诈骗案件 11.4 万起，打掉犯罪团伙 1.4 万余个，抓获犯罪嫌疑人 15.4 万名，同比分别上升 60.4%、80.6% 和 146.5%，破获被骗百万元以上案件 881 起，同比上升 160.5%。[①] 复次，跨境赌博犯罪活动高发多发。2020 年至 2021 年 10 月底，全国公安机关共侦办各类跨境赌博案件 3 万余起，抓获犯罪嫌疑人 16 万余名，打掉涉赌平台 5100 余个、非法技术团队 2000 余个、赌博推广平台 2800 余个，打掉非法支付平台和地下钱庄 3900 余个。[②] 最后，知识产权侵权问题、破坏生态环境犯罪问题、文物盗窃问题也相当突出。

（七）乡村振兴与脱贫攻坚有效对接以及巩固脱贫攻坚成果的任务还在摸索之中，面临不少困难

2021 年在巩固脱贫攻坚成果方面面临一些新挑战：一是 2021 年是许多地方政府还债高峰期，特别是原先脱贫攻坚任务重的地方，承担着更沉重的债务，但还债能力又比较弱，因此在一定程度上影响了巩固脱贫攻坚成果的力度。二是一些易地搬迁点在产业发展上也碰到一些困难，一些引进的中小企业生产经营不是很顺利。同样，有一些因脱贫兴办的农业企业因市场价格波动或者自然因素的影响而倒闭，投资者不辞而别，承包户拿不到土地流转费，更失去了受雇机会和获得劳动报酬的可能。许多易地搬迁建档立卡户靠外出务工来赚取相应的收入来维持生计，但是当前他们外出就业也遭遇中小制造企业以及旅游、餐饮、住宿等产业不景气，不少人找不到工作，反过来影响他们在易地搬迁点的生计。三是脱贫户中有不少是因病致贫，家里缺乏强壮或者能干的劳动力，虽然国家解决了他们的看病贵以及生计问题，但他们缺乏自我发展能力，在对接乡村振兴上找不到能够切入的接口或者途径。

[①] 公安部：《今年前 5 月破获电信网络诈骗案件 11.4 万起》，https://www.mps.gov.cn/n2255079/n6865805/n7355741/n7355786/c7940837/content.html。

[②] 公安部：《公安机关雷霆出击 打击跨境赌博取得重大突破》，https://baijiahao.baidu.com/s?id=1717380750457173962。

三 2022 年及未来几年的社会经济发展形势及其对策

2022 年又是一个非常重要的年份。2022 年 2 月，北京携手河北张家口举办冬季奥运会，期待在全世界疫情依然严重的背景下成功举办一场精彩的冬奥会，圆满达成世界上唯一既举办过夏奥会又举办过冬奥会的城市的奥运之梦，彰显中国国家治理能力和治理制度的有效性和优势。与此同时，2022 年将要举行的中国共产党第二十次全国代表大会，对引领未来中国社会主义现代化建设有着关键性的作用。国际形势依然存在巨大的不确定性，中美关系也许会有所缓和，但是，更为激烈的博弈还有可能出现；中欧关系受中美关系波动、欧洲一些国家换届选举等因素影响，也存在许多变数和风险点，欧美国家在一些对华政策上会比以前更有一致的趋向；中俄关系相对比较稳定；许多发展中国家由于受疫情的影响，存在不少风险问题；我国周边国家和地区的情况也相当复杂。面对诸多新挑战，我国会更加致力于构建新发展格局，实施以国内循环为主的双循环发展策略。所有这一切都会影响 2022 年乃至之后几年的社会经济发展趋势。

（一）面对新的就业形势，实施更有力的就业政策、拓展更宽的就业渠道势在必行

保就业稳定、解决新增劳动力的就业问题、化解结构性失业难题等，是 2022 年经济工作的重心和重点。有利条件是，2022 年预期国家仍会保持积极稳健的宏观经济政策，一方面缓解就业困难，另一方面旨在应对全球通货膨胀尤其是美国的高通货膨胀问题。与此同时，国家会加大对农业、农村现代化尤其是乡村振兴的支持和投入力度，由此在一定程度上会增加农村就业机会，有可能会吸引一部分农民工返乡就业。行业治理力度会相对适中，减少力度过大给就业带来的冲击。为了应对新冠肺炎疫情特殊时期的就业困难，建议适当放宽对城市非正规就业行为的限制，转向规范化治理，让它们有一定的生存和发展空间。重点要加强对零工的保护，并提出重点举措，督促平

台企业增加对劳动安全和保护的投入，对其他方面的权益保障给出相应的落实时间表。加快适应农业、农村现代化发展的政策和体制机制改革与创新，激活更多的生产要素，提供更好的生产性公共服务，降低农业以及相关产业成本。增加农业技术推广体系建设的投入以及相关的人员编制，以吸引更多的农业农村发展所需的技术人员投入乡村振兴。

（二）推动教育、医疗、养老、社区服务等民生建设迈向高质量发展

民生领域既事关美好生活，与共同富裕紧密关联，又是高质量发展的重要领域。民生事业的发展不但能改善人们的生活质量，更会提高国家发展能力，还能带动相应的产业发展。2021年的"双减"政策在一定程度上减轻了广大民众的教育经济负担、精神负担和时间负担，非常契合共同富裕的发展战略要求。但是，当前存在的问题是，"双减"政策针对的是中小学，而高考方式和机制没有根本性改革，因而在一些地方，"双减"政策在执行过程中引发家长的不满和抱怨，他们担心自己的孩子在竞争中尤其是高考竞争中落伍。所以下一步的改革应集中在高考考试制度上，这是一个难题。与此同时，职业教育变得越来越重要，但是，发展并不理想。一方面国家对职业教育越来越重视，但是社会对职业教育却有歧视性或者先入为主的看法，都不愿意让自己的孩子上职业教育学校。另一方面企业需要许多有技能的工人，但是对职业教育和培训都舍不得投入，担心工人接受教育和培训后流向其他企业。与此同时，大部分工人还是农民工，他们的社会身份和权利得不到平等对待，工资、劳动保障并不如意，因此，他们对自己的身份没有太强的认同和尊重，而更看重就业带来的收益。职业教育不发达和不受重视，对于国家转向高质量发展，会产生很大的困扰和阻碍作用。

2009年启动新的医改，到2019年完成了为期十年的改革，确立了公立医院的公益性发展方向，探讨了以医共体和医联体为主要载体的分级诊疗、医疗资源下沉的做法，实行医药分离、集中大量采购、医保包干等试点和推广，在一定程度上解决了看病难、看病贵问题。然而这些改革目标并没有完全实现，下一步应转向综合型医疗服务体系建设，这是非常重要的举措。但

是目前碰到的障碍是合理的成本分担机制与有效的利益激励机制还没有形成，使得许多好的改革设想都无法得以落实并产生效用。2022 年综合型医疗服务改革将会有更实质性的举措，会进一步对标共同富裕和美好生活的要求。

国家在养老服务体系建设上有了统一的规划和实施方案，许多地方开始了长期照护险和服务的试点，取得了一定的效果。下一步是继续向更多的地方推广，国家也会出台更多的支持政策。国家会更重视孤寡老人、贫困老人的养老援助，会加快推进医疗融合，会从税收、基础设施、水电和土地等方面更多地向养老机构倾斜，鼓励更多的社会主体和市场主体进入养老服务领域。我们建议，国家要在产业政策上强调和突出养老产业的发展。

社区服务、社会服务将会得到进一步的重视和发展。这里有三个有利条件：一是新冠肺炎疫情使得人们对社区服务有了更多的需求，即便是快递服务，也需要社区服务支持；二是人口老龄化加快，对社区服务和社会服务的需求明显扩大；三是三孩政策促使了中青年夫妻对就近便利的社会服务和社区服务有更强烈的需求。

（三）社会稳定和安全建设会受到更进一步的重视，基层社会治理现代化将迈出新的步伐

安全中国建设将是 2022 年的重点工作。过去多次化解危机和风险的成功经验表明，基层社会治理现代化建设发挥了非常重要的作用。基层稳则国家稳，基层安则国家安，基层强则国家强。基层社会治理对于抵御各种风险，有其独特的优势，比如可以有效发动民众参与；可以将风险控制在小范围内来解决；基层社会是熟人社会，有着很强的社会信任，可以形成强大的凝聚力，在困难面前能够相互支持、相互帮助和相互鼓励等。2021 年 7 月印发的《中共中央 国务院关于加强基层治理体系和治理能力现代化建设的意见》，内容全面、政策力度大、可操作性强，为后续的基层治理现代化提供了政策指引和基础。也就是说，在面对各种风险、稳定和安全问题的时候，基层社会治理将承担起更多的责任和工作，2022 年各地政府都会将预防和解决稳定和安全问题列为基层治理的重点之一。

（四）共同富裕建设会从点到面推开，成为高质量发展的主要目标

2021 年中央启动了浙江作为共同富裕先行示范区的建设工作，从中央到浙江省对共同富裕示范建设有一些具体的部署，特别是浙江省对示范区进行了具体的规划。第一，浙江省还是在创造良好的营商环境上下功夫，为创业和就业创造更好的政策环境；第二，重点推进公共服务和基础设施均等化、高质量建设；第三，鼓励和促进社会慈善发展，助力共同富裕，这成为一个有力抓手；第四，乡村振兴与共同富裕有效衔接，解决共同富裕建设的最短板问题——乡村发展和富裕问题。浙江省的示范经验将有可能会分省市地逐渐向全国推广。2022 年，会有更多的省区市特别是沿海较为发达的省区市提出自己的共同富裕规划和实践路线图，内地一些省区市也会把共同富裕建设作为获得中央政策支持以及带动人们参与发展的机遇。特别是换届之后各地新上任的领导班子都会对标浙江共同富裕规划，提出基于本省区市情况的相应规划。再分配领域有可能是共同富裕政策的重要发力点，比如稳定房价、就业培训、劳动保障特别是对零工就业者的保障、公共服务均等化、就业创业支持、职业教育和技能培训优惠政策、环境生态补偿等方面有可能会有相应的新政策出台。与此同时，社会慈善事业将得到更多的重视和支持，参与社会慈善事业发展的企业、组织、个人会越来越多。

（五）巩固脱贫攻坚成果与乡村振兴发展有效对接，依然是一个需要继续强化的任务

国家把巩固脱贫攻坚成果与乡村振兴发展有效对接，给出了 5 年的时间，2022 年是第二年。从 2021 年的进展来看，脱贫攻坚的所有政策都得以保留，各地对预防返贫尤其是规模返贫，给予了高度的重视，采取了很多强有力的政策措施，基本上达到了预防效果。但是在实际工作中也碰到了一些困难和压力：一方面，一些建档立卡脱贫户外出务工的劳动力在就业中遭遇困难，影响了脱贫攻坚成果的巩固，更影响了脱贫后致富的可持续性，这对易地搬迁安置的脱贫户的冲击尤其大；另一方面，一些在脱贫攻坚上发挥很大作用

的脱贫产业出现后续动力不足，甚至出现失败的情况。当然这并不意味着所有地方都没有成功的案例，事实上，有部分地方在脱贫攻坚成果巩固与乡村振兴有效对接上做得很好，原因在于这些地方做成了一些产业，给当地的发展提供了可持续的保障。其做法是在市场主体与社会之间建立了有效的利益分享机制，为可持续发展奠定了有效的合作基础。虽然不是所有成功的案例都可以做成功的推广，但是它们的一些经验还是有参考价值的，特别是国家应该在生产性公共服务上加大投入，以更好地服务脱贫攻坚成果巩固与乡村振兴发展的有效对接。

（六）新型城镇化发展与城乡融合，将是未来推进共同富裕和乡村振兴两个发展战略的着力点和重点领域

新型城镇化发展从提出到现在，已经有 6 年以上时间，虽然取得了显著成效，但也遇到不少新问题。第一，大城市特别是超大城市，都出台了一系列吸引优秀人才的优惠政策，但在吸纳农村进城人口方面，或者说在进城农民工的市民化方面，还没有达到友好型、包容型城市的要求。第二，中小城镇目前对吸纳农村流动人口来说没有大的障碍，但因就业机会不多，吸引力也较弱。第三，农村流动人口担心市民化后会失去他们在乡村的利益，尽管现有政策确保他们在乡村的利益，但他们在乡村的利益得到兑现还不是很容易。

这里就涉及城乡融合的问题。城乡融合是乡村振兴发展战略的两大融合之一，是关键性和基础性的融合。没有城乡融合，就难以实现一二三产业融合，也就不能实现乡村振兴。目前，农村流动人口的"半城市化"问题，看起来是发展阶段问题，实质上还是城乡体制问题。所以，新型城镇化与城乡融合一并推进，需要更多的政策、体制改革和创新，也需要更多的公共服务和基础设施支持，才能消除城乡融合的障碍，形成让新型城镇化与乡村振兴实现同步发展的一种新型城乡融合格局，这是一个未来发展的大方向。

参考文献

公安部:《公安机关雷霆出击 打击跨境赌博取得重大突破》,https://baijiahao.baidu.com/s?id=1717380750457173962。

公安部:《今年前5月破获电信网络诈骗案件11.4万起》,https://www.mps.gov.cn/n2255079/n6865805/n7355741/n7355786/c7940837/content.html。

国家统计局:《2021年前三季度居民收入和消费支出情况》,http://www.stats.gov.cn/tjsj/zxfb/202110/t20211018_1822962.html。

国家统计局:《第七次全国人口普查主要数据情况》,http://www.stats.gov.cn/tjsj/zxfb/202105/t20210510_1817176.html。

国家统计局:《前三季度国民经济总体保持恢复态势》,http://www.stats.gov.cn/tjsj/zxfb/202110/t20211018_1822960.html。

国家统计局:《王萍萍:前三季度就业形势总体平稳》,http://www.stats.gov.cn/tjsj./sjjd/202110/t20211019_1823050.html。

《国家统计局:三季度大学毕业生入职就业增加,带动青年人失业率下降》,https://baijiahao.baidu.com/s?id=1713947783204734699&wfr=spider&for=pc。

国家统计局:《中华人民共和国2020年国民经济和社会发展统计公报》,http://www.gov.cn/xinwen/2021-02/28/content_5589283.htm。

任泽平:《中国生育报告:放开三孩,积极生育》,https://mp.weixin.qq.com/s/HLyzNOZ_aXLrUd0TxKBilw。

生态环境部:《中共中央办公厅 国务院办公厅印发〈关于深化生态保护补偿制度改革的意见〉》,http://mee.gov.cn/zcwj/zyygwj/202109/t20210913_936077.shtml。

《浙江高质量发展建设共同富裕示范区实施方案(2021—2025年)》,《浙江日报》2021年7月19日,https://baijiahao.baidu.com/s?id=1705706912769503546&wfr=spider&for=pc。

《陈一新:着眼把重大矛盾风险化解在市域 打造社会治理的"前线指挥部"》,中国长安网,http://www.chinapeace.gov.cn/chinapeace/c100007/2020-10/22/content_12406293。

shtml。

《关于进一步推动文化文物单位文化创意产品开发的若干措施》，中国政府网，http://www.gov.cn/zhengce/zhengceku/2021-08/31/content_5634552.htm。

《国家新闻出版署关于进一步严格管理切实防止未成年人沉迷网络游戏的通知》，中国政府网，http://www.gov.cn/zhengce/zhengceku/2021-09/01/content_5634661.htm。

《中共中央 国务院关于加强基层治理体系和治理能力现代化建设的意见》，中国政府网，http://www.gov.cn/zhengce/2021-07/11/content_5624201.htm。

发 展 篇

Reports on Social Development

B.2
2021 年中国城乡居民收入和消费报告

贾德刚 *

摘 要: 2021 年中国居民收入在多重考验下保持恢复性增长,城乡和地区
收入差距持续缩小;居民消费支出逐步改善,消费潜力仍待释放;
消费者信心总体较强,就业信心好于收入信心。近年来,国民收
入分配状况稳步好转,居民消费率续升后回调。为实现 2022 年及
"十四五"时期城乡居民收入和消费稳步增长,建议政府和有关部
门更加重视:坚定共同富裕方向,提升经济发展质量;鼓励勤劳
创新致富,稳定居民劳动收入;实施三孩延退政策,促进民生公
平持续;优化税收制度结构,增强居民消费能力;提高供给保障
水平,支撑消费稳步升级。

---

* 贾德刚,中国统计信息服务中心(国家统计局社情民意调查中心)统计师。

关键词： 恢复性增长　消费潜力　收入分配　劳动者报酬

2021 年以来，面对复杂严峻的国内外环境，在以习近平同志为核心的党中央坚强领导下，我国科学统筹疫情防控和经济社会发展，推进宏观政策跨周期调节，有效应对疫情汛情等多重考验，国民经济总体保持恢复态势，就业形势稳中向好，基本民生保障有力。在此过程中，城乡居民收入恢复性增长，消费支出逐步改善。

一　居民收入恢复性增长，城乡和地区收入差距持续缩小

（一）居民收入保持增长态势

2010~2020 年，全国居民人均可支配收入由 12519.5 元增加到 32188.8 元，尤其是在 2019 年跨过 3 万元大关后，2020 年克服疫情挑战实现继续增长。按可比价格计算，2011~2020 年累计增长 100.8%，年均增长 7.2%，达成了全体居民收入比 2010 年翻一番的目标。其中，城镇居民人均可支配收入由 18779.1 元增加到 43833.8 元，按可比价格计算，2011~2020 年累计增长 82.2%[①]，年均增长 6.2%；农村居民人均可支配收入由 6272.4 元增加到 17131.5 元，按可比价格计算，2011~2020 年累计增长 111.9%，年均增长 7.8%。农村居民收入实际增速连续 11 年快于城镇居民（见表 1）。2020 年国家贫困县农村居民人均可支配收入 12588 元，党的十八大以来年均名义增长 11.6%。我国历史性地解决了绝对贫困问题，全面建成了小康社会。

---

① 2012 年党的十八大提出实现 2020 年城乡居民人均收入比 2010 年翻一番的目标。2013~2020 年，我国城镇化快速发展，8 年时间城镇化率提高 10.79 个百分点，城乡居民的界定范围较 2012 年发生较大变化。同时，城乡居民人均可支配收入的细项指标中，城镇常住的外出从业人员寄回带回农村家庭的收入，对城镇是转移净收入的减项，对农村是转移净收入的增项。因此，不能机械地理解城乡居民人均收入 10 年翻番的目标。

年份	全国居民		城镇居民		农村居民	
	绝对数	指数	绝对数	指数	绝对数	指数
	（元）	（上年=100）	（元）	（上年=100）	（元）	（上年=100）
2010	12519.5	10.4	18779.1	7.7	6272.4	11.4
2011	14550.7	10.3	21426.9	8.4	7393.9	11.4
2012	16509.5	10.6	24126.7	9.6	8389.3	10.7
2013	18310.8	8.1	26467.0	7.0	9429.6	9.3
2014	20167.1	8.0	28843.9	6.8	10488.9	9.2
2015	21966.2	7.4	31194.8	6.6	11421.7	7.5
2016	23821.0	6.3	33616.2	5.6	12363.0	6.2
2017	25973.8	7.3	36396.2	6.5	13432.4	7.3
2018	28228.0	6.5	39250.8	5.6	14617.0	6.6
2019	30732.8	5.8	42358.8	5.0	16020.7	6.2
2020	32188.8	2.1	43833.8	1.2	17131.5	3.8

表1　2010~2020年居民人均可支配收入及实际增长情况

资料来源：《中国统计年鉴2021》。

2021年我国经受住多重考验，居民收入继续恢复性增长。第一季度，局地散发疫情影响有限，全国居民人均可支配收入增速延续上季度逐季上升态势，同比名义增长13.7%，考虑上年同期疫情冲击产生的低基数效应，第一季度两年平均名义和实际增速分别为7.0%和4.5%[①]。上半年，国民经济恢复带动居民收入较快增长，全国居民收入同比名义增长12.6%，两年平均名义和实际增速分别为7.4%和5.2%，高于一季度水平。第三季度多点散发疫情及洪涝灾害等抑制了经济有效运转，居民收入增长略有回调，前三季度全国居民收入26265元，同比名义增长10.4%，两年平均名义和实际增速分别为7.1%和5.1%，略低于上半年水平，两年平均实际增速与同期经济增速基本同步。农村居民收入增长继续快于城镇。前三季度，城镇居民人均可支配收入35946元，同比名义增长9.5%，两年平均名义增长6.1%；农村居民

———————

① 两年平均增速是指以2019年相应同期数为基数，采用几何平均的方法计算的增速。

人均可支配收入 13726 元，同比名义增长 11.6%，两年平均名义增长 8.7%，明显快于城镇居民。

（二）居民收入四项来源占比走势分化

近年来，居民转移净收入和财产净收入占比稳步提升。2015~2020 年，全国居民人均转移净收入占人均可支配收入的比重从 17.4% 升至 19.2%，提高 1.8 个百分点；2021 年前三季度为 18.6%，比疫情冲击下财政转移支付发挥较大作用的上年同期低 0.4 个百分点，但比疫情前 2019 年同期仍高 0.4 个百分点（见图 1）。2021 年继续提高退休人员基本养老金并按时足额发放，强化对困难群众的兜底保障等，前三季度全国居民人均转移净收入 4884 元，在上年同期较快增长的基础上继续增长 7.9%[①]，两年平均增长 8.4%，快于居民总体收入增速。2022 年起，20 世纪 60 年代生育高峰期人口陆续进入退休年龄，养老金呈现刚性增长态势，居民转移净收入占总体收入的比重将持续提高。

图 1　全国居民人均可支配收入来源结构

资料来源：国家统计局网站。

---

① 居民收入增速以下如无特别说明，均为同比名义增速。

2015~2020 年，全国居民人均财产净收入占人均可支配收入的比重从 7.9% 升至 8.7%，提高 0.8 个百分点；2021 年前三季度为 8.9%，在上年同期上升 0.3 个百分点的基础上续升 0.1 个百分点。居民财产净收入的主体是利息净收入，在金融机构人民币信贷收支表中，2021 年 9 月末住户存款与住户消费贷款差额为 47.5 万亿元，同比增长 10.3%，住户定期存款增长更快，推动居民利息收入相比利息支出继续较快增长。2021 年疫情负面影响衰减，住房租赁市场恢复，前三季度租赁房房租价格同比上升 0.3%，提振了居民出租房屋收入，也同时抬高了自有住房折算净租金。整体来看，前三季度全国居民人均财产净收入 2329 元，同比增长 11.4%，两年平均增长 9.3%，也快于居民总体收入增速。

居民经营净收入和工资性收入占比呈总体回落态势。2015~2020 年，全国居民人均经营净收入占人均可支配收入的比重从 18.0% 降至 16.5%，下降 1.5 个百分点；2021 年前三季度为 15.7%[①]，在上年同期明显降低 0.9 个百分点后回升 0.2 个百分点。2020 年以来，尽管农民出售生猪的价格显著下降，但出售玉米的价格呈持续上升态势，带动农民人均经营净收入稳步增长，2021 年前三季度在上年同期增长 4.5% 的基础上继续增长 6.7%。城镇个体工商户虽仍受散发疫情困扰，但 2021 年经营环境明显好于上年，同时继续享受减税降费倾斜政策，前三季度城镇居民人均经营净收入在上年同期下降 6.9% 后较快增长 17.1%，两年平均增长 4.4%。在治理平台经济无序扩张背景下，居民经营状况仍有恢复的空间。

2015~2020 年，全国居民人均工资性收入占人均可支配收入的比重从 56.7% 降至 55.7%，下降 1.0 个百分点；2021 年前三季度为 56.8%，在上年同期下降 0.2 个百分点后反弹 0.1 个百分点。2021 年在就业优先政策助力下，就业形势随经济恢复而不断改善。三季度末外出务工农村劳动力总量基本恢复到 2019 年同期水平，带动农村居民工资性收入较快增长；城镇调查失业率年内呈总体下降态势，9 月降至 4.9%，市场用工需求增加支撑城镇居民工资性收入稳定增长。前三季度，全国居民人均工资性收入 14917 元，同比增长

---

① 在季度发布的居民可支配收入中，不包含农业自产自用的实物收入，这部分实物收入仅年末进行计算。

10.6%，两年平均增长 7.0%，与居民总体收入增速相当。展望未来，在老龄少子化程度加深、劳动力总量逐步减少的情况下，居民工资性收入增长追赶总体收入增长面临较大压力。

（三）居民收入城乡地区差距持续缩小

1. 居民收入城乡相对差距加快缩小

21 世纪以来，我国城乡居民收入相对差距经历先扩大后震荡再持续缩小的走势。2002~2009 年，城乡居民收入比①（以农村居民收入为 1）连续 8 年呈现"3"以上的较大差距。2010 年农村居民人均可支配收入名义增速明显超过城镇居民，城乡居民收入比重返"2"时代。"十二五""十三五"时期，农村居民收入增速持续快于城镇居民，推动城乡居民收入比连续十年收窄，2020 年回落至 2.56，较 2010 年累计下降 0.43（见图 2）。从城乡居民收入比年度降幅看，2015~2017 年降幅较前期明显缩小，重要原因是这三年城镇化速度有所加快，农村较高收入者向城镇迁移对农村居民收入的拉低效应更大；2018~2020年降幅稳步扩大，2020 年下降 0.08，为十八大以来下降最快的一年，这得益

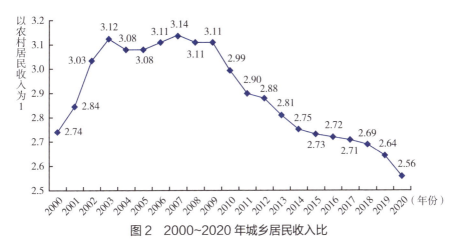

图 2　2000~2020 年城乡居民收入比

资料来源：《中国统计年鉴 2021》。

---

①　《中国统计年鉴 2021》指出，2013~2020 年人均可支配收入来源于住户收支与生活状况调查，1978~2012 年数据是根据历史数据按住户收支与生活状况调查可比口径推算获得。

于脱贫攻坚行动助推农村居民收入名义增速较城镇居民相对加快,三年分别快1.0个、1.7个和3.5个百分点。2021年前三季度我国城乡居民收入比为2.62,比上年同期下降0.05,城乡居民收入相对差距保持较快收窄势头。分省份来看,2020年浙江省城乡居民收入比为1.96,处于全国较低水平。2021年6月《中共中央 国务院关于支持浙江高质量发展建设共同富裕示范区的意见》发布,浙江落实中央意见精神,提出到2025年城乡居民收入比缩小到1.9以内。

2. 居民收入地区差距逐年缩小

"十三五"以来,在持续推进西部大开发、东北全面振兴、中部地区崛起、东部率先发展等战略作用下,我国区域发展协调性稳步增强,发展差距逐年缩小。2020年相较于2015年,西部地区居民人均可支配收入年均增长8.5%,比中部地区高0.5个百分点,比东部地区高0.6个百分点,比东北地区明显高2.4个百分点。相应地,2015~2020年,东部、中部、东北地区与西部地区居民人均收入比(以西部地区居民收入为1)分别由1.67、1.09、1.25缩小到1.62、1.07、1.11,地区间差距逐年缩小。需要指出的是,2020年湖北省受疫情影响较大,居民收入下降,延缓中部地区居民收入增长,本年中部与西部地区居民人均收入比收窄较多。2021年前三季度,东部、东北与西部地区居民人均收入比仍呈收窄态势,中部地区则是技术性回升。值得注意的是,"十三五"以来北方地区居民人均可支配收入增速持续慢于南方地区,2021年前三季度延续这一趋势,未来应注重提高北方地区经济活跃度、培育更加普惠共享的发展模式。

3. 居民收入中位数增长慢于平均数

居民收入平均数能直观简明地表示群体的收入一般情况,但易受收入极端值的影响,而收入中位数常用来描述群体的收入集中趋势。2019年全国居民人均可支配收入中位数增速加快并超过平均数增速,反映全国居民收入分配状况有所改善。2020年受疫情影响,全国居民收入中位数增速显著回落到3.8%,并低于平均数增速4.7%,在经济继续恢复和低基数状况下,2021年前三季度收入中位数增速虽反弹到8.0%,但较平均数增速10.4%的差距扩大(见图3),反映近两年全国居民收入分配状况有所恶化。同时,2018~2020年

图3　全国居民人均可支配收入平均数和中位数增长率

资料来源：国家统计局网站。

我国居民收入基尼系数先降后升，三年依次为 0.468、0.465 和 0.468。从居民收入五等份分组可深究收入分配状况的变化。2020 年城镇低收入组、中间偏下收入组家庭的收入增速明显低于总体水平，抵消本年农村高收入组家庭收入较快增长的影响，导致全国居民收入中位数增长迟缓，2021 年城镇中小企业、个体工商户仍受散发疫情、需求不足困扰，其从业人员收入恢复仍显乏力，拖累全国居民收入中位数增长。城镇中低收入户、农村高收入户是扩大全国中等收入群体规模的关键，我国在乡村振兴衔接脱贫攻坚整体提升农村居民收入的同时，应重视改善城镇中低收入者的生存环境、增强其发展能力。

二　居民消费支出逐步改善，消费潜力仍待释放

（一）居民消费支出逐步改善，服务消费基本恢复

1. 居民消费支出持续好转

2020 年，我国有效防控住新冠肺炎疫情，生产生活秩序稳步恢复，居民消费支出降幅逐季收窄，全年仅名义下降 1.6%，全国居民人均消费支出 21209.9 元，保持在 2 万元以上，"十三五"期间年均名义增长 6.2%。其中，

城镇居民人均消费支出27007.4元，比上年下降3.8%，"十三五"期间年均增长4.8%；农村居民人均消费支出13713.4元，比上年增长2.9%，"十三五"期间年均增长8.3%。农村居民消费支出增长持续快于城镇居民。

2021年，国民经济继续总体恢复，散发疫情防控精准有效，消费环境更加宽松，居民消费支出延续改善态势。前三季度，全国居民人均消费支出17275元，同比名义增长15.8%，两年平均名义增长5.7%，两年平均实际增长3.7%并比上半年同期高0.5个百分点，比一季度同期高2.3个百分点，不过仍低于2019年前三季度的实际增长率5.7%。分城乡看，2021年前三季度城镇居民人均消费支出21981元，同比名义增长14.2%，两年平均名义增长3.9%；农村居民人均消费支出11179元，同比名义增长18.6%，两年平均名义增长9.3%，增速继续快于城镇居民。

2. 恩格尔系数由升转降

2020年，全国居民人均食品烟酒消费支出6397.3元，在其他类别支出增速明显放缓或下降情况下，同比较快增长5.1%，占全国居民人均消费支出的比重（恩格尔系数）连续三年低于30%后，非常态地较2019年反弹2.0个百分点至30.2%（见图4）。其中，城镇居民人均食品烟酒支出7880.5元，同比

图4　全国居民人均消费支出结构

资料来源：国家统计局网站。

名义增长 1.9%；城镇居民恩格尔系数为 29.2%，虽比上年回升 1.6 个百分点，仍连续六年处于联合国标准下 20%~30% 的富足区间。农村居民人均食品烟酒支出 4479.4 元，同比名义增长 12.0%；农村居民恩格尔系数为 32.7%，比上年回升 2.7 个百分点。

2021 年前三季度，全国食品烟酒价格同比下降 0.5%，居民人均食品烟酒消费支出则在上年同期增长 5.5% 的基础上较快增长 13.2%。由于居家时间较多、猪肉等食品价格处于低位，居民加大了对该类别的消费。2021 年前三季度，在另七个类别消费支出明显恢复的情况下，全国居民恩格尔系数比上年同期回落 0.7 个百分点至 29.8%，仍高于 2019 年同期，居民消费结构完全恢复尚需时日。

3. 居民服务消费基本恢复

2020 年，全国居民人均服务性消费支出 9037.3 元，在持续多年较快增长后，受疫情冲击比上年名义下降 8.6%，明显弱于总体消费支出水平；占人均消费支出的比重为 42.6%，比上年回落 3.3 个百分点。相关类别中，人均教育文化娱乐支出 2032.2 元，比上年下降 19.1%，占人均消费支出的比重为 9.6%，比上年回落 2.1 个百分点（见图 4）；人均交通通信支出 2761.8 元，比上年下降 3.5%，占人均消费支出的比重为 13.0%，比上年回落 0.3 个百分点；人均医疗保健支出 1843.1 元，比上年下降 3.1%，占人均消费支出的比重为 8.7%，比上年回落 0.1 个百分点。

随着人员流动趋于正常，消费场景顺畅可及，居民服务消费基本恢复。2021 年上半年，全国居民人均交通通信支出、医疗保健支出、教育文化娱乐支出均超过疫情前 2019 年同期水平，三者两年平均分别名义增长 2.4%、3.9% 和 4.1%，前三季度前两者两年平均增速加快至 3.8% 和 4.9%，后者则放慢至 2.8%。应当注意，前三季度居民交通工具用燃料价格同比增长 13.0%，9 月同比增长 22.8%，用能成本上升推高了居民交通出行支出；而第三季度推出"双减"政策、推进校外培训机构专项治理，减轻了居民家庭教育支出负担。整体来看，前三季度全国居民人均服务性消费支出两年平均名义增长 4.5%，比同期居民总体消费增速尚低 1.2 个百分点。

（二）居民消费增量提质，保持健康环保理念

1. 居民食品消费量有增有减，食品消费结构趋向健康

全民参与防控疫情，居家时间更长，引致多品类食品消费量上升。2020年，全国居民人均谷物消费128.1公斤，比上年增加10.2公斤，增长近9%；相伴随的是，人均蔬菜及食用菌、禽类、蛋类、食用油分别消费103.7、12.7、12.8和10.4公斤，比上年分别增加5.1、1.9、2.1和0.9公斤，分别增长5%、18%、20%和9%左右。与之不同，2020年猪肉价格在上年显著提升后保持高位，全年全国居民人均猪肉消费18.2公斤，在上年明显下降后继续减少2.1公斤，城乡居民分别减少1.3和3.1公斤。当然，2021年前三季度生猪出栏量已恢复到与2018年同期相当，9月集贸市场猪肉价格同比下降近60%，降至22.5元/公斤，全年人均猪肉消费将回归2018年水平。2020年，全国居民人均薯类、豆类分别消费3.1和10.0公斤，比上年分别增加0.2和0.7公斤，农村居民豆类消费增长更快，消费量已基本追平城镇居民；全国居民人均干鲜瓜果类消费56.3公斤，在上年明显增加4.3公斤后保持平稳。

2. 居民耐用品消费继续渗透提质

生活家电继续普及渗透。2020年末，全国居民平均每百户拥有洗衣机、电冰箱和空调分别为96.7、101.8和117.7台，比上年末分别增加0.7、0.9和2.1台，在户均1台左右水平上继续提升；每百户拥有微波炉、排油烟机和热水器分别为41.0、60.9和90.4台，比上年末分别增加0.9、1.6和3.5台，农村后两者增长更快，分别增加1.9和4.5台。通信娱乐器材有效满足生活需要。2020年末，全国居民平均每百户移动电话拥有量253.8部，比上年末续增0.6部；每百户计算机拥有量54.2台，连续两年下降后回升1.0台；每百户照相机拥有量12.1台，比上年末减少0.1台，连续三年下降。

交通出行工具注重便捷环保。2020年末，全国居民平均每百户摩托车拥有量33.1辆，比上年末减少1.1辆；每百户电动车拥有量66.7辆，比上年末增加 2.8 辆，拥有量达到摩托车的两倍；每百户家用汽车拥有量 37.1 辆，比上年末增加 1.8 辆，增长逾 5%。2021 年汽车销售较快增长，继续提升居民汽车拥有量。根据中国汽车流通协会数据，前三季度我国狭义乘用车零售 1448.6 万辆，同比增长 12%，销量基本恢复到 2019 年同期水平；其中，新能源车零售 181.8 万辆，同比增长 2 倍，两年平均增速亦超 50%。

（三）居民消费倾向走低，消费潜力有待释放

2016 年以来，居民消费倾向呈整体回落走势。2021 年前三季度，全国居民人均消费支出占人均可支配收入的比重（居民消费倾向）为 65.8%，比上年同期反弹 3.0 个百分点，比 2019 年同期仍低 1.8 个百分点（见图 5）。其中，城镇居民消费倾向明显偏弱。2021 年前三季度，城镇居民消费倾向为 61.2%，比上年同期回升 2.6 个百分点，比 2019 年同期仍低 2.6 个百分点。"十三五"以来农村居民消费倾向明显走强。2021 年前三季度，农村居民消费倾向为 81.4%，显著高于全国总体水平，比上年同期提升 4.7 个百分点，并超过 2019 年同期。

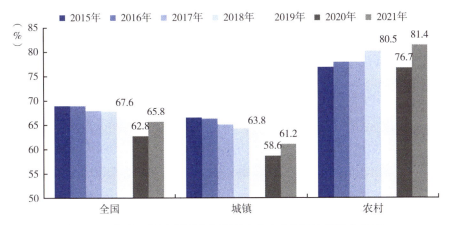

图 5　历年前三季度居民人均消费支出占人均可支配收入比重

资料来源：国家统计局网站。

三 消费者信心总体较强，就业信心强于收入信心

（一）消费者信心总体较强

国家统计局中国统计信息服务中心开展的中国消费者信心调查[①] 显示，"十三五"以来，中国消费者信心指数在明显走强后呈持续高位波动特征。具体来看，2017 年消费者信心指数突破上年的 100~110 点偏乐观区间，于四季度达到 120 点较高景气水平，2018 年受中美经贸摩擦影响在 6~10 月略低于 120 点，2019 年个税改革利好支撑指数保持在 120 点以上，2020 年上半年受疫情冲击，6 月指数波动回落到 112.6，下半年统筹疫情防控和经济社会发展成效推动指数"V"形反转，四季度站稳 120 点。

2021 年国民经济延续恢复态势，上半年各月消费者信心指数均在 120 点以上，2 月"就地过年"等因素提振指数升上历史高点 127.0；受局部地区散发疫情、洪涝灾害等影响，7 月消费者信心指数较上月明显回落 5.0 点至 117.8，8 月续降 0.3 点，但仍明显高于临界值 100；9 月服务业经营状况修复、中秋国庆双节来临推动指数重返较高景气区间，回升到 121.2（见图 6）。前三季度消费者信心总体较强，继续支持消费市场恢复和展示消费在经济运行中的基础性作用。

（二）消费者就业信心保持高水平

2021 年前三季度，我国城镇新增就业 1045 万人，已接近新增 1100 万人以上的全年目标。前三季度消费者就业信心也保持在高水平，各月指数均超过 124。其中，2 月就业信心指数达到上年中触底回升以来的最高值，为 132.8，上半年其他各月指数均在 128 左右。7 月就业信心指数环比下降 3.6 点，

[①] 中国统计信息服务中心针对 19~64 岁城乡常住居民，以电话调查方式开展月度消费者信心调查。编制的中国消费者信心指数由就业信心、收入信心和消费意愿指数构成，指数取值均在"0~200"，"0"表示"极端悲观"，"200"表示"极端乐观"，"100"为"乐观"和"悲观"的临界值。指数大于 100 时，表明消费者趋于乐观，越接近 200，乐观程度越高；小于 100 时，表明消费者趋于悲观，越接近 0，悲观程度越深。

图 6　中国消费者信心指数

资料来源:《中国经济景气月报》。

降幅相对较大，8 月再降 0.7 点至 124.3，尽管疫情汛情扰动了局地生产生活秩序，"双减"政策下教培行业部分从业人员面临转岗，房地产市场降温引致产业链条裁员，但减负稳岗扩就业政策稳定了总体就业形势，居民就业信心仍处高水平。9 月高校毕业生陆续落实工作，疫情汛情影响减弱，出口形势较为有利，消费者就业信心增强，回升至 127.6。

（三）消费者收入信心显现韧性

2021 年上半年，消费者收入信心指数各月均在 118 以上，"就地过年"带给流动人口额外收入，增强了 1~2 月居民收入信心，两月指数分别为 121.5 和 124.2。7 月，与就业信心走低相伴的是收入信心回落，当月收入信心指数环比下降 4.7 点至 114.1，降幅明显大于就业信心指数，8 月指数为 114.0。在我国就业人口逐年小幅减少背景下，当前虽有周期性、结构性、自然界因素扰动，居民就业信心仍能保持高位，收入信心也明显高于荣枯水平。9 月服务业经营状况改善，消费者收入信心指数反弹至 117.2。

（四）居民消费意愿持续震荡

2020 年四季度，居民消费意愿指数随就业和收入形势好转升到 110 以上。

2021 年前三季度，消费意愿指数围绕 110 点震荡。2 月在春节假日及"就地过年"刺激下，消费意愿指数飙出高点 113.7，随后连续两个月回落，4 月降至 107.8。5 月"消费促进月"系列活动激发了居民消费热情，指数反弹 3.0点至 110.8，6 月猪肉价格显著回落等因素推动指数继续升至 112.9。7 月局部地区疫情有所扩散，居民积极预防疫情和调整消费行为，消费意愿指数较上月显著回落 7.5 点至 105.4，8 月局地疫情得到有效控制，指数修复至 107.0，9 月指数随就业、收入信心增强进一步提高到 110.2。当前环境下，提振居民消费意愿并非易事。央行城镇储户调查结果也显示，2021 年三季度，居民在消费、储蓄和投资意向选择中，倾向于"更多消费"的占 24.1%，比上年同期略高 0.6 个百分点，但比 2019 年同期低 3.6 个百分点。

四 国民收入分配状况稳步好转，居民消费率续升后回调

我们既要微观上观察居民收入水平、消费状况、心理情绪变化，也要宏观上评估居民整体在国民收入分配、国内需求格局中的地位。

（一）住户部门收入份额持续提升

国民收入分配最终形成非金融企业部门、金融机构部门、广义政府部门、住户部门这四个机构部门的收入。近年来我国深入推进收入分配体制机制改革，住户部门在国民收入分配中的份额呈持续上升态势（见图 7）。初次分配反映生产要素所有者及政府对增加值的分配，2019 年住户部门在初次分配总收入中的占比为 61.4%，比上年提高 0.3 个百分点，2010 年形成"双底"后已连续 9 年稳中有升，居民整体分享了更多的要素收入蛋糕。再分配是在初次分配基础上，进行所得税、财产税等经常税以及社会保险缴款、社会保险福利、社会补助等调节，形成各部门的可支配总收入。2019 年住户部门在可支配总收入中的占比为 60.3%，比上年明显提高 0.9 个百分点，提高的原因主要是社保福利稳步增长，个税改革政策合计减税超 4600 亿元，

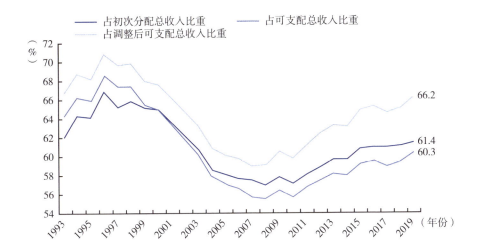

图 7　1993~2019 年住户部门在国民收入分配中的份额

资料来源:《中国统计年鉴 2021》。

使 2.5 亿纳税人直接受益。

广义政府部门还会免费或以没有显著经济意义的价格向居民提供消费性货物和服务（如义务教育服务、免费接种疫苗），经此实物社会转移后，形成各部门调整后可支配总收入。2019 年住户部门在调整后可支配总收入中的占比为 66.2%，比上年明显提高 1.1 个百分点，与调整前相比，比重差值由比 2010 年的高出 4.1 个百分点扩大到 5.9 个百分点。2019 年实物社会转移超过 5.8 万亿元，明显优化了住户部门的收入分配状况。需要指出的是，社会慈善组织可归入广义政府部门所包含的为住户服务的非营利机构。中国慈善联合会数据显示，2019 年内地接收款物捐赠逾 1500 亿元。三次分配助力改善了国民收入和财富分配格局。

（二）劳动报酬在初次分配中的比重稳中有升

从要素贡献看，劳动者报酬是住户部门收入主要来源，近年来占比保持在 85% 左右。提高劳动报酬在初次分配中的比重，可有效改善住户部门在部门间的收入分配地位。2019 年，国内劳动者报酬为 51.35 万亿元，占初次分

配总收入的比重 ① 为 52.2%，连续两年提升后追平 2016 年，明显高于 2011 年的 47.5%（见图 8）。主要原因是劳动者报酬增长相对较快，2012~2019 年年均名义增长 11.0%，明显快于初次分配总收入的增速 9.7%。相较而言，由于近几年减税力度较大，四部门生产税净额增长较慢，这八年仅年均增长 5.8%；2012年、2014 年、2015 年多次调降存贷款基准利率，作为四部门财产收入主体的利息收入也增长较慢，仅年均增长 6.1%。税率、利率下调空间收窄，未来提高劳动报酬在初次分配中的比重，有赖于劳动要素收入自身继续较快增长。

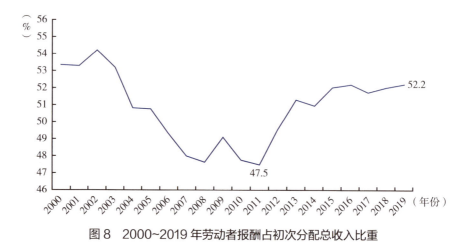

图 8　2000~2019 年劳动者报酬占初次分配总收入比重

资料来源：国家统计局网站。

（三）居民消费率续升后回调

构建以国内大循环为主体的新发展格局，须增强消费对经济发展的基础性作用。但近两年，新冠肺炎疫情扰动了居民消费在经济总量中的份额上升势头。2020 年，我国最终消费率即居民和政府消费支出合计占支出法 GDP 的

---

① 这里用"劳动者报酬占初次分配总收入比重"指标，与政策文件"提高劳动报酬在初次分配中的比重"要求保持一致。考虑到初次分配总收入（或者国民总收入 GNI）与 GDP 规模相差不大，该指标也可近似表示劳动者报酬占收入法 GDP（包括劳动者报酬、生产税净额、固定资产折旧和营业盈余四项）的比重。

比重为 54.3%，比上年回落 1.5 个百分点；其中，居民最终消费率为 37.7%，比上年回落 1.4 个百分点，为消费份额收缩主因，打破了 2010 年触底 34.6% 以来的稳步上行走势。从增量看，2020 年最终消费支出对经济增长的贡献率为 -22.0%，下拉经济增速 0.5 个百分点，居民消费支出因占最终消费支出的大头，是下拉主力；形成鲜明对比的是，货物和服务净出口的贡献率为 28.0%，拉动经济增速上升 0.7 个百分点，国际循环促进了经济增长。2021 年前三季度，居民消费支出逐步改善，最终消费支出对经济增长的贡献率反弹为 64.8%。未来应有效激发居民消费潜力，维护国民经济总体恢复态势。

五　实现城乡居民收入和消费稳步增长的建议

为实现 2022 年及"十四五"时期我国城乡居民收入和消费稳步增长，建议政府和有关部门更加重视以下几方面。

（一）坚定共同富裕方向，提升经济发展质量

着力解决收入领域不平衡不充分问题，促进全体人民共同富裕。有效衔接乡村振兴与脱贫攻坚，巩固提升农民收入，继续缩小农村与城镇的差距；推动黄河流域产业跃升、东北振兴重点突破，加快北方地区居民收入增长，逐步缩小与南方差距；提升重点群体就业质量，提振生活性服务业从业人员收入，推动中等收入群体规模从 4 亿人扩大到占全国主体。以共同富裕助推形成强大国内市场，支撑科技自立自强，巩固完善产业体系，促进实现经济高质量发展。

（二）鼓励勤劳创新致富，稳定居民劳动收入

继续强化就业优先宏观政策，有力支持高校毕业生、退役军人、农民工就业，健全工资合理增长机制，巩固居民劳动收入来源基础。体认"就地过年"经济效果，延长流动人口有效工龄，加快以人为核心的城镇化，促进新市民人力资本积累和收入增长。改善城镇中低收入群体就业环境，稳定个体

工商户、中小微企业税收优惠政策，制止平台经济垄断和无序扩张，形成合理市场竞争格局。增强国有企业发展活力，实行国企全员绩效管理，形成市场化薪酬分配机制。强化高中大学理工科素质培养，加快发展现代职业教育，支撑高端制造业、现代服务业发展，创造更多高质量就业机会。充分体现知识、技术等创新要素价值，构建其收益分享机制，激发科技人员创新热情。

（三）实施三孩延退政策，促进民生公平持续

居民收入来源结构趋势反映了老龄少子化压力。把握"90后"规模仍较大的时机，加快落实三孩生育政策，构建良好婚恋观家庭观，强化普惠托育服务、优质教育供给，保障三孩父母就业合法权益，有效释放居民生育潜能，保持经济消费活力。为应对"60后"退休高峰来临，缓解社保基金收支压力，增强财力可持续性，并充分发挥人力资源作用，可分类分步弹性实施延迟法定退休年龄。考虑将生育多孩和退休年龄适当挂钩，匹配照护需求和照护成本，促进代际和谐。

（四）优化税收制度结构，增强居民消费能力

推动税制结构从间接税为主向间接税、直接税并重转变。可适度下调增值税税率，降低商品和服务含税价，减轻中低收入者负担，巩固产业链供应链优势；顺应消费升级需要，改进消费税征收范围和税率，做大消费市场规模；从日常消费品和大宗产品开始，逐步缩减出口退税适用范围，促进国内经济循环。加大所得税、财产税调节力度。扩大个人所得税综合征收范围，考虑降低最高边际税率，依法依规有效征管；强化住房消费属性，积极稳妥推进房地产税立法，做好部分地区改革试点工作；研究开征遗产税和赠与税。

（五）提高供给保障水平，支撑消费稳步升级

加强农业综合生产能力建设，保障重要农产品供给安全，完善猪肉等储备调节机制，稳定居民食品价格预期，免除消费升级后顾之忧。推进电网智能化改造，有序布局充电桩、停车场，提升新能源消储能力，突破芯片等关

键技术，匹配新能源汽车快速增长需求。提升旅游、文化、体育、健康、养老、教育等服务供给质量，满足共同富裕下人民日益增长的美好生活需要以及境外回流需求。5G 网络规模化部署下，针对疫后消费习惯转变，积极开发新业态新模式，引领创造居民新需求。

参考文献

中华人民共和国国家统计局编《中国统计年鉴 2021》，中国统计出版社，2021。

国家统计局网站发布 2021 年各季度《居民收入和消费支出情况》新闻稿及解读稿。

国家统计局中国经济景气监测中心编《中国经济景气月报》2021 年第 10 期。

李培林、陈光金、王春光主编《2021 年中国社会形势分析与预测》，社会科学文献出版社，2020。

B.3
2021 年就业形势与未来展望

陈　云*

摘　要： 2021 年，在新冠肺炎疫情持续影响和国内外宏观经济不确定性多重压力下，就业局势保持总体稳定，城镇新增就业稳步增长、失业率逐步恢复到较低水平，重点群体就业基本稳定，企业员工工作时间回升，工资水平有所上涨。但同时就业增长尚未恢复到疫情前水平，部分服务业等用工趋弱，中小企业经营困境难解、用工需求趋减，政策监管、供应链紧缩等因素引致点上失业风险增加，部分群体就业仍然面临困难。下一步就业形势保持总体稳定具有经济基本支撑和政策服务保障等有利条件，但也面临人口老龄化、产业数字化、新型城镇化、就业多元化、新的全球化等各方面因素的影响，就业面临复杂局势。需要进一步强化就业优先导向宏观政策支持，加强就业与经济社会政策协同，加大结构性政策支持力度，对受疫情影响的重点行业、地区、中小微市场主体提供持续政策支持，为重点群体提供精准政策帮扶，完善高标准劳动力市场，提高匹配效率，着力推进实现更加充分、更高质量就业。

关键词： 就业形势　失业率　新冠肺炎疫情　劳动力市场　人口老龄化

---

* 陈云，中国劳动和社会保障科学研究院就业创业研究室主任，副研究员，主要研究方向为就业创业和社会政策。

2021 年，在新冠肺炎疫情持续、国内外宏观经济不确定性加强、各类突发自然灾害频繁等背景下，我国就业形势承受多重压力，保持了总体局势的基本稳定，也面临一些新问题、新挑战。

一　当前就业形势总体稳定

随着经济持续稳定恢复，劳动力市场保持稳定复苏态势，就业增长、失业水平等反映就业形势的主要指标运行在正常区间，重点群体就业稳定。

（一）就业局势保护总体稳定

一是城镇新增就业保持稳定增长（见图 1）。城镇新增就业反映经济部门提供就业机会、吸纳就业人员的能力。1~10 月城镇新增就业人数 1133 万人，同比增加 124 万人，同比增幅 12.3%，提前完成全年目标任务。①

图 1　2017~2021 年分季度新增就业人数

①　本文城镇新增就业、城镇调查失业率、外出农村劳动力、劳动力市场供求、周工作时间、工资性收入、从业人员指数等相关数据主要来源于人力资源和社会保障部、国家统计局发布的数据。

二是失业水平恢复低位。1~10月，全国城镇调查失业率平均为5.1%。城镇调查失业率从2月的5.5%逐步回落，10月为4.9%，比上年同期低0.4个百分点，比2019年同期低0.4个百分点（见图2）。从登记失业情况看，三季度末城镇登记失业人数比上年同期减少110万人，城镇登记失业率3.88%，比上年同期下降0.31个百分点。总体上看，全国失业水平已恢复到疫情前低水平运行状态。

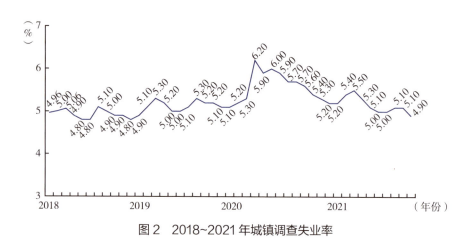

图2　2018~2021年城镇调查失业率

三是重点群体就业基本稳定。高校毕业生就业形势保持基本平稳，青年失业率出现明显下降，三季度16~24岁年轻人的失业率持续回落，从7月的16.2%降至10月的14.2%，回落了2个百分点。登记离校未就业毕业生同比减少。三季度末，外出务工农村劳动力总量18303万人，比二季度末增加70万人。10月外来户籍人口调查失业率4.8%。1~9月城镇失业人员再就业412万人，就业困难人员就业130万人，同比增长17.0%和13%。脱贫劳动力务工总量达到3085万人，超过上年。

四是市场供求动态平衡，企业用工保持稳定。部分市场机构招聘数据显示，三季度招聘需求保持增长，环比增加0.4%，比2019年同期增加1.1%。从企业实际用工看，监测企业岗位数量没有出现大幅波动，各行业和各地区监测企业岗位增减幅度在正常区间，企业招工和减员数量基本保持动态平衡，没有出现持续或大范围的规模性裁员现象。国家统计局调查显示，企业员工周平均工作时间逐步恢复增加，三季度平均达到 47.7 小时，比二季度增加 0.6 小时。10 月周平均工作时间更达到 48.6 小时的高位（见图 3）。

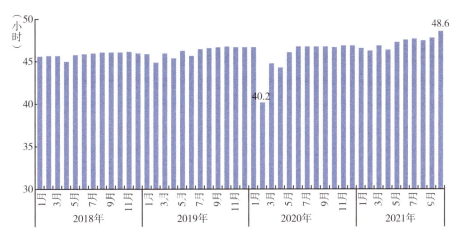

图 3　2018~2021 年企业就业人员周平均工作时间

五是工资水平稳中有增（见图 4）。国家统计局数据显示，前三季度全国居民人均工资性收入同比名义增长 10.6%。招聘机构智联招聘发布的调查数据显示，2021 年第三季度全国平均招聘薪酬达 9739 元 / 月，环比上涨 4.2%，同比升高 12.1%。企业薪酬调查数据也显示企业员工工资保持增长态势。这表明就业人员工资水平和劳动力市场价格总体保持稳定增长。

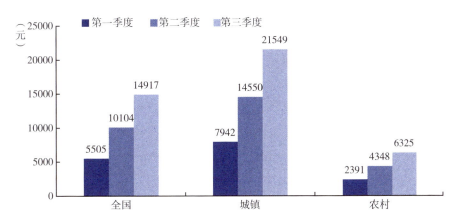

图 4　2021 年前三季度居民人均工资性收入

（二）一些突出问题仍需高度关注

一是就业增长尚未完全恢复，增长动力亟待加强。2021年《政府工作报告》确定的城镇新增就业目标为1100万人，10月城镇新增就业提前完成全年目标。但与疫情前的2019年同期比，仍少60万人，减少5%。说明就业增长尚未恢复到疫情前水平。特别是受局部疫情反复和严重汛情等影响，一些地区劳动力市场受到较大冲击，就业增长很不稳定，个别地区调查失业率显著升高。同时，居民就业感受指数和就业预期指数在三季度出现下降，显示社会对当前就业形势的信心不足。

二是服务业稳岗就业压力持续加大。近年来，服务业从业人员增加，一直是就业增长的主要来源。新冠肺炎疫情突发后，社会消费需求受到抑制，尤其服务业消费受到持续冲击，社会消费品零售总额增速回落，批发零售、住宿餐饮等行业复苏更趋艰难。疫情发生以来，非制造业从业人员指数持续处于50以下，且低于制造业从业人员指数，2021年8月更降低至47.0，10月虽略有回升至47.5，但仍是近年来的低位（见图5）。这显示三季度非制造业用工流失仍在持续扩大。

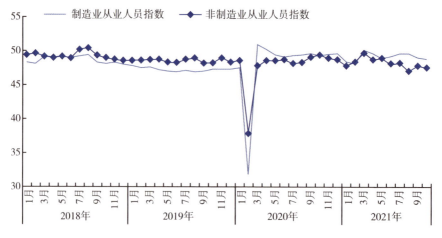

图5　2018~2021年制造业与非制造业从业人员指数变化情况

三是中小企业压力仍持续加大，用工需求不振。中小企业发展指数三季度仍延续上季度回落走势，降至 86.7，比上季度下降 0.5 点，低于上年同期和 2019 年同期水平（见图 6）。且各个行业指数和分项指数均全面下降，表明中小企业恢复速度继续放缓。三季度劳动力指数为 105.2，比上季度下降 0.2 点。其中，需求指数为 99.0，下降 0.6 点；供应指数为 111.4，上升 0.3 点，[①] 劳动力供应上升、需求下降，显示企业用工需求趋软、劳动力市场供需矛盾趋紧。监测企业数据也显示，300 人以下中小企业岗位呈持续流失态势。

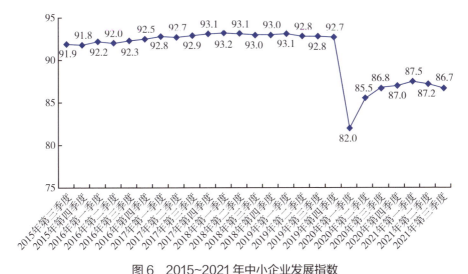

图 6　2015~2021 年中小企业发展指数

资料来源：中国中小企业协会。

四是群体就业仍面临困难。青年就业始终是影响就业稳定的重要方面，青年调查失业率波动幅度大，且长期处于相对高位，是总体调查失业率的 2~3 倍。特别是高校毕业生就业中群体就业差异加大，部分专业和高校毕业生就业难度较大，失业率居高不下。2022 年应届毕业生达到 1076 万人，比上年增

---

① 数据来源：《10 月中小企业发展指数继续回落》，中国中小企业协会网，https://www.ca-sme. org/content/Content/index/id/33004。

加 176 万人。在往届离校未就业人员累积和应届毕业生规模增加情况下，就业压力有增无减。同时，市场供求数据显示，大龄劳动者求职困难，就业压力持续加大。市场招聘机构数据显示，三季度，35 岁以上求职者较 2019 年同期增加 39%，其中 55 岁以上增加 109%，分别比二季度提高 11 个百分点和 16 个百分点。公共人力资源服务机构中大龄劳动者的求人倍率也长期处于低位，岗位需求少于求职人数。同时女性劳动者失业率也高出总体失业率 1 个百分点以上。随着三孩政策放开，部分育龄青年女性求职难度或将进一步增大。

五是政策监管和供应链紧缩等因素引致点上失业风险增加。三季度以来随着教培行业、互联网平台企业、网络游戏行业和房地产业等监管政策加强，跨境电商遭遇国外平台关停，部分地区、部分企业用电用气受限，加之缺芯少料，部分零部件供应链短缺，能源和大宗商品价格上涨等影响，地区性、行业性生产经营和用工受到一定影响，部分企业员工流失率抬升、减员增多。下一步，一些企业可能利用年底自然减员进一步缩减用人规模，员工转岗转业求职或将增多。

二 未来就业发展的影响因素、机遇与挑战

纵观我国未来就业形势发展，在较长一个时期内就业总量高位承压、结构性矛盾"常态常新"。宏观经济社会环境影响因素更加复杂，就业保持总体稳定态势有良好基础和条件，同时，不确定性挑战和潜在风险也不容忽视。

（一）保持就业稳定，实现更加充分更高质量就业目标有根本保障和基础条件

一是有坚强的政治领导与制度保障。党中央国务院高度重视就业问题，将就业稳定作为发展规划和宏观调控的优先目标，将就业工作作为政府责任和工作评价的重要方面，有利于推动各部门履职尽责，发挥社会各方面

积极性，凝聚就业工作合力，充分体现制度优势和治理效能的作用。党的十八大以来逐步明确了实现"更加充分更高质量的就业"目标，并将其作为"十四五"时期实现"民生福祉达到新水平"的重要内容。

二是有坚实的经济与社会发展基础。我国经济已由高速增长转向高质量发展阶段，社会大局稳定。宏观经济基本面保持稳定态势不会改变，经济规模还将进一步明显扩大，经济结构将进一步优化，物质基础坚实，市场空间广阔，发展韧性强劲。当前，我国统筹疫情防控和经济社会发展成果持续显现，经济运行稳定恢复，有力拉动就业复苏。从主要经济指标数据看，2021年经济开局良好、走势稳中加固。构建"双循环"新发展格局有利于充分开发和利用国内国际两种资源、两个市场，为促进劳动者就业提供更多机会和广阔空间；创新驱动的新技术、新经济、新业态加速发展，为持续扩大开放和深化改革拓展更多空间；科技创新能力提升、绿色发展加快、城乡区域协调发展加速推进，将提供新的增长空间和增强发展韧性；大规模职业培训提升劳动者就业创业能力；等等。

三是有力的政策与服务支撑。就业优先政策体系不断丰富，并根据不同时期就业形势变化不断完善，2021年以来，国家先后出台了延续实施部分减负稳岗扩就业政策举措、加强就业帮扶助力乡村振兴意见等，创新做好高校毕业生、农业转移劳动力、城镇困难人员等重点群体就业工作措施。为建立更加充分更高质量就业的促进机制提供了强有力的政策保障。人力资源市场和公共就业服务体系更加健全，全方位的就业服务普遍开展，持续开展"春风行动""百日千万网络招聘行动"等系列服务活动，促进了人力资源的有效配置，为更加充分更高质量就业的实现搭建了服务平台。

四是世界经济复苏将改善外部环境。随着全球范围内新冠疫苗的有效部署和疫情更广泛地得到有效控制，世界经济社会秩序将得到更好恢复，全球供应网络逐步有效运行，疫情抑制的部分消费需求将逐步释放。世界银行、国际货币基金组织（IMF）等重要国际机构或组织均发布全球经济展望报告，预测2021年全球经济会重回正增长，全球经济产出将超过新冠肺炎疫情大流行前的水平。

（二）就业局势仍面临复杂形势和风险

同时也要看到，我国经济运行环境复杂严峻、国内外宏观经济不确定性增加对就业的影响不容忽视。从外部环境看，世界范围内疫情仍在持续，国外疫苗和防疫不足问题难以短期解决，对整体经济复苏和秩序恢复仍将产生不利影响，疫情衍生的各种"次生灾害"，都将对经济和就业产生多轮冲击；一些国家实施的无限量宽松金融政策有可能造成风险外溢，带来新的外部风险，金融和经济秩序不确定性增加。疫情催化的全球经济产业链供应链变化和经济结构调整乃至冲突可能加速加剧，对全球投资和产业产能重组造成持续影响。美国及其部分盟国对我国进行打压遏阻势头增强、外部影响的不确定性风险增加。这些都将对我国部分行业、地区的企业生产经营，以及部分群体就业产生影响，造成持续性损伤。

从国内情况看，目前经济复苏动能仍然不足，通货膨胀预期加大，对扩大社会消费形成压力，特别是对服务行业的影响持续加大；金融风险防控和地方债务进入井喷期、财政支出压缩等对公共投入和地方项目投资等可能产生影响。同时，更深层次的疫情引起或催生的技术变革、社会心理文化层面因素对就业的影响也逐步显现。影响就业局势的从疫情单一因素向多重因素叠加转变，影响效应从短期化向长期化转变，结构性、摩擦性、周期性以及政策性问题仍将相互交织。加之，制约就业的制度性障碍依然存在，一些长期和阶段性问题更加凸显。稳定和改善就业形势仍面临很大困难，复杂严峻的问题和风险不容忽视。

（三）未来就业发展面临诸多因素影响与挑战

一是人口因素变化带来的挑战。第七次人口普查结果显示，今后一个时期，劳动年龄人口总量依然庞大，每年新成长劳动力仍将保持在 1000 万~1500万人，而老龄化速度的加快将导致劳动力人口高龄化。老龄化反映的是整个人口结构的变化，包括劳动年龄人口大龄化、青年劳动人口数量和占比减少等。从劳动年龄人口变化情况看，2010 年到 2020 年，16~59 岁人口减少

3881.6 万人，年均减少 388 万多人。从年龄构成看，主要是 16~24 岁和 35~44 岁年龄段人口出现大幅减少，其他年龄段有所增加（见图 7）。①

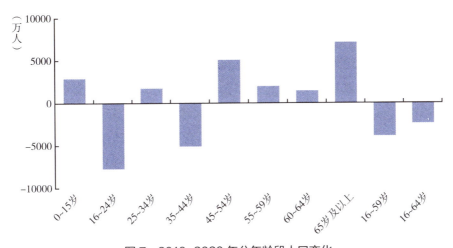

图 7　2010~2020 年分年龄段人口变化

人口结构的巨大变化，对社会抚养比、劳动力供给以及整个经济社会发展会产生深刻影响，也必然对就业产生直接和间接的广泛影响。由此带来的新问题是：一方面，劳动年龄人口虽然减少，但规模仍庞大，总量压力持续保持在高位，为实现社会充分就业目标，要以适度的经济发展来维持大规模的就业；另一方面，随着近年我国劳动年龄人口由增转减，就业增长模式将由增量扩张向存量开发转变，要充分开发劳动力资源潜力，通过提高劳动参与率和全要素生产率，为保持经济持续高质量发展提供条件。同时，新生劳动力和青壮年熟练劳动力的大幅减少，与劳动人口的大龄化趋势加快，加剧了劳动力市场供求结构性矛盾。为应对老龄化而可能实施的生育和退休政策调整，也将对生育期女性和老年劳动力的就业带来挑战。在人口代际结构变化的同时，人口的教育技能素质结构变化、人口行业和区域分布不均衡、人口流动性增加等也将对劳动力市场的有序稳定运行提出新挑战。

---

① 数据根据第六次人口普查和第七次人口普查数据加工计算。

二是城乡产业结构调整带来的挑战。城乡发展的不平衡一直是我国就业结构最突出的矛盾和问题。农村劳动力转移就业、农村人口城镇化，是改革开放以来我国经济社会发展的核心动力之一。目前，我国城乡和产业劳动力分布比例仍然不太合理，乡村地区和农业部门从业人员比例较高，乡村就业人员占比超过40%，第一产业就业人员占比仍超过1/4。但从乡村就业人口构成看，由于农村老年人劳动参与率比较高，在就业人员中占有较大比例，其向城镇和非农产业转移就业机会少。前些年，我国常住人口城镇化率年均增幅都在1个百分点以上。近年来农民工总量增长放缓、进城意愿呈总体下降态势，2019年农民工总量增加241万人，比2010年的1245万人少增加了1000多万人。东、中、西部地区农民工数量和占比发生变化，农民工外出半径缩小，就地就近就业增加（见图8）。"十四五"时期城镇化率的增速可能会有所下降。新型城镇化发展将从规模高速发展向质量内涵提升发展转变。如何真正落实好新型城镇化要求，化解城乡之间体制机制障碍，进一步开发和利用农民劳动力，促进就业人员的城乡结构、产业结构进一步优化调整，为经济社会发展提供更多的人口红利，仍是需要深入研究的课题。城镇化发展的新格局也将引起城市或城市群之间新的人力资源竞争和争夺，区域经济发展与人口就业之间的矛盾会更加突出。

三是科技革命与产业数字化带来新的挑战。新一轮技术革命以数字化、智能化、工业自动化、互联网产业化、工业一体化为代表。数字技术产业本身的发展，还有数字化技术与传统产业的融合发展，推动包括制造业、服务业等在内的整个经济部门的数字化转型，技术应用迭代升级，必然对劳动力市场需求结构产生深刻影响。科技革新和产业升级对就业的影响既有"促进效应"和"改造效应"，也有"替代效应"，目前这几种效应正在我国劳动力市场上叠加显现，其给就业带来的挑战需尽早采取措施应对。一方面，产业升级转型，特别是跨界融合发展，为就业创造了许多新的空间和机会，要形成以开放共享随机协同为特征的就业资源与就业机会配置的新机制，为新的就业形态提供内在动力和基础；另一方面，新技术和产业变革对劳动者知识、技能和素质提出新的要求，带来了产业转型升级过程中技术性失业和结构性

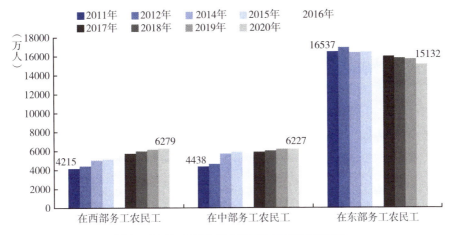

图 8　2011~2020 年分地区务工农民工数量

数据来源：国家统计局发布的年度农民工监测报告，缺 2013 年数据。

失业风险增加、劳动力市场进一步分化和内卷的挑战，要避免新产业、新业态发展过程中的不稳定性带来失业风险，防止部分低知识技能水平劳动者被边缘化，造成劳动权益受损和劳动力市场从"灵活"滑入"失序"。

四是开放型经济与全球化新趋势的挑战。经过 40 多年的改革开放，我国经济与世界经济实现了深度融合，在全球化经济体系分工中扮演重要角色的同时，也形成了特有的产业结构体系。如今的世界局势风云变幻，世界经济结构也处于一个调整与变革并进的阶段，全球化出现了新的变局。国际竞争加剧，产业布局不断调整，产业链、价值链和供应链正在面临新一轮的"洗牌"，其中不仅有发达国家正在推进的"再工业化"带来的制造业回流，也有国际产业转移和国际分工的重新调整等多种形式，"卡脖子"、"掉链子"等现象影响企业正常生产和用工情况或时有发生。经济全球化和世界多极化的动态演进会在一定程度上影响到我国未来的经济发展和社会就业。在构建新发展格局中，既要充分利用好国内、国际两个市场、两种资源，拓展就业渠道、增加就业机会、优化就业结构；又要适应这种经济发展格局的大变动，化解变动、竞争甚至对抗与冲突中的就业风险。

五是就业形态和观念变化带来的挑战。劳动力供给结构的变化、主要劳动者群体的代际更替，以及产业和技术变革带来的需求变化，从供需两端对原有的就业形态和就业结构进行改造，就业观念、就业方式的多元化趋势更加明显。劳动力市场更加灵活，劳动者职业变换更加频繁，各种新职业、新形态不断涌现，青年人就业观念和择业方式更加多元，缓就业、慢就业现象增多等这些问题，都将成为未来就业领域的新特征、新问题和新挑战。

六是政策和服务供给短板提出的挑战。实现更加充分更高质量就业，还将面对目前有关政策制度和公共服务体系不能适应新形势变化和要求的突出问题。政策和服务短板不足仍然制约就业目标的实现。比如，影响劳动者流动就业的障碍依然存在。不少地区教育、住房、社保等公共服务仍与户籍挂钩，城镇化渠道狭窄，影响转移流动就业人员融入城市稳定就业。部分劳动者权益没有得到有效保障。平台就业劳动者难以纳入现行劳动保障法律的适用范围，权益保障成为新的难题。收入分配结构不合理，劳动收入增长机制缺乏，治理和服务存在短板。一些部门在进行行业监管和治理时，措施变动频繁或实施突然，企业合规成本高，用工难以保持稳定。一些地方基层就业创业服务能力有待提升，劳动者难以享受到及时有效的就业创业服务等。

三 政策建议

（一）坚持就业优先政策导向，加强政策协同

切实贯彻就业优先导向，持续完善就业优先政策。将实现更加充分更高质量就业作为宏观政策目标取向，推动财政、金融、投资、产业等政策与就业政策的衔接，构建配合联动的运行机制，形成合力，促进经济增长与扩大就业联动、结构优化与就业转型协同，在推动经济高质量发展的同时促进充分就业，提升就业质量。构建更有利于扩大就业的现代化经济体系，支持一二三产业融合、传统制造业和服务业的数字化转型升级，加快推进产业链供应链拓展升级，加快数字经济、AI经济等新动能产业发展，促进高端装备和制造业数字化转型升级，采取措施扩大消费。

推动社会领域改革，加大投入推进公共服务均等化，推进基层公共服务领域社会化、市场化，大力发展现代养老、托幼、文体教育、家政服务，不断拓展就业创业新空间，进一步提升传统行业就业岗位的质量。

加快构建区域协调发展新机制，加强区域发展战略与就业联动，区域政策实施特殊类型地区就业促进行动，持续推进产业梯度转移，引导生产要素和劳动力有序流动，提高区域经济社会发展就业承载力，推动区域就业协调发展。

加强就业政策与其他社会政策联动，在优化社会治理、实现绿色发展中创造更多稳定、高质量就业机会，同时加强政策的协调性、稳定性和可预见性，实施重大政策就业影响评估，制定相应配套措施和资金保障政策，建立风险应对预案和就业救济机制，减少政策实施对劳动力市场的扰动和损伤。

建立并完善更加充分更高质量就业指标及统计监测体系，将劳动参与率、城镇新增就业、城镇调查失业率、劳动生产率、劳动收入增长率等显示充分性就业和高质量就业的关键指标作为宏观调控的重要指标，并纳入政府考评和地方发展评估机制，适时完善和充实相关法律法规，为推进实现更加充分更高质量就业提供法制保障。

（二）完善中小微市场主体持续支持机制，不断夯实和扩大就业基本盘

将贯彻就业优先原则与创造公平、宽松的营商环境结合起来，在资源供给、政策扶持、环境优化和能力提升等关键问题上，为中小微企业持续"开门""减负""输血""赋能"，将对中小微企业和个体户提供的财政、信贷、专利、政府采购等优惠政策系统化长期化，进一步激发中小微企业活力和发展动力。实行公平统一的市场监管制度。创新监管方式，深入推进反垄断、反不正当竞争执法，清理民间资本进入的体制壁垒和歧视政策，以保障民营中小微企业公平参与市场竞争。持续释放全社会创业创新创造新动能，夯实和扩大就业基本盘。

（三）优先投资于人，加强人力资源供给侧改革，加强人力资源开发

以青年、女性、农村劳动力、老年劳动者等为重点，加强人力资源开发，提高其劳动参与率。全面提升劳动者能力素质，为建设知识型、技能型、创新型劳动者大军注入动力。深化教育培训体制改革，优化教育培训结构，建立学科专业设置、职工培训项目与产业发展急需的动态调整机制。以提升可持续就业能力为核心，大规模多层次开展职业技能培训，构建面向所有劳动者终身学习的职业培训体系。深化产教融合，构建校企合作的多级培养体系。完善技能人才培养、使用、评价和激励机制，畅通技能人才职业发展渠道。

深入推进"大众创业、万众创新"，加强对各类创业者的鼓励和支持，充分激发劳动者创新创业活力，构建推动就业发展的新机制新动能。实施有利于创业创新的宏观政策，加大财政引导资金投入，实施普惠性减税降费，加大创业担保贷款政策力度，鼓励多层次、多形式的金融资本支持创业创新和实体经济，加快土地、知识产权等要素领域改革，优化政府监管治理方式，加强对新经济形态的规范引导，多措并举推动其可持续发展。

（四）完善就业支持体系，精准施策，保障重点群体就业

在做好面上就业工作的同时，持续做好高校毕业生和青年就业工作；加强退役军人就业保障；推进农村劳动力转移就业；统筹做好脱贫人口、长期失业和就业困难群体、产业调整和生态环境政策影响群体等的就业工作。在适应高校毕业生等青年就业特点和需求上强化支持。着力发展智力密集型产业、现代服务业以及各类新业态、新模式，开发更多适合高校毕业生的高质量就业岗位；多方拓宽毕业生就业渠道；推进高校毕业生基层成长计划，引导更多毕业生到中西部、艰苦边远地区就业；扩大国有企事业单位和基层服务项目招聘规模；深入实施高校毕业生就业创业促进计划。健全学生离校前后管理服务衔接机制，强化对失业青年的支持帮扶。在促进农村富余劳动力向非农产业和城镇转移就业的同时，要降低农村人口向城市转移的成本，扩大劳动者及其子女享受城镇教育、医疗、廉租房等公共服务的权利，使农民

工在城镇流动就业中逐步稳定下来。健全困难群体就业援助制度。积极开发老年人力资源，从政策和服务上支持有能力、有意愿的老年人继续就业或再就业。

（五）完善市场体制，促进社会流动，提高配置效率

加强建设更加统一、公平、高效、规范有序的高标准人力资源市场，促进人力人才合理高效流动，特别是社会垂直流动，缩小城乡、区域、行业和劳动力市场内部结构差距。深化劳动就业和人才管理体制机制改革，清除各种显性和隐性的劳动力市场壁垒，破除妨碍城乡劳动力、国内外人才在全社会流动的体制机制障碍，促进劳动力要素跨区域、城乡有序、自由流动，提高人力资源配置效率和公平性。

（六）促进公共服务均等化，强化劳动权益保护，提升就业质量

完善多元高效的全方位就业服务体系，夯实基层就业服务力量。大力促进公共服务均等化，强化劳动权益保护。加快完善全方位公共就业服务信息网络平台，及时收集、发布涉及劳动者就业的企业岗位需求、法律法规、创新创业、社会保障、权益保障等各类服务信息，提供快捷精准全方位的公共就业社会保障服务，特别加强对灵活就业、新就业形态从业者、长期失业、就业困难等群体的就业帮扶和权益保障。

B.4
2021年中国社会保障事业发展报告

惠大帅　吕学静 *

摘　要："十四五"时期是我国全面建成小康社会、实现第一个百年奋斗目标之后，全面开启建设社会主义现代化国家新征程、迈向第二个百年奋斗目标的关键时期。未来我国社会保障事业将实现更加充分更高质量的就业，构建全面多层次社会保障体系，努力激发人才创新活力，在劳动力市场构建更加和谐的劳动关系，继续提高我国社保事业的公共服务水平和质量。2021年是中国共产党建党100周年，也是"十四五"规划的开局之年，受全球新冠肺炎疫情波及，我国在抗击疫情的过程中为保障民生承担了巨大的经济压力，社保事业也肩负着稳定社会、保障民生的重大任务。在外部经济社会巨大压力下，我国社会保障事业在2021年虽然有困难，但依旧有所进步，各项工作取得了一定进展。

关键词：医疗保险　老龄化　就业　劳动关系

　　2021年是中国共产党建党100周年，也是我国"十四五"规划的开局之年，纵观历史发展，新中国成立70余载所取得的成就令世界瞩目，也足以令每一个中国人自豪。2020年新冠肺炎疫情突袭而至，我国经济发展受到严重

---

　　* 惠大帅，首都经济贸易大学劳动经济学院讲师；吕学静，首都经济贸易大学劳动经济学院教授。

影响，大量企业停工，部分城市封城，这客观上导致我国 2020 年社会保障事业发展举步维艰，国家在抗击疫情的过程中为保障民生承担了巨大的经济压力。2021 年，我国新冠肺炎疫情得到有效控制，社保事业也开始稳步发展，为尽快恢复经济发展，国家出台了《关于扩大长期护理保险制度试点的指导意见》《关于维护新就业形态劳动者劳动保障权益的指导意见》《军人及军队相关人员医疗待遇保障暂行规定》等诸多政策来调整疫情防控常态化时代社会发展的需求。根据《中华人民共和国国民经济和社会发展第十四个五年规划和 2035 年远景目标纲要》(以下简称《"十四五"纲要》)的要求，未来我国将努力推动实现更加充分更高质量就业、健全多层次社会保障体系、激发人才创新活力、深化企事业工资收入制度改革、在劳动力市场构建和谐的劳动关系、提高基本公共服务水平和能力等。

一 人口老龄化问题凸显

（一）我国老龄化现状

2020 年我国开展了第七次全国人口普查，然而此次人口普查的情况并不乐观，调查显示我国人口老龄化要比预期严重。截至 2020 年 11 月 1 日，全国范围内 60 周岁及以上的老年人口达 2.6 亿人，已经占总人口数量的 18.70%；其中 65 周岁及以上老年人口 1.9 亿人，占总人口的 13.50%（见表 1）；全国老年人口抚养比为 19.70%，比 2010 年第六次全国人口普查提高 7.80 个百分点。[①] 本次统计与 2010 年相比，14 周岁及以下人口的比重上升 1.35 个百分点，15~59 周岁人口的比重下降 6.79 个百分点，60 周岁及以上人口的比重上升 5.44 个百分点，65 周岁及以上人口的比重上升 4.63 个百分点。

---

① 国家卫健委老龄健康司：《2020 年度国家老龄事业发展公报》，http://www.nhc.gov.cn/lljks/pqt/202110/c794a6b1a2084964a7ef45f69bef5423.shtml。

表1　2020年全国人口统计

单位：人，%

年龄	人口数	比重
总计	1411778724	100.00
0~14 周岁	253383938	17.95
15~59 周岁	894376020	63.35
60 周岁及以上	264018766	18.70
其中：65 周岁及以上	190635280	13.50

据统计，至 2020 年底，我国有国家级老年疾病临床医学研究中心 6 个，同时我国在 91 个市开展了国家安宁疗护试点工作，其中有安宁疗护科的医疗机构共 510 家，能够接受老年健康管理的 65 周岁及以上老年人达 1.2 亿人。全国共有两证齐全的医疗养老相结合的机构 5857 家，相比 2019 年末大幅增加了 22.1%；全国床位总数达到 158.5 万张，也比 2019 年末增加了 21.7%；养老机构与医疗机构建立合作关系并签约的达 7.2 万对，较上年度末增加了 27.7%；全国超过 90% 的养老机构以不同形式为入住本机构的老年人提供多种多样的医疗服务。全国共有 0.4 亿老年人享受我国老年人专项补贴，其中享受高龄补贴的老年人达到 0.3 亿人，享受养老服务补贴的老年人也有 500 多万人，而享受护理补贴的老年人已达 81 万人，享受综合老龄补贴的老年人132.9 万人。[①] 据统计，2020 年有关老年人的福利经费支出达到 517 亿元。

（二）现阶段我国老龄化所呈现的新特点

1. 我国老年人口规模庞大且老年人口增长迅速

2020 年第七次人口普查结果显示，我国 31 个省份中有 16 个省份的 65 周岁及以上老年人口超过 500 万人，甚至有 6 个省份的 65 周岁及以上老年人口数量已经超过 1000 万人。而且，以第六次人口普查为基准，本次人口普查

---

① 《我国超 3800 万老年人享受老年人补贴》，中国经济网，https://baijiahao.baidu.com/s?id=171
3696832170681688&wfr=spider&for=pc。

老年人口增幅超过 5%，这也意味着我国正在迅速滑向深度老龄化社会。

2. 城乡老龄化水平差异明显

第七次全国人口普查显示，现阶段我国乡村的老龄化程度明显高于城镇。据统计，现阶段我国乡村 60 周岁及以上、65 周岁及以上老年人口占乡村人口的比重分别是 23.81%、17.72%，比城镇 60 周岁及以上和 65 周岁及以上老年人口的比重分别要高出 7.99 个和 6.61 个百分点。

3. 老年人口素质持续提升

令人欣慰的是，根据第七次全国人口普查，在我国 60 周岁及以上老年人中拥有高中以上文化水平的比例为 13.9%，这比第六次人口普查结果显著提升了 4.98 个百分点。这说明我国老年人口不断增加，老年人口素质也在不断提升，这得益于我国教育水平和经济水平的不断提升。

（三）老龄化新政策

为应对我国人口老龄化问题，在十九届五中全会上我党首次明确提出要"实施积极应对人口老龄化国家战略"。其核心就是要充分调动社会资源及其积极性，全力构建老年友好型社会，不断建立健全老年服务产业、养老产业和尊老敬老事业发展的政策体系。[1] 还要根据老年人口年龄结构的特点，来实施相关方案和发展战略，包括有助于应对我国老龄化的产业中部分具有社会公共产品的性质，这些需要政府提供切实有效的政策、财政扶持。

为让老年人能够更好地共享社会信息化成果，2020 年国务院办公厅发布《关于切实解决老年人运用智能技术困难实施方案的通知》，指出要切实解决老年人在现实生活中运用互联网科技方面所遇到的困难，不断推动能够兼顾老年人需要的智慧社会建设，还要坚持智能化服务创新与传统服务方式并行。[2] 同时，适度统筹推进经济社会发展和疫情防控工作要求，聚焦老年人日

---

[1] 李纪恒：《实施积极应对人口老龄化国家战略》，民政部官网，http://www.mca.gov.cn/article/xw/mzyw/202012/20201200031204.shtml。

[2] 《国务院办公厅印发关于切实解决老年人运用智能技术困难实施方案的通知》，中央人民政府网，http://www.gov.cn/zhengce/content/2020-11/24/content_5563804.htm。

常生活所涉及的高频事项，认真细致做好为老年人服务的各项工作，让老年人在未来的信息化社会生活中有更多安全感、获得感、幸福感，增进包括老年人在内的全体人民福祉。

为促进养老托育服务事业的健康可持续发展，2020年12月国务院办公厅发布了《关于促进养老托育服务健康发展的意见》，明确提出要不断促进养老托育服务体系的健康发展，健全老有所养、幼有所育的政策体系；扩大多方参与、多种方式的服务供给；打造创新融合、包容开放的发展环境；完善依法从严、便利高效的监管服务等多项举措。[①]

为更好地适应养老服务高质量发展要求，2020年12月国务院办公厅还印发《关于建立健全养老服务综合监管制度促进养老服务高质量发展的意见》（以下简称《意见》），明确了我国今后对养老服务综合监管工作的方向，为推动养老事业的健康发展提供一定的制度保障。该《意见》针对我国养老服务综合监管制度给出了三方面政策措施：首先，今后政府要明确养老事业监管重点，加强养老服务质量和安全监管，加大对建筑安全、消费安全、食品安全、医疗卫生等重点环节的检查力度，并引导养老服务机构切实落实安全责任，主动消除相应的安全风险；其次，明确监管责任，不断强化政府主导责任，完善养老服务领域的"放管服"改革，保障政府在监管制度建设、行政执法、行业规划等相关方面的主导作用；最后，不断创新监管方式，加强全社会协同监管，探索完善各部门之间的协调配合机制，创建以重点监管为补充、以"双随机、一公开"的监管方式为基本手段、以信用监管为基础的新型养老服务监管机制。

二　养老保险

养老保险作为我国社会保障事业中的重要组成部分，承担着稳定社会发展、保障劳动者基本生存权益的重大作用，并且肩负着为劳动者退休后提供基本生活保障，使老年人老有所养、对年老后的生活有预期，免除其后顾之

---

① 《国务院办公厅印发〈关于促进养老托育服务健康发展的意见〉》，中央人民政府网，http://www.gov.cn/xinwen/2020-12/31/content_5575836.htm。

忧的重任。党的十九大报告中指出，今后我们要不断加强社保体系建设，努力建成能够覆盖全民、保障适度、可持续、权责清晰的多层次社保体系，完善城乡居民基本养老保险和职工基本养老保险制度，稳步实施全民参保，并尽快实现我国养老保险全国统筹。

（一）我国养老保险运行现状

2021 年，我国养老保险金运行依旧平稳，但也存在一定压力。2020 年末全国参加基本养老保险人数约为 10 亿人，相较 2019 年末增加了 0.3 亿人，2020 年全年基本养老保险基金收入接近 5 万亿元，基金总支出约 5.5 万亿元。2019 年末基本养老保险基金累计结存 5.8 万亿元。全国参加城镇职工基本养老保险人数为 4.6 亿人，比 2019 年末增加了 0.2 亿人。其中，参保职工 3.3 亿人，参保离退休人员 1.13 亿人，分别比 2019 年末增加 1681 万人和 452 万人。2020 年底城镇职工基本养老保险执行企业制度参保人数约 4 亿人，比 2019 年末增加 0.2 亿人。而 2020 年城镇职工基本养老保险基金总收入 4.4 万亿元，基金支出 5.1 万亿元。2019 年末城镇职工基本养老保险基金累计结存 4.8 万亿元。2020 年，企业职工基本养老保险基金中央调剂比例提高到 4.0%，基金调剂规模约为 0.7 万亿元。

结合 2020 年我国社会保险基金整体情况来看，2020 年全年基本养老保险、失业保险、工伤保险三项社会保险基金收入合计 50666 亿元，比 2019 年减少 8463 亿元，减少 14.3%；基金支出合计 57580 亿元，比 2019 年增加 3087 亿元，增长 5.7%（见图 1）。可见，我国养老、失业、工伤保险基金近五年来首次出现收不抵支的情况。[1]

2021 年人力资源和社会保障部三季度数据显示，目前我国参加养老保险的人数有 10.21 亿人，总收入为 4.61 万亿元，总支出为 4.38 万亿元，养老基金结余大约 2300 亿元。[2]而 2020 年城乡居民基本养老保险基金收入 4853 亿元，

---

[1] 《2020 年度人力资源和社会保障事业发展统计公报》，人社部官网，http://www.mohrss.gov.cn/SYrlzyhshbzb/zwgk/szrs/tjgb/202107/t20210726_419319.html。

[2] 《2021 年前三季度人力资源和社会保障统计数据》，人社部官网，http://www.mohrss.gov.cn/xxgk2020/fdzdgknr/ghtj/tj/dttj/202110/t20211027_426102.html。

图1 2016~2020年三项社会保险基金整体收支情况

基金支出3355亿元。2020年末城乡居民基本养老保险基金累计结存9759亿元。可见，虽然我国养老保险基金仍有结余，但我国人口老龄化加剧，现实情况并不乐观，未来养老保险运营潜在压力比较大。

（二）养老金全国统筹进一步发展

我国现阶段养老保险是省级统筹，各省份之间养老保险基金的运行差异比较大，在经济情况好的省份，能够保障50个月的养老金支付，而特别困难的省份，已经出现当期收不抵支、累计结余也基本上用完的情况，各省份养老保险情况差异比较大。所以，推进养老保险全国统筹对于制度的建立与完善、人民群众福利的改善与提升具有重要意义。除此之外，因统筹层次带来的区域政策不统一、生活水平差距大、养老待遇不公平等社会问题也可通过全国统筹得到一定程度的解决。

实际上，早在2010年我国就将养老金全国统筹制度列入法律并作出了明确的规定，十一届全国人大常委会第七次会议修订了《中华人民共和国社会保险法》，在立法上明确规定了我国基本养老保险基金将逐步实行在全国范围内的统筹，而其他社会保险基金也将逐步实行省级统筹，其具体的时间和步骤将由国务院适时作出规定。我国养老保险当年就已经基本实现省级统筹。

早在 2018 年，我国就明确要求建立养老保险基金中央调剂制度，同年 7 月国务院发布了《关于建立企业职工基本养老保险基金中央调剂制度的通知》（以下简称《通知》），明确提出要有计划地统筹并适时推进我国养老保险"四个全面"战略布局和协调推进"五位一体"总体布局。该《通知》要求养老保险基金调剂制度要满足人民日益增长的美好生活需要，重点解决发展不平衡不充分的突出问题，从养老保险的制度建设和基本国情出发，遵循我国社会保险的大数法则，将建立健全我国养老保险基金中央调剂制度，作为实现养老保险全国统筹的第一步。[①] 在全国范围内加快统一养老保险的相关法规政策，明确各级政府的职责，从制度上理顺养老保险基金管理制度，构建奖惩机制，逐步加大国家调剂养老保险基金力度，尽快实现我国养老保险全国范围统筹。

2021 年 3 月，第十三届全国人民代表大会第四次会议审查通过的《关于 2020 年中央和地方预算执行情况与 2021 年中央和地方预算草案的报告》中提到将继续提高退休人员基本养老金，而且要进一步提高企业职工基本养老保险基金中央调剂比例 0.5 个百分点，上调后达到 4.5%。这并不是第一年提高调剂比例了，2020 年也上调了职工基本养老保险基金中央调剂比例 0.5 个百分点，从 3.5% 上调到 4%。虽然我国养老保险已经实现地方性统筹，养老金在本省市实现了自由调剂，但是我国区域大、省份多，中央调整职工基本养老保险基金的调剂比例，客观上来讲就是在为下一步能够顺利实施养老保险全国统筹做准备。0.5 个百分点的调剂比例变化虽然看似不大，但 2020 年我国养老金的调剂规模超过了 7400 亿元，0.5% 的话就将近 40 亿元，能更大规模地带动养老金的统筹规划，同时也能提高养老金的利用率。

三　医疗保险

医疗保险是减轻民众就医负担、促进民生福祉、维护社会稳定的重要制度保障，是我国构建和谐社会的稳定剂。自新医改以来，为贯彻落实党中央、

[①]　梁妙荣:《"四个全面"战略布局思想的公平正义价值意蕴》，《经济研究导刊》2021 年第 26 期。

国务院的正确部署，我国现阶段已建成全世界规模最大、覆盖全民的基本医疗保障网，为我国在"十三五"期间能够全面建成小康社会，并实现我党第一个百年奋斗目标做出了重要的贡献。在过去的"十三五"期间，我国政府不断加强医疗保障制度的顶层设计，同时不断推动医保制度改革切实取得可观的成效，有效缓解了大部分民众看病难、看病贵等问题。

（一）我国医疗保险现状

1. 我国医疗保险规模逐步扩大

据统计，2020 年，全国基本医疗保险参保 13.6 亿人，其中职工医保参保 3.4 亿人，居民医保参保 10.1 亿人，参保覆盖率稳定在 95% 以上。医疗救助资助 0.8 亿贫困人口（含动态调出）参加基本医疗保险，资助参保缴费支出 140.2 亿元，贫困人口参保面稳定在 99.9% 以上。在基本医疗保险迅速发展的同时，商业健康保险也快速发展，2020 年全国商业健康保险费收入 8173 亿元，年均增长率达 20%。2020 年全国职工医疗互助参保 0.5 亿人，0.08 亿人次享受互助待遇。生育保险覆盖面持续扩大，2020 年末，生育保险参保人数 2.4 亿人，享受待遇 0.1 亿人次。[①] 长期护理保险开展试点，1.1 亿人参加长期护理保险。

在医保规模逐步扩大的同时，民众的获得感也不断提升。近年来，我国职工和居民医保范围内的住院费用报销比例稳定在 70%~80%，城乡居民糖尿病、高血压门诊用药保障机制普遍建立。国家集中采购中药品价格平均下降了 53%，比较显著的如心脏冠脉支架首次实现国家大量采购，在保证质量的前提下大幅降价。跨省异地就医住院费直接结算全面推开。至 2020 年底，全国 4.44 万家定点医疗机构已经实现住院费跨省直接结算累计 724.83 万人次，医保基金支付 1038.43 亿元；同时，门诊费用直接结算试点工作也在稳妥推进，目前 12 个试点省份已开通联网定点医药机构 2.2 万家，门诊费用跨省累计结算 302 万人次，医保基金支付 4.29 亿元。2020 年居民个人卫生费用

---

① 《2020 年全国医疗保障事业发展统计公报》，国家医疗保障局官网，http://www.nhsa.gov.cn/art/2021/6/8/art_7_5232.html。

支出占卫生总费用比例已经下降至 27.7%，医保降低群众疾病医疗负担成效显著。

2. 医保体系逐步健全

经过多年的发展，我国的基本医疗保险统筹层次也在稳步提高，现在全国多数省份已经实现省级统筹，在省级范围内实现保障范围、筹资待遇、基金管理、支付方式、价格招采、经办服务、协议管理、信息系统统一。同时，我国的医保目录动态调整机制初步建立，2020 年国家医保局发布了《基本医疗保险用药管理暂行办法》，现行医保目录药品达 2800 种，此外还有中药饮片 892 种。经过三年调整，共纳入 433 种新药、好药，其中谈判新增准入药品 183 种，平均降幅超过 50%。《医疗机构医疗保障定点管理暂行办法》和《零售药店医疗保障定点管理暂行办法》规范定点医药机构管理。此外，我国在医保监管方面也取得显著效果，医保法治环境持续完善，并出台《医疗保障基金使用监督管理条例》。2020 年共检查定点医药机构 62.7 万家，有效覆盖全国 99% 以上的医药定点机构，全年共处理违法违规医药机构 40 万家，追回医保资金 223.1 亿元，举报奖励资金发放 214.2 万元。2018~2020 年的 3 年间，我国共查处违法违规的医保定点医药机构总计 73 万家，其中解除医保协议的有 1.4 万家、移送司法机关的有 770 家，有效追回国家医保资金总计 348.7 亿元。[①]

3. 我国医保体系为抗击疫情提供了强有力的支持

近两年，受新冠肺炎疫情影响，我国民众的生命健康受到巨大威胁，社会经济发展也遭受不同程度的影响，而作为人民健康保障线的医疗保险事业承担着巨大的压力。为保障人民群众的基本健康安全，我国医保实施确保患者不因费用问题影响就医、确保收治医院不因支付政策影响救治的"两个确保"政策，临时将新冠肺炎诊疗方案中的药品和诊疗项目纳入医保目录，及时结算新冠肺炎治疗费用。2020 年，医保累计支付新冠肺炎治疗费 16.3 亿元，预拨定点救治机构专项资金 194 亿元。全国推广"不见面办""及时办""便

---

① 《2020 年医疗保障事业发展统计快报》，中央人民政府网，http://www.gov.cn/shuju/2021-03/08/content_5591551.htm。

民办""延期办""放心办"等举措，有效减少人员聚集，方便群众办事。

我国新型医保事业经历了20多年的改革发展，制度从无到有，体系逐步健全，特别是"十三五"时期，药品、医用耗材集中带量采购改革和医保支付方式改革有序推进，医保药品目录和价格动态调整机制逐步建立，在打击欺诈骗保、信息化标准化方面探索了一系列行之有效的新做法，新时期医保工作实现从有到优具有坚实的实践基础。

4. 努力减轻民众医疗压力

医疗服务价格是普通百姓最关心的与自身利益密切联系的问题，这关系着公立医疗机构和医疗事业的高质量发展。近年来，各地配合取消药品和医用耗材加成、实行集中带量采购等工作，稳妥有序地调整了多轮医疗服务价格，这在客观上有效促进了医疗服务价格持续优化。但随着我国医改的持续深入发展和社会形势变化，医疗服务价格管理工作不应只是延续现有的做法、围绕当前医疗项目的价格和数量简单地加加减减。[1]2020年8月，国家医保局发布《关于建立健全职工基本医疗保险门诊共济保障机制的指导意见》，其中就提到要建立完善的普通门诊医疗费用共济保障机制，将普通门诊小病也纳入医保报销范围，报销比例从50%起步，有效降低了民众的医疗负担。2021年9月经国务院同意，国家医保局等八部门联合印发《深化医疗服务价格改革试点方案》，核心就是要开展取消药品和医用耗材加成、实行集中带量采购等工作，稳妥有序地调整医疗服务价格，促进医疗服务价格优化。

（二）未来我国医保发展方向

2021年是我国"十四五"规划的开局之年，预计我国在"十四五"期间60岁及以上的老年人将超过3亿人，进入老龄化社会，劳动力人口减少的同时，退休人员大量增加。届时，人民对医疗保险的需求也将不断提高，要多维度推进医保事业高质量发展，立足于保障人民健康，让民众获得更好的医疗保障服务。

---

① 周小梅、刘建玲：《医改背景下医疗服务价格管制效果研究》，《经济与管理》2021年第6期。

推动医药服务体系高质量发展。首先，完善区域卫生基本规划，不断健全我国市、县两级医院和基层医疗机构分工协作的现代医疗服务体系，同时支持综合型医疗卫生服务体系建设，构建完善分级诊疗体系，提升基层医疗卫生机构医疗水平，推进基层医疗卫生服务的有效利用和群众在基层医疗机构有序就医。其次，大力支持针对儿科、老年医学科、精神心理科和康复、护理等紧缺医疗服务科目发展，提升多学科诊疗和无痛诊疗等技术水平。提高门诊检查、手术、治疗保障水平，推进医疗机构检查检验结果互认。支持远程医疗服务、互联网诊疗服务、上门医疗服务等新模式新业态有序发展，促进智能技术合理运用。此外，进一步深化行政审批制度改革，大力支持新药品和新医疗器械的研发，加快医药市场新药好药上市。[1] 稳步推进仿制药质量和疗效一致性评价，分步实施医疗器械唯一标识制度，拓展医疗器械唯一标识在卫生健康、医疗保障领域的衔接应用。严格药品监管，有序推进药品追溯监管体系建设。

继续加强对医保基金的监管。要构建医疗保险全领域、全流程的基金安全防控机制，基本建成医保基金监管制度体系和执法体系。通过加强对定点医疗机构临床诊疗行为的引导和审核，加大稽查审核力度，实现本地异地、门诊住院医疗费用审核全覆盖。[2] 全面推进医疗费用的智能化审核，实现国家医疗基金监管由原来的人工抽单审核尽快转向大数据全方位、全流程、全环节的智能审核监督。不断完善医保信用管理制度，构建信用承诺、评价、共享、结果公开等全链条的闭环式医保信用监管体系，适时推动实施分级分类管理。依法依规实施守信联合激励和失信联合惩戒。建立并完善医保各部门间相互配合、协同监管的医保基金综合监管体系。针对已经查实的各种欺诈骗保行为，各相关部门应按照各自的职权对骗保的单位和个人依规依纪依法严肃处理。建立健全打击欺诈骗保行政执法与刑事司法衔接工作机制。鼓励

---

[1] 王俊、王雪瑶：《中国整合型医疗卫生服务体系研究：政策演变与理论机制》，《公共管理学报》2021 年第 3 期。

[2] 顾海、吴迪：《"十四五"时期基本医疗保障制度高质量发展的基本内涵与战略构想》，《管理世界》2021 年第 9 期。

社会各界共同参与到医保基金监管中，共同构建医保基金的安全防线，从而形成全社会对医保基金监督的良好态势。健全欺诈骗保举报投诉奖励机制，完善奖励政策和奖励标准。

大力推进智慧医保发展。信息技术是实现现代化医保的重要支撑，未来要从管理、服务、设备、基础设施等多方面，大力加强医保信息智能化建设。尽快构建在全国范围内统一的医疗保障信息平台，不断优化信息平台的运行体系和安全管理体系，丰富医保平台服务功能。同时保障医保数据迁移、清洗等工作的安全性，提高医保平台数据质量，健全我国医保平台的数据安全、网络安全、物理安全等管理体系，同时保障我国医保云平台、业务系统、网络等健康运行。[①]深入挖掘医保大数据、区块链等技术在政府决策分析、电子票据等工作中的应用。努力探索按疾病诊断相关事项进行分组付费、按病种付费等新型支付方式，探索将"互联网＋医疗健康"、长期护理保险等纳入平台智能监控范围。[②]最终，通过全国一体化的政务服务平台，实现跨地区、跨部门的医保数据共享，做到全国医保数据分级分类管理，同时也要与卫生健康、药品监管等部门建立信息共享机制，推进医疗保障信息平台与商业健康保险信息平台的信息共享。

四　就业情况

就业是民生之本，也是我国社会保障事业的重要组成部分，社会的稳定取决于人心的稳定，人心的稳定取决于就业的稳定，从某种意义上讲，稳定就业就是稳定社会，在社会转型期就业的重要性尤为凸显。稳定就业、充分就业有利于增加劳动者的收入，减少贫困，缩小收入差距，促进社会公平，促进人际关系的和谐，能够从根子上实现社会的稳定。

---

① 蒋建国：《国家智慧医保实验室建设成果与发展思考》，《中国医疗保险》2021 年第 5 期。
② 章雨晨、秦健、陈敏：《"互联网＋医疗健康"分级分类管理研究》，《中国医院管理》2021 年第 9 期。

（一）我国就业现状

"十三五"期间，全国城镇新增就业 6564 万人，城镇调查失业率均值控制在 5.2%，劳动年龄人口平均受教育年限从 10.2 年提高到 10.8 年，技能劳动者总量由 1.3 亿人增至 2 亿人，就业形势总体稳定，就业结构持续优化，就业质量不断提升。据统计，2021 年前三季度就业状况要好于预期，我国就业形势保持总体稳定。全国城镇新增就业完成情况高于预期，1~9 月有 1045 万人就业，完成全年就业任务的 95%。同时，全国城镇调查失业率回落至疫情前水平，2021 年前三季度失业率的均值为 5.0%，相较 2019 年同期下降 0.2 个百分点。其中，9 月城镇调查失业率为 4.9%，比 8 月下降 0.2 个百分点，比上年同期下降 0.5 个百分点。我国农村外出务工规模也维持了基本稳定，脱贫劳动力务工总量持续增长，9 月底达到 0.3 亿人次，已经超过上年规模。总体来讲，我国 2021 年的就业形势能够延续平稳，但国际环境不确定性等不利因素增多，国内经济恢复受疫情反复影响仍不稳固、不均衡，未来就业形势也面临着诸多风险。

此外，2021 年高校应届毕业生人数突破 909 万人，首次突破 900 万大关，同比增加 35 万人，高校毕业生就业压力巨大。[1] 高校毕业生就业关系个人价值、民生福祉和发展大局。目前，人社部门针对离校季毕业生集中进入市场实施服务攻坚，自上而下发出公开信，提前公告服务渠道，启动就业服务专项行动，将未就业毕业生集中纳入实名服务，目前已帮扶 116 万人实现就业。政府同时采取失业登记、求职小程序登记等方式，引导失业青年登记求职，及时提供针对性就业帮扶。增加适合高校毕业生的岗位技能培训、新职业培训、专项能力培训，支持提升职业发展能力。多渠道募集高质量、技术类就业见习岗位，组织见习 33 万人，支持增加实践经验。推出面向毕业生的职业指导直播课、公开课，拓展职业体验活动，支持增强职场适应力。

---

[1] 《2021 年全国普通高校毕业生达 909 万人　如何从"能就业"到"就好业"》，教育部官网，http://www.moe.gov.cn/jyb_xwfb/xw_zt/moe_357/2021/2021_zt08/hd/yw/202105/t20210531_534363.html。

（二）未来就业促进发展方向

在过去几年里，面对错综复杂的国际形势、新冠肺炎疫情的反复冲击，我党审时度势将就业摆在经济社会发展的优先位置，创新实施就业优先政策，推动就业工作取得积极进展。"十四五"时期是我国全面建成小康社会、实现第一个百年奋斗目标之后，乘势而上开启全面建设社会主义现代化国家新征程、向第二个百年奋斗目标进军的第一个五年。在未来的一个时期内，我国发展仍然处于重要的战略机遇期，2021年8月国务院印发《"十四五"就业促进规划》，其中明确了未来我国就业促进方面的任务和发展方向。

首先，坚持把就业放在经济社会发展和宏观政策的首要位置，作为保障民生的头等大事，把稳定扩大就业作为宏观调控的优先目标和当前经济运行合理区间的下限，并根据就业形势的变化，及时有效调整宏观政策取向、支持就业。同时，兼顾容量、质量与结构，抓住主要矛盾，在采取多种方式创造更多高质量就业岗位的同时，要更加重视日益凸显的就业矛盾，关注劳动者技能素质提升，努力抓好技术技能人才培训，从而推动劳动力市场更高水平的供需平衡。

其次，不断强化以就业优先为导向的宏观调控。切实将就业优先政策定位于宏观政策层面并不断强化，完善调控方式，充实政策工具，突出财政、货币、产业、投资、消费、区域等领域支持就业的导向，实现与就业政策协同联动。持续深入实施扩大内需战略，促进消费、增加投资从而拉动就业，通过保市场主体来保就业。推进制造业的高质量发展和劳动者职业技能培训深度融合，同时促进制造业产业链、创新链与培训链有机融合。[1]

最后，拓宽高校毕业生市场化社会化就业渠道。结合国家重大战略布局、现代产业体系建设、中小企业创新发展，创造更多有利于发挥高校毕业生专长和智力优势的知识技术型就业岗位。健全激励保障机制，畅通成长

---

[1] 陈宽:《用心用情用力 推进就业工作高质量发展》,《中国劳动保障报》2021年1月27日。

发展通道，引导高校毕业生到中西部、东北、艰苦边远地区和城乡基层就业。[①] 围绕乡村振兴战略，服务乡村建设行动和基层治理，扩大基层教育、医疗卫生、社区服务、农业技术等领域就业空间。为有意愿、有能力的高校毕业生创新创业提供资金、场地和技术等多层次支持。实施常态化高校毕业生就业信息服务，精准组织线上线下就业服务活动，举办行业性、区域性、专业性的专场招聘，加强户籍地、求职地、学籍地政策服务协同，提高供需匹配效率。对离校未就业高校毕业生开展实名制帮扶，健全困难高校毕业生就业援助机制。强化择业就业观念引导，推动高校毕业生积极理性就业，开展"最美基层高校毕业生"学习宣传活动。

五　劳动关系方面

"十三五"期间，中国数字经济实现了跨越式发展，2021 年上半年，我国较大规模的互联网和相关服务企业实现业务营收 0.6 万亿元，同比增长 14.1%。随着数字经济的迅速发展，平台劳动者人数不断增长。

（一）平台从业者现状

据统计，现阶段我国灵活就业劳动者规模已达到 2 亿人，新业态下的劳动者数量每年都在大幅增长。2020 年，利用平台经济提供服务的劳动者数量约为 8400 万人。一方面，平台经济为劳动者提供了大量的工作岗位，促进了劳动者收入的提高；另一方面，由于是新兴业态，平台经济也带来了劳动者权益保障方面的新问题。如大量的平台劳动者以兼职为主，劳动时间和劳动地点都存在极大的不稳定性，甚至同时在多个平台工作。此外，平台经济的劳动者从业门槛相对较低，可以吸纳大量的低技能劳动者，这些劳动者无法获得全日制的标准就业，大部分并未与平台签订劳动合同或协议。部分企业为了规避用工风险甚至大量采取劳务派遣方式或者让劳动者注册个体工商户。

---

① 尹兆华：《深刻领会 2021 年〈政府工作报告〉精神，促进高校毕业生更加充分更高质量就业》，《中国大学生就业》2021 年第 7 期。

灵活就业的劳动者与用人单位之间并非稳定的劳动关系，按我国现行法规无法获得相应的工伤保险、养老保险等。

（二）平台劳动者权益保障制度构建

近年来，我国平台经济发展势头迅猛，也为劳动者创造了大量就业机会，由平台经济所产生的网约车驾驶员、外卖员、配送员、货车司机等新业态劳动者数量大幅增加，在增加就业的同时也带来了如何保障劳动者权益的新情况新问题。为了促进和规范新型就业形态，切实保障新业态下劳动者的基本权益，促进平台经济健康可持续发展，2021 年 7 月，国务院发布了《关于维护新就业形态劳动者劳动保障权益的指导意见》。[①]

首先，针对平台企业规范用工、明确劳动者权益保障的责任归属，规定了平台企业如采取劳务派遣等合作用工的方式来组织劳动者工作，必须选择具备相关经营资质的企业，还要对该企业保障劳动者权益的情况进行监督。同时还明确要求平台企业无论是采用劳务派遣方式用工，还是采取劳务外包等其他合作用工方式，如果劳动者的合法权益受到损害，那么平台企业就应当依法承担相应的责任。

其次，完善劳动者权益保障制度。健全劳动力市场最低工资制度、工资支付保障制度，并推动将不完全符合劳动关系情形的平台就业形态劳动者适度纳入制度保障范围。督促平台企业向提供劳动的劳动者支付不低于当地最低工资标准的劳动报酬，且要按时足额支付，不得无故克扣或者拖欠工资。[②]还要不断完善劳动安全责任制度，严格执行国家有关劳动安全保护标准。帮助企业树立劳动安全"红线"意识，不得制定损害劳动安全的考核指标。

再次，努力完善劳动者的基本养老保险、医疗保险相关政策，各地要打破灵活就业劳动者在就业地参加基本养老、基本医疗保险的户籍束缚，个别

[①] 《关于维护新就业形态劳动者劳动保障权益的指导意见》，人社部官网，http://www.mohrss.gov.cn/xxgk2020/fdzdgknr/zcfg/gfxwj/ldgx/202107/t20210722_419091.html。

[②] 于凤霞：《基于劳动者保护视角的平台经济规范与发展》，《中国劳动关系学院学报》2021年第 5 期。

超大型城市难以立刻实现的，要结合本地实际情况，积极创造条件逐步放开。未参加基本养老、基本医疗保险的灵活就业劳动者，可以按规定参加基本养老和基本医疗保险，做到应保尽保，保障灵活就业人员的基本权益。

最后，完善劳动者权益保障工作机制。保障新就业形态劳动者权益是稳定就业、改善民生、加强社会治理的重要内容。各地区要加强组织领导，强化责任落实，切实做好新就业形态劳动者权益保障各项工作。各级人力资源和社会保障行政部门要切实加大劳动保障监察力度，严格督促企业落实新业态劳动者基本权益保障责任，有效治理超时加班、拖欠工资等突出问题，提高企业违法成本，维护劳动者权益。

（三）完善农民工工资保障制度

据国家统计局 2020 年数据，我国农民工总量约有 2.8 亿人，这些劳动者构成了我国劳动力市场的重要组成部分。近年来，我国政府对农民工工资权益的保障尤为重视，特别是针对农民工工资的保障专门出台了《保障农民工工资支付条例》《国务院办公厅关于全面治理拖欠农民工工资问题的意见》《国务院办公厅关于印发保障农民工工资支付工作考核办法的通知》等制度法规。

为了进一步完善农民工工资保障制度、加强监管、破解工程建设领域的农民工欠薪问题，2021 年 9 月人社部出台《工程建设领域农民工工资保证金规定》，明确规定了农民工工资保证金的全国统一规范，规定工资保证金按工程施工合同总额的固定比例存储，原则上应在总额的 1%~3%。对施工合同额低于 300 万元的工程，且施工总承包单位在签合同前一年内承建的工程未发生工资拖欠的，由各地区结合实际，确定相应的工程免于存储工资保证金。施工总承包单位所承包工程如果发生拖欠工资的，可以由当地人社部门依法作出责令限期清偿或先行清偿的行政处理决定。[1] 工资保证金接受人社部门监管，除用于清偿欠薪外，任何单位和个人不得挪作他用。

2021 年 7 月，人力资源和社会保障部发布了《拖欠农民工工资失信联合

---

[1] 《关于印发〈工程建设领域农民工工资保证金规定〉的通知》，人社部官网，http://www.mohrss.gov.cn/xxgk2020/fdzdgknr/zcfg/gfxwj/ldgx/202108/t20210830_421979.html。

惩戒对象名单管理办法（征求意见稿）》，向社会公开征求意见。其目的就是希望未来能够以信用监督的手段来规制农民工工资拖欠问题。[1]借助信用惩戒制度贯穿企业在市场运营中的各大环节，打破了各部门之间的信息不对称，使得企业信用在市场运行的不同环节都能够得到监管，从而提高企业违法成本，不敢再拖欠农民工工资。此次对欠薪企业实际上采取了"信用＋动态监管"的方式，这就使得信用监管常态化有了可行性，同时也显示了我国政府彻底解决企业拖欠农民工工资问题和构建和谐劳动力市场的决心。

六　社保事业未来发展趋势

（一）门诊费用跨省直接结算将进一步扩大

为方便民众异地医疗，使基本医疗保险参保人员在跨省联网定点医疗机构住院都可以实现直接结算，我国先后在长三角、京津冀、西南5省份率先尝试了门诊费用跨省直接结算，并且取得了良好的效果。2021年《政府工作报告》重点任务中就提到要解决人民群众在跨省就医结算中所面临的困难问题，加快推进医疗门诊费用的跨省直接结算。2021年我国民众医疗费用异地结算取得了一定的成效，各省份一半以上的县城至少有一家医院可以实现门诊费用异地结算，2022年有望做到全国每个县都至少有一家医院能够保障门诊费用异地结算。

（二）进一步完善社保基金全国统筹

今后我国将继续在规范省级统筹制度、加大基金中央调剂力度基础上，加快建立实施企业职工基本养老保险全国统筹制度，并适当加强中央在养老保险方面的权力。最终要在全国范围内建立统一的企业职工基本养老保险参保缴费、待遇调整等制度，统一基金收支管理，还要建立全国统一的信息系

---

[1] 《人力资源社会保障部关于〈拖欠农民工工资失信联合惩戒对象名单管理办法（征求意见稿）〉公开征求意见的通知》，人社部官网，http://www.mohrss.gov.cn/SYrlzyhshbzb/zcfg/SYzhengqiuyijian/zq_fgs/202107/t20210726_419300.html。

统和养老保险经办服务管理系统，构建中央与地方政府责任分担机制，适度加强中央的事权。完善基金管理风险防控体系，优化中央对地方政府的考核奖惩机制。

（三）加强农民工权益保障工作

农民工问题是我国社保事业发展必须要解决的问题之一，人社部门将继续加强劳动保障监察的法制化建设。努力健全治理欠薪长效机制，不断推进根治拖欠农民工工资工作，适时完善拖欠农民工工资违法失信名单管理制度，切实保障各项农民工工资支付制度。定期对企业守法诚信等级进行评价，并对重大违法行为进行社会公布。保障畅通的农民工举报投诉渠道，着力推进建立覆盖全国的劳动保障监察案件平台，实现农民工维权"一网通办"、全国联动，强化重大劳动保障违法案件督查和督办。

综上所述，未来几年是我国经济社会发展的关键时期，届时互联网科技等将获得更大面积使用，人口老龄化加剧，人民群众对物质文化的需求更为丰富多样，对社会公共服务质量的需求更高。要力争把我国社保事业发展推上一个新的高度，构建更加科学完善的人力资源和社会保障体系，继续保持较低的失业率，完善更加和谐的劳动关系。努力实现多层次社会保障体系的高质量发展和可持续发展，实现社会保障事业全民共建共享的发展局面。

B.5
2021年中国教育改革和发展报告

李 涛 刘丽云 邓霜娇*

摘 要： 2021年是中国共产党百年华诞，站在"两个一百年"的历史交汇点上，中国开启了全面建设社会主义现代化国家新征程。上承"十三五"规划圆满收官，下启"十四五"规划重磅开局，2021年中国教育迎来新一轮大考。一年来，各级各类教育事业发展取得显著成效，教育规模持续扩大。以思政工作、师资管理、教育教学、教育立法（修订）、教育督导等为代表的教育改革取得实质性进展，推动了学前教育普惠、县域义务教育均衡、普通高中特色发展、高等教育提质创新、民办教育规范和现代职业教育体系构建，促进了各级各类教育事业协调发展。2021年中国教育以公平为抓手，通过教育脱贫攻坚成果同乡村振兴有效衔接、农村教师队伍建设和高考制度改革，努力办让人民满意的教育。而抓好疫情常态化防控、切实落实教育"减负"、深入推进"双一流"建设、促进高校毕业生就业、加强中小学生手机管理、完善科研经费管理改革等，注定让2021年成为不平凡的一年。

关键词： 教育改革 教育发展 教育热点

---

* 李涛，教育部人文社会科学重点研究基地东北师范大学中国农村教育发展研究院院长助理、教授、博士生导师，国家万人计划青年拔尖人才；刘丽云，东北师范大学中国农村教育发展研究院硕士研究生；邓霜娇，东北师范大学中国农村教育发展研究院博士研究生。

2021 年是中国共产党百年华诞，中国开启了全面建设社会主义现代化国家新征程。上承"十三五"规划圆满收官，下启"十四五"规划重磅开局，2021 年中国教育迎来新一轮大考，开启建设高质量教育体系的新征程。为推进教育高质量发展，中国教育以提升"教育质量"和促进"教育公平"为目标，在 2021 年进行了大刀阔斧的改革，推进实质性教育改革，促进各级各类教育事业协调发展，办好人民满意的教育。

一　全国教育事业发展概览

2020 年，全国有各级各类学校共计 53.71 万所，与上年相比增加了 0.70 万所，同比增长 1.32%；各级各类学历教育在校生人数总计 2.89 亿人，比上年增加 674.48 万人，同比增长 2.39%；专任教师 1792.97 万人，比上年增加 60.94 万人，同比增长 3.52%；全国新增劳动力平均受教育年限 13.8 年，比上年提高 0.1 年，其中，受过高等教育比例达到 53.5%，比上年提高 2.6 个百分点，我国教育规模持续扩大。

（一）各级各类教育发展成就显著

学前教育普及普惠水平持续提升。全国幼儿园共计 29.17 万所，比上年增加 1.05 万所，增长 3.73%。其中，普惠性幼儿园 23.41 万所，比上年增加 3.12 万所，同比增长 15.38%，占全国幼儿园的比例为 80.25%；普惠性幼儿园在园幼儿 4082.83 万人，比上年增加 499.88 万人，同比增长 13.95%，占全国在园幼儿的比例为 84.74%。学前教育毛入园率比上年提高 1.8 个百分点，达到 85.2%，超额完成党中央和国务院提出的"到 2020 年全国学前三年毛入园率达到 85%，普惠性幼儿园覆盖率达到 80%"的目标任务。

九年义务教育资源配置持续优化。全国义务教育阶段学校共有 21.08 万所，专任教师 1029.49 万人，招生人数达 3440.19 万人，在校生有 1.56 亿人，九年义务教育巩固率达到 95.2%。其中，全国普通小学共有 15.80 万所，比上年减少 2169 所；另有小学教学点 9.03 万个，比上年减少 0.62 万个；小学学

龄儿童净入学率达 99.96%；小学专任教师共 643.42 万人，比上年增加 16.51 万人，同比增长 2.63%，专任教师学历合格率 99.98%，生师比为 16.67∶1。全国初中阶段学校共有 5.28 万所（含职业初中 10 所），与上年相比增加 390 所，同比增长 0.75%；初中阶段毛入学率 102.5%，初中专任教师学历合格率 99.89%，生师比达到 12.73∶1。初中总班数 107.34 万个，比上年增加 2.93 万个，其中，56~65 人的大班 1.25 万个，比上年减少 2.97 万个；66 人及以上的超大班 225 个，比上年减少 2500 个，超大班额现象得到显著缓解。义务教育阶段的在校生中，进城务工人员随迁子女 1429.73 万人。其中，在小学就读 1034.86 万人，在初中就读 394.88 万人。2020 年九年义务教育普及水平进一步提升，义务教育阶段教师队伍质量显著提高，资源配置进一步均衡，义务教育事业发展取得显著成就。

特殊教育公平进程持续加快。2020 年全国特殊教育学校共计 2244 所，与上年相比增加了 52 所，同比增长 2.37%；招收各种形式的特殊教育学生总计 14.90 万人，与上年相比增加了 0.48 万人，同比增长 3.33%；在校生达到 88.08 万人，与上年相比增加了 8.62 万人，同比增长 10.90%。其中，附设特教班的在校生达到 4211 人，在特殊教育在校生中占比 0.48%；随班就读的在校生达到 43.58 万人，在特殊教育在校生中占比 49.48%；送教上门在校生 20.26 万人，占特殊教育在校生的 23.00%，特殊教育学生的受教育权得到进一步的保障。特殊教育学校共有专任教师 6.62 万人，比上年增加 0.38 万人，同比增长 6.09%。全国普通高等院校共录取 13551 名残疾人，2253 名残疾人进入高等特殊教育学院学习，4.6 万名残疾青壮年文盲接受了扫盲教育。[①]

高中阶段教育普及程度持续扩大。全国高中教育阶段共有学校 2.45 万所，与上年相比增加了 82 所，同比增长 0.34%；高中阶段毛入学率 91.2%，与上年相比提高了 1.7 个百分点。主要的学校类型有普通高中、中等职业教育学校和成人高中，其中普通高中 1.42 万所，比上年增加 271 所，普通高中生师比为 12.90∶1，专任教师学历合格率 98.79%；中等职业教育学校 9896 所，比

---

① 数据来源于《2020 年残疾人事业发展统计公报》，中国残疾人联合会网站，https://www.cdpf.org.cn//zwgk/zccx/tjgb/d4baf2be2102461e96259fdf13852841.htm，2021 年 4 月 9 日。

上年减少 182 所，招生 644.66 万人，比上年增加 44.30 万人，增长 7.38%，占高中阶段教育招生总数的 42.38%；中等职业教育学校生师比为 19.54 ∶ 1；专任教师本科及以上学历比例为 92.92%，比上年提高 0.31 个百分点。

高等教育毛入学率持续上升。全国共有普通高校 2738 所，与上年相比增加了 50 所，同比增长 1.86%。其中，本科院校有 1270 所（含本科层次职业学校 21 所），与上年相比增加了 5 所；高职（专科）院校 1468 所，与上年相比增加了 45 所；研究生培养机构 827 所，包括普通高等学校 594 所和科研机构 233 所。全国各类高等教育在学的总规模达到 4183 万人，与上年相比增加了 181 万人。高等教育的毛入学率 54.4%，比上年增加 2.8 个百分点，我国高等教育已迈入普及化的新阶段。普通高等学校的校均规模为 11982 人，其中，本科院校有 15749 人，高职（专科）院校有 8723 人。全国普通高等学校共有专任教师 183.30 万人。

民办教育占比有所下降。全国各级各类民办学校共有 18.67 万所，与上年相比减少了 4820 所，占全国各级各类学校的比重为 34.76%；招生 1730.47 万人，与上年相比减少了 43.87 万人，同比下降 2.47%；在校生 5564.45 万人，与上年相比减少了 52.16 万人，下降 0.93%。其中，民办幼儿园 16.80 万所，比上年减少 5280 所；民办普通小学 6187 所，比上年减少 41 所；民办初中 6041 所，比上年增加 248 所；民办普通高中 3694 所，比上年增加 267 所；民办中等职业学校 1953 所，比上年减少 32 所；民办普通高校 771 所（含独立学院 241 所），比上年增加 15 所。民办教育类型层次日益丰富，管理逐步规范化，是教育事业的重要组成部分，在教育事业中扮演着重要的角色，成为推动教育改革的重要支持力量。

（二）国家财政性教育经费占比连续9年超过4%

2021 年 4 月，教育部数据显示，2020 年全国教育经费总投入为 53014 亿元，与上年相比增长了 5.65%。[①] 其中，国家财政性教育经费总计 42891 亿元，

---

① 本小节数据来源于《2020 年全国教育经费执行情况统计快报》，中华人民共和国教育部门户网站，http://www.moe.gov.cn/jyb_xwfb/gzdt_gzdt/s5987/202104/t20210427_528812.html，2021 年 4 月 27 日。

与上年相比增长了 7.10%。全国学前教育经费总投入为 4203 亿元，比上年增长 2.39%。全国义务教育经费总投入为 24295 亿元，比上年增长 6.55%。全国高中阶段教育经费总投入为 8428 亿元，比上年增长 9.14%。全国高等教育经费总投入为 13999 亿元，比上年增长 3.99%。在全国教育经费的投入中，义务教育阶段的投入力度最大，学前教育阶段的投入最少。在经费投入年增长率上，高中教育涨幅最大，学前教育涨幅最小。教育发展保障水平得到进一步提升。具体各个阶段教育经费分配情况如图 1 所示。

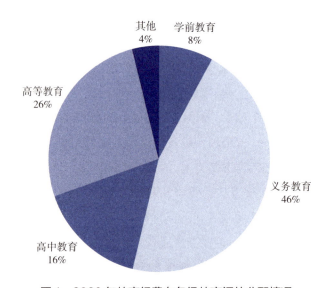

图 1　2020 年教育经费在各级教育间的分配情况

2020 年全国幼儿园生均教育经费总支出为 12954 元，比上年增长 9.14%。全国普通小学生均教育经费总支出为 14103 元，比上年增长 4.43%。全国普通初中生均教育经费总支出为 20342 元，比上年增长 3.94%。全国普通高中生均教育经费总支出为 23489 元，比上年增长 6.10%。全国中等职业学校生均教育经费总支出为 22568 元，比上年增长 6.51%。全国普通高等学校生均教育经费总支出为 37241 元，比上年下降 3.78%。在生均教育经费支出上，普通高等学校生均教育经费支出最高，幼儿园生均教育经费支出涨幅最高。

二 推进教育改革取得实质性进展

（一）进一步加强思想政治教育

2021 年是中国共产党成立 100 周年，中国正处于百年未有之大变局。"才者，德之资也；德者，才之帅也"，"立德树人"是教育的根本任务，也是培养全面发展的人的首要基础。进一步全面加强思想政治教育，加强人才队伍建设是新时代一项紧迫的教育工程。鉴于此，在各级各类学校中加强思想政治理论课（以下简称"思政课"）建设成为落实"立德树人"这一根本任务的关键内核。2021 年以来，全国教育系统进一步落实《关于深化新时代学校思想政治理论课改革创新的若干意见》精神，^① 不断完善思政课课程教材体系，加强建设政治强、情怀深、思维新、视野广、自律严、人格正的思政课教师队伍，不断增强思政课的思想性、理论性和亲和力，对大中小学思政课的课程目标进行了一体化设计，引导学生增强"四个自信"，成为德智体美劳全面发展的社会主义建设者和接班人。具体而言，一是在课程目标体系上，明确了小学阶段应着重培养学生的道德情感、初中阶段应着重打牢学生的思想基础、高中阶段应着重提升学生的政治素养、大学阶段应着重增强学生的使命担当。二是在课程体系上，根据学生在不同年龄段所具有的认知特点，构建大中小学一体化思政课课程体系。在小学及初中阶段的"道德与法治"、高中阶段的"思想政治"、大学阶段的"思想政治理论课"中满足课程目标要求，并大力推进将习近平新时代中国特色社会主义思想融入课程，实现整体设计、循序渐进、逐步深化，切实提高课程设置的针对性和实效性。三是在课程内容上，各学段在现有课程内容基础上，培育和践行社会主义核心价值观，推进法治教育、劳动教育、总体国家安全观教育、公共卫生安全教育等方面内容全面融入，实现各个学段纵向衔接、逐层递进，实现学科、课程的协同联动，并系统全面地在大中小学思政课中开展党史、新中国史、改革开

---

① 《中共中央办公厅 国务院办公厅印发〈关于深化新时代学校思想政治理论课改革创新的若干意见〉》，新华社，2019 年 8 月 14 日。

放史、社会主义发展史的教育。四是在教材体系建设上，重点推进习近平新时代中国特色社会主义思想进课程进教材，不断完善教材编审制度、健全一体化教材建设机制、加强教材研究、构建立体化教材体系，教育部组织编写并发布了适合大中小学生阅读的《习近平新时代中国特色社会主义思想学生读本》和《习近平新时代中国特色社会主义思想教学指导方案》，从2021年秋季学期起开始使用。五是在学习渠道上，各地拓宽大中小学各教育阶段思政课学习渠道，除了传统线下课堂学习外，还积极探索创新线上学习方式，利用"互联网＋思想政治教育"的多种鲜活创新形式加强思想政治教育。

（二）深化师资管理改革

进一步优化教师队伍管理，建设高质量教师队伍，主要体现在以下三方面：一是在教师队伍思想建设方面，教育部把2021年确定为"高校教师思想政治工作强化年"，推进教师思想政治和师德师风建设。二是在教师交流轮岗制度方面，2021年7月30日，深圳率先在义务教育阶段推出"教师轮岗制度"，随后北京市于8月25日召开"双减"工作新闻发布会，指出"新学期北京市将大面积、大比例推进义务教育阶段公办学校校长（干部）教师轮岗"。事实上，近年来教育部也一直在加强推行"校长教师交流轮岗"，并将此作为实现教育公平、推进教育均衡发展的一项重要举措，这是我国在新时期对教育提出的一项战略性决策，更是教育优质均衡发展、高质量发展的内在需求。三是在教师业绩评价方面，要突出教育教学能力和业绩，下放高校职称评审权，实行高校自主组织评审、按岗聘用，实施代表性成果评价。

（三）推进教育教学改革

2021年，中国教育迈入高质量发展阶段。教育教学领域迎来了新一轮大改，以"五育"并举为立足点，坚持以核心素养为导向，推动育人方式变革，构建高质量课程体系，切实减轻学生课业负担。

一是在课程标准修订方面，教育部正在加快推进义务教育课程标准的修订工作，预计在2021年底完成义务教育课程方案和各学科课标全面修订。

在教材管理方面，2021 年中国教育不断推进《全国大中小学教材建设规划（2019—2022 年）》和四个教材管理办法①的全面落地落实，不断提升教材管理信息化水平，强化教材队伍建设，完善教材相关配套管理制度。此外，教育部于 2021 年 10 月制定了《生命安全与健康教育进中小学课程教材指南》，②以进一步落实《"健康中国 2030"规划纲要》，涉及"健康行为与生活方式""生长发育与青春期保健""心理健康""传染病预防与突发公共卫生事件应对""安全应急与避险"五大领域，要求"预防性侵害""识别抑郁""识别校园欺凌与校园暴力"进中小学教材。

二是在"作业管理"和"课后服务"方面，2021 年教育教学改革的重要内容是"作业管理"和"课后服务"。2021 年 4 月 8 日，教育部办公厅发布《关于加强义务教育学校作业管理的通知》，③旨在进一步规范学校教育教学管理，扭转部分学校存在的作业数量过多、质量不高、功能异化等突出问题，这既解放了学生，也给家长减压，为"减轻义务教育阶段学生作业负担和校外培训负担"（以下简称"双减"）按下了"加速键"。开展课后服务是夯实学校教育主阵地作用的重要内容，也是营造更加健康的教育生态的重要举措，④本质上指向的是一种教育综合服务的提升，⑤教育部在推广地方义务教育课后服务的创新举措和典型经验时指出要进一步推动课后服务全覆盖，在保证课后服务时间与质量的基础上，丰富课后服务内容，针对学生的不同情况展开具体的指导。⑥教育部于 2021 年 7 月 13 日举行新闻通气会，要求推行课后服务"5+2"模式，即学校每周 5 天都要开展课后服务，每天至少开展 2 小时，结束时间要与当地正常下班时间相衔接，对家长接孩子还有困难的学生，应提供延时托管服务。

---

① "四个教材管理办法"指《中小学教材管理办法》《职业院校教材管理办法》《普通高等学校教材管理办法》《学校选用境外教材管理办法》。
② 《生命安全与健康教育进中小学课程教材指南》（教材函〔2021〕3 号），2021 年 10 月 26 日。
③ 《关于加强义务教育学校作业管理的通知》（教基厅函〔2021〕13 号），2021 年 4 月 8 日。
④ 《提升课后服务水平，满足学生多样化需求》，《中国教育报》2021 年 7 月 28 日。
⑤ 《完善课后服务，增强学校教育的主体性》，《光明日报》2021 年 6 月 24 日。
⑥ 《教育部办公厅关于推广部分地方义务教育课后服务有关创新举措和典型经验的通知》（教基厅函〔2021〕23 号），2021 年 6 月 2 日。

（四）落实教育评价改革

2021 年是全面实施《深化新时代教育评价改革总体方案》的开局之年，要彻底扭转过去"唯分数""唯升学""唯文凭""唯论文""唯帽子"的不科学教育评价，需要对"党委和政府""学校""教师""学生""社会"五类教育主体展开系统的评价改革。一是在改革党委和政府教育工作的评价方面，核心任务是不断完善党对教育工作全面领导的体制机制，破除短视行为和功利化倾向，树立正确的政绩观，坚决纠正片面追求升学率倾向；二是在改革学校教育评价方面，要坚持把立德树人成效作为根本标准，破除重智育轻德育、重分数轻素质等片面办学行为；三是在改革教师教育评价方面，要以"教书育人使命"引领教师评价改革，把师德师风作为教师引进、聘用、考核、职称评聘、评优奖励等评价的首要标准，突出教育教学实绩；四是在改革学生教育评价方面，要聚焦德智体美劳"五育并举"，创新德智体美劳过程性评价办法，强化过程性考核与结果性考核有机结合的学业考评制度；五是在改革社会评价方面，党政机关、事业单位、国有企业要带头在用人评价上扭转"唯名校""唯学历"的用人导向，应科学合理确定岗位职责，坚持以岗定薪、按劳取酬、优劳优酬，建立重实绩、重贡献的激励机制。

（五）加快教育立法（修订）工作

2021 年是名副其实的教育立法（修订）年，采取立法和修订教育法律的方式，深化教育改革：一是颁布《中华人民共和国家庭教育促进法》。2021年 10 月 23 日第十三届全国人民代表大会常务委员会第三十一次会议通过《中华人民共和国家庭教育促进法》，该法的颁布填补了我国家庭教育立法空白，为家庭教育提供法律支持。二是修订《中华人民共和国教育法》。2021 年 4月 29 日，第十三届全国人民代表大会常务委员会第二十八次会议通过了《全国人民代表大会常务委员会关于修改〈中华人民共和国教育法〉的决定》，修改后的《中华人民共和国教育法》在教育指导思想、教育地位、教育方针、人才培养规格、教育内容、法律责任等方面作出了进一步的完善。[①] 三是推进《中华人民共和国教师法》修订工作。《中华人民共和国教师法》修订工作已被列入十三届全国人大常委会五年立法规划，2021 年已形成《中华人民共和国教师法（修订草案）（征求意见稿）》，聚焦党的领导、师德师风、职业定位、权利义务、准入门槛、聘任和管理制度等重要方面。四是加速《中华人民共和国学前教育法》立法工作。《中华人民共和国学前教育法草案（征求意见稿）》于 2020 年 9 月 7 日至 10 月 7 日面向社会公开征求意见后，教育部根据公开征求意见情况对征求意见稿进行了修改完善，并于 2021 年 4 月 12 日形成《中华人民共和国学前教育法草案（送审稿）》报送国务院审议，送审稿共分为总则、学前儿童、幼儿园的规划与举办、保育与教育、教师和其他工作人员、管理与监督、投入与保障、法律责任、附则等 9 章 75 条，对学前教育作了全面规范。该法若经立法程序通过，将弥补中国在学前教育方面的法律空白，促进我国教育法律体系的进一步健全。五是一些新修订的教育法律法规正式执行。除已立法（修订）或正在立法（修订）的教育法律外，还有一批教育法律法规于 2021 年已正式执行，如新修订的《中华人民共和国未成年人保护法》等。

（六）完善教育督导改革

落实督导改革是保障教育改革有效推进的基础工作，2021 年教育部为落实《关于深化新时代教育督导体制机制改革的意见》，加快出台了相关配套制度文件：一是在督导法制建设方面，启动了《教育督导条例》修订工作。二是在质量保障方面，出台了《本科毕业论文（设计）抽检办法（试行）》，以

---

① 本次《中华人民共和国教育法》共修订了五项条款：第一，丰富了教育的指导思想，将"国家坚持中国共产党的领导、邓小平理论、'三个代表'重要思想、科学发展观、习近平新时代中国特色社会主义思想"写进教育法；第二，凸显了教育的重要地位，指出"教育对提高人民综合素质、促进人的全面发展、增强中华民族创新创造活力、实现中华民族伟大复兴具有决定性意义"；第三，完善了教育方针，将劳动教育纳入了教育目标；第四，扩增了教育内容，将"教育应当继承和弘扬中华民族优秀的历史文化传统"扩增为"教育应当继承和弘扬中华优秀传统文化、革命文化、社会主义先进文化"；第五，完善了考试招生的制度规范，坚决依法打击冒名顶替入学行为。

完善学位论文抽检工作体系，着力兜住高等教育人才培养质量的"底线"。三是在评估监测方面，出台了《普通高等学校本科教育教学审核评估实施方案（2021—2025年）》，推动本科教育教学改革不断深入。同时，还制定了新版《国家义务教育质量监测方案》，[1] 突出能力素养导向以推动建立监测结果与政策完善的联动机制。四是在学校督导方面，研制《关于开展中小学幼儿园校（园）长任期结束综合督导评估工作的意见》，[2] 督促校（园）长规范履职。五是在督导问责方面，出台了《教育督导问责办法》，[3] 从"问谁的责""谁来问责""问什么责""怎么问责"四个方面对教育督导问责作出了系统性制度设计，推动教育问责落地。

三 促进各级各类教育事业协调发展

（一）推动学前教育规范发展

学前教育事业发展取得显著成效。2020年，全国学前三年毛入园率已达到85.2%，普惠性幼儿园覆盖率达到84.7%，[4] 普惠性学前教育资源供给不断扩大。国务院2021年《政府工作报告》将进一步提高学前教育入园率、完善普惠性学前教育保障机制、支持社会力量办园列为中央政府本年度工作重点，[5] 学前教育事业发展进一步取得显著成效。但随着中国"三孩政策"的实施，[6] 未来要提早优化学前教育布局，预测未来新增学龄人口总学位供给需求和结构性分布趋势，进一步提高学前教育普及普惠水平，完善经费投入保障机制。2021年，尽管学前教育资源供给规模持续扩张，但学前教育过度重视

---

① 《国家义务教育质量监测方案（2021年修订版）》（教督〔2021〕2号），2021年9月15日。
② 此文件还未出台，目前在研制阶段。
③ 《教育督导问责办法》（国教督〔2021〕2号），2021年7月20日。
④ 数据来源于《2020年全国教育事业发展统计公报》，中华人民共和国教育部门户网站，http://www.moe.gov.cn/jyb_sjzl/sjzl_fztjgb/202108/t20210827_555004.html，2020年8月27日。
⑤ 《2021年政府工作报告》，新华社，2021年3月12日。
⑥ 2021年6月26日，中共中央、国务院发布《关于优化生育政策促进人口长期均衡发展的决定》，提出"实施一对夫妻可以生育三个子女政策"（简称"三孩政策"），这是中国在当前新形势下作出的重大人口战略布局。

知识准备，小学和幼儿园衔接机制不健全等问题依然存在，学前教育高质量发展面临挑战，我国为此采取积极措施加以改进，如教育部于 2021 年 3 月 30 日发布《关于大力推进幼儿园与小学科学衔接的指导意见》，旨在合理推进小学和幼儿园的有效衔接，全面提升学前教育质量，推进落实学前教育规范发展。

（二）推进县域义务教育均衡发展

截至 2020 年底，全国已有 26 个省份、2809 个县（市、区）实现县域义务教育基本均衡发展，县数占比达到 96.8%，实现了 2012 年所确立的目标——2020 年，实现基本均衡的县（市、区）比例达到 95%；[1] 其中中西部县数占比 95.3%，如期实现了 2016 年所确立的目标——2020 年，中西部地区实现基本均衡的县（市、区）比例达到 95%。[2] 预计到 2021 年底，全国所有的县（市、区）都将实现义务教育基本均衡。[3]

2021 年教育部对义务教育均衡发展的督导主要包括三个方面：一是抓常态监测工作。对以往已经通过国检的县（市、区），持续监测复查其义务教育资源配置状况，对发现的问题县及其所在省份通过约谈等方式督促整改。二是抓基本均衡扫尾工作。2021 年上半年，教育部新增对广西、西藏、四川、新疆 4 个省份的义务教育均衡发展验收工作，其中有 76 个县（市、区）通过国检；下半年，教育部对内蒙古、甘肃 2 个省份的 18 个县（市、区）进行组织验收。三是抓优质均衡推进工作。督促各省级人民政府对标"'德智体美劳'全面发展理念更鲜明""校园标准化建设程度更高""教师能力素质与师德师风更强""人民群众对办学质量更满意"的"四个更"标准，结合实际情况制定推进优质均衡工作的时间表和路线图，把基本均衡、优质均衡抓实抓好。[4]

① 《关于深入推进义务教育均衡发展的意见》（国发〔2012〕48 号），2012 年 9 月 5 日。
② 《关于加快中西部教育发展的指导意见》（国办发〔2016〕37 号），2016 年 5 月 11 日。
③ 《我国年底有望实现所有县域义务教育基本均衡》，《中国财经报》2021 年 9 月 3 日。
④ 《我国年底有望实现所有县域义务教育基本均衡》，《中国财经报》2021 年 9 月 3 日。

2021年县域义务教育从"基本均衡"迈入"优质均衡"发展新阶段。切实缩小教育优质资源在区域、城乡和学校之间的差距,将"县域内均衡"扩大到"市域""省域"层面。推进县域义务教育优质均衡和城乡一体化发展成为下一步不断努力的方向。

(三)推动普通高中多样化特色发展

高中教育作为义务教育的"出口端"和高等教育的"入口端",发挥着承上启下的枢纽作用,占据举足轻重的地位。促进高中教育多样化特色发展已成为中国高中教育当前和未来的工作重点,需要在求"新"和求"特"中改变高中人才培养模式。为此,国家出台了一系列促进高中发展的政策文件,如《加快推进教育现代化实施方案(2018—2022年)》《关于新时代推进普通高中育人方式改革的指导意见》等,① 明确提出普通高中改革目标是基本形成多样化特色发展的格局,推动普通高中优质特色发展。

在新一轮高考改革的大背景下,普通高中主要采取五个方面的举措来推进普通高中多样化有特色的发展:一是推动落实普通高中办学的主体地位②,正确处理学校办学主体地位与政府办学主体责任之间的关系,给予学校更多的自主权;二是提升教师教育教学的能力,加强对学生发展的指导;三是深化育人方式的改革,创新教育教学方式,由传统的行政班教学转变为选课走班教学,积极拓宽综合实践的渠道;四是推动全面实施新课程、使用新教材,不断完善学校课程。

(四)构建现代职业教育体系

职业教育发展获得优异成绩。全国职业教育大会于2021年4月12日在北京隆重举行,习近平总书记对职业教育工作作出重要指示:"在全面建设社

---

① 《中共中央办公厅、国务院办公厅印发〈加快推进教育现代化实施方案(2018—2022年)〉》,新华网,2019年2月23日;《关于新时代推进普通高中育人方式改革的指导意见》(国办发〔2019〕29号),2019年6月11日。
② 《普通高中如何应对新高考带来的四重变革》,《中国教育报》2021年6月9日。

会主义现代化国家新征程中，职业教育前途广阔、大有可为。"① 2021 年，中国已建成世界上规模最大的职业教育体系，② 培养了一大批支撑经济社会发展的技术技能人才，③ 职业教育面貌发生了格局性变化。随着《国家职业教育改革实施方案》《职业教育提质培优行动计划（2020—2023 年）》等公共政策文件的进一步加速实施，职业教育迎来了"黄金发展期"，步入了"快车道"，进入"提质培优""增值赋能"的高质量发展新阶段。为进一步贯彻落实全国职业教育大会精神，推动现代职业教育高质量发展，中共中央办公厅、国务院办公厅于 2021 年 10 月 12 日印发《关于推动现代职业教育高质量发展的意见》，④ 围绕推动现代职业教育高质量发展，分阶段明确了职业教育未来发展目标，主要包括四个方面举措：一是巩固职业教育类型定位，加快建立"职教高考"制度，完善"文化素质 + 职业技能"考试招生办法；二是推进不同层次职业教育纵向贯通、不同类型教育横向融通，一体化设计职业教育人才培养体系，各学段普通教育与职业教育渗透融通；三是构建多元办学格局，优化职业教育供给结构，完善产教融合办学体制，创新校企合作办学机制，优化校企合作政策环境；四是强化双师型教师队伍建设，创新教学模式与方法，改进教学内容与教材，探索符合职业教育特点的评价办法。这既是对中国实施《国家职业教育改革实施方案》以来职业教育改革所取得经验的全面总结与深化，⑤ 也是为实现《中国教育现代化 2035》提出的"到 2035 年，总体实现教育现代化，迈入教育强国行列，推动我国成为学习大国、人力资源强国和人才强国"目标作出的重大部署。此外，中国还于 2021 年正式启动了职业院校设置本科专业工作，正式建立起本科层次职业教育专业设置管理的国家制度，未来我国职业教育体系将由"职业中等教育""职业专科

---

① 《习近平对职业教育工作作出重要指示》，新华社，2021 年 4 月 13 日。
② 《教育部：我国有职业学校 1.15 万所 在校生超过 2800 万人》，央广网，2020 年 12 月 8 日。
③ 《我国职业教育交出亮眼成绩单》，《中国青年报》2021 年 1 月 26 日。
④ 《中共中央办公厅 国务院办公厅印发〈关于推动现代职业教育高质量发展的意见〉》，新华社，2021 年 10 月 12 日。
⑤ 《国家职业教育改革实施方案》（国发〔2019〕4 号），2019 年 1 月 24 日。

教育""职业本科教育"三级学制构成,[①] 这是中国职业教育发展中重要的里程碑。

我国未来的职业教育将不断优化职业教育类型的定位,持续深化产教融合、校企合作,大力推进育人方式、办学模式、管理体制、保障机制改革,并稳步实现职业本科教育,建设一批高水平的职业院校和专业,推动职普融通,增强职业教育的适应性,加快构建现代职业教育体系,培养更多高素质技术技能人才。

(五)推进高等教育提质创新发展

2020 年,我国"各种形式的高等教育在学总规模[②]4183 万人,高等教育毛入学率 54.4%",[③] 这意味着我国已经步入高等教育普及化的新阶段。[④]2021年我国在高等教育领域取得了显著成效。

在招生方面,聚焦国家重大战略需求,在确保公平公正前提下积极探索多维度考核评价模式,着力解决自主招生中的突出问题,[⑤] 逐步建立起基础学科拔尖创新人才选拔培养的有效机制,实施《关于在部分高校开展基础学科招生改革试点工作的意见》(以下简称"强基计划"),[⑥] 自 2020 年起,原有高

---

① 徐国庆:《发展职业本科教育是建设高质量职业教育体系的关键步骤》,教育部网站,http://www.moe.gov.cn/jyb_xwfb/moe_2082/2021/2021_zl11/202102/t20210223514457.html,2021 年 2月 23 日。

② 高等教育在学总规模包括研究生、普通本专科、成人本专科、网络本专科、高等教育自学考试本专科等各种形式的高等教育在学人数。

③ 《2020 年全国教育事业发展统计公报》,中华人民共和国教育部门户网站,2021 年 8 月 27 日。

④ 美国学者马丁·特罗提出高等教育发展阶段论,高等教育毛入学率在 15% 以内为高等教育精英化阶段,高等教育毛入学率在 15%~50% 为高等教育大众化阶段,高等教育毛入学率在 50% 以上为高等教育普及化阶段。

⑤ 因自主招生面临一些新挑战和新问题,包括招生学科过于宽泛、重点不集中、招生与培养衔接不够、个别高校考核评价不够科学规范、个别考生提供不真实的学科特长材料等,必须通过进一步深化改革,着力加以解决。

⑥ "强基计划"主要选拔培养有志于服务国家重大战略需求且综合素质优秀或基础学科拔尖的学生。自 2020 年开始实施,共在 36 所"双一流 A 类"高校中试点,聚焦高端芯片与软件、智能科技、新材料、先进制造和国家安全等关键领域以及国家人才紧缺的人文社会科学领域,由有关高校结合自身办学特色,合理安排招生专业,突出基础学科的支撑引领作用,重点在数学、物理、化学、生物及历史、哲学、古文字学等相关专业招生。

校自主招生方式不再使用。在培养方面，更为注重紧缺人才培养，全方位实现人才培养质量整体提升：一是推进新工科、新医科、新农科、新文科建设，促成"四新"交叉融合；二是接续实施"六卓越－拔尖"人才培养计划 2.0，加快培养基础学科拔尖人才，建设一批基础学科拔尖学生培养基地；三是修订普通本科高校设置标准，推动具备条件的普通本科高校向应用型转变；四是审核增列了博士、硕士学位授予单位及其学位授权点，同时也对硕博学位授权点实施了动态调整；五是启动实施新一轮普通高等学校本科教育教学审核评估工作，开展本科专业三级认证，建成一批一流本科专业，启动 2021 年度国家级一流本科专业建设点报送工作。在管理方面，深入推进"管办评"分离，扩大省级政府统筹权和学校办学自主权，重构新型政校关系；完善学校内部治理结构，深化高校内部组织机构改革，完成组织架构重建，实现机构职能调整，激发内部办学活力；在质量上强化学位论文评审环节管理，提升学位论文质量，严把毕业生质量关。

（六）促进民办教育规范发展

民办教育发展得到进一步规范。民办教育是中国特色社会主义教育事业的重要组成部分，其服务国家经济社会发展的能力进一步增强。2020 年在全国各级各类学校中民办学校占比超过了 1/3，在校生占比接近 1/5。在民办学前教育领域，公益性和普惠性更加凸显，托育保教收费进一步合理化；在民办义务教育领域，随着《关于规范民办义务教育发展的意见》等相关规范性文件的出台，中国除了进一步严格把控民办义务教育办学规模、公益属性、依法依规办学外，还严格规范其招生入学行为、清理规范学校名称、健全督导检查机制，并将规范民办义务教育发展情况纳入政府履行教育职责督导评价体系以规范民办义务教育发展；在民办高中教育领域，主要在学校所在设区的市范围内招生，从制度上限制无序的跨区域竞争性招生、"掐尖"招生等行为；① 在民办高等教育领域，民办高校法人治理结构持续优化，办学行为进

---

① 《中华人民共和国民办教育促进法实施条例》（中华人民共和国国务院令第 741 号），2021 年 4 月 7 日。

一步规范化。

2021 年，中国新修订了《中华人民共和国民办教育促进法实施条例》，[①] 为规制"公参民"学校的办学模式提供了制度保障。[②] 教育部等八部门发布《关于规范公办学校举办或者参与举办民办义务教育学校的通知》，[③] 严格界定了"公参民"学校范围，厘清公办和民办界限，从而进一步确保了义务教育的公益属性。

四　以教育公平为抓手办人民满意的教育

（一）教育脱贫攻坚成果同乡村振兴有效衔接

2021 年中国脱贫攻坚战取得全面胜利，教育脱贫攻坚工作也取得巨大成就，建立了一整套"上下联动、统筹协调"的有效体系。未来促进教育公平的重点工作是巩固教育脱贫攻坚成果，实现与乡村振兴有效衔接。为此，教育部等四部门于 2021 年 4 月 30 日发布《关于实现巩固拓展教育脱贫攻坚成果同乡村振兴有效衔接的意见》，明确了未来为促进教育扶贫有四方面的重点任务：第一，建立健全巩固拓展义务教育成果的长效机制，巩固拓展义务教育控辍保学成果、义务教育办学条件成果、教育信息化成果、乡村教师队伍建设成果；第二，建立健全农村家庭经济困难学生教育帮扶机制，精准识别并资助农村家庭经济困难学生，继续落实农村义务教育学生营养改善计划，完善农村儿童教育关爱工作，加强农村家庭经济困难毕业生就业帮扶工作；第三，做好巩固拓展教育脱贫攻坚成果同乡村振兴有效衔接的重点工作，包括加大脱贫地区职业教育支持力度，提高普通高中和普惠性学前教育质量，

---

① 该条例明确指出"实施义务教育的公办学校不得举办或参与举办民办学校，也不得转为民办学校，其他公办学校不得举办或者参与举办营利性民办学校"。

② 《——坚持公益性、公平性、人民性　全面规范"公参民"学校——教育部发展规划司负责人就〈关于规范公办学校举办或者参与举办民办义务教育学校的通知〉答记者问》，中华人民共和国教育部门户网站，http://www.moe.gov.cn/jyb_xwfb/s271/202108/t20210825_554173.html，2021 年 8 月 25 日。

③ 《关于规范公办学校举办或者参与举办民办义务教育学校的通知》（教发〔2021〕9 号），2021 年 7 月 8 日。

继续实施重点高校招收农村和脱贫地区学生专项计划，实施国家通用语言文字普及提升工程和推普助力乡村振兴计划，打造升级版的"一村一名大学生计划"，推进乡村振兴育人工作；第四，延续完善巩固拓展脱贫攻坚成果与乡村振兴有效衔接的对口帮扶工作机制，继续推进高校定点帮扶工作，优化实施职业教育东西协作行动计划，持续推进高校对口支援工作，继续实施系列教师支教计划。①

（二）推进农村教师队伍建设

高质量的教师队伍是建设高质量教育体系的重要支撑，也是实现教育公平的基本保障。中国教育高质量发展的最短板在农村，农村教育是否能够顺利实现高质量发展事关高质量教育体系建设的成败。数据表明，2006~2021 年，中央财政已累计安排 1300 多亿元，支持农村教师队伍建设。② 国家先后实施了"农村义务教育阶段学校教师特设岗位计划"（以下简称"特岗计划"）③、"中小学教师国家级培训计划"（以下简称"国培计划"）④、"边远贫困地区、边疆民族地区和革命老区人才支持计划教师专项计划"（以下简称"'三区'人才支持计划教师专项计划"）⑤、"银龄讲学

① 《关于实现巩固拓展教育脱贫攻坚成果同乡村振兴有效衔接的意见》（教发〔2021〕4 号），2021 年 4 月 30 日。
② 《15 年 1300 多亿元支持，财政部：让教师成为令人羡慕的职业》，《新京报》2021 年 9 月 8 日。
③ "特岗计划"是指自 2006 年始，公开招募高校毕业生到西部"两基"攻坚县以下农村义务教育阶段学校任教，引导和鼓励高校毕业生从事农村教育工作，逐步解决农村师资总量不足和结构不合理等问题，提高农村教师队伍的整体素质。
④ "国培计划"包括"中小学教师示范性培训项目"和"中西部农村骨干教师培训项目"两项内容："中小学教师示范性培训项目"主要包括中小学骨干教师培训、中小学教师远程培训、班主任教师培训、中小学紧缺薄弱学科教师培训等示范性项目；"中西部农村骨干教师培训项目"主要包括农村中小学教师置换脱产研修、农村中小学教师短期集中培训、农村中小学教师远程培训。
⑤ "'三区'人才支持计划教师专项计划"是指从 2013 年起至 2020 年，每年选派 3 万名优秀幼儿园、中小学和中等职业学校教师到"三区"支教一年；每年为"三区"培训 3000 名幼儿园、中小学和中等职业学校的骨干教师和紧缺专业教师，通过选派支教教师和培训当地教师，加快"三区"教师队伍建设，提高教师素质。

计划"①、"中西部欠发达地区优秀教师定向培养计划"（以下简称"优师计划"）②等一系列重大项目，旨在持续支持农村教师队伍建设，促进农村教师队伍高质量发展，加快推进教育公平。2021年，"特岗计划"招聘特岗教师数量达8.43万人，自2006年项目实施以来的16年间，共为中西部地区乡村学校补充特岗教师103万人。③自2013年实施"'三区'人才支持计划教师专项计划"，共选派2.1万名教师到边远地区、民族地区以及革命老区受援县进行支教。④自2018年实施中小学"银龄讲学计划"以来，已招募近1万名退休校长、教师到农村义务教育阶段学校讲学，目前还在不断扩大实施高校银龄教师项目支援西部计划。⑤2021年起，"优师计划"的实施为832个脱贫县以及中西部陆地边境县定向培养近万名本科层次师范生。⑥

2021年，我国农村教师队伍得到持续优化。最新可查数据显示，截至2019年底，乡村专任教师数量达到289.61万人，⑦为持续推进教育公平发展奠定了重要基础。但总体而言，中国农村教师队伍教育教学水平与城镇教师相比还存有差距，且内部参差不齐，影响了教育公平的进一步推进。因此，如何在教师培养、准入门槛、教师培训等方面加强农村教师队伍高质量建设成为未来中国教育工作的重点和难点。

---

① "银龄讲学计划"是指从2018年始，面向社会公开招募一批优秀退休校长、教研员、特级教师、高级教师等到农村义务教育学校讲学，以发挥优秀退休教师引领示范作用，帮助提升农村学校教学水平和育人管理能力，缓解农村学校优秀师资总量不足和结构不合理等矛盾，促进城乡义务教育均衡发展。

② "优师计划"是指从2021年起，教育部直属师范大学与地方师范院校采取定向方式，每年为832个脱贫县（原集中连片特困地区县、国家扶贫开发工作重点县）和中西部陆地边境县中小学校培养1万名左右师范生，从源头上改善中西部欠发达地区中小学教师队伍质量。

③ 《教育部：全国教师规模不断扩大 已达1792.97万人》，http://www.moe.gov.cn/fbh/live/2021/53730/，2021年9月8日。

④ 《教育部：全国教师规模不断扩大 已达1792.97万人》，http://www.moe.gov.cn/fbh/live/2021/53730/，2021年9月8日。

⑤ 《尊师重教暖人心》，《中国教育报》2021年9月9日。

⑥ 《教育部：全国教师规模不断扩大 已达1792.97万人》，http://www.moe.gov.cn/fbh/live/2021/53730/，2021年9月8日。

⑦ 数据来源：《中国教育统计年鉴2020》。

（三）推进高考制度改革

高考是国家公开选拔人才的重要渠道，也是亿万考生改变人生命运的核心通道，关乎每一个家庭的切身利益，是关系教育公平的重大议题。至 2021年，《国务院关于深化考试招生制度改革的实施意见》已出台 7 年，^① 这是我国恢复高考制度后最全面、最系统和最深刻的一次考试招生制度改革。此后，陆续实施了四批次高考综合改革试点。^②2021 年 9 月，第四批高考综合改革试点以各省份所发布的深化高等学校考试招生综合改革实施方案为标志正式启动，^③甘肃、黑龙江、吉林、安徽、江西、贵州、广西 7 个省份宣布从 2021年秋季入学的高一新生开始进入 "3+1+2" 的新高考模式，各省提出在招生录取上将实行 "两依据一参考"，即 "依据全国统一高考成绩和普通高中学业水平选择性考试科目成绩、参考学生综合素质评价择优录取"。^④

2021 年不仅是第四批高考综合改革试点的首次启动，也是第三批高考综合改革试点区首次实施 "新高考"。新高考的 "新" 体现在以下三方面：一是在考试命题上，既突出 "以德引领、以智为基" 的考查重心，又体现对 "体

---

① 《国务院关于深化考试招生制度改革的实施意见》（国发〔2014〕35 号），2014 年 9 月 3 日。
② 2014 年第一批高考综合改革试点包括上海、浙江，选科模式为 "3+3"；2017 年第二批高考综合改革试点包括北京、天津、山东、海南，选科模式为 "3+3"；2018 年第三批高考综合改革试点包括河北、辽宁、江苏、福建、湖北、湖南、广东、重庆 8 个省份，选科模式为 "3+1+2"；2021 年第四批高考综合改革试点包括广西、黑龙江、吉林、安徽、江西、甘肃、贵州 7 个省份，选科模式为 "3+1+2"。其中，"3" 是指全国统一考试科目包括语文、数学、外语（含英语、俄语、日语、法语、德语、西班牙语）3 门科目，不分文理，使用全国卷；"1+2" 是指学生根据高校选科要求，结合自身特长兴趣，先在历史和物理中选择1 门，再从思想政治、地理、化学、生物学中选择 2 门。
③ 《甘肃省深化高等学校考试招生综合改革实施方案》（甘政发〔2021〕66 号），2021 年 9月 11 日；《黑龙江省深化普通高校考试招生综合改革实施方案》（黑政规〔2021〕11 号），2021 年 9 月 13 日；《吉林省深化普通高等学校考试招生综合改革实施方案》（吉政发〔2021〕19 号），2021 年 9 月 15 日；《安徽省深化普通高校考试招生综合改革实施方案》（皖政〔2021〕44 号），2021 年 9 月 13 日；《江西省深化普通高考综合改革实施方案》（赣府发〔2021〕20 号），2021 年 9 月 14 日；《贵州省高考综合改革实施方案》（黔府发〔2021〕10 号），2021 年 9 月 13 日；《广西深化普通高等学校考试招生制度综合改革实施方案》（桂政发〔2021〕24 号），2021 年 9 月 12 日。
④ 《七省份出台方案 第四批高考综合改革启动》，《光明日报》2021 年 9 月 16 日。

育、美育、劳动教育"强有力的呼应和引导作用；①二是在录取模式上，采用"院校专业组"和"1个专业（类）+1个学校"的方式；②三是在计分统计上，统考科目和首考科目计原始成绩，选考科目则按等级赋分后计入总成绩。③换言之，传统所考分数不再是考生最终分数，而是根据每门学科不同难度，根据学生排名所占百分比来计算成绩，以平衡选科之间的难度差异，保证学生成绩的区分度，体现高考的公平性。

2021年，体育生和艺术生的招生考试也进行了更具公平性的改革。高水平运动队和普通高等学校艺术类专业考试招生都采取"文化考试＋专业测试"相结合的方式。自2024年起，高水平运动队考生文化考试成绩全部使用全国统一高考文化课考试成绩，专业测试全部纳入全国统考，高校不再组织相关校考，这将扭转当前高水平运动队报考"门槛偏低"的局面。普通高等学校艺术类专业考试招生则根据不同艺术专业人才选拔培养的要求，进一步改进专业能力考查方式，实行分类考试。例如，对音乐、舞蹈等其他艺术类专业，将进一步大力推进省级统考，逐步实现全覆盖，同时严格控制校考范围和规模。④另外，执行违规考评人员"黑名单制度"，严守高考公平正义的红线，提高人才选拔的公平性。

五 年度教育热点

2021年，中国教育事业掀开高质量发展的崭新篇章，教育舆情和教育热点也层出不穷，注定本年度是不平凡的一年。

---

① 《落实立德树人根本任务，发挥高考育人导向作用》，《中国教育报》2021年6月8日。
② "院校专业组"是指某一高校对考生选考科目要求相同的专业（类）的组合。换言之，一所院校可设置一个或多个院校专业组，每个院校专业组内可包含数量不等的专业；同一高校科目要求相同的专业可分设在不同的院校专业组中；同一院校专业组内各专业的科目要求须相同。目前北京、天津、上海、海南以及湖南、湖北、江苏、福建和广东实行这种模式。"1个专业（类）+1个学校"是指1个专业＋学校为1个志愿。这意味着考生既可以选择不同高校的同一专业；也可以选择同一所高校的不同专业；还可以选择不同专业下的不同高校。目前浙江、山东、辽宁、河北和重庆实行这种模式。
③ 《新高考带来哪些新变化——高考综合改革七周年回眸》，《中国教育报》2021年9月14日。
④ 《教育部有关部门负责人就进一步加强和改进普通高校艺术类专业考试招生工作答记者问》，教育部网站，http://www.moe.gov.cn/jyb_xwfb/s271/202109/t20210924_566344.html,2021年9月24日。

（一）抓好疫情常态化防控

生命健康是所有教育发生的基础。2020 年 5 月后，新冠肺炎疫情转入常态化防控阶段。①2021 年全国教育系统继续严抓疫情常态化防控工作，形成"密""全""严"的学校疫情防控格局。

为保障广大师生身心健康，党和政府采取了诸多措施，高度重视疫情常态化防控工作：一是推进适龄人群分批次接种新冠疫苗，并逐步扩大疫苗接种覆盖面。2021 年 7 月，各地分步骤、稳妥有序对 18 岁以下符合条件的学生展开疫苗接种工作。10 月末，全国各地陆续启动 3~11 岁在校学生接种新冠疫苗工作，进一步提高新冠疫苗接种覆盖率，构建起群体免疫屏障。二是统筹推进各学段疫情防控工作。高校师生员工开学前需持 48 小时内核酸检测阴性报告证明，中小学做好适龄人群新冠疫苗接种，托幼机构教师和保育员等相对固定且从严控制开展儿童集聚性活动。②三是落实疫情防控常态化下"人物同防"与"多病共防"。四是加强规范师生员工卫生健康管理、拓宽健康教育渠道、增加体育时间等。五是做好毕业生求职就业防疫工作。六是完善家校协同机制，促进普及传染病防控知识和技能，加强对孩子的健康监测。七是加大督导检查力度，实现学校自查与国家督查相结合，确保疫情防控工作进一步落实。③

针对新一轮疫情防控中"反复性"和"散发性"的特点，全国教育系统实行了更为严格的防疫台账管理，实行了应急环节演练，真正建立疫情防控无死角的"防火墙"，从而真正确保全体师生生命健康。

---

① 2020 年 5 月 13 日，国务院联防联控机制新闻发布会上宣布国家的疫情防控工作已经从应急状态进入常态化防控状态。

② 《国家卫生健康委办公厅 教育部办公厅关于印发高等学校、中小学校和托幼机构新冠肺炎疫情防控技术方案（第四版）的通知》，教育部网站，http://www.moe.gov.cn/jyb_xxgk/moe_1777/moe_1779/202108/t20210824_553683.html，2021 年 8 月 23 日。

③ 《教育部办公厅 国家卫生健康委办公厅关于进一步加强新冠肺炎疫情防控常态化下学校卫生管理工作的通知》（教体艺厅函〔2021〕34 号），2021 年 7 月 16 日。

（二）切实落实教育"减负"

"减负"成为 2021 年中国社会关注度极高的热点。"减负"包含"校内减负"和"校外减负"两个层面的内容。自 2018 年国务院办公厅印发《关于规范校外培训机构发展的意见》以来，减轻义务教育阶段"学生作业负担"和"校外培训负担"工作已取得积极成效，但短视化、功利性问题并未得到根本性解决，校外机构超前超标培训以及"退费难""卷钱跑路"等违法违规问题时有发生。鉴于此，党和国家站在实现中华民族伟大复兴的战略高度作出重大决策部署，于 2021 年 7 月 24 日印发《关于进一步减轻义务教育阶段学生作业负担和校外培训负担的意见》，将"双减"工作列为重大政治任务和重大民生事项来抓，从"体制机制"入手深化教育改革，以促进学生全面发展和健康成长。

在"校内减负"方面，主要包括给"学生减负"和给"教师减负"：在学生减负方面，国家主要通过全面压减作业总量和时长、减轻中小学生考试压力等落实减负工作，实现校内减负提质；在教师减负方面，以《关于减轻中小学教师负担进一步营造教育教学良好环境的若干意见》文件精神为纲，各省份自 2020 年以来纷纷出台了兼具地方特色的"中小学教师减负清单"，因各省份减负清单更为清晰、准确和更具有可操作性，因此更易于达成减少对中小学校教师不必要干扰的目标，从而把宁静真正还给学校，让"专业的人做好专业的事"。在实施减负过程中，部分省市还逐步实行了教师"弹性上下班制"，切实减轻教师负担。

在"校外减负"方面，党和国家为压实"双减"工作，密集出台整治校外教育培训机构的公共政策，基本构建起"1+N"的"双减"政策制度体系：一是成立了校外教育培训监管司专门开展专项治理；二是明确义务教育阶段校外培训学科类和非学科类范围，鉴别培训项目类别；三是健全审批程序，要求现有线上学科类培训机构由备案改为审批以及义务教育阶段学生学科类校外培训机构统一登记为非营利性机构；四是加强对校外培训机构的监管，在培训材料、培训从业人员、培训收费及预收费、机构登记等方面进行严格监管；五是将"双减"纳入政府履职评价重点。一系列公共政策的密集出台对校外培训机构展开史上最强整改，教培行业迎来了"转型期"，内部面临新的业务调整。此外，国家还推出了"义务教育学校课后服务'5+2'模式全覆盖"以及暑期托管服务等配套措施，在整治教育乱象的同时，不断提升人民对教育的满意度。

2021 年，中国对校外教育培训机构的整改力度空前加大，对治理教育"超速""超载"等现实问题具有重大指导意义，有利于重塑教育市场秩序、构建良好教育生态，也有利于全社会树立正确的教育质量观和人才观，让教育真正回归"为党育人，为国育才"的初心。

（三）深入推进"双一流"建设

"双一流"建设是中国在高等教育领域继"211 工程""985 工程"之后作出的国家战略布局。首轮"双一流"建设项目确定建设高校数量 137 所、建设学科数量 465 个，自 2016 年开始实施，以 5 年为一个周期，2021 年进入了"双一流"建设项目成效评价阶段，如何评价建设成效成为社会关注的话题。成效评价事关"双一流"建设导向，也是教育评价改革的重要任务。2021 年 3 月，教育部、财政部、国家发展改革委印发《"双一流"建设成效评价办法（试行）》（以下简称《办法》）。

"双一流"建设成效评价是对高校及其学科建设实现大学功能、内涵发展及特色发展成效的多元多维评价，综合呈现高校自我评价、专家评价和第三方评价结果。"成效评价"由大学整体建设评价和学科建设评价两部分组成："大学整体建设评价"分别按人才培养、教师队伍建设、科学研究、社会服务、文化传承创新和国际交流合作六个方面相对独立组织，综合呈现结果；而"学科建设评价"主要考察建设学科在人才培养、科学研究、社会服务、教师队伍建设四个方面的综合成效。每轮建设中期，开展建设高校自我评估，每轮建设期末，开展建设周期成效评价。成效评价实行水平评价与效益考核相结合、日常动态监测与周期评价相结合、定量评价与定性评议相结合、以学科为基础探索建设成效国际比较、适时开展分类评价的方式，将综合评价结果作为下一轮建设范围动态调整的主要依据。[①]《办法》充分体现了"改进结果评价,强化过程评价,探索增值评价,健全综合评价"的改革导向,"双一流"建设成效评价工作正在稳步推进。各种第二轮非正式官方版"双一流"大学名单在网上被舆论广泛关注,新一轮"双一流"建设成为2021年社会各界高度关注的热点。

(四)促进高校毕业生就业

就业是民生之本,关乎亿万家庭的幸福生活。2021年是"十四五"开局之年,疫情对就业的深层次影响仍在继续,需要中国全社会共同持续关注,以推动高校毕业生就业工作提质增效。2021年高校毕业生规模已创新高,达909万人,2022年毕业生规模再创新高,预计将达到1076万人,同比增加167万人。鉴于对高校应届毕业生就业工作难度逐年剧增这一现实紧迫问题的认识,各级政府和各类高校始终在不断优化创新供需对接方式。

教育部在2020年11月出台《关于做好2021届全国普通高校毕业生就业创业工作的通知》,明确指出2021届高校毕业生就业形势复杂严峻,就业工作任务艰巨,需要积极拓展政策性岗位、积极拓展市场化岗位、进一步提升就业指导服务水平、完善就业统计评价。随后又出台《关于联合开展2021年度高校毕业生等重点群体促就业"国聘行动"的通知》《关于高等学校做好2021年开发科研助理岗位吸纳毕业生就业工作的通知》《关于开展2021届高校毕业生就业促进周活动的通知》等一系列促进高校毕业生就业的文件,并于2021年5月成立了全国普通高校毕业生就业创业指导委员会,设置了19个行业就指委和7个专家组,开展政策咨询、岗位拓展、就业指导、评估监督等工作。2021年中国在2020年扩大各类政策性岗位规模的基础上,继续保持公务员、中小学幼儿园等事业单位和国有企业招录规模基本稳定,鼓励扩大企业吸纳高校毕业生规模的相关政策一直持续实行,例如:对中小微企

---

① 《教育部 财政部 国家发展改革委关于印发〈"双一流"建设成效评价办法(试行)〉的通知》,教育部网站,http://www.moe.gov.cn/srcsite/A22/moe_843/202103/t20210323_521951.html,2021年3月23日。

业招用毕业年度高校毕业生的，给予一次性吸纳就业补贴；国有企业则要连续两年扩大招聘高校毕业生的规模，并且不得随意毁约。在此基础上进一步健全完善促就业政策体系、积极开发开拓岗位、创新开展就业指导服务、全力帮扶困难群体，努力拓宽校园招聘主渠道，搭建就业创业供需对接平台。2021 年在教育部会同国资委、中央广播电视总台等举办的"国聘行动"中，国有企业已累计为高校毕业生提供岗位 63.2 万个，公务员考录时间提前约 2 个月，全部招录工作 7 月基本完成，中小学幼儿园教师公开招聘工作已于 2021 年 8 月 15 日前确保完成，保证了 2021 届高校毕业生更充分更高质量的就业。

（五）加强中小学生手机管理

在数字化时代，手机无疑是一把双刃剑，给广大学生带来教育便利的同时，也对他们的身心健康产生诸多负面影响，如何使用手机也成为令无数学校管理者们"头疼"的大事。2021 年，中国对中小学学生在校园内使用手机等智能终端产品的管理力度增大，体现了教育管理者坚决严控学生在中小学校园内使用手机的决心。教育部办公厅于 2021 年 1 月发布《关于加强中小学生手机管理工作的通知》，提出"手机有限带入校园""细化手机管理措施""加强教育引导""做好家校沟通""强化督导检查"五个方面的内容，[①]进一步明确了不同主体在校园内如何管理中小学生使用手机。

2021 年 5 月，国务院教育督导委员会办公室印发《关于组织责任督学进行"五项管理"督导的通知》，明确将"手机管理"督导作为 2021 年责任督导首要任务，督查包括加强学生手机带入校园管理情况、建立学生手机校园内统一管保制度情况、对用手机布置作业或完成作业管控情况、开展学生手机管理教育引导工作情况四个部分九项具体督导要点。此外，教育部于 2021 年 9 月 1 日正式实施的《未成年人学校保护规定》也明确要求"学校可以禁止学生携带手机等智能终端产品进入学校或者在校园内使用；对经允许带入

---

① 《关于加强中小学生手机管理工作的通知》（教基厅函〔2021〕3 号），2021 年 1 月 15 日。

的，应当统一管理，除教学需要外，禁止带入课堂"。① 同时，加强手机管理等多项具体要求也散见于《关于做好 2021 年中小学幼儿园安全管理工作的通知》《儿童青少年近视防控光明行动工作方案（2021—2025 年）》《关于进一步加强预防中小学生沉迷网络游戏管理工作的通知》等其他文件中，这凸显了国家多个相关部门对中小学生手机管理工作的重视。

在手机使用低龄化已成趋势的大背景下，针对中小学生过度沉溺使用手机的问题不能采取"一刀切"的教育方式，还需真正借助社会合力，在多方管控中有效引导中小学生合理适度使用手机，真正做到对手机的使用能够"拿得起放得下"，以促进其身心健康成长。

（六）完善科研经费管理改革

国家高度重视如何管好用好科研经费，2021 年中央财政科学技术支出预算达 3227 亿元，为科技创新提供了有力支撑。但科研经费管理仍存在政策落实不到位、项目经费管理刚性偏大、经费拨付机制不完善、间接费用比例偏低、经费报销难等制约性问题。为此，习近平总书记明确要求"赋予科学家更大技术路线决定权和经费使用权，让科研单位和科研人员从繁琐、不必要的体制机制束缚中解放出来"。李克强总理指出"要落实扩大经费使用自主权政策，努力消除科研人员不合理负担"。2021 年 8 月 5 日，国务院办公厅印发《关于改革完善中央财政科研经费管理的若干意见》，从六个方面改革完善财政科研经费管理：一是简化预算编制、下放预算调剂权、扩大经费包干制实施范围，进一步扩大科研项目经费管理自主权；二是加快经费拨付进度、改进结余资金管理，不断完善科研项目经费拨付机制；三是提高间接费用比例、扩大劳务费开支范围、合理核定绩效工资总量，加大科研人员激励力度；四是全面落实科研财务助理制度，改进财务报销管理方式，推进科研经费无纸化报销试点，简化科研项目验收结题财务管理等减轻科研人员事务性负担；五是拓展财政科研经费投入渠道、开

---

① 《未成年人学校保护规定》（中华人民共和国教育部令第 50 号），2021 年 6 月 1 日。

展顶尖领衔科学家支持方式试点、支持新型研发机构实行"预算 + 负面清单"管理模式，创新财政科研经费投入与支持方式；六是改进科研绩效管理和监督检查。[1]

六　未来教育展望

2021 年是国家"十四五"规划的开局之年，也是我国全面开启社会主义现代化强国建设新征程的重要奠基期。根据《加快推进教育现代化实施方案（2018—2022 年）》和《中国教育现代化 2035》，到 2035 年，我国总体实现教育现代化，迈入教育强国行列。未来中国教育事业发展的主要任务将重点聚焦：全面落实立德树人根本任务，培养建设社会主义现代化强国所需要的多样化创造性人才，打造契合教育现代化发展的高质量课程与教学，构建服务于现代化强国的全民终生学习体系，建设服务国家重大发展战略的高素质专业化创新型教师队伍，发展以教育现代化为需求导向的创新型教育信息化环境，促成家庭－学校－社会－政府协同发展的现代化教育生态链等多领域多层次的教育建设。在此基础上，大力推进教育现代化发展，开启中国教育强国的新征程。

参考文献

《2020 年全国教育事业发展统计公报》，中华人民共和国教育部门户网站，http://www.moe.gov.cn/jyb_sjzl/sjzl_fztjgb/202108/t20210827_555004.html，2020 年 8 月 27 日。

《中共中央 国务院〈关于学前教育深化改革规范发展的若干意见〉》，新华社，2018 年 11 月 15 日。

---

[1] 《关于改革完善中央财政科研经费管理的若干意见》（国办发〔2021〕32 号）2021 年 8 月 5 日。

《关于深化高等学校教师职称制度改革的指导意见》（人社部发〔2020〕100号），2020年12月31日。

《加快构建现代职业教育体系 培养更多高素质技术技能人才能工巧匠大国工匠》，《光明日报》2021年4月14日。

B.6
2021 年中国社会治安形势分析报告

刘　蔚*

摘　要： 2021 年，我国内外部环境正发生深刻变化。总体来看，我国社会
治安大局稳定，反恐形势总体平稳，社会治安满意度不断提升，
扫黑除恶转向常态化并始终保持高压态势，社会治安环境持续改
善。但与此同时，政治安全领域风险挑战愈加凸显，个人极端暴
力案事件有所多发，常态化扫黑除恶仍存"漏网之鱼"，电信网络
诈骗犯罪形势依旧严峻，各类矛盾风险传导叠加、演变升级可能
依然存在。建议主动应对政治安全风险挑战，完善社会治安治理
同心圆，铲除黑恶势力滋生土壤，做好风险主动分析研判，重点
打击整治新型网络犯罪，完善法治化、立体化、信息化、智能化
社会治安防控体系，持续建设更高水平的平安中国、法治中国。

关键词： 平安中国　法治中国　政治安全　防控体系

　　2021 年，我国面临世界百年未有之大变局和新冠肺炎疫情全球大流行
的交织影响，世界百年未有之大变局进入加速演变期，全球新冠肺炎疫情稳
中有降，外部国际环境日趋错综复杂，国内新冠肺炎疫情防控和经济社会发
展各项任务繁重艰巨，发展不平衡不充分问题仍然突出，我国继续发展面临
不少困难和挑战。过去一年里，时代发展和内外部环境正发生深刻变化，我

---

　　* 刘蔚，中国人民公安大学国家安全学院副教授、硕士研究生导师，首都社会安全研究基地
研究员。

们经受住了来自政治、经济、意识形态、自然界等诸多方面的风险挑战考验，系统化、社会化、法治化、智能化和专业化的社会治理水平显著提升，中国特色社会主义社会治理体系不断完善，社会治安大局保持稳定。

一 2021年社会治安总体状况

（一）坚持以维护政治安全为核心，反恐形势总体平稳

国家安全，是头等大事。维护国家安全，政治安全是根本，维护政治安全，最核心的是捍卫政权安全，最关键的是确保制度安全。当前，在政治安全领域最突出的挑战来自党长期执政面临的复杂环境考验、境内外敌对势力渗透颠覆破坏活动、暴力恐怖活动以及各领域风险向政治安全的传导。

过去一年，公安机关始终将防范政治风险、维护政治安全置于公安机关工作的首要位置。面对时代发展和内外部环境变化，公安机关既强调战略部署，也更注重战术层面的主攻方向与突破领域，下先手棋、打主动仗。在坚决维护国家政治安全稳定方面，重点防御外部输入"颜色革命"风险，依法防范打击"法轮功""全能神"等邪教组织违法犯罪活动[①]，严厉打击敌对势力利用民族、宗教、新疆、西藏等问题对我国进行的各类渗透颠覆捣乱破坏[②]等"反中乱华"政治图谋，坚决打赢网上网下意识形态领域一系列重大斗争，不断提升维护国家政治安全的能力和水平。

过去一年，我国始终对暴力恐怖活动保持高压态势，持续推进反恐怖反分裂斗争。当前，我国反恐怖形势平稳，国内五年多未发生暴力恐怖案件，且自2014年我国开展对暴力恐怖活动的严打专项工作以来，全国共打掉暴恐团伙1900多个，抓获涉案人员14000多名，缴获爆炸装置2000多枚，对恐

[①] 《全国公安机关维护国家政治安全和社会大局稳定取得实效》，《人民日报》2021年4月16日，第10版。

[②] 《赵克志在主持召开公安部党委（扩大）会议时强调认真学习贯彻习近平总书记重要讲话精神 坚决维护国家政治安全和民族领域安全稳定》，中华人民共和国公安部网站，2021年9月2日。

怖活动"打早打小"。[①] 但需清醒地意识到，我国仍面临着恐怖主义的现实威胁，个别人员在境外恐怖势力拉拢煽动下实施破坏活动的风险仍不能排除，尤其是"东伊运"仍妄图派遣受训人员入境策划实施暴恐活动。以美国为首的部分西方国家在反恐等问题上仍执行"双重标准"，意图干扰我国反恐工作。同时，伴随全球恐怖袭击事件的频发，我国部分海外机构和人员面临的恐怖威胁也逐渐增大。

（二）坚持以保障人民安宁为中心，社会治安满意度不断提升

国家统计局调查显示，在 2020 年 15 个主要民生领域现状满意度的调查中，对社会治安的满意度达 83.6%，位列第一，全国居民的安全感指数为 98.4%，2021 年全国刑事案件立案总量实现了连续 6 年下降。[②] 长期以来，公安机关始终以服务人民为立警之本，保持战略定力，强化底线思维，坚决维护社会大局稳定。过去一年，在推进更高水平的平安中国建设中，公安机关聚焦人民群众反映强烈的突出治安问题，坚持和发展新时代"枫桥经验"，依法严厉打击整治突出违法犯罪活动，加快推进立体化信息化社会治安防控体系建设，不断增强人民群众的获得感、幸福感、安全感。[③]

进入新时代，社会治理重心逐渐向基层下移，人民生活得到极大改善，刑事案件多发势头得到有效遏制，严重暴力犯罪发案量逐年下降，治安案件数量大幅减少，破案率不断提升，社会基本面持续稳定，总体局面稳步趋好（见图 1 和表 1）。尤其需要指出的是，当前全国现行命案破案率已达 99.8%，2020 年共破获命案积案 6270 起，抓获命案在逃人员 5381 名，潜逃时间最长的达到 42 年[④]，且利用前沿科技手段破获的案件占 70%。全国立案的刑事案

---

① 《公安部新闻发布会通报全国公安机关坚决贯彻落实习近平总书记重要讲话精神开展反恐怖工作有关情况》，中华人民共和国公安部网站，2021 年 7 月 14 日。

② 《全国刑事案件立案总量连续 5 年下降》，中华人民共和国公安部网站，2021 年 4 月 15 日。

③ 《公安部直属机关传达贯彻党的十九届六中全会精神干部大会召开深入学习贯彻党的十九届六中全会精神忠实履行好党和人民赋予的新时代使命任务》，中华人民共和国公安部网站，2021 年 11 月 15 日。

④ 《国新办举行公安机关护航全面建成小康社会新闻发布会》，中华人民共和国国务院新闻办公室网站，2021 年 9 月 17 日。

件总数相较于 2012 年下降了 177 万余起；全国受理、查处的治安案件数分别下降了 526 万余起、558 万余起；每万人口受理治安案件数从 2012 年的 102.3 起下降至 2020 年的 61.1 起，下降率为 40.27%。① 由此可见，党的十八大以来，党和国家不断满足人民对美好生活的向往，持续改善人民生活、增进民生福祉，社会治理得到明显改进，人民的获得感、幸福感和安全感随着社会建设的全面加强更加充实、更有保障、更可持续，以稳定有序的良好社会局面护航新时代党和国家事业的发展。

图 1　2012~2020 年公安机关立案的刑事案件和受理、查处的治安案件数量

表 1　2012~2020 年公安机关立案的不同类型刑事案件数量

单位：起

年份类型	2012	2013	2014	2015	2016	2017	2018	2019	2020
杀人	11286	10640	10083	9200	8634	7990	7525	7379	7157
伤害	163620	161910	140709	132242	123818	111124	97391	85226	79662
抢劫	180159	146193	111187	86747	61428	39230	25413	17106	11303
拐卖妇女儿童	18532	20735	16483	9150	7121	6668	5397	4571	3035

数据来源：国家统计局年度数据，http://data.stats.gov.cn。

① 国家统计局年度数据，http://data.stats.gov.cn。

除刑事与治安案件外，深入开展矛盾纠纷排查化解作为基层社会治理工作关注的重点内容，是提升基层社会治理水平的重要路径，是公安机关保障人民安宁的重要举措。全国 100 多万个社区组织的良性运行推动矛盾纠纷和社会问题化解在基层、解决在萌芽、消解于未然，彰显了新时代基层社会治理的韧性品格。当前，新时代"枫桥经验""板凳法庭""阳光议事厅"等一系列深植于中国本土、凝聚着群众智慧的治理经验正不断推动基层社会治理体系的全面升级。2021 年上半年，全国派出所共化解矛盾纠纷 311 万起，清除安全隐患 174 万个，全国五级公共法律服务实体平台数量达到 56.6 万多个，村（居）法律顾问人数超过 20 万名。[①] 国家统计局的数据显示，党的十八大以来，基层矛盾纠纷数量长期处于高位运行的波动状态，但已出现明显好转趋势，2020 年全国调解矛盾纠纷数量 819.6 万件，相比 2019 年的 931.5 万件减少了 111.9 万件，与 2019 年数据相比，2020 年的婚姻家庭纠纷由 153.1 万件下降至 129.9 万件。房屋和宅基地纠纷由 48.8 万件下降至 36.3 万件，邻里纠纷从 231.3 万件下降至 204 万件，损害赔偿纠纷从 73.9 万件下降至 65.6 万件（见图 2）。[②] 当然，我们也注意到，当前我国邻里纠纷、婚姻家庭纠纷仍处于高位运行态势，这两类矛盾纠纷在基层矛盾纠纷总体数量上占比较大，且此类矛盾纠纷容易促使部分社会成员个体的家庭失和、人生失意、事业失败、心态失衡进而诱发个人极端案事件，这也对我们如何从源头上最大限度预防和减少个人极端暴力案事件的发生提出了现实之问。

　　为全面推进更高水平的平安中国建设，公安机关立足基层社会涉及国计民生的各类问题，积极推进全社会多元主体治安防控体系的整体性、科技性、精准性、协同性建设，不断完善共建共治共享的社会治安防控体系，坚决落实"1、3、5 分钟"快速响应机制，全力保障广大人民群众的生命财产安全。一是在常态化防控新冠肺炎疫情方面，面对 2021 年多源多点疫情发生的复杂局面，截至 11 月，全国公安机关共出动治安巡逻警力 12.2 万余人，协助核查、追踪、查找、转运涉疫人员 3.2 万余名，侦办、查处各类妨碍疫情防控的

---

① 《桨稳舵牢破浪行——全面依法治国新成就综述》，新华社，2021 年 11 月 3 日。

② 国家统计局年度数据，http：//data.stats.gov.cn。

图2 2012~2020年全国调解民间纠纷分类数量

数据来源：国家统计局年度数据，http://data.stats.gov.cn。

刑事、治安案件 370 余起。[1] 二是在防汛救灾方面，河南等 7 省市公安机关 7 月至 8 月间累计出动警力 230 余万人次，救助被困群众近 26 万人，撤离疏散群众 410 余万人。[2] 三是在平安校园建设方面，2021 年是校园安防建设的收官之年，目前全国 98% 的中小学实现封闭化管理、92% 的中小学已配备保安员，全国中小学校园周边共设立 25 万个警务室和治安岗亭以及 15 万个"护学岗"。[3] 四是在严控枪爆违法犯罪方面，整治枪爆违法犯罪专项行动取得阶段性成效，各地共破获枪爆案件 8644 起，打掉团伙 22 个，捣毁窝点 67 个，抓获违法犯罪嫌疑人 8338 人，收缴枪支 1.9 万支、子弹 52 万发、炸药 12 吨、雷管 5.4 万枚。[4] 五是在维护社会秩序方面，公安机关查处的扰乱单位秩序、扰乱公共场所秩序、故意伤害、抢夺等治安案事件均呈现下降态势（见图 3）。

---

[1] 《全国公安机关合力应战本轮疫情协助查找转运涉疫人员 3.2 万余名》，《法治日报》2021 年 11 月 19 日。

[2] 《多地公安机关累计出动警力 230 余万人次防汛》，新华社，2021 年 8 月 18 日。

[3] 《公安部新闻发布会通报公安机关一年来深入贯彻落实习近平总书记重要训词精神取得的实效情况》，中华人民共和国公安部网站，2021 年 8 月 26 日。

[4] 《公安部新闻发布会通报全国公安机关全力开展打击整治枪爆违法犯罪专项行动取得的成效》，中华人民共和国公安部网站，2021 年 5 月 25 日。

由此可见，2021 年公安机关在应对疫情复杂局面与治理社会治安热点问题方面取得了明显效果。一方面，这反映了公安机关主动顺应全面推进依法治国的新要求，对社会治安防控体系整体能力和水平的提升；另一方面，也反映了法治国家、法治政府、法治社会一体化建设中，社会组织和社会成员法治意识和法治素养的显著增强，法治成为凝聚社会共识与维系社会秩序的基本准则。

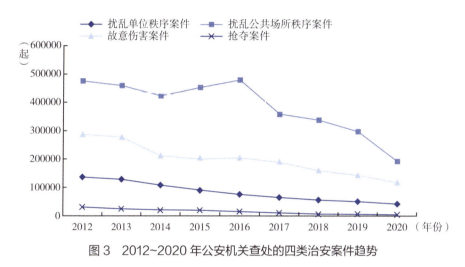

图 3　2012~2020 年公安机关查处的四类治安案件趋势

数据来源：国家统计局年度数据，http://data.stats.gov.cn。

（三）坚持以常态化扫黑除恶为部署，始终保持高压态势

扫黑除恶，事关国家治乱兴衰，关系广大民众的向心力，关系基层政权建设和执政基础的稳固，是从国家社会稳定大局和长治久安出发实施的一项战略举措。党的十九大以来，扫黑除恶专项斗争取得了明显效果，为期三年的专项斗争赢得了人心，保障了人民的安居乐业。国家统计局调查显示，有95.7% 的群众对专项斗争成效表示"满意"和"比较满意"；有84.1% 的群众在全面从严治党和反腐败工作中对"打伞破网"印象深刻。[1] 过去三年，扫黑

---

① 《决战扫黑除恶　专项斗争取得胜利　扫黑除恶常态化如何推进》，《检察日报》2021 年 3 月 31 日。

除恶斗争以打击农村黑恶势力为重点，采取了"破案攻坚""打伞破网""打财断血"等一系列行动，有效铲除了黑恶势力，夯实了基层基础，改善了社会治安环境，优化了营商发展环境，政治生态和社会生态明显好转。

从目前相关部门公布的数据看，3年间，全国共打掉涉黑组织3644个、涉恶犯罪集团11675个，抓获犯罪嫌疑人23.7万人，缉拿目标逃犯5768人，境内目标逃犯全部缉拿归案，境外目标逃犯到案率达88.7%，43144名涉黑涉恶违法犯罪人员投案自首。具体来看，一是在涉黑涉恶刑事案件方面，破获涉黑涉恶刑事案件24.6万起，缴获枪支3114支；二是在摧毁黑恶势力经济基础方面，打掉欺行霸市等涉黑组织1128个，其中资产在亿元以上的涉黑组织653个，依法处置生效涉黑涉恶案件资产1462亿元；三是在依法打击判决涉黑涉恶犯罪方面，共起诉涉黑涉恶犯罪案件3.6万起23万余人，一审判决3.29万起22.55万人；四是在"打伞破网"方面，全国立案查处涉黑涉恶腐败和"保护伞"案件89742起，立案处理115913人，给予党纪政务处分80649人，移送司法机关10342人；五是在巩固基层政权、加强基层组织建设方面，打掉农村涉黑组织1289个、农村涉恶犯罪集团4095个，依法严惩"村霸"3727名，排查清理存在"村霸"、涉黑涉恶等问题的村干部4.27万名。[①] 这一系列数据，表明了党中央有黑必扫、除恶务尽的坚定决心和顽强毅力，表明了党中央对于扫黑除恶更强调"标本兼治""治未病之病"，要求在基层这一社会治理的"末梢神经"开展主动治理、长效常治，也凸显了扫黑除恶工作中以人为本、以法为纲、良法善治的法治中国、法治政府与法治社会之间的张力与调适。

（四）坚持以防范化解重大风险为主线，主动开展专项整治

党的十九届六中全会通过的《中共中央关于党的百年奋斗重大成就和历史经验的决议》深刻指出，"中华民族伟大复兴绝不是轻轻松松、敲锣打鼓就能实现的，前进道路上仍然存在可以预料和难以预料的各种风险挑战。"长期以来，公安机关聚焦国内改革发展稳定任务，发扬主动斗争精神，在依法助

---

① 《为期3年扫黑除恶专项斗争取得胜利》，《法治日报》2021年3月31日。

推社会高效能治理的过程中，重点防范化解阶段性、区域性、行业性等社会影响广泛的各类突出违法犯罪问题，在消减存量、控制增量、防止变量上久久为功。过去一年，公安机关在防范化解金融风险、整治食药环和知识产权保护、打击跨境赌博、打击文物犯罪、打击遏制毒品犯罪等方面有效推动了社会治安环境的持续改善。

在防范化解金融风险方面，公安机关对非法集资、金融诈骗、制贩假币、地下钱庄、涉税涉票据、操纵证券期货市场等涉众型、风险型经济犯罪持续保持了严打态势，对金融犯罪问题向系统性金融风险演变和向政治安全领域传导保持高度警惕。2014 年至 2020 年，全国共破获经济犯罪案件 68.1 万起，挽回经济损失 4000 余亿元。[1] 2021 年，公安部开展了"歼击 21""天网 2021""百城会战""猎狐"等一系列专项行动，上半年，公安部会同央行开展打击利用虚拟货币洗钱和转移赃款等行动，追赃金额达 151.5 亿元[2]，尤其是打掉了涉及 5 个地下钱庄犯罪团伙、涉案金额高达 756 亿元、涉案账户 8000 余个、涉及全国 20 多个省份的特大地下钱庄案[3]，破获了史上第二大涉案金额高达 2000 亿元的石化、黄金领域虚开增值税专用发票案件[4]。

在打击跨境赌博方面，党的十八大以后，公安机关受理和查处的赌博案件逐年下降，其中在 2012 年至 2020 年间，受理和查处的赌博案件下降率分别为 38.95% 和 39.76%（见图 4）。然而，不容忽视的是，跨境赌博犯罪近年来居高不下，2020 年以来公安部会同外交、文化旅游、网信等多部门对该类犯罪开展全链条打击，共侦办跨境赌博及相关犯罪案件 1.7 万余起，抓获 11 万余名犯罪嫌疑人，打掉网络赌博平台 3400 余个，打掉非法支付平台和地下钱庄 2800 余个、非法技术团队 1300 余个以及赌博推广平台 2200 余个，全方位前移遏赌防线，全链条打击涉毒黑灰产业。[5]

在整治食药环和知识产权保护方面，公安部专门开展"昆仑 2021"专项

① 《公安部 7 年破获经济犯罪案件 68.1 万起 挽回损失 4000 多亿》，澎湃新闻，2021 年 4 月 16 日。
② 《今年上半年共追回外逃人员 602 人 追回赃款 151.5 亿元》，中国长安网，2021 年 8 月 2 日。
③ 《外汇局联手警方破获特大地下钱庄案》，正义网，2021 年 10 月 13 日。
④ 《突发！特大虚开发票案！200000000000！》，腾讯网，2021 年 11 月 10 日。
⑤ 《打击治理跨境赌博工作取得显著成效》，中华人民共和国公安部网站，2021 年 4 月 8 日。

图 4　2012~2020 年全国公安机关受理和查处的赌博案件数

数据来源：国家统计局年度数据，http：//data.stats.gov.cn。

行动，在危害食品和粮食安全、危害药品安全、侵犯知识产权和制售伪劣商品、破坏生态环境、破坏野生动植物资源犯罪等五大关系居民生命健康和合法权益的领域坚持高压震慑。总体来讲，截至 2021 年上半年，全国公安机关共破获该领域犯罪案件 2.3 万余起，抓获 4.2 万名犯罪嫌疑人，涉案金额为135 亿元。其中，重点打击了借助电商平台和直播平台制售伪劣食品案件以及一批涉及制售伪劣农资、非法占用农地的相关案件；侦破生产、销售假药、劣药，生产、销售不符合标准的医用器材犯罪案件 300 余起，侦破侵权假冒犯罪案件 3400 余起，侦破涉及长江经济带、黄河流域、东北黑土区等地污染环境和非法采矿相关案件 1500 余起，侦破破坏野生动物资源犯罪和盗伐滥伐林木与危害国家重点保护植物等案件 5400 余起。①

在打击文物犯罪方面，虽然当前文物犯罪案件仍处于多发态势，但整体发案数量呈现下降趋势，2020 年降至十八大以来的最低点。自 2020 年 8 月全国开展新一轮的专项行动以来，全国共侦破文物犯罪案件 2200 余起，打掉犯罪团伙 450 余个，抓获犯罪嫌疑人 4500 余名，累计追缴文物 5.8 万件，其中

---

① 《严打五类犯罪"昆仑 2021"专项行动成效发布》，中华人民共和国公安部网站，2021 年 7 月 29 日。

珍贵文物 3790 余件。结合 2021 年公安部 6 月与 9 月的新闻通报，我们可以了解到，在 6 月至 9 月短短的 3 个月时间内，全国侦破了 400 余起案件，打掉了 113 个犯罪团伙，抓获了近 1000 名犯罪嫌疑人，追缴了近万件文物。[①] 这说明，公安机关对文物犯罪持续保持了高强度的打击，而且随着工作机制的完善和现代前沿科技的运用，对专业化、职业化、网络化、多元化、产业化的文物跨国跨境和网上网下黑色产业链形成了合力打击。

在打击遏制毒品犯罪方面，我国公安机关以"清源断流"战略引领毒品、易制毒化学品的双向查缉工作，既注重对境内外逃犯的"拔钉"工作，也注重对吸毒贩毒网络的"集群"打击，更注重加强网络涉毒和新型毒品的防范治理工作。2021 年 1~9 月，全国侦破 3.1 万起毒品犯罪案件，抓获 4.3 万名犯罪嫌疑人，缴获 18.3 吨各类毒品，深入开展"净边"行动打击境外毒品渗透。[②] 根据国家统计局的数据，全国公安机关受理和查处的毒品违法活动案件常年处于高发态势，尤其是在 2015 年呈现了"双高"现象，随着 2018 年开始"净边"专项行动，毒品犯罪活动有了较大幅度的下降，相比 2018 年，2020 年受理和查处的毒品违法活动案件下降率分别为 39.78%、39.70%（见图 5），这得益于遏毒防线的前移、陆空港邮网立体化防控体系的构建与全链条的有效打击。

（五）坚持以新型网络违法犯罪治理为重点，遏制多发高发态势

近年来，随着现代科技对日常生活的全面渗透，违法犯罪活动开始呈现"双重变异"，一方面诸多传统违法犯罪活动搭上互联网的新技术开始"变装"加速向非接触式犯罪转变，网络制毒贩毒、网络赌博传销、网络文物贩卖、网络出售枪支弹药等违禁品、网络直播卖淫及淫秽表演等违法犯罪活动手段翻新；另一方面人工智能、机器学习、大数据分析等高度智能化技术被犯罪分子所利用，黑客攻击破坏、侵犯公民个人信息、网络水军、网络窃听窃照、网络黑产、暗网等新型网络犯罪亦层出不穷，电信网络诈骗呈现多发高发态势，诱

---

① 《全国公安机关破获文物犯罪案件 2200 余起 追缴文物 5.8 万件》，新华社，2021 年 9 月 1 日。
② 《今年全国已破获 3.1 万起毒品犯罪案件》，新华社，2021 年 9 月 28 日。

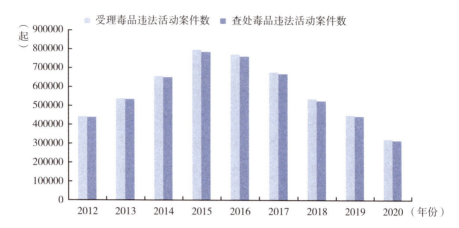

图 5　2012~2020 年全国公安机关受理和查处的毒品违法活动案件数

数据来源：国家统计局年度数据，http://data.stats.gov.cn。

发其他关联性犯罪较为突出，网络违法犯罪治理任重道远。2020 年，全国公安机关办理侵犯公民个人信息类案件 6524 起，抓获犯罪嫌疑人 1.3 万名；侦办黑客攻击及新技术犯罪案件 1782 起，抓获犯罪嫌疑人 2975 名；侦办网络黑产类案件 1 万余起，抓获犯罪嫌疑人 1.5 万名，扣押"手机黑卡"548 万余张，查获涉案网络账号 2.2 亿余个，阻止 1850 万余张物联网卡流入黑市。①

　　单就公安机关 2021 年对电信网络诈骗犯罪的打击治理工作看，取得了较为明显的成效，1~5 月，全国共破获电信网络诈骗案件 11.4 万起，打掉犯罪团伙 1.4 万余个，抓获犯罪嫌疑人 15.4 万名，同比分别上升 60.4%、80.6% 和 146.5%。成功劝阻 771 万名群众免于受骗，为群众挽回经济损失 991 亿元。其中，从侦查打击效果看，捣毁境内诈骗窝点 6500 余个，抓获贷款、刷单、"杀猪盘"、冒充客服等高发类诈骗犯罪嫌疑人 2421 名，打掉技术开发平台、网络引流推广、虚拟货币洗钱等黑灰产犯罪团伙 380 余个；从"断卡"成效看，自 2020 年 10 月至 2021 年 6 月，全国共打掉非法买卖电话卡、银行卡的"两卡"违法犯罪团伙 1.5 万个，缴获涉诈电话卡 373.3 万张、银行卡 56.6 万张，惩戒"两卡"失信人员 17.3 万名，整治违规行业网点、机构 1.8 万家；

① 《严惩网络犯罪 净化网络空间》，《人民日报》2021 年 4 月 1 日，第 19 版。

从治理跨境诈骗看，2020 年以来，先后抓获从东南亚相关国家回流的诈骗嫌疑人 1.8 万名，深挖破案 3893 起，抓获"金主"和骨干成员 100 余名，有 1.6 万名境外诈骗窝点嫌疑人回国投案自首；从预警防范方面看，2021 年 1~6 月，公安部日均下发预警指令 5.2 万条，共紧急止付涉案资金 2654 亿元，拦截诈骗电话 6.1 亿次，拦截诈骗短信 9.1 亿条，封堵诈骗网址 82.1 万个。[①] 从国家统计局数据看，全国公安机关受理的诈骗案件数量在经历 2016 年和 2017 年的下降后呈现急剧攀升态势（见图 6）。不可否认，当前电信网络诈骗已成为对广大民众切身利益损害最大的高发类案件，犯罪形势严峻复杂，要更加注重境内境外相结合、网上网下相结合、专群力量相结合，综合施策，从源头上治理滋生电信网络诈骗犯罪的土壤。

图 6　2012~2020 年全国公安机关受理的诈骗案件数

二　2021 年度社会治安的风险趋势分析

（一）政治安全领域风险挑战愈加凸显

政治安全是国家安全的根本，事关党和国家发展全局和长治久安。2021

---

①　《公安部新闻发布会通报全国公安机关打击治理电信网络诈骗犯罪举措成效》，中华人民共和国公安部网站，2021 年 6 月 17 日。

年，是"十四五"开局之年，是中国共产党成立 100 周年的重要历史节点，大事多、要事多、喜事多。在百年未有之大变局的加速期，在"两个一百年"奋斗目标的历史交汇点上，政治安全领域风险挑战愈加凸显。一是美国等西方国家利用所谓"民主""人权""自由"等在涉疆、涉藏等问题上污蔑、攻击、干涉中国内政；二是美国等西方国家和敌对反华势力借助所谓"新闻自由"炮制中国宗教、民族、涉港、涉台、涉疆、涉藏、涉海、抗疫、抗洪等方面的假新闻，混淆视听，煽动造谣；三是境内外敌对势力对我国政党制度发难，大肆渲染，并借助互联网、新媒体等新兴技术手段以及社会矛盾和发展问题等内容冲击我国意识形态领域的主阵地，妄图策划"颜色革命"；四是经济社会安全等非传统安全领域风险挑战出现向政治安全领域传导趋势；五是暴力恐怖活动风险仍将长期存在。对此，我们需要时刻警惕政治安全领域风险挑战的新动向和新趋势，在政治安全领域下好先手棋、打好主动仗，勇于斗争、敢于斗争、善于斗争，坚持总体国家安全观，坚定维护好国家政权安全、制度安全以及意识形态安全。

（二）个人极端暴力案事件有所多发

2021 年以来，个人极端暴力案事件常常见诸媒体，引发社会广泛关注。1 月 9 日召开的中央政法工作会议强调，要以防范影响社会和谐稳定的风险为着力点，深入排查易引发治安问题的婚恋家庭、邻里、债务等矛盾纠纷，防止发生"民转刑"和个人极端暴力案事件。[1] 同时，7 月 25 日全国公安机关深化警务机制改革推进会又强调，要加强学校、医院、地铁公交等重点部位安全防范，最大限度预防和减少个人极端暴力案事件的发生。[2] 对此，部分研究从犯罪心理上的认知简单片面、情感淡漠易怒易躁、自我调节能力弱等方面进行归因，除犯罪嫌疑人主观性格因素外，我们要关注在社会深度转型期，因新冠肺炎疫情、经济发展、网络空间不良社会思潮、矛盾纠纷排查化解机制、媒体舆论诱导等综合因素影响而诱发的个人极端暴力案事件的发生，尤

---

[1] 《"十四五"开局之年，政法工作怎么干？》，新华网，2021 年 1 月 10 日。
[2] 《赵克志：最大限度预防和减少个人极端暴力案事件的发生》，澎湃新闻，2021 年 7 月 27 日。

其需要注意当前基层社会的"精细化"治理以及对个体性和隐性矛盾纠纷的排查化解。

（三）常态化扫黑除恶仍存"漏网之鱼"

2021 年是扫黑除恶专项斗争的收官之年，公安部于 10 月 21 日印发《公安部关于常态化开展扫黑除恶斗争的意见》，对下一步扫黑除恶斗争做出常态化部署安排。虽然扫黑除恶取得了明显成效，但是仍存在以下情况：一是部分在逃人员仍未到案，目前 680 名目标逃犯，抓获 577 名，到案率 84.9%，其中境内目标逃犯抓获 554 名，到案率 97.4%[1]；二是重点行业仍存黑恶势力死灰复燃可能，信息网络、自然资源、交通运输、工程建设等四大行业领域的治安乱点仍是黑恶势力的滋生土壤；三是关注网络暴力向网络黑恶势力的转变，既要注意网络暴力相关事件演变为网络黑恶势力，也要注意利用网络"套路贷"、"裸聊"敲诈、恶意索赔、负面舆情敲诈以及网络水军滋事、网络暴力传销、网络"软暴力"催收[2]等新型网络黑恶势力；四是注意在扫黑除恶进程中现有专门队伍的专业能力提升问题。

（四）各类矛盾风险存在传导叠加、演变升级的可能

在全球化的开放性社会系统中，各种矛盾风险源和风险点容易突破原有的时空和问题场域相互传导叠加、演变升级，进而发展为风险综合体。单从 2021 年防范化解重大风险的专项整治行动看，部分领域风险容易演变升级。一是在当前经济领域经济增长存在下行压力、金融风险概率上升、粮食安全形势依旧严峻、能源资源存在结构性风险、全球经济尚未复苏的大背景下，境内外经济领域风险容易同频共振对社会稳定形成影响；二是跨境赌博、网上赌博等违法犯罪活动与"地下钱庄"和非法支付平台相联系易对金融安全造成冲击，也易与涉黑涉恶、诈骗、洗钱、非法拘禁等违法犯罪活动交织

① 《深入开展追捕"漏网之鱼"行动 推动常态化扫黑除恶取得新成效》，《人民法院报》2021 年 10 月 29 日，第 1 版。
② 《公安部公布实施网络黑恶势力犯罪十大典型案例》，《新京报》2020 年 12 月 24 日。

叠加诱发群体性事件，还易因国内不法分子在境外设赌招赌而损害国家形象；三是食药环和知识产权领域的风险与百姓幸福感、获得感和安全感息息相关，关系广大民众生产生活、关系跨国知识产权保护、关系受疫情影响行业领域的复产复工、关系国家对外开放大局等，具有潜在的公共安全风险以及影响社会安全稳定隐患；四是文物犯罪涉及国家文化安全容易牵动维系民族情感、维护国家民族利益、保护民族历史文化遗产的神经；五是毒品违法犯罪容易衍生出次生危害，且长期以来与故意杀人、伤害、毒驾等治安违法问题和刑事案件相关联，甚至出现枪毒合流、以枪护毒等现象，易与暴力恐怖犯罪和涉黑涉恶势力交织叠加，严重危害国家安全和社会公共安全。

（五）电信网络诈骗犯罪形势依旧严峻

电信网络诈骗犯罪作为新型网络犯罪类型的一种，在 2021 年得到了有效遏制，成效初显，但形势依旧不容乐观。2021 年 1 月至 9 月，全国共破获电信网络诈骗案件 26.2 万起，抓获犯罪嫌疑人 37.3 万名，同比分别上升 41.1% 和 116.4%；共紧急止付涉案资金 2770 亿元；拦截偷渡出境人员 1.9 万名，教育劝返境外高危涉诈人员 6.9 万名；打掉"3 人以上结伙"非法出境团伙 9419 个，破获刑事案件 4160 起，抓获犯罪嫌疑人 33860 名，虽然 6 月至 9 月发案数连续 4 个月实现同比下降[①]，但从打击治理电信网络诈骗的相关数据看，电信网络诈骗犯罪依旧具有滋生土壤和生存空间。受疫情蔓延扩散影响，东南亚地区成为境外电诈团伙的主要集聚地，公安机关出境联合打击受限导致该地区电诈窝点快速增长。此外，从当前工作实践看，通信、金融、互联网等行业治理的漏洞也导致大量个人信息、电话卡、银行卡和网络账号被用于诈骗，电信网络诈骗黑灰产业链的持续存在为该类犯罪提供了生存发展空间。

---

① 《公安部新闻发布会通报公安机关打击电信网络诈骗犯罪之"断流"专案行动成效》，中华人民共和国公安部网站，2021 年 10 月 26 日。

三 对策建议

面对经济社会发展和人民群众需求的新形势新任务新要求，着眼于社会治安在多元领域的差异化现状以及风险趋势分析，未来社会治安要聚焦服务高质量发展和构建新发展格局，不断完善法治化、立体化、信息化、智能化的社会治安防控体系，持续建设更高水平的平安中国、法治中国。

（一）牢固树立总体国家安全观，主动应对政治安全风险挑战

受百年未有之大变局加速演变和新冠肺炎疫情反复发生的双重影响，我国政治领域既面临发展和安全问题，也面临开放和安全问题，还面临传统安全和非传统安全相互交织的问题，境内外敌对势力妄图借助关涉政治安全的各类问题，采取渗透、破坏、围堵、打压、捣乱、颠覆等各种活动手段，企图颠覆中国共产党的领导和社会主义制度。为此，我们必须坚持底线思维、居安思危、未雨绸缪，牢固树立总体国家安全观，主动应对政治安全风险挑战，坚定维护政权安全和制度安全。一是要坚持党对国家安全工作的全面领导，将党的领导贯穿国家安全工作的各领域、各方面、各环节、全过程，坚决维护党的核心和中央权威，发挥党的领导政治优势；二是要坚持系统思维，牢固树立总体国家安全观，构建大安全格局，始终将有效维护政治安全放在首要位置，统筹做好政治安全和其他领域安全的相关工作；三是要不断塑造并提升维护政治安全的能力和水平，在严密防范和坚决打击的同时要实现经济高质量发展和高水平政治安全的动态平衡；四是要深入开展反渗透、反颠覆、反分裂、反暴恐斗争，统筹好国内国外两个大局，把握好线上线下两个战场，维护好海外利益安全，传播好中国声音，营造内外良好环境，掌握主动权，打好主动仗；五是要注重基层基础工作，扎实做好基层国家安全教育，推动国家安全基层治理，实现维护政治安全的机制赋能、专业赋能、法治赋能和科技赋能。

（二）坚持和发展新时代"枫桥经验"，完善社会治安治理同心圆

长期的实践充分证明，"枫桥经验"是党领导人民创造的行之有效的治国理政重要治理经验，坚持和发展新时代"枫桥经验"，是基层社会治理的源头活水，彰显出强大的生命力和实践力量。面对诸多影响人民安宁的突出治安问题以及个人极端暴力案事件，要依靠群众、发动群众、组织群众、为了群众，坚持抓早抓小抓苗头，强化诉源治理，将矛盾纠纷解决、化解在基层，努力做到察之于未萌、处之于未发。① 一是要重视基层基础工作，深入排查具有个体性、隐性特点的社会矛盾纠纷，积极引导和疏导基层矛盾纠纷，不断完善社会矛盾纠纷多元预防调处化解综合机制；二是要更加注重科技赋能，将现代科技前沿技术与公安机关工作深度融合，对于各类已发与未发的刑事案件和治安案件做到及时侦破和精准管控，提升风险隐患的预测预警预防能力，前置风险预防关口，主动应对各类风险隐患；三是要强化基层治理能力，探索社区政务与社区警务深度融合，发扬专群工作优良传统，畅通群防群治多元渠道，凝聚基层治理多元力量主体，提升重点群体和重点部位的安全防范能力，促进社会治安体系的协同性，不断完善共建共享共治的基层治理同心圆。

（三）坚持常态化扫黑除恶，铲除黑恶势力滋生土壤

作为一项重大政治任务，扫黑除恶常态化已被纳入"十四五"规划和2035 年远景目标，常态化扫黑除恶事关社会稳定大局，事关人心向背和基层政权稳固。当前，黑恶势力在违法犯罪组织形态、方式手段等方面呈现新特征和新变化，黑恶势力死灰复燃仍具有可能性。对此，一是要扎实做好源头治理，对于传统行业、资源行业、娱乐行业、新兴行业等乱象要强化行业领域监管和专项整治，综合施策，突出重点，精准发力；二是要实事求是设定阶段性扫黑除恶的目标任务，做好扫黑除恶工作前期评估与后期巩固，稳步

---

① 《坚持高标准严要求实举措 扎实推进公安队伍教育整顿》，《学习时报》2021 年 10 月 22 日。

推进扫除"漏网之鱼"行动向纵深发展，及时掌握并应对黑恶势力的动态变化；三是要深入铲除黑恶势力的经济基础，坚持"有黑扫黑、有恶除恶、有乱治乱"，对黑恶势力的财力来源深挖细究，避免黑恶势力出现"打而后生""由小转大""变异升级"的现象；四是要坚持以法为纲，让涉黑涉恶案件始终运行在宽严相济的法治轨道，严格依法办案，让每件案件经得起实践、历史和人民的检验；五是要注重结合涉黑涉恶的规律性特征和关键环节，实现科技生态支撑，做到"数据融通，一网打尽"，提升常态化扫黑除恶工作的智能预警、智慧协同、精准打击、证据采集等能力。

（四）打好防范化解重大风险持久战，做好风险主动分析研判

任何一个社会的前进发展必然是伴风险同行，在流动的开放性社会中，我们要充分意识到当前各类矛盾风险必将在较长一段时间内存在的现实，面对可预见与难预见的各类矛盾风险，一是要为打好防范化解重大风险持久战、主动战做好思想和行动上的充足准备，深刻理解抵御重大风险、避免风险传导叠加和演变升级对我国发展安全的重大意义；二是要注重研究重大风险的规律性内容和相关风险的动态变化，掌握各类矛盾风险的发展趋势、内在关联，把握差异化风险的联动规律和连锁反应，主动分析、科学预见经济发展、跨境赌博、食药环、知识产权、文物犯罪和毒品犯罪等领域的风险挑战；三是要注重体制机制建设，防范化解重大风险并非单一部门的独立事项，需要联合多领域和多个部门、整合多方力量、做好多方协同、加强协调配合、推动信息融合共享，分类分层主动应对各类风险挑战，从碎片化治理向集中治理、长效治理、多元治理稳步转变；四是要注重现代科技运用，传统犯罪依托现代科技信息技术升级迭代的现实发展要求公安机关强化自身的"智慧大脑"建设，融合云计算、大数据、人工智能、物联网、区块链等前沿科技，发挥其感知融合、记忆存储、分析研判、辅助决策等类脑作用。

（五）打击整治新型网络犯罪，重点聚焦电信网络诈骗

近年来，检察机关办理的网络犯罪案件以年均 40% 的速度递增，2020 年

增速达到54%。^①当前新型网络犯罪在跨部门、跨行业的基础上更加凸显集团化、智能化等特征，产业链条分工细致，作案手段高度智能，且与其他违法犯罪交叉融合，尤其是电信网络诈骗犯罪变化性、迷惑性、难防性更为突出。对此，一是系统推进互联网综合治理，网信办要会同公安、检察、金融、电信网络公司、科研机构等多个部门和各方力量积极推动相关行业监管，治理网络乱象，从源头上把握治本之策、净化网络空间；二是有效打击新型网络犯罪的关键环节，尤其注重锚定信息流和资金链，深挖幕后"金主"和链条"散户"，阻断关联通道和末端"两卡"；三是打防并举，防范为先，将预警预防工作前置，既要通过技术手段做到事前预警，也要利用技术反制开展事中拦截，更要联合多部门做到事后追缴等相关工作；四是全社会形成反诈氛围，既要做到反诈打击与宣传全覆盖，也要提高反诈打击与宣传精准性，及时通过反诈App、电话、短信、自媒体等多种途径和多样化手段发动人民群众防骗识骗，主动宣传、主动推广防骗信息；五是推动国际执法合作，境内外多渠道发力整治，压缩新型网络犯罪生存空间。

① 《严抓新型网络犯罪　网络空间不容犯罪藏身》，中国青年网，2021年2月22日。

B.7

2021 年中国公共卫生事业发展报告

——中国基层卫生服务体系的改革进展和发展情况

袁蓓蓓 *

摘　要： 近十余年，在新医改资源支持下，我国基层医疗卫生服务设施和人力资源均有明显提升；进而带动基层卫生服务体系的功能发挥——基本公共卫生服务项目覆盖率显著提高，基本医疗服务量有所增长，公平性明显改善。但是，基层卫生服务体系提供的基本公共卫生服务质量有待提高；并且，医疗服务数量相对医院来说依然处于明显弱势，不能有效承担基层首诊的功能。这些问题可归因于长期存在的挑战，包括基层卫生服务体系服务能力不足，特别是基层卫生技术人才短缺，以及基层卫生服务体系补偿机制的设计缺陷导致的筹资来源整合性不足、增长空间有限，且缺乏新的补偿渠道。要从根本上应对这些挑战、真正强基层，本文建议借助分级诊疗政策推行和医疗联合体/共同体建设，形成基层与医院的紧密利益共同体，通过整合资源渠道、优化支付方式、创新人员激励机制形成赋能基层的合力，使医疗联合体/共同体内各类部门或机构能够通过参与基层建设来实现自身目标，最终建成以基层为核心的整合型卫生服务体系。

关键词： 基层卫生服务体系　公共卫生　公共卫生人力资源　分级诊疗

* 袁蓓蓓，北京大学中国卫生发展研究中心副研究员，世界卫生组织卫生体系研究证据整合专家委员会成员，主要研究领域为基层卫生服务体系、卫生人力资源激励机制、公共卫生体系改革等。

中国自 1949 年以来一直重视基层卫生服务。卫生体系建设初期形成的三级医疗保健网、农村合作医疗和乡村医生，均为加强基层卫生体系建设的成果，曾被世界卫生组织评价为用较少的资源解决大部分人口卫生问题的中国"三大法宝"。2009 年，中国新一轮医改工作启动，我国城市公立医院医疗服务能力获得巨大提升，但看病难、看病贵、基层医疗卫生机构服务能力薄弱的问题也逐步凸显，因此新一轮医改提出"保基本、强基层、建机制"的基本原则。医改进入深水区时，在 2016 年全国卫生健康大会上，习近平总书记提出新时期卫生工作的 38 字方针，再次强调："以基层为重点，以改革创新为动力，预防为主，中西医并重，将健康融入所有政策，人民共建共享。"

自新医改 2009 年启动至今，中国卫生体系在"强基层"的原则下实施了一系列改革措施。本文将梳理对基层卫生服务体系产生影响的重要举措，描述改革进程中基层卫生服务体系发展指标的进展，分析基层卫生服务体系发展困境的根源，提出进一步强化基层卫生服务体系建设的政策建议。

一 中国基层卫生服务体系的构成

中国卫生体系研究和政策实践领域通常从服务提供机构或网络的角度界定"基层卫生服务体系"。服务提供体系是整个卫生体系的核心，卫生体系功能需要通过服务提供主体为居民提供高质量的健康服务来实现。中国卫生服务提供主体是以政府卫生部门所属机构为主的多元化办医体系。政府卫生部门办医疗卫生服务提供机构按照行政隶属关系，分为国家、省、市、县 4 级，社区（乡镇）和村级医疗卫生机构一般由县级卫生行政部门直接管理。中国在每一个行政级别中已经建立完善的卫生服务提供体系，包括两大模块：公共卫生服务提供体系和医疗服务提供体系。公共卫生服务的主要提供机构包括疾病预防控制中心、卫生监督机构、妇幼保健机构等；医疗服务提供机构主要包括二／三级综合医院、中医院和专科医院等。中国基层卫生服务的提供机构通常指社区／乡镇、街道／村两级卫生服务提供机构，具体包括：社区卫生服务中心（站）、乡镇卫生院和村卫生室。不同于县级及以上行政区域内公共卫生服务和医疗服务分别由两类部门负责提供，基层两级卫生服务机构在功能上同时覆盖公共卫生和医疗卫生两类服务，不仅需要为城乡居民提供传染病防控、慢性病防治、健康教育、妇女儿童保健等基本公共卫生服务，同时要为辖区居民提供基本医疗服务和中医服务。图1展示了中国基层卫生服务提供体系构成及其在整个服务提供体系中的位置。

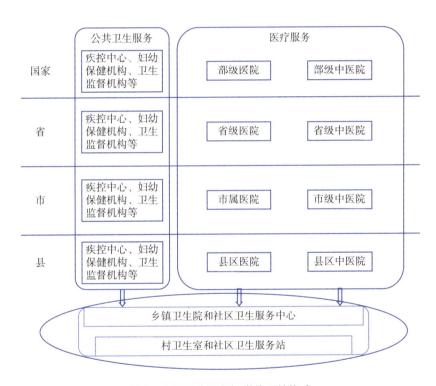

图1　中国卫生服务提供体系的构成

二　中国基层卫生改革举措的梳理

如图2所示，中国基层卫生服务体系发展目标是完善从外到内三个圆环：

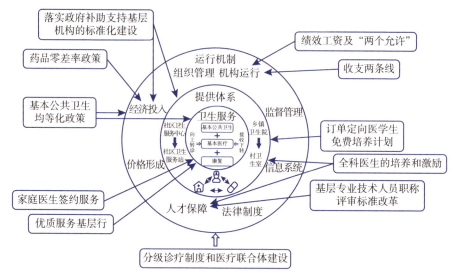

图2　重点改革举措及其对基层卫生体系的作用层面

在服务提供机构自身和机构之间关系良好运行的前提下，基层卫生服务提供网络逐步完备，并提供高质量、整合的与上级医疗机构相协调的基本公共卫生和基本医疗服务。

新医改自2009年启动以来，几乎所有改革措施直接或间接地对基层卫生服务体系产生了影响，相关改革举措涉及内容较多、作用层面交叉，本文将从直接作用层面出发进行分类和梳理。

（一）运行机制改革

1. 投入与补偿机制

新医改明确政府举办城市社区卫生服务中心（站）和乡镇卫生院等基层卫生服务机构，基于该原则，一系列政策共同作用，改变对基层卫生服务机构的经济补偿机制。第一，明确政府对城乡基层医疗卫生机构的投入责任，主要由地方政府承担基层卫生服务机构的运行经费，包括国家规定和核定的基本建设经费、设备购置经费、人员经费和承担公共卫生服务的业务经费。第二，"药品零差率政策"的实施降低了基层医疗机构对医疗业务收入特别是药品收入的依赖；与此同时，地方财政通过不同程度增加政府投入补偿基层卫生服务机构药品零差率的损失。第三，"基本公共卫生均等化政策"中的"基本公共卫生服务项目"补助全部用于补偿基层卫生服务机构，明确了政府对公共卫生服务的经费保障机制和最低补助水平要求，清晰划分了中央和地方各级政府的投入责任。第四，政府新增投入优先支持基本医疗保障体系发展，直接形式为补贴居民参保费，进而提高居民对医疗服务的可及性；同时，政府这部分投入也通过医保经费支付间接地补偿了提供医疗服务的基层卫生服务机构。以上四项政策共同作用，改变了财政投入和医疗服务收入对基层卫生服务机构的补偿水平和比例。

2. 机构运行机制

主要包括机构收支管理办法和人力资源激励管理措施。新改革之初，不少地区探索收支两条线——基本医疗服务等收入全额上缴、机构经常性支出由政府核定并全额安排。由于收支两条线改革后出现了机构和人员工作积极性下降的问题，2013 年《关于巩固完善基本药物制度和基层运行新机制的意见》提出基层医疗机构的收支结余部分按规定提取职工福利基金、奖励基金。自此，地方实践中开始赋予基层卫生服务机构使用收支结余的自主权，包括取消"收支两条线"管理，实行"一类保障、二类管理"等。人员激励措施方面，2009 年开始实施绩效工资制；2012 年，相关政策提出有条件的地区可适当提高奖励性绩效工资比例，合理拉开收入差距以调动医务人员积极性；2016 年，《"十三五"深化医药卫生体制改革规划》开始实行"两个允许"政策，即允许医疗卫生机构突破现行事业单位工资调控水平，允许医疗服务收入扣除成本并按规定提取各项基金后主要用于人员奖励。

3. 人才保障机制

为了吸引和激励基层医务人员，一系列保障和激励措施（包括中、高级岗位比例分配）开始向基层倾斜，包括：到基层医疗卫生机构工作的全科医生可提前一年申请职称晋升；基层全科医生申报高级职称实行单独分组、单

独评审。2015 年《关于进一步改革完善基层卫生专业技术人员职称评审工作的指导意见》修改了基层卫生技术人员的职称晋升标准，取消了外语成绩要求，弱化了科研要求。2016 年的《"十三五"深化医药卫生体制改革规划》提出建立卫生人员荣誉制度，弘扬卫生与健康工作者的精神，并坚决从严查处涉医突发案件，保护医务人员安全。

（二）服务体系完善

1. 服务设施建设

新医改落实政府补助政策后，首先加大了用于基层机构基本建设和设备购置的政府投入，包括国家发改委于 2015 年安排专项投资 7.69 亿元支持全国 5193 家乡镇卫生院和社区卫生服务中心开展国医堂、中医馆建设。财政部也安排中央专项投资 54 亿元，支持全国 3476 家乡镇卫生院、110 家社区卫生服务中心、3 万个村卫生室的建设。改革期间，按照国家基层卫生服务机构的建设标准，各地地方财政根据预算空间不同程度地持续支持基层卫生服务设施改善和设备购置。

2. 全科医生培养

拥有足够数量具备资质的医务人员是提高基层医疗卫生机构服务质量的根本，加强基层医疗卫生人才队伍建设特别是全科医生的培养和培训也是新医改的重要内容。为解决当前基层全科医生短缺的问题，各地开始实施转岗培训的全科医生培训模式，在职基层医生经过一年全科医生培训后，可以在执业医师证上加注"全科医生"。2010 年起，中西部地区开始实施订单定向医学生免费培养计划，全国每年为中西部地区乡镇卫生院培养 5000 名全科医生；2015 年，《关于进一步做好农村订单定向医学生免费培养工作的意见》发布前后，该做法陆续扩展到全国不同地区。2013 年，《关于巩固完善基本药物制度和基层运行新机制的意见》提出，乡镇卫生院人员需要每 5 年进行一次岗位培训。

3. 信息化和远程医疗平台建设

信息化管理和服务平台是新时期基层卫生服务设施建设的核心部分。新医改启动后，各地陆续在医疗服务、公共卫生服务、医疗保障系统方面开展信息化建设。2015 年，分级诊疗制度启动后，全国积极建设基层卫生服务机构特别是面向农村及边远地区的远程医疗服务平台，开始倡导各类服务信息平台的互联互通。2019 年出台的《全国基层医疗卫生机构信息化建设标准与规范（试行）》，明确了基层医疗卫生机构信息化建设的内容和要求。

（三）优化服务供给

体制机制改革和服务体系建设旨在提升基层卫生服务质量；同时，新医改后，还有一些政策是在配套机制的支持下，直接作用于基层卫生服务内容的扩展、重组、优化和质量升级。

1. 基本公共卫生服务项目的扩展和提升

2009 年启动的"基本公共卫生均等化政策"，除了使财政补助经费成为基层卫生服务机构重要补偿来源和机构发展重要支撑外，也界定了基层卫生服务机构在基本公共卫生服务方面的功能定位、服务范围和操作规范。政策启动之初确定由基层卫生服务机构提供的国家基本公共卫生服务项目有九大类 35 项，后来逐步扩展到 2017 年的十四大类 55 项，2019 年又增加了 19 项服务。为了指导基层卫生服务机构的操作和流程，国家层面陆续制定了《国家基本公共卫生服务规范（2009 年版）》《国家基本公共卫生服务规范（2011 年版）》《中医药健康管理服务规范》《国家基本公共卫生服务规范（第三版）》；为更规范地执行服务标准和程序，要求各级卫生行政部门和专业公共卫生机构定期培训和指导基层卫生服务提供者，尤其是加强对村级卫生人员的培训，中央财政利用专项考核经费支持这类培训（每年 8000 万元）。

2. 家庭医生签约服务

分级诊疗制度于 2015 年开始推进后，为提高基层卫生服务的吸引力，助力患者合理分流，国家于 2016 年发布《关于推进家庭医生签约服务的指导意见》，旨在逐步建立家庭医生作为民众健康守门人的角色，引导双向转诊；除了通过一系列供需双方激励机制提高签约覆盖率和服务质量外，该政策更试

图通过提高签约服务本身的吸引力来推进基层首诊制，包括组建多学科团队为签约居民提供整合服务，优化签约服务的内涵，在整合基本医疗和公共卫生原有服务基础上扩展个性化签约服务内容。

3. 优质服务基层行

为贯彻《"健康中国 2030"规划纲要》、持续改善基层服务质量，中国于 2018 年开始开展"优质服务基层行"活动，根据乡镇卫生院和社区卫生服务中心功能定位，通过制定卫生服务能力和服务质量标准，以考核评优、公开接受公众监督、宣传典型经验为激励方式，动员和引导所有乡镇卫生院和社区卫生服务中心参与并按照标准提高卫生服务质量。"优质服务"特别强调规范化和升级已开展服务的提供方式和程序，提升已开展服务的质量和群众获得感。

（四）分级诊疗制度和医疗联合体建设

中国于 2015 年开始推进的分级诊疗制度和 2017 年开始规范的医疗联合体建设，虽然是针对整个卫生体系的改革，但是加强基层服务能力、提高基层服务质量、形成基层首诊是其核心目标之一。因此，这两项改革中有大量内容是针对基层运行机制、服务体系和服务提供的干预措施，具体包括以下几方面。

1. 影响基层运行机制的内容

医疗联合体建设中要求设计医保相关激励措施，合理拉开基层医疗卫生机构、县级医院和城市大医院之间的报销水平差距，增强在基层看病就医的吸引力；同时，倡导医保基金对纵向合作的医联体实行医保总额付费、结余留用等多种付费方式；这些激励和支付方式改革必然影响基层卫生机构的服务量和医保经费收入占比，通过经济补偿变化对基层卫生机构产生影响。医共体建设倡导建立紧密型唯一法人代表的医院集团，新的组织和监督管理形式使基层卫生机构的决策权、监督权、运营管理权均发生了变化；考核方式强调引导牵头三级医院的帮扶和资源下沉责任，将联合体中的基层发展作为考核上级医院的重要指标，上级医院的介入和利益捆绑对基层卫生机构的运行也产生了直接影响。

2. 影响基层服务体系的内容

为实现分级诊疗，新医改政策强调提升基层医疗服务能力，并要求三级公立医院发挥牵头引领作用，通过派出医务人员参与专科共建、临床带教、业务指导、教学查房、科研和项目协作等多种方式快速充实基层机构提供医疗服务的人力资源和技术能力。同时，调整和充实基层医疗卫生机构的药品品种和数量，有些地区实现了与上级医院用药目录的一致和衔接。另外，实现分级诊疗需要建立区域性医疗卫生信息平台，实现电子健康档案和电子病历的连续记录，以及不同级别、不同类别医疗机构之间的信息共享；同时要求提升远程医疗服务能力，鼓励牵头医院向基层卫生机构提供远程会诊、远程病理诊断、远程影像诊断、远程心电图诊断等服务；这些政策的落实，明显提升了基层卫生机构的信息化水平。

3. 影响卫生服务提供的内容

为实现分级诊疗，医疗联合体建设中均清晰界定了牵头医院和基层医疗卫生机构的功能和服务范围；并要求基层卫生机构重点推进家庭医生签约服务，以引导居民在医联体内到基层首诊；同时，上级医院对签约患者提供优先接诊、优先检查、优先住院等服务，为部分慢性病签约患者提供长处方和上级医院用药衔接服务。这些举措充实和优化了基层卫生机构服务。

表 1 对国家出台的上述改革举措相关文件进行了列示。

三 基层卫生服务体系的发展趋势

（一）基层医疗卫生机构的经济补偿结构发生变化，财政补偿占总收入的比例经历3年显著增长后进入稳定水平

如前所述，新医改后，中国基层卫生服务机构的收入来源主要为政府补贴和医疗服务／药品收入。其中，医疗服务／药品收入又有两个渠道：医疗保险补偿和患者自付。各地基层卫生服务机构的收入来源构成差别较大，地方

表1　2009年新医改启动以来基层卫生服务体系建设相关改革文件清单及核心内容

年份	文件名称	改革措施
2009	《中共中央国务院关于深化医药卫生体制改革的意见》（中发〔2009〕6号）	明确政府举办城市社区卫生服务中心（站）和乡镇卫生院等基层医疗卫生机构；科学制定乡镇卫生院（村卫生室）、社区卫生服务中心（站）等基层医疗卫生机构和各级医院建设与设备配置标准；政府卫生投入重点用于支持公共卫生、农村卫生、城市社区卫生和基本医疗保障；健全基层医疗卫生服务体系，加快农村三级医疗卫生服务网络和城市社区卫生服务机构建设；基层医疗卫生机构实行药品零差率销售；基本公共卫生服务均等化
2009	《关于公共卫生与基层医疗卫生事业单位实施绩效工资的指导意见》（人社部〔2009〕182号）	公共卫生与基层医疗卫生事业单位正式工作人员实施绩效工资
2009	《关于促进基本公共卫生服务逐步均等化的意见》（卫妇社发〔2009〕70号）	基本公共卫生服务项目的界定、资金补助办法、考核管理规定等
2010	《关于建立健全基层医疗卫生机构补偿机制的意见》（国办发〔2010〕62号）	建立健全基层医疗卫生机构补偿机制：实施基本药物制度后，政府举办的乡镇卫生院、城市社区卫生服务机构的人员支出和业务支出等运行成本通过服务收费和政府补助予以补偿；有条件的地区可以实行收支两条线；坚持多劳多得、优绩优酬，重点向关键岗位、业务骨干和做出突出贡献的工作人员倾斜，适当拉开收入差距

续表

年份	文件名称	改革措施
2011	《国务院关于建立全科医生制度的指导意见》(国发〔2011〕23 号)	合理确定全科医生的劳动报酬，拓宽全科医生的职业发展路径
2012	《"十二五"期间深化医药卫生体制改革规划暨实施方案》(国发〔2012〕11 号)	有条件的地区可适当提高奖励性绩效工资的比例，合理拉开收入差距，调动医务人员积极性
2013	《关于巩固完善基本药物制度和基层运行新机制的意见》(国办发〔2013〕14 号)	基层医疗卫生机构在核定的收支结余中可按规定提取职工福利基金、奖励基金；乡镇卫生院人员每 5 年进行岗位培训，并将此作为绩效考核的重要内容
2015 年	《关于进一步做好农村订单定向医学生免费培养工作的意见》(教高〔2015〕6 号)	强调和落实订单定向和基层对人才的吸引
2015 年	《关于进一步改革完善基层卫生专业技术人员职称评审工作的指导意见》(人社部发〔2015〕94 号)	修改基层卫生技术人员的职称晋升标准，取消外语成绩要求，弱化科研要求
2015 年	《国务院办公厅关于推进分级诊疗制度建设的指导意见》(国办发〔2015〕70 号)	鼓励城市二级以上医院医师到基层医疗卫生机构多点执业，或者定期出诊、巡诊，提高基层卫生服务能力；建立基层签约服务制度；探索建立包括医疗联合体、对口支援在内的多种分工协作模式，完善医疗管理运行机制

续表

年份	文件名称	改革措施
2016年	《国务院关于印发"十三五"深化医药卫生体制改革规划的通知》（国发〔2016〕78号）	允许医疗卫生机构突破现行事业单位工资调控水平，允许医疗服务收入扣除成本并按规定提取各项基金后主要用于人员奖励；合理确定医疗卫生机构编外人员待遇和实现同工同酬的问题；建立卫生人员医笑荣誉制度，弘扬广大卫生与健康工作者的精神，坚决从严查处涉医突发案件和保护医务人员安全
2016年	《关于推进家庭医生签约服务指导意见的通知》（国医改办发〔2016〕1号）	明确家庭医生签约服务主体、服务内容、收费机制、激励机制，激励机制和绩效评价方法；扩大基层医疗卫生机构全科医生高、中级岗位中的比例
2017年	《国务院办公厅关于推进医疗联合体建设和发展的指导意见》（国办发〔2017〕32号）	界定医联体组织模式；扎实推进家庭医生签约服务，鼓励和引导居民在医联体内到基层首诊，充分发挥三级公立医院的牵头引领作用，促进优质医疗资源共享和下沉基层
2018年	《国家卫生健康委员会、国家中医药局关于开展"优质服务基层行"活动的通知》（国卫基层函〔2018〕195号）	界定基层服务能力标准和服务质量要求，使用考核评级、宣传典型等激励方式
2019年	《关于印发全国基层医疗卫生机构信息化建设标准与规范（试行）的通知》（国卫规划函〔2019〕87号）	明确基层医疗卫生机构信息化建设的基本内容和要求

财政能力不同导致政府补贴的种类和数额差异很大。政府补贴中，财政主要优先满足基本公共卫生服务补贴和人员基本费用的补贴。根据各地地方政府财政能力和预算空间，不同地区还存在其他形式的政府补贴，如基础设施建设补贴、设备采购补贴、不同水平的药品零加成政策补贴等。图 3 显示了全国范围两类筹资来源在基层机构总收入中的平均占比和变化趋势。2009 年新医改之前，政府补贴占基层卫生服务机构总收入的 18.94%，医疗收入占81.06%；之后，政府补贴占比经历 3 年的明显增长，进入缓慢增长期，到2018 年财政补贴和业务收入分别占基层卫生机构总收入的 32.29% 和 60.09%；但 2019 年政府补贴占比有所回落，财政补贴和业务收入分别占基层卫生机构总收入的 30.75% 和 61.47%。图 4 对比了同期医院筹资中财政补贴占比及其变化趋势，2007 年到 2019 年，医院收入中财政补贴收入占比维持在 8%左右的水平未发生变化，体现了医改中新增政府投入优先支持基层卫生服务的原则。

图3　2007~2019 年基层医疗机构收入来源及构成

资料来源：《中国卫生健康统计年鉴》（2001~2021），https://www.tongjinianjian.com/111431.html。该年鉴2001~2012 年名称为《中国卫生统计年鉴》，2013~2017 年名称为《中国卫生和计划生育统计年鉴》，2018年改为《中国卫生健康统计年鉴》。下同。

图4 2007~2019年基层医疗卫生机构和医院的财政补助收入占比及变化趋势

资料来源：《中国卫生健康统计年鉴》（2001~2021），https://www.tongjinianjian.com/111431.html。

（二）基层卫生服务机构的人员支出水平稳步提高，增速略高于医院人员支出，但基层与医院在人员支出绝对水平上的差距仍在扩大

得益于政府对基层投入的增加以及绩效工资的实施和改进，基层医疗卫生机构的人均人员支出稳定增长，2012~2019年增长了1.31倍；同期，医院的人均人员支出提高了1.03倍（见表2）。此外，基层医疗卫生机构人员的养老保险等社会福利和保障覆盖面也在逐年扩大，基层医务人员收入和福利待遇均明显改善。但是，基层医务人员的工资水平总体较低并未得到根本扭转。表2数据也显示，基层与医院的人均人员支出绝对水平差距仍在进一步加大，绝对差距从2012年的5.02万元扩大到2019年的9.38万元。

表2 2012~2019年基层卫生机构和医院人均人员支出对比

单位：万元，%

年份	基层人均人员支出	医院人均人员支出	医院与基层的差值
2012	2.88	7.90	5.02
2013	3.38	8.76	5.38
2014	3.81	9.69	5.88

年份	基层人均人员支出	医院人均人员支出	医院与基层的差值
2015	4.43	10.94	6.51
2016	5.01	11.95	6.94
2017	5.65	13.11	7.46
2018	6.19	14.19	8.00
2019	6.64	16.02	9.38
年增长率	18.65	14.68	—

资料来源:《中国卫生健康统计年鉴》(2001~2021), https://www.tonqjinianjian.com/111431. html。

（三）基层卫生服务机构数量在新医改后两年里明显增长，之后进入数量稳定状态，基层床位数量稳步增长；基层机构及其床位数量增长速度均明显慢于医院及其床位数量

中国基层医疗机构数量变化情况如图 5 所示，基层机构数量从 2007 年 681603 家增长到 2019 年的 687731 家，其中村卫生室数量占将近 90%；2009 年新医改后的两年里明显增长，之后数量有所下降，10 年来总数量基本保持不变。分开看各类基层卫生服务机构的增长情况发现，基层机构中社区卫生服务中心数量增长最明显，年增长率为 9.66%；若将其与医院数量增长情况比较，可以发现基层医疗卫生机构数量平均年增长率为 0.07%，而医院数量平均年增长率则为 4.68%（见表 3）。

图 6 显示了基层医疗卫生机构和医院床位数的变化趋势。医院床位数增长最快，从 2007 年的 267.51 万张增长至 2019 年的 686.65 万张，平均每年增加 8.17%。基层医疗卫生机构的床位数从 2007 年的 85.03 万张增长至 2019 年的 159.66 万张，平均每年增加 5.72%。

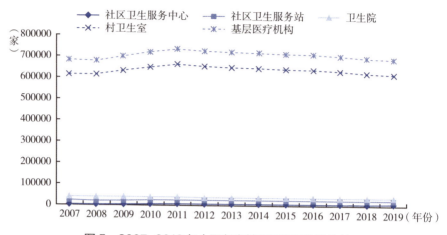

图5　2007~2019年中国各类基层医疗卫生机构数量

资料来源:《中国卫生健康统计年鉴》（2001~2021），https://www.tongjinianjian.com/111431.html。

| | | 表3 2007~2019年医院与各类基层医疗卫生机构数量变化趋势和年增长率 | | | | |
| | | | | | | 单位：家，% |
年份	医院	基层医疗机构总数	社区卫生服务中心	社区卫生服务站	卫生院	村卫生室
2007	19852	681603	3160	23909	40679	613855
2008	19712	677263	4036	20224	39860	613143
2009	20291	699705	5216	22092	39627	632770
2010	20918	719928	6903	25836	38765	648424
2011	21979	733716	7861	24999	37962	662894
2012	23170	724688	8182	25380	37707	653419
2013	24709	720192	8488	25477	37608	648619
2014	25860	717205	8669	25569	37497	645470
2015	27587	712198	8806	25515	37341	640536
2016	29140	710331	8918	25409	37241	638763
2017	31056	703803	9147	25505	37094	632057
2018	33009	693985	9352	25645	36987	622001
2019	34354	687731	9561	25452	36624	616094
年增速	4.68	0.07	9.66	0.52	−0.87	0.03

资料来源:《中国卫生健康统计年鉴》（2001~2021），https://www.tongjinianjian.com/111431.html。

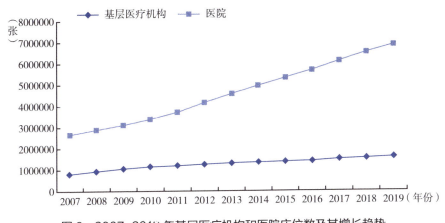

图 6　2007~2019 年基层医疗机构和医院床位数及其增长趋势

资料来源：《中国卫生健康统计年鉴》（2001~2021），https://www.tongjinianjian.com/111431.html。

（四）基层医务人员数量稳定上升，但明显慢于医院；基层医务人员资质水平明显提高，执业（助理）医师和注册护士在基层医务人员中的占比快速提高，并明显高于医院

表 4 显示，2012~2019 年基层卫生人员总数稳步增长；其中，基层卫生技术人员数、执业（助理）医师数、注册护士数均逐年增加；执业（助理）医师平均年增速高于基层医疗卫生机构卫生人员年增速，可见基层医务人员队伍的执业水平逐年提高；注册护士数量增长最快，年增长率为11.69%。即便如此，基层医务人员数量的平均年增长率仍不及医院医务人员。作为医改后人才队伍培养的重点，全科医生数量增长明显（见图 7），到2019 年，基层全科医生数达到 26.5 万人，每万常住人口的基层全科医生数从 0.81 人增加到 2.61 人，虽然比较接近"城乡每万名居民有 2~3 名合格的全科医生"的规划目标，但需要提及的是，目前基层全科医生主要是通过岗位培训转成全科医生（占 60.7%），而通过规范化培养的全科医生占比仍旧很少。

表4　2012~2019年中国基层医疗卫生机构卫生人员数量变化

单位：人，%

年份	医院卫生人员	基层医疗卫生机构卫生人员	基层卫生技术人员	基层执业（助理）医师	基层注册护士
2012	4937468	3437172	2051751	1009567	528178
2013	5370598	3514193	2137623	1050067	576630
2014	5741680	3536753	2176823	1064136	603900
2015	6132793	3603162	2257701	1101934	646607
2016	6542137	3682561	2354430	1145408	695781
2017	6976524	3826234	2505174	1213607	769206
2018	7375273	3964744	2682983	1305108	852377
2019	7782171	4160571	2920999	1436619	960374
年增速	8.23	3.01	6.05	6.04	11.69

资料来源：《中国卫生健康统计年鉴》（2001~2021），https://www.tongjinianjian.com/111431.html。

图7　2014~2019年中国基层全科医生数量情况

具体分析基层医疗机构中医务人员资质水平的发展趋势，如表5所示，从2012年到2019年，基层医疗卫生机构中执业（助理）医师和注册护士占比分别提高了5.16个和7.71个百分点；其中，村卫生室中具有执业（助理）医师资格的人员占比提高最多，提高9.13个百分点（见图8）。从表5数据呈现的基层机构和医院中医务人员执业资质发展趋势可以发现：一方面，由于执业资质一直是医院执业的必备条件，故该比例在医院比较稳定；另一方面，近年来基层在提高医务人员执业资质方面进展明显，从合并执业（助理）医师和注册护士两类人员占比来看，2012 年基层有执业资质人员的占比相对于医院低 20.76 个百分点，到 2019 年这个差距降低到 11.94 个百分点。

表5　2012~2019 年我国各机构卫生人员执业资质变化情况

单位：%

年份	卫生技术人员占比		执业（助理）医师占比			注册护士占比	
	医院	基层	医院	基层	村	医院	基层
2012	82.18	59.69	28.43	29.37	10.58	37.07	15.37
2013	82.39	60.83	27.99	29.88	11.17	38.01	16.41
2014	82.58	61.55	27.59	30.09	11.49	38.70	17.07
2015	82.69	62.66	27.60	30.58	12.16	39.26	17.95
2016	82.77	63.93	27.57	31.10	12.64	39.95	18.89
2017	82.92	65.47	27.70	31.72	13.52	40.46	20.10
2018	83.10	67.67	27.84	32.92	15.36	40.96	21.50
2019	83.36	70.21	27.94	34.53	19.71	41.61	23.08
年增速	0.21	2.52	-0.25	2.51	12.33	1.75	7.17

资料来源：《中国卫生健康统计年鉴》（2001~2021），https://www.tongjinianjian.com/111431.html。

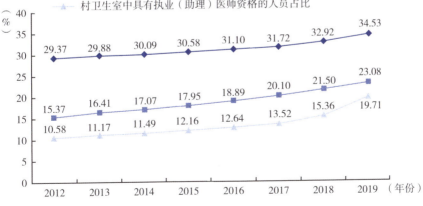

图8　2012~2019 年中国基层卫生机构人员执业资质改善情况

资料来源：《中国卫生健康统计年鉴》（2001~2021），https://www.tongjinianjian.com/111431.html。

（五）基层医疗卫生机构承担基本公共卫生服务项目，使得基本公卫服务的人群覆盖率和公平性均有改善，但在部分项目上服务质量有待提升

基层医疗卫生服务机构为辖区居民提供两类服务。第一类是基本公共卫生服务包。2009年国家启动基本公共卫生服务均等化政策，其中包括基本公共卫生服务包和重大公共卫生服务项目，政策中明确基层机构是提供"基本公共卫生服务包"中服务项目的主体机构。2009年项目启动之时，基本公共卫生服务包包括建立居民健康档案、健康教育、预防接种、传染病报告与处理、0~3岁儿童健康管理、孕产妇健康管理、老年人健康管理、慢性病患者（高血压、2型糖尿病）健康管理、重性精神病患者管理等9类35项。2011年增加了传染病和突发公共卫生事件报告和处理、卫生监督协管，服务包为10类41项。2013年增加了老年人和儿童中医药健康管理，确定的服务项目为11类43项。2015年增加结核病患者健康管理服务，确定的服务包为12类45项。2017年《国家基本公共卫生服务规范（第三版）》确定的服务包为12类46项。2017年9月，国家在巩固与提高原有12类基本公共卫生服务项目的基础上，将"免费提供避孕药具"和"健康素养促进"纳入国家基本公共卫生服务项目，确立服务内容为14类55项；14类分别是建立居民健康档案、健康教育、预防接种、儿童健康管理、孕产妇健康管理、老年人健康管理、慢性病（高血压、糖尿病）患者健康管理、严重精神障碍患者管理、肺结核患者健康管理、中医药健康管理、传染病和突发公共卫生事件报告和处理、卫生计生监督协管、免费提供避孕药具、健康素养促进。2019年起，虽然将原重大公共卫生服务中的妇幼卫生、老年健康服务、医养结合、卫生应急、孕前检查几类项目下19项服务纳入了基本公共卫生服务，其提供机构不限于基层卫生服务机构，但国家层面对这些项目在公共卫生、医疗和基层机构中的责任分配并未明确界定。国家层面确定的"基本公共卫生服务包"是所有基层卫生服务机构必须提供的项目，要求对辖区内居民免费提供。

在基本公共卫生服务均等化政策推动下，中国基本公共卫生服务项目的覆盖率明显提高，公平性明显改善。以儿童健康管理和慢性病患者管理两类代表性服务为例：3 岁以下儿童系统管理率及 7 岁以下儿童健康管理率稳步增高（见图 9、图 10），分别由 1996 年的 61.4%、62.7% 增加至 2018 年的 91.2%、92.7%，城乡差距不断缩小。① 慢性病患者健康管理服务覆盖人数显著提升，高血压患者规范管理人数从 2011 年的 6586.4 万人增长到 2017 年的 10041.9 万人，增幅为 52.46%；2 型糖尿病患者规范管理人数从 2011 年的 1858.9 万人增至 2018 年的 3239.1 万人，平均年增长速度为 8.26%，增幅达74.25%；在公平性上，有研究基于安徽、河南和重庆三省（市）现场调研的数据发现，高血压和糖尿病规范化管理服务的基尼系数向更公平的趋势发展②。

基本公共卫生服务的质量评价缺乏可靠数据支持，可获得的证据显示慢性病管理服务质量存在较大挑战。如果用最终的健康结果来评价慢性病管理服务质量，2008~2016 年慢性病死亡率从 4.8/1000 增长到 5.7/1000 人，且仍在上升，难以体现慢性病管理的正面效果。如果用疾病指标的控制率来直接反映慢性病管理服务质量，数据显示近年来我国居民的血糖控制率一直处于较低水平；卫生行政系统的统计数据显示，被管理糖尿病患者

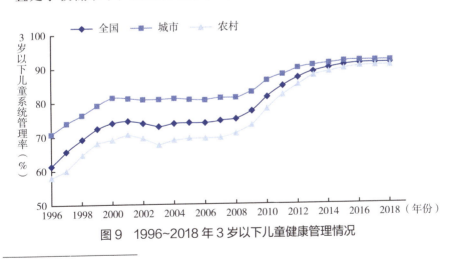

图 9　1996~2018 年 3 岁以下儿童健康管理情况

---

① 国家卫生健康委员会：《中国妇幼健康事业发展报告（2019）》，http://www.nhc.gov.cn/fys/s7901/201905/bbd8e2134a7e47958c5c9ef032e1dfa2.shtml。
② 王芳、李永斌、丁雪、代涛：《国家基本公共卫生服务项目实施进展及公平性》，《中国卫生政策研究》2013 年第 6 期。

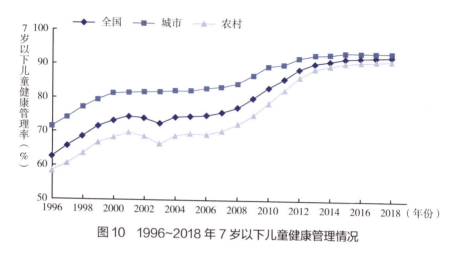

图10 1996~2018年7岁以下儿童健康管理情况

的血糖控制率从2014年的58.41%改变为2016年的57.93%[1]，被管理高血压病人的血压控制率从2014年的61.83%增长到2016年的64.56%；在个别农村地区，糖尿病患者的调查数据则显示控制率更低，在8%到38%区间范围[2]。

（六）基层医疗卫生机构提供的门诊和住院医疗服务量短期增长后趋缓，增速明显落后于医院服务量；卫生总费用中基层机构总费用占比经历短暂上涨后又回落至新医改初期水平，医院和基层医疗卫生机构发展不平衡的问题依然存在

基层医疗卫生机构提供的第二类服务是常见病、多发病的诊疗服务以及部分疾病的康复、护理服务。《乡镇卫生院服务能力评价指南（2019年版）》

---

[1] 汪志豪、杨金侠、陈馨、李小宁、谢翩翩、刘万奇、刘瑾琪：《国家基本公共卫生服务项目实施效果评价》，《中国卫生经济》2018年第10期。

[2] Liu, X., Li, Y., Li, L. et al., Prevalence, Awareness, Treatment, Control of Type 2 Diabetes Mellitus and Risk Factors in Chinese Rural Population: the RuralDiab Study. Sci Rep 6, 31426 (2016). https://doi.org/10.1038/srep31426; Liu X., Wang L., Wang P., et al., The Dynamics of Type 2 Diabetes Mellitus. Prevalence and Management Rates among Rural Population in Henan Province,China. J. Diabetes Res. 2017:9092759. doi: 10.1155/2017/9092759. Epub 2017 Feb 23; Yang F., Qian D., Chen J., et al., LWS Project Group, Prevalence, Awareness, Treatment and Control of Diabetes Mellitus in Rural China: Results from Shandong Province. Diabet Med. 2016 Apr;33(4):454-8.doi: 10.1111/dme.12842. Epub 2015 Jul 16.

具体列出了内（儿）科、外科、妇产科、全科、中医、眼耳鼻咽喉、口腔和康复等各大类服务能力评估的规范，对最低标准的要求是："开展至少 50 种常见病、多发病诊疗服务，其中 30 种病种年诊疗应大于 50 人次，另 20 种诊疗量应大于 10 人次。有卫生院病种诊疗目录，有数据显示诊疗病例或报告说明"。由于经济社会发展水平、覆盖人口数量、区域医疗资源分布等方面的不同，全国不同地区的乡镇卫生院／社区卫生服务中心，在基本医疗服务开展项目和数量上相差较大。

图 11 显示了 2007~2019 年基层医疗机构和医院诊疗人次的变化趋势。2009 年新医改开始后，基层诊疗量经历了 5 年的快速增长，从 2008 年的 29.62 亿人次增长到 2013 年的 43.24 亿人次，2013 年后诊疗数量一直维持在同一水平，到 2019 年基层诊疗人次总量为 45.3 亿人次。同期，医院的诊疗数量保持更快增长趋势，导致基层诊疗量在所有医疗机构诊疗量中的占比从 2007 年的 62.31% 降低到 2019 年的 51.96%，基层门诊服务占比降低了 10.35 个百分点（见图 12）。

图 13 显示了基层住院服务的发展趋势。基层医疗卫生机构出院人次从 2007 年的 2795 万人次增加至 2019 年的 4279 万人次，平均年增长率为 4.42%。与门诊服务趋势相同，2013 年前后基层机构住院服务数量增长趋缓，波动较

图 11　2007~2019 年中国基层医疗机构和医院的诊疗人次

资料来源：《中国卫生健康统计年鉴》（2001~2021），https://www.tongjinianjian.com/111431.html。

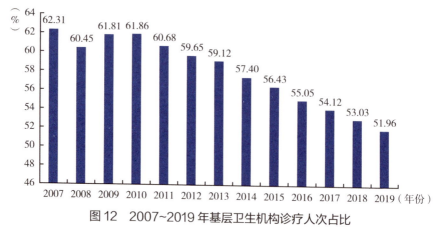

图12　2007~2019年基层卫生机构诊疗人次占比

资料来源:《中国卫生健康统计年鉴》(2001~2021), https://www.tongjinianjian.com/111431.html。

图13　2007~2019年基层卫生机构出院人次及其占比

资料来源:《中国卫生健康统计年鉴》(2001~2021), https://www.tongjinianjian.com/111431.html。

小;但同期全国各类医疗机构住院服务总量同样保持增长趋势,导致基层机构出院人次占比从2007年的28.59%降低到2019年的16.14%,基层住院服务占比降低了12.45个百分点,幅度大于其门诊服务占比的降低幅度。从图14来看,基层住院服务提供数量明显低于其住院治疗的提供规模,基层机构床位使用率基本保持在低于60%的水平,而医院的床位使用率一直处于高于80%的水平。

图 14　2010~2019 年基层卫生机构和医院的床位占用率

资料来源:《中国卫生健康统计年鉴》(2001~2021),https://www.tongjinianjian.com/111431.html。

医院规模和服务量的扩张还体现在卫生总费用的增长和构成上。中国卫生服务总费用增长迅速,其中医院费用占比最大(见图 15),近年来稳定在 52% 左右。基层卫生服务机构卫生总费用占比一直未高于 10%;从变化趋势来看,基层机构卫生总费用的占比在 2009 年新医改启动后的三年里明显增长,后又有所下滑并进入稳定阶段,近年来占比稳定在略高于 8% 的水平,2019 年占比为 8.14%(见图 16)。

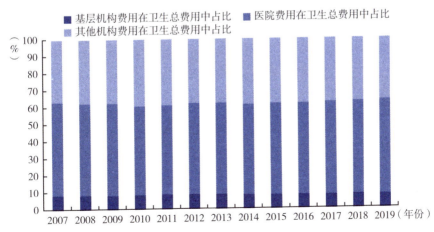

图 15　2007~2019 年基层机构费用在卫生总费用中的占比

资料来源:《中国卫生健康统计年鉴》(2001~2021),https://www.tongjinianjian.com/111431.html。

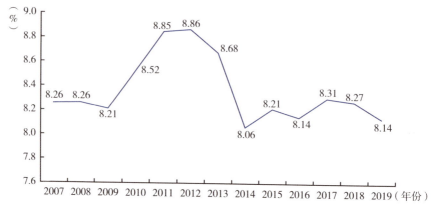

图16　2007~2019年基层机构费用在卫生总费用中占比的变化

资料来源:《中国卫生健康统计年鉴》(2001~2021),https://www.tongjinianjian.com/111431.html。

四　中国基层卫生服务体系发展困境的根源分析

近十余年来,在一系列完善基层医疗卫生服务体系的改革举措下,基层卫生体系获得较大发展。各级政府对基层医疗卫生服务投入大量资金,用于基层体系设施建设、设备购置和人员培训等。国家对基本公共卫生服务均等化、基本药物零差率补贴、基本医疗保障制度等政策性投入也直接或间接地流向基层医疗卫生机构。在这些资源支持下,基层医疗卫生服务机构及其床位、人力资源数量和资质都有明显提升;进而带动了基层卫生服务功能更好地发挥,基本公共卫生服务项目覆盖率显著提高,公平性明显改善,基本医疗服务量有所增长。

但是,基层提供的基本公共卫生服务质量有待提高,与医疗服务的融合度不够,提供基本医疗服务数量相对于医院依然处于明显弱势,不能很好地承担起基层首诊和患者分流的角色。这些问题可归因于基层卫生服务体系长期存在的一些挑战,包括基层卫生体系服务能力不足,与医院规模和能力差距越来越大,特别是基层卫生技术人才短缺。要从根本上解决这些挑战,真正强基层,需要从基层医疗卫生服务机构的运行机制上找根源,并提出针对性的改革建议。

第一，财政对基层投入总量继续增长的空间有限，并且存在地区之间不平衡的问题。首先，中国经济发展模式改变和速度减缓，必然影响对卫生体系建设投入的增长空间。其次，分级财政背景下，地方政府对本地卫生事业发展负有主要筹资责任，但对地方财政用于卫生事业的比例和增长机制缺乏立法支持。最后，在 2009 年新医改启动初期，大量中央财政资金支持基层服务体系建设之后，目前地方政府已是大部分地区基层卫生体系的主要筹资者，各地经济发展不平衡，各地政府对卫生体系发展重视程度不同，导致不同地区对卫生体系投入的水平存在明显差别，经济发展水平中等且没有中央转移支付的地区在对本地卫生体系投入上存在较大压力。

第二，现行基本医保覆盖服务和药品目录的内容、对医疗机构支付方式的设计、对患者就医报销政策的设计，均对基层机构医疗服务能力提高和获取更高医保经费补偿的支持力度不够。中国基本医疗保障制度，包括职工基本医疗保险和城乡居民基本医疗保险，均根据医疗机构级别界定其覆盖的服务项目和药品目标，对绝大多数仍然是一级医院的基层医疗卫生服务机构来说，其能使用的药品种类和开展的服务项目均受到限制，不利于吸引患者分流到基层。医保对医疗机构的支付方式仍然以总额控制下按服务项目付费为主流，因此医院也有增加服务数量、获取更高医保补偿的驱动力，在医院竞争压力下，原本服务能力有限、服务项目和药品种类受限的基层医疗机构更难吸引患者和留住病人。虽然医保通过提高参保患者在基层住院的报销比例以引导其基层就医，但医院与基层报销比例差别较小，杠杆作用有限。

第三，基本公共卫生项目的财政补贴水平相对较低，增长幅度小，并且是根据覆盖人口数量有明确的补助最高额度，使得基层从提供预防性服务等公共卫生项目上获得更多补偿的空间有限。

第四，财政对基层的投入条块分割、缺乏整合，对基层卫生体系建设所需投入总额缺乏科学核算。如前所述，基层收入主要包括财政补贴和医疗业务收入，后者来源于基本医疗保障资金。两类资金从其最终来源看均为政府财政，只是通过基层机构基础建设、人员经费、基本药物零差价补贴、基

本公共卫生项目补贴、基本医疗保障参保补贴等不同路径直接或间接地支持基层机构的运行和发展。各地财政对基层机构及其承担工作的预算方式一直未有根本性改革，包括对辖区内卫生相关主体按机构类型（医院、基层）和对卫生服务相关活动按项目类型（基本医疗保障、基本公共卫生、机构运行等）分别核算与拨付；并由不同部门进行经费管理（医保经费和直接财政补助分别由医保部门、卫生行政管理部门进行管理）；补助水平主要按照国家政策要求的最低标准、当地财政能力、历史补助水平等确定。这种方式有重复投入、管理成本提高的风险，难以实现统筹规划和根据一个区域居民疾病谱和健康需要核算卫生部门预算总额。

第五，除投入路径缺乏整合之外，不同路径投入的支付方式（基本医保经费的支付和基本公共卫生项目的支付）还存在激励方向上的矛盾，一方面对政府投入的使用效率有负面影响，另一方面使得基层机构在医防两类服务的平衡和融合上困难重重。如前所述，医保的支付方式仍以总额控制下按服务项目付费为主流，并且医保只覆盖医疗服务，其激励方向是医疗机构提供更多治疗服务，相对忽视了会减少疾病发生的预防性服务；与此同时，基本公共卫生项目严格服务数量质量考核和按绩效支付项目经费，综合利用经济激励和考核压力推动基层开展基本公共卫生服务。这意味着，政府一部分投入通过基本公共卫生项目推动预防性服务的提供，另一部分投入通过医保支付的路径限制着预防性服务的提供，两个方向的投入并没有形成一致的目标和合力。

第六，公立医院仍延续扩大规模的发展路径，医院在扩张中与基层竞争资源，医院与基层医疗卫生机构差距拉大。公立医院补偿机制中财政补助比例一直未发生变化，医院有通过业务创收才能维持自身运转的压力；医保支付方式虽然在总额控制、按病种付费等方面做了探索，但按服务项目支付依然是主流，总额控制也更多基于历史支付水平，现行支付方式对公立医院扩大规模、竞争和吸引病人、提高服务量仍有较强引导作用；医院规模扩大后需要更多卫生技术人员，又形成了对基层高资质医务人员的虹吸现象，技术骨干流失加剧了患者绕过基层医疗卫生机构，直接到县级及以上公立医院就医的趋势。大部分地区基层医疗卫生机构医保基金支出占医保基金总支出的比例一直难以提高，就是此趋势的直接表现。

第七，基层医疗卫生机构相关服务的定价和收费改革滞后，基层发展缺乏更多筹资渠道支持。本文通过梳理十余年来针对基层的改革举措发现，大部分运行机制的改革集中在经济投入、机构运行和人才保障上，在基层机构已有服务项目的费用调整、新增服务项目的定价和收费上缺乏尝试和探索。

第八，虽然政策层面一直在倡导基层医疗卫生机构提高绩效工资总额，并拉大差距以提高激励水平，但在基层机构当前补偿机制下其人员工资总额绝对水平较低，奖励性绩效的比例和考核标准的激励作用也就无从谈起。"两个允许"政策（即允许医疗卫生机构突破现行事业单位工资调控水平、允许医疗服务收入扣除成本并按规定提取各项基金后主要用于人员奖励）已于 2016 年提出，但基层特别是农村地区的乡镇卫生院并没有落实。核心原因是上述补偿机制下，基层医疗卫生机构的财政补助依赖地方财政，但地方财政承担能力有限，并且财政投入无法整合使用和提高效率；与此同时，受限于医保政策、服务项目收费和定价政策、公立医院的扩张模式，基层机构的医疗服务能力和创收能力提升较为艰难；依靠增加财政补助和业务收支结余提高人员奖励性绩效的两种渠道都不顺畅。在可用于工资支付的资金总量及其增长空间受限的情况下，调整工资结构的激励措施的可行性和有效性都会降低。

第九，除收入待遇难以提高之外，基层医务人员职业发展前景有限是基层卫生人才短缺的另一个核心原因。对基层卫生人员来说，普遍存在职业发展路径不明确的问题，包括：职称晋升要求与基层工作内容不相符；全科医生是新的专业注册方向，其学科发展前景不明朗，基层医生对全科医生这个角色的职业生涯预期模糊；基层临床能力薄弱导致基层医生处理疾病的经验积累受限，而这往往是医生这类专业技术人员职业认同感的核心来源，从而导致基层医务人员自我职业成就感缺乏、患者信任感和社会认同感不强。

五 中国基层卫生服务体系的改革建议

上述分析可总结为：中国基层卫生服务体系进一步强化的瓶颈问题是基

层服务提供能力有限，特别是直接服务提供者的人力资源缺乏，并且基层卫生服务能力与医院能力之间的差距越来越大。在瓶颈产生的诸多原因中，基层卫生服务机构经济补偿机制的缺陷是根源，卫生系统中其他部门和机制设计对基层卫生服务发展未起到足够的支持作用。现阶段，分级诊疗制度的推进，特别是医联体的建立，正是一个区域内卫生系统、各级各类卫生机构和部门进行整体重组和改革的契机。因此本文提出，应该借助区域医联体建立和设计优化，形成基层与医院紧密结合的利益共同体，使共同体内各类医疗卫生部门或机构都能通过加强其基层机构来实现自身目标，并最终建成以基层为核心的整合型卫生服务体系。

第一，科学统筹广义公共卫生财政，建立县（区）基本健康保障统筹基金，科学核算医共体整体实现本区域健康发展目标所需的经费投入，并对医共体实行捆绑支付。改革的远期目标是统筹广义上的公共卫生财政资金，即整合财政对卫生体系供需两方各渠道的投入，转变"基本医保负责治疗、基本公卫负责预防"的思想观念，建立一个县（区）范围里的基本健康保障统筹基金。该基金投入对象为医联体而不是单个的医疗卫生部门或机构；基金总额核算和资源配置以历史投入为导向转变为以满足区域健康需要和提升区域健康水平及公平性为导向。鉴于目前广义财政投入最大两个渠道（基本医疗保障的患者补助和对基层机构的直接补贴）分属两个部门负责，整合的障碍较大，短期目标可考虑建立共同资金池，在不改变管理体制的情况下，建立基本医疗保险基金和基本公共卫生服务均等化基金统筹利用机制，再逐步过渡到单一部门负责。整合后的资金池中，应当保证不少于一定比例的资金用于基层医疗卫生机构及其服务供给。在资金池也难以推行的情况下，建议试点利用医保基金结余购买一些额外的基层服务项目和公共卫生服务项目，例如家庭医生签约服务、专业疾控机构的健康风险因素分析及预防技术指导等服务，拓宽医保基金覆盖服务的思路，并长期追踪和评价基层医疗服务和预防性服务是否对医保基金有节约和控制作用。

第二，强化战略性卫生服务购买，科学设计支付方式，建议对区域医联体采用基于人口健康风险评估调整总额预付制与按绩效付费相结合的方法。

近期改革针对基本医疗保险的支付方式，长期改革针对区域基本健康保障统筹基金的支付方式，应采用总额预付和结余共享以转变激励机制，让牵头医院能从加强基层医疗和预防性服务上获取更多利益，以遏制牵头医院治疗服务的盲目扩张。考虑到基层医疗服务和预防服务对降低卫生费用的影响需要一定时间的积累，建议经费管理部门与医联体签订长期合同，给医疗机构一定时间，使其从强化基层和基层发展中感受到获益潜力。

第三，调整基层医疗卫生机构服务项目的收费标准，鼓励基层机构在家庭医院签约服务上发展个性化服务包，并合理定价收费，拓宽基层机构筹资补偿渠道。上述前两条建议试图通过更有效率地利用和分配现有筹资渠道来提升对基层机构的补偿水平，但基层机构的发展还需要开发新的筹资渠道。建议尽快提高基层医务人员的技术劳务价格，调整基层医疗卫生机构的诊查费、治疗费、护理费、手术费等技术劳务类服务项目收费标准。鼓励基层根据当地居民健康需求，提供扩展和个性化基层健康服务，包括家庭病床、出诊、家庭巡诊等医疗服务，也包括长期照护、养老、社会救助等社会服务；对新服务项目基层医疗卫生机构可根据市场机制定价，报价格给相关部门备案。

第四，改革基层薪酬制度，突破事业单位工资制度，利用薪酬吸引和留住高质量医务人员，撬动基层医疗卫生服务能力实质性提升。上文三条建议旨在完善基层机构补偿机制，使得基层具备充分开展服务和支付医务人员更高薪酬的能力和基础。除此之外，基层医务人员待遇的提升还需要额外的支持政策，包括：政策层面明确基层薪酬制度改革的总体目标是使基层同类技术人员待遇水平高于医院相应岗位的实际收入；在通过补偿机制改革提高基层机构筹资水平的同时，通过政策明确财政兜底以确保基层薪酬水平达标，让基层医务人员有长期的职业收入预期；突破现有的事业单位工资制度，实施特殊岗位薪酬制度；还要切断医院扩张导致的人才虹吸，区域内实施基层－医院改革联动，基层薪酬不提高不达标则不建议新建或扩张医院，从根本上确保基层队伍的稳定。

第五，改革医联体牵头医院的治理制度，以区域卫生体系整体绩效提高为导向修改医院考核指标，遏制公立医院无序扩张。建立人群健康、服务质

量和社会成本效益"三位一体"的医院考核指标,引导医院发展公益化的管理文化和制度。将其联合体内的基层机构发展指标与总额预付结余中牵头医院的分享额度挂钩。牵头医院专科医生加入家庭医生团队,可从家庭医生签约服务费和个性化服务包收费中获得补偿,建立牵头医院专科医生对基层专科能力的可持续培养机制。

第六,提升全科医生的职业吸引力,让基层全科医生对自身职业发展方向有清晰预期。加强全科医学的学科建设,尽快提高全科医学的学科地位;建立国家全科医学研究院,强化全科医学学科地位;集中海内外全科医学专家,明确全科医学岗位在新时代整合型健康服务中的核心胜任力。设计全科医生职称晋升方式和职业发展路径,使全科医生有在基层机构、医联体、整个区域卫生体系内发展的渠道和方向。

参考文献

秦江梅、张丽芳、林春梅等:《我国基层卫生综合改革进展》,《中国全科医学》2017 年第 22 期。

Ma X., Wang H., Yang L., Shi L., Liu X., Realigning the Incentive System for China's Primary Healthcare Providers. BMJ. 2019 Jun 21.

Meng Q., Mills A., Wang L., Han Q., What can We Learn from China's Health System Reform? BMJ. 2019 Jun 19.

Yuan B., Balabanova D., Gao J., Tang S., Guo Y., Strengthening Public Health Services to Achieve Universal Health Coverage in China. BMJ. 2019 Jun 21.

调查篇

Reports on Social Survey

B.8

2021年中国社会发展质量调查报告

田志鹏*

摘 要： 2021年，我国全面建成小康社会，人民生活得到全方位的改善，社会治理社会化、法治化、智能化、专业化水平大幅度提升，人民安居乐业、社会安定有序。2021年"中国社会状况综合调查"数据表明，我国社会发展质量有进一步的提升：社会经济保障方面，城乡居民收入稳步上升，收入差距持续缩小，住房状况进一步改善，社会保障体系覆盖范围持续扩大，就业形势稳中向好；社会凝聚方面，当前我国社会的道德法治环境和国家发展成就得到社会公众充分认可，社会公众的人际信任和机构信任水平有显

---

* 田志鹏，中国社会科学院社会学研究所助理研究员，中国社会科学院国情调查与大数据研究中心特邀研究员。

著提升；社会包容方面，各种制度性和非制度性的社会歧视和社会排斥日益减弱，公众的社会公平感日益增强；社会赋权方面，公众社会参与和政治参与的渠道不断拓宽，参与水平不断提高，对地方政府部门各项工作的评价有显著的提升。从以上四个维度统筹推进社会高质量发展，完善共建共治共享的社会治理制度，可以更加全面地提升人民群众的获得感、幸福感、安全感。

关键词： 社会发展质量　社会经济保障　社会凝聚　社会包容　社会赋权

2021 年 7 月 1 日，习近平总书记在庆祝中国共产党成立 100 周年大会上庄严宣告："经过全党全国各族人民持续奋斗，我们实现了第一个百年奋斗目标，在中华大地上全面建成了小康社会，历史性地解决了绝对贫困问题，正在意气风发向着全面建成社会主义现代化强国的第二个百年奋斗目标迈进。"我国全面建成了小康社会，但发展不平衡不充分的问题仍旧存在，在全面建设社会主义现代化国家的新征程上，重点领域改革和发展任务仍然十分艰巨。高质量发展是全面建设社会主义现代化国家的必由之路，其内涵之一是在发展中通过提质增效实现量的有效增长，为人民群众带来更多的获得感、幸福感和安全感。

为全面、准确测量我国社会发展质量，动态评估我国社会发展状况，中国社会科学院社会学研究所自 2006 年起持续开展"中国社会状况综合调查"（Chinese Social Survey, CSS）。此项调查采用多阶段混合随机抽样方法，调查区域覆盖全国 31 个省 / 自治区 / 直辖市，包括 151 个区市县的 604 个村 / 居委会，研究结果可推论全国年满 18~69 周岁的住户人口。2021 年度 CSS 以"中国社会发展质量"为主题，从社会经济保障、社会凝聚、社会包容、社会赋权四个基本维度，使用 80 余项具体指标测量全面建成小康社会背景下我国的社会发展质量，为全面评估我国社会发展状况提供了数据基础。①

---

① 数据说明：受各地疫情突发的影响，CSS2021 尚未完成计划样本量。本报告分析采用的是已完成 89% 样本量的 CSS2021 数据。

一 当前我国社会经济保障情况

在评价我国社会发展质量时，基本民生是核心维度，特别是与人民群众生活密切相关的就业、收入、住房、社保、养老、教育、医疗等方面的情况，关系着人民群众的切身利益，与人民群众的获得感和幸福感紧密相连。党的十九届六中全会强调，全党必须永远保持同人民群众的血肉联系，践行以人民为中心的发展思想，不断实现好、维护好、发展好最广大人民的根本利益，团结带领全国各族人民不断为美好生活而奋斗。面对世界百年未有之大变局和新冠肺炎疫情全球大流行的交织影响，疫情防控和经济社会发展各项任务极其艰巨，党中央始终将保居民就业、保基本民生摆在"六保"工作的首位，以高质量发展带动就业，改善民生。中国社会状况综合调查重点从居民收入、居住情况、社保覆盖、就业质量等四个方面评价当前我国社会经济保障的基本情况。

（一）城乡居民收入稳步上升，收入差距持续缩小

"十四五"规划和 2035 年远景目标纲要提出，坚持居民收入增长和经济增长基本同步、劳动报酬提高和劳动生产率提高基本同步，持续提高低收入群体收入，扩大中等收入群体，更加积极有为地促进共同富裕。居民的收入水平是民生的核心维度，稳步提高收入水平有助于提升民众的获得感，而更加公平合理的分配结构则有助于实现社会的长治久安，为社会高质量发展打下坚实的经济基础。

从中国社会状况综合调查数据来看，2020 年城乡居民家庭人均年收入的均值为 27311 元，相较 2012 年，名义增长 75.54%。从 2013 年起，国家统计局开展了城乡一体化住户收支与生活状况调查，当年人均可支配收入为 18311 元[①]，2020 年为 32189 元[②]，比 2013 年名义增长 75.79%。不同统计口径下的家

---

① 国家统计局：《2013 年国民经济和社会发展统计公报》，http://www.stats.gov.cn/tjsj/zxfb/201402/t20140224_514970.html。

② 国家统计局：《2020 年居民收入和消费支出情况》，http://www.stats.gov.cn/tjsj/zxfb/202101/t20210118_1812425.html。

庭人均收入虽有一定差别，但数据反映的增幅十分接近，表明党的十八大以来，我国城乡居民收入稳步上升，居民收入增长与经济增长基本同步，保就业、保市场主体带动了工资收入和经营收入的增加。

以居民家庭人均年收入排序为基础，将受访居民家庭进行五等分，2020年低收入家庭的人均年收入为2930元，中低收入家庭为8429元，中等收入家庭为14758元，中高收入家庭为24809元，高收入家庭为68654元。虽然高收入组与低收入组仍存在一定差距，但两组之间的相对差距有所减小，具体而言，2012年最高收入组与最低收入组均值比为27.20，2016年降至24.35，2020年进一步降至23.43（见表1）。党的十八大以来，各级政府坚决贯彻党中央的决策部署，在拓展、巩固城乡居民增收渠道的同时，不断深化收入分配制度改革，推动居民收入差距持续缩小。稳步上升的各类收入和持续缩小的收入差距提升了居民的获得感和幸福感，也为我国社会高质量发展打下坚实的经济基础。

表1 受访居民家庭人均年收入分组

单位：元

项目	2012年	2016年	2020年
低收入家庭	1588	1964	2930
中低收入家庭	5740	5996	8429
中等收入家庭	10172	10790	14758
中高收入家庭	16515	18227	24809
高收入家庭	43198	47831	68654
总计	15558	16825	27311

注：如无特别说明，本文表格中所列数据均来源于历年中国社会状况综合调查。

（二）城乡居民的居住状况得到显著改善

随着我国城镇化的推进和政府对房地产市场调控的增强，城乡居民的住房条件得到明显的改善。从2021年中国社会状况综合调查数据来看，当前城乡居民家庭住房自有率为 94.89%，较 2019 年又有 1 个百分点的增长（2019 年为 93.88%）；其中，城镇居民家庭住房自有率为 92.94%，农村居民家庭住房自有率为 98.50%，较 2019 年均有一定的增长。数据表明，我国居民的住房自有率已处于高位，两年间又有 1% 的家庭实现了住房自有，城乡居民的居住状况得到进一步改善。在多套住房拥有率方面，26.61% 的城镇居民家庭拥有两套及以上住房，较 2019 年增加了 2.46 个百分点（2019 年为 24.15%）。

在居住面积方面，中国社会状况综合调查数据显示，2021 年城镇居民家庭人均建筑面积为 42.52 平方米，农村居民家庭人均建筑面积为 47.05 平方米。在房屋估值方面，城乡居民对第一套房产的估值平均为 58.33 万元 / 套，2019 年为 48.74 万元 / 套，有显著增长。分城乡看，2021 年城镇居民对第一套房产的估值平均为 73.67 万元 / 套，相较 2019 年名义增长 22.42%（2019 年为 60.18 万元 / 套）；农村居民对第一套房产的估值平均为 30.26 万元 / 套，与 2019 年基本持平。从调查结果看，城镇居民对其房产的估值更高，城镇地区的房产在保值、增值方面均优于农村地区房产，需要注意房产增值在扩大城乡财产差距上的重要影响。

近两年我国因城施策，以稳定房价预期为目标，实施了多轮房地产调控，并且开始着手解决大城市新市民和青年的住房问题。随着我国对房地产市场的持续调控，抑制房价过快上涨的长效机制基本建立，稳定了民众的房价预期。与此同时，各类保障性住房建设也在稳步推进，广大人民群众对住房的多层次需求日益得到满足。

（三）我国社会保障体系覆盖范围持续扩大，保障水平日益得到公众认可

"十四五"规划和 2035 年远景目标纲要提出，"坚持应保尽保原则，按照兜底线、织密网、建机制的要求，加快健全覆盖全民、统筹城乡、公平统一、可持续的多层次社会保障体系。"从人力资源和社会保障部发布的数据看，截至 2021 年 9 月底，全国基本养老、失业、工伤保险参保人数分别为 10.21 亿人、2.26 亿人、2.79 亿人。1~9 月，基金总收入 4.78 万亿元，总支出 4.57 万亿元，

累计结余 6.53 万亿元，基金运行总体平稳。①

2021 年中国社会状况综合调查显示，民众对当前我国社会保障的总体评价为 7.16 分（满分 10 分），总体满意度较高。建设可持续的社会保障体系离不开广大人民群众的参与和支持，从表 2 所示调查结果看，倾向于认为"社会保障是政府的基本责任，不应当由普通百姓负担"的比例呈逐年下降趋势，表明尽管大多数人认为社会保障需由政府主导发展，也有越来越多的人倾向于为健全社会保障贡献力量。另外，倾向于认为"现在的社会保障水平太低，起不到保障的作用"的人的比例同样呈逐年下降趋势，由 2017 年的 62.23% 降至 2021 年的 49.76%，充分表明我国不断提高的社会保障水平得到越来越多的公众认可，社会保障机制的兜底作用日益明显。

表 2　受访者对政府提供社保的态度与评价

单位：%

项目		同意	不同意	不好说
社会保障是政府的基本责任，不应当由普通百姓负担	2021 年	62.85	33.61	3.53
	2019 年	63.76	30.96	5.28
	2017 年	73.91	24.17	1.92
现在的社会保障水平太低，起不到保障的作用	2021 年	49.76	45.80	4.43
	2019 年	57.60	36.01	6.39
	2017 年	62.23	34.99	2.78

（四）就业形势总体稳定，稳就业仍需精准发力

2021 年我国国民经济继续保持恢复态势，就业形势稳中向好，全国城镇调查失业率逐步回落。前三季度就业形势总体平稳，1~9 月，全国城镇调查失业率均值为 5.2%，低于 5.5% 左右的全年宏观调控预期目标。② 同时，人力资

---

① 人力资源和社会保障部：《人力资源社会保障部举行 2021 年第三季度新闻发布会》，http://www.mohrss.gov.cn/SYrlzyhshbzb/dongtaixinwen/fbh/lxxwfbh/202110/t20211027_426146.html。

② 国家统计局：《王萍萍：前三季度就业形势总体平稳》，http://www.stats.gov.cn/tjsj/sjjd/202110/t20211019_1823050.html。

源和社会保障部数据显示，城镇新增就业完成情况快于时序进度，1~9 月全国城镇新增就业 1045 万人，完成全年目标任务的 95%，与上年同期相比，增加 147 万人，增幅为 16%。[①]

中国社会状况综合调查询问了目前正在工作的劳动者预期未来 6 个月失业的可能性，从结果看，24.50% 的非农就业人员表示"完全有可能"和"有可能"，这一比例较 2019 年有所下降（2019 年为 25.41%）。此外，26.41% 的受访者表示，过去一年遇到家人无业、失业或工作不稳定这一问题，这一比例在 2019 年为 27.15%，同样有小幅下降。以上两项数据从主观和客观两方面表明我国目前的就业形势稳中向好，但也要进一步做好失业可能性较高人员的就业稳定工作。在合同签订方面，2021 年中国社会状况综合调查数据显示，有 36.77% 的劳动者没有签订劳动合同，尽管这一比例较 2019 年的 43.13% 有一定的下降，但未签订劳动合同的比例仍旧偏高。

在工作满意度方面，中国社会状况综合调查询问了劳动者 9 个方面的工作满意度和总体工作满意度（见表 3）。从结果看，劳动者的总体工作满意度较高，为 7.60 分（满分 10 分），劳动者对工作各个方面的满意度也较高，有 6 项的平均值在 7 分以上。需要注意的是，劳动者对"晋升机会""收入及福利待遇""工作轻松程度"的满意度较低，平均值在 7 分以下，应重点从这三个方面提高劳动者的工作满意度。

表 3　劳动者对工作各方面的满意度评价

单位：分

项目	平均值
与同事的关系	8.63
与领导的关系	8.12
工作的安全性	7.98
工作环境	7.60

[①]　人力资源和社会保障部：《人力资源社会保障部举行 2021 年第三季度新闻发布会》，http://www.mohrss.gov.cn/SYrlzyhshbzb/dongtaixinwen/fbh/lxxwfbh/202110/t20211027_426146.html。

项目	平均值
工作的自由程度	7.47
个人能力的发挥	7.29
工作轻松程度	6.59
收入及福利待遇	6.34
晋升机会	5.82
总体工作满意度	7.60

就业是最大的民生，关系着家庭的收入来源，党中央和国务院始终高度重视就业工作，将"稳就业"摆在"六稳"工作的首位，并出台了《"十四五"就业促进规划》，对"十四五"时期促进就业工作作出了全面部署。党的十九大报告提出"实现更高质量和更充分就业"，表明我国在拓展就业渠道、增加就业数量的同时，也日益重视就业质量的提升，而高质量就业无疑是高质量社会的基础。

二　当前我国的社会凝聚水平

一个社会内在的凝聚力是持续高质量发展的重要基础，"十四五"规划和2035年远景目标纲要提出，"坚持马克思主义在意识形态领域的指导地位，坚定文化自信，坚持以社会主义核心价值观引领文化建设，围绕举旗帜、聚民心、育新人、兴文化、展形象的使命任务，促进满足人民文化需求和增强人民精神力量相统一，推进社会主义文化强国建设"。中国社会状况综合调查分别从道德法治建设、国家认同感以及社会信任等方面，对当前我国社会凝聚水平进行测量与评价。

（一）公众充分认可当前的社会道德法治环境

民众对普遍道德水平的感受可以反映我国在精神文化建设方面取得的成

效，党的十九大报告指出，"要以培养担当民族复兴大任的时代新人为着眼点，强化教育引导、实践养成、制度保障，发挥社会主义核心价值观对国民教育、精神文明创建、精神文化产品创作生产传播的引领作用，把社会主义核心价值观融入社会发展各方面，转化为人们的情感认同和行为习惯"。从调查结果看，2021 年度民众对社会普遍的道德水平平均评分为 7.20 分（满分 10分），相较 2019 年的 6.56 分有 0.64 分的增加。调查数据从一个侧面反映出近年来我国在精神文化建设方面取得了显著成效，民众对社会普遍的道德水平持日益乐观的态度，社会正能量得到更加广泛的传播。

道德是法治的基础之一，提高全体民众的道德水平有助于降低法律执行的成本，相应地，民众道德水平的提高也会带动民众遵纪守法。最新调查数据也证实了这一点，2021 年度民众对当前社会上人们普遍的遵纪守法水平平均评分为 7.62 分（满分 10 分），相较 2019 年的 7.04 分有 0.58 分的增加。综合比较道德与法治两方面的数据，可以发现，民众的道德水平和遵纪守法水平具有同步提升的特征，而且民众对守法水平的评价也明显高于对道德水平的评价。十八大以来，我国民主法治建设迈出重大步伐，全民守法深入推进，中国特色社会主义法治体系日益完善，全社会法治观念明显增强。

（二）公众高度认同国家发展的成就

除了目前普遍的道德水平和守法水平较高以外，当前公众对国家有非常强烈的认同感。从调查结果看：97.31% 的受访者同意"即使可以选择世界上任何国家，我也更愿意做中国公民"；96.85% 的受访者同意"我经常为国家取得的成就而感到自豪"；98.49% 的受访者同意"如果有下辈子，我还是愿意做中国人"；98.57% 的受访者同意"我为自己是个中国人感到自豪"；97.57% 的受访者同意"总的来说，中国比其他大部分国家都好"；97.46% 的受访者同意"我国目前的政治制度是最适合中国国情的"。经过全党全国各族人民持续奋斗，中国特色社会主义进入了新时代，中华民族迎来了从站起来、富起来到强起来的伟大飞跃，迎来了实现中华民族伟大复兴的光明前景，

广大人民群众对这一伟大的历程给予高度评价，对中国特色社会主义道路给予高度认可。从数据结果可以看出，不仅全党，全国各族人民的道路自信、理论自信、制度自信、文化自信都更加坚定，在全面建成社会主义现代化强国的新征程上，高度的国家认同感为凝聚人心、汇聚民力提供了重要的精神基础。

（三）公众的社会信任水平显著提升

社会信任是社会质量的重要维度，提升社会信任水平有助于提高社会运行效率，降低社会运行成本，增进公众的安全感。2021年度中国社会状况综合调查从人际信任和组织机构信任两方面对公众的社会信任状况进行测量和评价。就一般的人际信任水平而言，在调查中，请受访者对现在人与人之间的信任水平进行评分，1分表示非常不信任，10分表示非常信任，从调查结果看，社会公众对当前人与人之间的信任水平评分的均值为6.68分，较2019年有0.35分的提升。人与人之间信任水平的提高有助于提升社会交往水平，增强社会凝聚力。

社会公众对政府机构的信任程度是政府公信力的重要指标，从结果看，94.92%的受访者表示信任中央政府，80.67%的受访者表示信任区县政府，72.73%的受访者表示信任乡镇政府，78.19%的受访者表示信任法院，81.56%的受访者表示信任公安部门。可见，公众对政府机构的信任水平很高，特别是对中央政府的信任高达94.92%，对其他主要政府部门的信任也在70%以上，表现出很高的信任水平，较往年也有进一步的提升。

党的十九大以来，我国继续推进机构和行政体制改革，通过转变政府职能、深化简政放权、创新监管方式，增强了政府公信力和执行力，人民群众对服务型政府的满意度日益提高。当然，数据也显示，社会公众对区县、乡镇政府，法院和公安部门的信任水平显著低于中央政府，对中央政府的高度信任反映了我国的大政方针得到了人民群众的高度拥护，但其他各级政府、法院和公安部门在落实各项政策时仍有一定的提升空间。

就当前公众对其他各类社会机构的信任而言，67.34%的受访者表示信任工、青、妇等群团组织，84.67% 的受访者表示信任所在工作单位 / 公司，59.74% 的受访者表示信任慈善机构，65.66% 的受访者表示信任新闻媒体，78.73% 的受访者表示信任医院（见表 4）。相对而言，公众对慈善机构的信任相对较低，表示信任的比例不足六成，这不利于我国慈善救助工作的开展，应从提升公众对慈善机构的信任水平着手，弘扬慈善文化，依法促进慈善事业健康发展。

表 4　受访者对各类机构的信任水平

单位：%

机构	非常信任	比较信任	不太信任	很不信任	不好说
中央政府	67.13	27.79	2.68	0.74	1.66
区县政府	34.14	46.53	12.28	3.23	3.83
乡镇政府	27.85	44.88	16.46	6.33	4.48
公安部门	35.09	46.47	9.06	2.57	6.81
法院	30.15	48.04	9.45	2.46	9.89
所在工作单位 / 公司	30.55	54.12	9.28	2.53	3.52
医院	24.75	53.98	14.17	3.77	3.34
工、青、妇等群团组织	22.23	45.11	13.69	2.98	15.99
新闻媒体	20.06	45.60	22.30	3.99	8.04
慈善机构	18.82	40.92	23.65	4.75	11.86

　　总体而言，当前我国道德法治环境日益改善，社会公众对国家建设发展取得的成就高度认可，国家认同感很强，公众对人与人之间的信任，对各级政府、法院和公安部门的信任均有显著的提升，这构成了凝聚民心、汇聚民力的基础。社会信任度高、凝聚力强既是社会高质量发展的重要标志，也是我国应对国内外重大风险挑战的民心基础。只有同步推进物质文明、政治文明、精神文明、社会文明和生态文明协调发展，才能实现社会的高质量发展。

三 当前我国的社会包容与社会排斥情况

社会包容与社会排斥是同一个问题的两个方面，高质量的社会发展要在增进社会包容的同时，最大限度地消除社会排斥，以实现统筹各方面社会力量、平衡各方面社会利益的目的，进而更有效地规范社会行为，降低社会内耗和社会风险。在社会包容的测量与评价上，中国社会状况综合调查重点从群体排斥、社会歧视和社会公平感三个方面考察当前我国的社会包容情况。

（一）社会公众对不同群体的宽容度差别较大，存在一定的社会排斥

社会现代化的过程必然伴随着更加多元的社会群体分化，我国通过不断培育和践行社会主义核心价值观，把社会主义核心价值观融入社会发展各方面，转化为人们的情感认同和行为习惯，取得了显著的成效。但与此同时，也不能忽视群体间客观存在的矛盾与冲突，妥善处理不同群体间的排斥，增进不同群体间的理解与信任，特别是推进全社会对少数群体和弱势群体的包容，不仅是社会高质量发展的题中应有之义，也有利于进一步提升社会凝聚水平，最大限度降低发生群体冲突的风险。

2021年中国社会状况综合调查数据表明，当前公众对各类少数群体的接纳水平存在较大差别。具体而言，77.91%的受访者表示不能接纳同性恋群体，65.90%的受访者表示不能接纳艾滋病患者群体，45.10%的受访者表示不能接纳乞讨要饭者，43.96%的受访者表示不能接纳婚前同居者，31.76%的受访者表示不能接纳刑满释放者群体，28.39%的受访者表示不能接纳有不同宗教信仰的群体（见表5）。从数据结果看，公众对同性恋群体和艾滋病患者群体这两类社会边缘群体的排斥感较强，这两类群体的社会融入面临较大的障碍。

表5 受访者对不同群体的社会宽容与接纳水平

单位：%

群体	非常不能接纳	不太能接纳	比较能接纳	非常能接纳
同性恋	55.64	22.27	17.88	4.21
艾滋病患者	38.39	27.51	29.89	4.21
婚前同居者	17.49	26.47	46.88	9.16
乞讨要饭者	15.50	29.60	45.77	9.14
有不同宗教信仰者	11.20	17.19	57.10	14.50
刑满释放者	9.50	22.26	60.32	7.92

（二）当前我国社会歧视并不严重，为实现社会公平正义提供了良好的基础

社会歧视意味着不公正现象的存在，会引发受歧视者的不满。从中国社会状况综合调查数据来看，当前我国社会各种制度性和非制度性的社会歧视并不严重，这为实现更加公平、有序的社会竞争与流动提供了良好的社会环境。

从调查结果看，受访者认为当前社会因家庭背景及社会关系而产生的不公正待遇最为严重，有41.94%的受访者认为这方面非常严重和比较严重；其次是受教育程度带来的歧视和不公正待遇，有41.35%的受访者认为这方面非常严重和比较严重；由职业和年龄两项因素导致的歧视和不公正待遇现象也需要引起注意，分别有35.72%和31.40%的受访者认为这两方面非常严重和比较严重。尽管有较高比例的受访者认为以上四个方面造成的不公正待遇比较严重，但较前几年均有所下降，说明我国社会歧视状况总体可控，并且歧视的严重程度日益降低。

由以上四个方面因素造成的不公正待遇影响较为广泛，需要重点应对，进一步减弱其影响，其他几个方面的社会歧视问题在当前我国社会中并不显著。比如，受访者认为"性别""户口""宗教""种族/民族"四个方面的

差异导致的歧视和不公正待遇非常严重和比较严重的比例分别只有21.64%、19.79%、8.00%、7.80%（见表6）。消除各类非先天因素造成的社会歧视和社会排斥，有助于实现良性有序的社会竞争，最大限度地避免因垄断与排斥造成的社会分裂与冲突。

表6　受访者对不公正待遇的评价

单位：%

项目	非常严重	比较严重	不太严重	无此问题
家庭背景及社会关系	14.29	27.65	32.81	25.25
受教育程度	10.27	31.08	31.73	26.92
年龄	7.93	23.47	42.22	26.37
职业	7.87	27.85	36.74	27.55
户口	4.68	15.11	40.25	39.95
性别	4.15	17.49	45.29	33.08
种族／民族	1.94	5.86	43.88	48.32
宗教	1.90	6.10	40.54	51.46

（三）社会公众的公平感有显著的提升

近年来，我国通过加强和创新社会治理，不断改善民生，不断促进社会公平正义，形成有效的社会治理、良好的社会秩序，让改革发展成果更多更公平惠及全体人民。中国社会状况综合调查从经济、社会、政治、教育、公共服务等几个维度测量公平感，数据表明，社会公众各个方面的公平感日益增强。

其一，在经济公平方面，有65.11%的受访者认为当前工作与就业机会非常公平和比较公平，有56.91%的受访者认为当前财富及收入分配情况非常公平和比较公平。其二，在政治公平方面，有75.47%的受访者认为当前公民实际享有的政治权利非常公平和比较公平，有76.85%的受访者认为当前司法与执法非常公平和比较公平。其三，在社会公平方面，有55.48%的受访者认为当前城乡之间的权利、待遇非常公平和比较公平，有 77.95% 的受访者认为当前政府提供的公共医疗非常公平和比较公平，有 71.56% 的受访者认为当前养老等社会保障待遇总体来说非常公平和比较公平。其四，在教育公平方面，有 81.14% 的受访者认为高考制度非常公平和比较公平（见表 7）。总体而言，在经济社会生活的主要方面，大部分受访者都认为是比较公平的，相对而言，社会公众的经济公平感略低，应成为未来促进社会公平的着力点。

表 7　受访者的社会公平感评价

单位：%

项目	非常公平	比较公平	不太公平	很不公平	不好说
工作与就业机会	11.43	53.68	23.31	3.78	7.80
财富及收入分配	9.89	47.02	27.56	8.32	7.21
公民实际享有的政治权利	22.41	53.06	13.89	4.11	6.53
司法与执法	23.21	53.64	11.57	2.75	8.82
城乡之间的权利、待遇	9.67	45.81	28.30	9.82	6.40
公共医疗	18.92	59.03	14.43	3.12	4.50
养老等社会保障待遇	15.62	55.94	17.43	6.13	4.88
高考制度	34.43	46.71	8.52	3.51	6.83

　　将 2021 年公众的公平感数据与 2017 年数据进行对比可以发现，党的十九大以来，社会公众在各个方面的公平感都有一定的提升，充分反映了近年来我国在提升社会治理水平、促进社会公平正义方面取得的成就。具体而言，四年之间，公众对其享有的政治权利的公平感提升最为明显，认为比较公平和非常公平的比例有超过 8 个百分点的增加，其次是司法与执法方面，也有超过 7 个百分点的增加。这两项同为政治公平维度，社会公众在这两方面公平感的大幅提升标志着我国社会主义民主政治发展迈上新台阶（见图 1）。

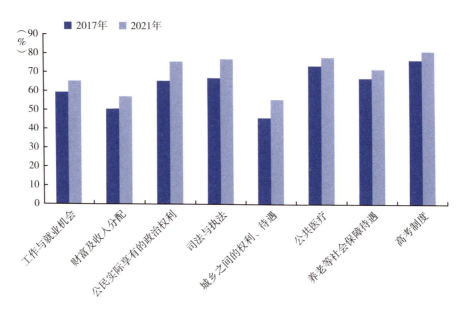

图1　2017年和2021年受访者社会公平感比较

四　当前我国的社会赋权情况

　　党的十九届六中全会强调，"十八大以来，我国积极发展全过程人民民主，社会主义民主政治制度化、规范化、程序化全面推进，中国特色社会主义政治制度优越性得到更好发挥，生动活泼、安定团结的政治局面得到巩固和发展。"社会成员积极、有序地广泛参与社会生活和政治生活是高质量社会的必然要求，换言之，一个高质量的社会应为每个社会成员参与社会生活和政治生活提供必要的社会资源和广泛的渠道。在社会高质量发展过程中，通过健全社会赋权机制，不断提高社会成员的社会互动与政治参与水平，为持续高质量的社会发展提供源源不断的动力。中国社会状况综合调查从社会公众对政府部门的评价、社会公众的社会团体参与、社会活动参与水平、政治活动参与水平、公众的参与效能感等几个方面测量当前我国的社会赋权情况。

（一）社会公众对地方政府部门工作的评价有显著的提升

在地方政府工作总体评价方面，85.97% 的受访者认为所在县（市、区）政府工作做得非常好和比较好，这一比例在 2019 年为 78.84%，上升了 7.13 个百分点，公众对地方政府工作的评价有进一步的提升。就地方政府各项具体工作评价来看，90.49% 的受访者认为地方政府在维护社会治安方面的工作做得非常好和比较好（2019 年这一比例为 85.33%），排在第一位；84.63% 的受访者认为地方政府在提供医疗卫生服务方面的工作做得非常好和比较好（2019 年这一比例为 76.84%），排在第二位；83.55% 的受访者认为地方政府在保障食品药品安全方面的工作做得非常好和比较好（2019 年这一比例为 71.43%），排在第三位。受访者对地方政府以上三方面的工作给予高度认可，可以看到这些领域均涉及基本民生，是地方政府工作的重中之重，从调查结果看，其工作成效也得到了社会公众的充分认可。

与此同时，受访者对地方政府在"发展经济，增加人们的收入""扩大就业，增加就业机会""有服务意识，能及时回应百姓的诉求"三方面的工作评价略低，排名相对靠后，仍有一定的提升空间（见表 8）。

表 8　受访者对政府部门工作的评价					
					单位：%
项目	非常好	比较好	不太好	很不好	不好说
打击犯罪，维护社会治安	29.80	60.69	5.44	1.29	2.78
提供医疗卫生服务	18.90	65.73	10.10	1.86	3.42
保障食品药品安全	21.74	61.81	9.00	1.54	5.91
丰富群众文体活动，发展文化体育事业	21.11	61.62	10.18	1.82	5.26
保障公民的政治权利	19.55	63.04	9.10	2.15	6.16
为群众提供社会保障	17.70	63.08	12.25	2.13	4.84
保护环境，治理污染	20.92	58.65	15.09	3.12	2.22
依法办事，执法公平	21.79	57.57	11.99	2.48	6.18

续表

项目	非常好	比较好	不太好	很不好	不好说
提供优质教育资源，保障教育公平	19.52	57.75	13.81	2.36	6.56
廉洁奉公，惩治腐败	20.80	52.96	13.86	3.78	8.60
政府信息公开，提高政府工作的透明度	19.60	52.95	14.75	3.51	9.18
发展经济，增加人们的收入	18.06	54.32	18.75	3.34	5.53
扩大就业，增加就业机会	17.32	53.76	18.27	3.11	7.53
有服务意识，能及时回应百姓的诉求	17.73	53.27	17.34	4.17	7.48
总的来说，地方政府的工作	20.12	65.85	9.42	1.56	3.05

（二）公众社会团体参与水平较低

社会团体参与水平可以反映普通公众的社会互动状况，是公众参与社会生活的重要渠道。从调查结果看，我国公众的社会团体参与水平偏低，具体而言，28.53%的受访者参加了校友会（校友群等）；20.49%的受访者参加了文体娱乐等兴趣组织；12.10%的受访者参加了各类职业团体；8.19%的受访者参加了各类民间自发组织的公益社团；6.82%的受访者参加了宗亲会/同乡会；2.08%的受访者参加了宗教团体；1.59%的受访者参加了维权组织（见表9）。

表9 当前社会公众各类社会团体参与情况

单位：%

团体类型	参加	未参加
校友会（校友群等）	28.53	71.47
文体娱乐等兴趣组织	20.49	79.51
职业团体（如商会、农村合作组织、专业学会、行业协会等）	12.10	87.90
民间自发组织的公益社团（如志愿者团体、业主委员会等）	8.19	91.81
宗亲会/同乡会	6.82	93.18

团体类型	参加	续表 未参加
宗教团体	2.08	97.92
维权组织	1.59	98.41

在社会治理现代化的过程中，公众的社会参与具有重要意义，同时也是评价社会质量的重要标准。只有当社会公众在志愿服务、社会互助、职业行业自律等方面充分参与，才能更加广泛地调动社会力量参与到社会治理中，才能更加有效地实现公众自我管理、自我服务，才能将社会问题化解在源头，实现全体公民的共治共享。从长远来看，在社会治理现代化过程中，为公众参与各类社会团体提供一定的资源和空间，并提供必要的指导，有助于提高公众的社会参与率，进而提升国家的社会治理水平。

（三）我国社会公众实际政治参与和社会参与较少

中国社会状况综合调查表明，总体而言，社会公众近两年实际的政治参与和社会参与水平不高。具体来看，在过去两年中，17.37% 的受访者表示与他人或网友讨论过政治问题；11.33% 的受访者表示参加过社区组织或者自发组织的社会公益活动；8.49% 的受访者表示参加过所在村居/单位的重大决策讨论；7.11% 的受访者表示向政府部门反映过意见；3.28% 的受访者表示向报刊、电台、网络论坛等媒体反映过社会问题；3.07% 的受访者表示通过各种渠道对政府公布的政策发表过个人意见；2.41% 的受访者表示参加过线上/线下集体性维权行动；2.33% 的受访者表示出席过政府部门组织的有关公共政策的听证会；2.04% 的受访者表示曾利用专业知识参与公共政策、公共事务论证会；1.93% 的受访者表示参加过宗教活动（见表 10）。社会公众参与到政治活动或社会活动中必然要付出一定的时间和精力，因此，从成本的角度讲，提升公众的政治和社会参与度既要拓宽各类参与渠道，又要增强参与者的主观能动性，从而提升社会赋权过程的效果。

表 10　近两年受访者政治参与和社会参与情况

单位：%

活动类型	参与	未参与
与他人或网友讨论政治问题	17.37	82.63
参加社区组织或者自发组织的社会公益活动	11.33	88.67
参加所在村居／单位的重大决策讨论	8.49	91.51
向政府部门反映意见（包括通过电话、邮件等形式）	7.11	92.89
向报刊、电台、网络论坛等媒体反映社会问题	3.28	96.72
通过各种渠道对政府公布的政策发表个人意见	3.07	96.93
参加线上／线下集体性维权行动	2.41	97.59
出席政府部门组织的有关公共政策的听证会	2.33	97.67
利用专业知识参与公共政策、公共事务论证会	2.04	97.96
参加宗教活动	1.93	98.07

（四）当前我国公众政治参与的效能感差异较大

从政治参与效能感来看，数据表明，76.36%的受访者表示，"在我需要的时候，我能得到村（居）委会的帮助"；68.80%的受访者表示，"老百姓应该听从政府的，下级应该听从上级的"；68.18%的受访者表示，"我关注村（居）委会的选举"。大部分受访者对这三方面的认可从一个侧面反映出社会公众对党和国家在治理能力上的信任和认可。

与此同时，50.59%的受访者表示，"我有能力和知识对政治进行评论"；43.25%的受访者表示，"国家大事有政府来管，老百姓不必过多考虑"（见表11）。从数据结果看，社会公众在这两方面的政治效能感差别较大，相当一部分人对政治参与较为冷漠，不愿在政治方面投入时间和精力；同时，部分受访者对自己的参政能力也有所怀疑。

表 11　受访者的政治效能感

单位: %

项目	非常同意	比较同意	不太同意	很不同意	不知道
我关注村（居）委会的选举	17.17	51.01	21.81	6.92	3.10
在我需要的时候，我能得到村（居）委会的帮助	17.73	58.63	13.78	5.41	4.45
我有能力和知识对政治进行评论	7.23	43.36	33.14	9.63	6.65
国家大事有政府来管，老百姓不必过多考虑	13.71	29.54	38.36	15.50	2.89
老百姓应该听从政府的，下级应该听从上级的	22.96	45.84	22.70	6.04	2.47

五　推动社会高质量发展是全面建成社会主义现代化强国的必然要求

　　党的十八大以来，人民生活得到全方位的改善，社会治理社会化、法治化、智能化、专业化水平大幅度提升，人民安居乐业、社会安定有序。实践表明，在全面建成社会主义现代化强国的新征程上，从社会经济保障、社会凝聚、社会包容和社会赋权四个维度协调推进社会高质量发展是实现社会长期稳定的重要保障，是推进社会治理现代化的必然要求。

　　面对世界百年未有之大变局和新冠肺炎疫情全球大流行的交织影响及其所带来的风险挑战，党中央和国务院始终将稳定居民就业、保证基本民生作为工作的重中之重，坚持推动经济高质量发展，实现了经济的稳定增长和民生的持续改善。在收入保障方面，党的十八大以来，我国不断拓展、巩固城乡居民增收渠道，深化收入分配制度改革，城乡居民收入稳步上升，收入差距持续缩小。在住房保障方面，我国因城施策，稳定房价预期，房地产市场平稳发展，城乡居民的住房状况得到进一步改善，住房自有率进一步提升。在社会保障方面，截至 2021 年 9 月底，全国基本养老、失业、工伤保险参保

人数分别为 10.21 亿人、2.26 亿人、2.79 亿人，社会保障体系覆盖范围持续扩大，保障水平日益得到公众认可。在就业保障方面，2021 年，我国就业形势稳中向好，城镇调查失业率逐步回落，城镇新增就业完成情况快于时序进度，但仍需做好失业可能性较高人员的就业稳定工作。

社会凝聚水平是评价社会发展质量的又一重要维度，以社会主义核心价值观引领文化建设，促进满足人民文化需求和增强人民精神力量相统一，是推进社会主义文化强国建设的必然要求。从调查结果看，我国社会公众充分认可当前社会道德法治环境和国家发展取得的辉煌成就，社会正能量得到更加广泛的传播，反映出近年来我国在精神文化建设方面取得了显著成效，高度的国家认同感为凝聚人心、汇聚民力提供了重要的精神基础。与此同时，社会公众的人际信任和机构信任水平有显著提升，人民群众对各级政府的满意度日益提高。社会信任度高、凝聚力强既是社会高质量发展的重要标志，也是我国应对国内外重大风险挑战的民心基础。

与此同时，增进社会包容、消除社会歧视、促进社会公平是筑牢中华民族共同体意识的前提条件，是实现社会长治久安的根本保证。从调查结果看，社会公众对各类少数群体的宽容度差别较大，尤其是对同性恋群体和艾滋病患者群体的接纳程度较低，存在一定的社会排斥。我国社会歧视状况总体可控，各种制度性和非制度性的社会歧视并不严重，并且歧视的程度日益降低，这为实现更加公平、有序的社会竞争与流动提供了良好的社会环境，但在进一步消除社会歧视的过程中，也要重点关注因家庭背景及社会关系和受教育程度而产生的不公正待遇。总体而言，数据表明我国社会公众在经济、社会、政治、教育和公共服务五个方面的公平感日益增强，较往年有明显的提升，相较而言，社会公众的经济公平感略低，应成为未来促进社会公平的着力点。

公众的社会参与和政治参与是社会赋权的重要内容，在社会高质量发展过程中，要通过健全社会赋权机制，不断提高社会成员的社会互动与政治参与水平，为持续高质量的社会发展提供源源不断的动力。从调查结果看，社会公众对地方政府部门各项工作的评价有显著的提升，特别是涉及基本民生的领域，地方政府的工作得到民众的高度认可。同时，尽管我国不断拓宽公众社会参与和政治参与的渠道，但公众的社会团体参与水平、政治参与和社会参与水平不高，应进一步为公众的社会参与和政治参与提供必要的资源、空间和指导，进一步提升国家的社会治理水平。虽然公众的政治参与水平不高，但公众政治参与的效能感较高，反映出社会公众对党和国家在治理能力上的信任和认可。

综上所述，从社会经济保障、社会凝聚、社会包容和社会赋权四个维度看，我国的社会发展质量有显著的提升，但发展不平衡、不充分的问题仍旧存在，只有让发展成果更多更公平地惠及全体人民，才能实现可持续、高质量的社会发展。"十四五"规划和 2035 年远景目标纲要提出"坚持尽力而为、量力而行，健全基本公共服务体系，加强普惠性、基础性、兜底性民生建设，完善共建共治共享的社会治理制度，制定促进共同富裕行动纲要，自觉主动缩小地区、城乡和收入差距，让发展成果更多更公平惠及全体人民，不断增强人民群众获得感、幸福感、安全感"。完善共建共治共享的社会治理制度是社会高质量发展的制度保障，通过提升社会凝聚和社会包容水平，凝聚人心、汇聚民力，为"共建"提供文化基础；通过提升社会赋权水平，调动公众社会参与和政治参与的积极性和能动性，为"共治"夯实政治基础；通过提升社会经济保障水平，缩小地区、城乡和收入差距，为"共享"筑牢经济基础。妥善处理"量"与"质"的关系，推动社会高质量发展是实现社会长期稳定的重要保障，是推进社会治理现代化的必然要求，只有在发展中统筹推进社会经济保障、社会凝聚、社会包容和社会赋权四个方面，才能更加全面地提升人民群众的获得感、幸福感、安全感。

B.9
2021年中国活跃志愿者现状调查报告[*]

邹宇春　梁茵岚[**]

摘　要： 志愿服务是基层社会治理的重要社会力量，及时了解我国志愿者的现状，有助于推进志愿服务事业的可持续发展。因此，本报告采用"2021年中国社会状况综合调查"中的志愿服务数据，分析我国活跃志愿者的发展现状，并与2019年的情况进行对比，研究发现：①我国活跃志愿者占受访者总数的约三成，我国志愿服务在人口规模、参与程度和经济贡献上均比2019年有明显提升；②与非活跃志愿者相比，活跃志愿者具有年轻化、高政治参与、高家庭经济水平和社会心态更积极等群体特征；③各志愿服务领域的参与率存在一定差异，地区发展不平衡和供给需求不匹配现象比较突出；④志愿服务的专业化水平和培训参与度虽有所提升，但仍处于较低水平。最后，本报告总结了我国志愿者及志愿服务的发展趋势和存在的问题，并提出了相应的对策建议。

关键词： 志愿服务　活跃志愿者　社会参与　社会心态

党的十八大以来，习近平总书记对弘扬雷锋精神、发展志愿服务事业作出一系列重要指示，对志愿服务工作给予充分肯定、寄予深厚期望，强调志

---

* 本研究是国家社科重大项目"中国社会质量基础数据库建设"、中国社会科学院登峰计划重点学科发展社会学建设、中国社会状况综合调查的阶段性成果。

** 邹宇春，中国社会科学院社会学研究所发展社会学研究室主任，副研究员，中国社会科学院国情调查与大数据研究中心特邀研究员；梁茵岚，中国社会科学院大学社会学院硕士研究生。

愿服务是社会文明进步的重要标志，是广大志愿者奉献爱心的重要渠道。国家"十四五"规划更是将"广泛开展志愿服务关爱行动"作为"持续提升公民文明素养"的重要内容写入其中。此外，"十四五"规划还明确将志愿服务列为基层社会治理的重要社会力量，提出"支持和发展社会工作服务机构和志愿服务组织，壮大志愿者队伍，搭建更多志愿服务平台，健全志愿服务体系"[①]。在现实生活中，2020 年新冠肺炎疫情突发以来，志愿者真诚奉献、不辞辛劳，为疫情防控做出了重大贡献，习近平总书记曾在多个重要场合称赞志愿者是为社会做出贡献的前行者、引领者。这意味着志愿服务同"两个一百年"奋斗目标和建设社会主义现代化国家是同向而行的，其发展的重要性不言而喻。因此，用系统和科学的方法及时了解和评估我国志愿服务的主体——活跃志愿者——之现状和发展趋势，是有效推进我国志愿服务可持续发展和制度化建设的前提。

为此，本报告采用"2021 年中国社会状况综合调查"（简称 CSS2021）中的志愿服务数据，对 2021 年我国活跃志愿者的发展现状展开分析。此调查是由中国社会科学院社会学研究所发起、始于 2005 年的全国随机抽样入户调查。调查每两年一次，采用多阶段混合概率抽样。2021 年 CSS 问卷中继续设置了"志愿服务"模块，较为系统地收集了 18~69 岁全国城乡居民的志愿服务参与信息[②]。本报告数据分析可推论我国 18~69 岁城乡居民。

本报告第一部分主要分析我国活跃志愿者的总体规模与发展现状，回答有多少人在近一年有过志愿服务的经历、其人口特征如何以及志愿服务参与的网络化和专业化情况，并与 2019 年进行对比，旨在探析新冠肺炎疫情对我国志愿服务发展的影响。第二部分分析各类志愿服务参与的情况及其行业、部门和地区差异。第三部分关注活跃志愿者与非活跃志愿者群体是否在社会心态方面存在差异。第四部分则论述志愿者及志愿服务发展的趋势、存在的问题与相应的建议。

---

① 《中华人民共和国国民经济和社会发展第十四个五年规划和 2035 年远景目标纲要》，新华社，http://www.gov.cn/xinwen/2021-03/13/content_5592681.htm。

② CSS 采用了 AB 卷随机分卷模式，志愿服务随机分配在 B 卷，此外，受各地疫情突发的影响，CSS2021 尚未完成计划样本量。本报告分析采用的是已完成 89% 样本量的 CSS2021 数据。

一 我国活跃志愿者的总体规模与发展现状

根据民政部 2020 年发布的《志愿服务基本术语》，志愿者是指"以自己的时间、知识、技能、体力等从事志愿服务的自然人"。[①] 志愿服务是指"志愿者、志愿服务组织和其他组织自愿、无偿向社会或者他人提供的公益服务"。[②] 然而，考虑到部分志愿者因个人观念和客观条件等的变化，长时间不参与或再次参与志愿服务的可能性较低，因此，为更加准确地估计我国志愿者群体的现状，本报告以近期[③]是否参与志愿服务区分出活跃志愿者群体，也就是说，活跃志愿者是指在近一年内参与过志愿服务的志愿者。相比非活跃志愿者（指近期没有志愿服务经历的人群），他们是正在参与志愿服务的群体，他们的志愿服务情况有助于更好地了解和掌握我国志愿服务现状。因此，本报告下面重点分析活跃志愿者群体的主要特征。

（一）我国18~69岁居民中，活跃志愿者占比约三成，与2019年相比略有上升

CSS2021 数据显示，我国 18~69 岁调查对象中，近一年有过志愿服务经历的受访者占比达 29.9%，这比 2019 年（25.09%[④]）略有上升。

根据第七次全国人口普查结果和 2019 年 1‰人口变动抽样调查结果，在人口结构不变的假设下，本报告对我国活跃志愿者群体规模进行了简单估算。结果显示，我国 18~69 岁居民中，活跃志愿者总体规模约为 3.07 亿人（95%

[①] 本报告中的活跃志愿者并不等于注册志愿者。两者的概念内涵和测量口径不同。注册志愿者是指已在相关志愿服务信息系统／平台／组织注册了个人基本信息的志愿者。注册志愿者包括"活跃注册志愿者"和"非活跃注册志愿者"，后者因长时间未提供志愿服务被称为"僵尸志愿者"或"静默志愿者"。

[②] 《志愿服务基本术语》，http://xxgk.mca.gov.cn:8011/gdnps/n164/n230/n240/c12955/attr/87763.pdf。

[③] 近期是指调查期之前的一年，即调查时往前推一年。

[④] 参见邹宇春、张丹、张彬、王翰飞、崔晨洁《2019 年中国活跃志愿者现状调查报告》，载《2020 年中国社会形势分析与预测》。如无特别说明，本文所作 2019 年活跃志愿者群体状况分析所使用数据来源均与此报告相同，不再赘述。

的置信度下，推论区间为 2.97 亿 ~3.18 亿人）。这意味着我国活跃志愿者队伍规模处于稳步扩大的状态，志愿服务有良好的群众基础，这为志愿服务的可持续发展和制度化建设提供了丰富的人力资源。

（二）近三个月，我国活跃志愿者人均参与志愿服务 4.22 次，人均参与时长为 21.87 小时，人均参与次数、贡献的经济效益均较 2019 年有明显提升

从活动时间维度看，2021 年我国活跃志愿者群体通过参与志愿服务创造出了比 2019 年更大的经济效益。CSS2021 调查了近三个月以来活跃志愿者志愿服务参与状况。结果显示，近三个月以来，我国活跃志愿者人均参与志愿服务 4.22 次（95% 置信度下，置信区间为 3.25~5.19 次），约是 2019 年的两倍（2.12 次）。近三个月内，人均志愿服务时长为 21.87 小时（95% 置信度下，置信区间为 14.06~29.69 小时），约是 2019 年的 3.3 倍（6.63 小时）。结合前述活跃志愿者群体规模，我国活跃志愿者在近三个月志愿服务时长共计约 67.14 亿小时。按照全国各省区市的平均最低小时工资 18.89 元计算[①]，活跃志愿者近三个月的志愿服务贡献了 1268.27 亿元的经济价值，远高于 2019 年水平（242.71 亿元）。可见，相比 2019 年，我国志愿服务在人口规模、参与程度、经济贡献上均有明显提升。这可能与新冠肺炎疫情导致的志愿服务需求激增和志愿服务积极介入疫情救助等因素有关。

（三）从人口结构上看，非群众身份、家庭收入较高的群体和"00 后"更有可能成为活跃志愿者

CSS2021 结果显示，从政治面貌上看，群众身份的人口规模庞大，其在活跃志愿者群体中的占比最高，为 65.18%，但群众中活跃志愿者占比仅为 24.1%，远低于其他政治面貌群体中活跃志愿者的占比。其中，民

[①] 计算 31 个省区市小时最低工资标准（第一档）的均值（深圳不单独计算），数据来源为中华人民共和国人力资源和社会保障部发布的《全国各地区最低工资标准情况（截至 2021 年 9 月 30 日）》，http://www.mohrss.gov.cn/SYrlzyhshbzb/laodongguanxi_/fwyd/202111/t20211119_428287.html。

主党派的活跃志愿者占比为 57.14%，中共党员为 54.36%，共青团员为 53.27%。相较于 2019 年，民主党派（31.43%）、中共党员（45.86%）和共青团员（48.21%）群体中活跃志愿者占比均有提升，且民主党派提升最为显著。

从家庭收入上看，活跃志愿者家庭年收入均值为 125450.72 元，显著[①]高于非活跃志愿者的家庭年收入均值（83869.89 元）。将受访者的家庭年收入五等分并进行交叉分析发现，活跃志愿者占比随着收入的增加而显著提高。分析显示，低收入家庭群体的活跃志愿者占比为 21.84%，中低收入家庭群体为 23.69%，中等收入家庭群体为 31.68%，中高收入家庭群体为 33.24%，高收入家庭群体为 43.51%。

从出生世代上看，出生世代越年轻，越容易成为活跃志愿者。分析显示，"00 后"的活跃志愿者占比最高，为 54.74%，其次是"90 后"（36.52%）和"80 后"（34.11%）；而 1980 年前出生的世代群体中，活跃志愿者占比均低于30%（"70 后"的活跃志愿者占比为 29.38%，"60 后"为 24.21%，"50 后"为18.60%）。可见，年轻世代的志愿参与意愿普遍较高，世代间的差异性也逐渐缩小，尤其在新冠肺炎疫情期间，青年活跃志愿者的志愿服务参与行为充分展现了新一代青年勇担时代重任的群体责任、使命感和公益品格。总而言之，加入政治团体、家庭收入水平高和出生世代较年轻的人群更倾向于提供志愿服务，均有相对较高的志愿服务参与率。

（四）与2019年相比，志愿服务的专业化水平和培训参与度有所提升，但整体上仍处于较低水平

志愿服务事业的发展不仅追求量的扩大，也追求质的提升。其中，志愿服务的专业化有助于更加精准有效地满足居民需求，而志愿服务的网络化则有利于解决志愿服务的地区发展不平衡问题，促进志愿服务总体质量的提升。分析显示，近一年以来通过互联网络提供过志愿服务活动的活跃

---

① 如无特别说明，本报告的相关分析均通过卡方检验或 T 检验。

志愿者占 17.92%，略低于 2019 年水平（20.5%[①]）。以参加的志愿服务活动是否需要专业知识或技能为标准，专业化的活跃志愿者占比为 57.02%，比 2019 年提高 1.95 个百分点。此外，有 15.64% 的受访者参加了专业志愿服务组织发起的志愿服务，比 2019 年增加 11.41 个百分点。从志愿服务培训状况来看，表示参加过与志愿服务有关的培训的活跃志愿者占比为 22.51%，比 2019 年提高 12.6 个百分点。可见，与 2019 年相比，志愿服务的专业化水平有所提高，专业志愿服务组织发起的志愿服务发展势头良好，志愿服务培训普遍化程度明显提升，同时志愿服务的网络化程度尚无显著提升。与疫情前相比，志愿服务培训日渐普遍，这将极大地提升志愿服务的专业化意识和水平。

二　我国志愿服务的参与现状

根据志愿服务的内容不同，CSS2021 将志愿服务分为 12 类：儿童关爱、青少年辅导、老年关怀、妇女维权/保护、扶助残障、支教助教、扶贫济困、医疗护理、法律援助、环境保护、抢险救灾和国际援助。本部分主要考察不同类别志愿服务的参与状况。结果显示，由于发展水平和群众需求等差异，各领域的志愿服务发展存在不平衡的特点。

（一）近一年来，环境保护、老年关怀和儿童关爱三类志愿服务参与率最高，支教助教、法律援助和国际援助三类志愿服务参与率最低

如图 1 所示，近一年以来志愿服务参与率最高的三个领域由高到低排序依次为环境保护（12.71%）、老年关怀（9.90%）、儿童关爱（8.57%）；参与率最低的三类由低到高排序依次为国际援助（0.26%）、法律援助（1.15%）、支教助教（1.40%）。这表明，尽管志愿服务的参与率有所提升，但志愿服务的具体业务领域之间仍存在着发展不平衡现象。

---

①　2019 年的数据，均来自 2019 年中国社会状况综合调查（CSS2019）。

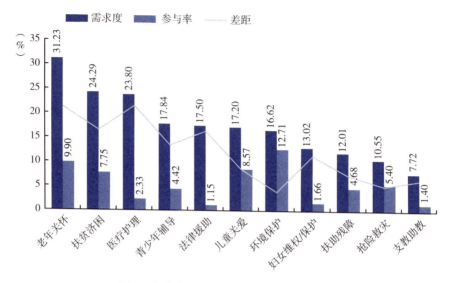

图1　各类志愿服务供需对比（N=4654）

注：由于国际援助服务的参与率和需求率都极小，故未纳入此图分析。

与2019年相比，12类志愿服务中，除扶助残障、支教助教和妇女维权／保护三个领域外，其他各类志愿服务的参与率较2019年均有所提升。其中，增长幅度最大的三类志愿服务按照增长幅度排序由高到低依次为抢险救灾（5.40%）、儿童关爱（8.57%）和环境保护（12.71%），分别比2019年提高1.85个、1.47个和1.19个百分点。这可能与过去一年来自然灾害频发刺激了抢险救灾类志愿服务需求相关。

（二）从地区差异看，与2019年相比，地区发展不平衡现象加剧且更复杂，其中儿童关爱、老年关怀和环境保护领域差异最明显

如表1所示，将全国划分为六大区并进行交叉分析后发现，整体上看，与2019年相比，地区间各类志愿服务发展不平衡现象加剧。从活跃志愿者在本地区占比来看，华东地区最高，占31.35%；西南和华北地区次之，分别占30.82%和30.77%；中南和西北地区再次，分别占29.21%和27.43%；东北地区最低，占21.46%，比华东地区低约10个百分点。整体而言，六大地区活跃

志愿者占比均比 2019 年有所提高，但地区差异存在扩大趋势，其极差比 2019 年（5.91 个百分点）上升了 3.98 个百分点。

							单位：人，%

表 1　不同地区活跃志愿者与各类志愿服务参与率的交叉

项目	华北	东北	华东	中南	西南	西北	全国
活跃志愿者人数	212	50	470	333	229	96	1390
①活跃志愿者在本地区占比	30.77	21.46	31.35	29.21	30.82	27.43	29.87
②环境保护	38.03	44.90	41.06	39.04	51.53	50.00	42.59
③老年关怀	27.83	30.00	34.89	38.44	33.19	19.79	33.17
④儿童关爱	19.25	28.00	31.28	36.64	27.07	13.54	28.68
⑤抢险救灾	9.43	22.00	19.57	17.47	20.96	21.88	18.00
⑥青少年辅导	14.15	10.00	12.13	21.02	13.10	14.58	14.82

注：①本表中各项均通过显著性检验。②第①行数据＝该地区受访活跃志愿者人数／该地区受访者总数×100%。③第②～⑥行数据＝该地区参与此类志愿服务的受访活跃志愿者人数／该地区受访活跃志愿者总数×100%。

从具体志愿服务领域看，存在地区差异且统计显著的志愿服务领域达到 5 类，并且不同地区在不同领域的志愿服务表现更为复杂（见表 1）。一方面，环境保护、老年关怀和儿童关爱三个志愿服务参与率最高的领域存在显著的地区差异。其中，西南地区（51.53%）和西北地区（50.00%）环境保护类志愿服务的参与率显著高于中东部地区；但西北地区的老年关怀类志愿服务（19.79%）和儿童关爱类志愿服务（13.54%）的参与率则为六大区中最低，仅为最高水平（中南地区）的 51.48% 和 36.95%。另外，结合第七次人口普查数据可以发现，老龄化程度较低的中南地区，老年关怀类志愿服务参与率最高（38.44%）；而老龄化程度最高的东北地区，其占比（30.00%）却不足全国平均水平（33.17%）。另一方面，可能是受到自然灾害的影响[1]，东

---

[1]　根据中华人民共和国应急管理部发布的 2020 年和 2021 年上半年全国自然灾害基本情况，东北、西北和西南地区均发生了多类不同严重程度的自然灾害，http://www.gov.cn/xinwen/2021-01/12/content_5579258.htm，https://www.mem.gov.cn/xw/yjglbgzdt/202107/t20210706_391111.shtml。

北（22.00%）、西北（21.88%）和西南（20.96%）地区在抢险救灾领域的志愿服务参与率明显高于其他地区和全国水平。在青少年辅导领域，中南地区（21.02%）该类志愿服务参与率显著高于其他地区。从地区上看，不同地区内部的志愿服务参与结构也略有不同，主要表现在抢险救灾和青少年辅导类志愿服务的参与率上。譬如，华北地区和东北地区参与率前三的志愿服务领域均是环境保护、老年关怀和儿童关爱，但华北地区青少年辅导类志愿服务的参与率（14.15%）高于抢险救灾类志愿服务的参与率（9.43%），东北地区则青少年辅导类低于抢险救灾类（10.00%、22.00%）。这可能与东北地区近年来自然灾害相对较多而抗灾基础设施较陈旧的特征有关。由此可见，不同志愿服务领域的地区差异受到经济、文化、社会和自然条件等因素的影响，其志愿服务发展各具特色，但也存在发展不平衡且复杂的样态。因此，推动志愿服务事业的发展需要因地制宜，具体考虑不同地区的实际情况。

（三）从行业看，公共管理和社会保障行业、教育文化和卫生行业、科学技术与金融行业的居民更可能成为活跃志愿者

作为个人生活的重要部分，工作差异会影响个人生活模式、知识体系、资源和需求结构等内容，进而影响个人的志愿服务参与行为。因此，本报告考察了拥有非农工作的活跃志愿者所在行业与志愿服务参与的关系。从总体参与状况看，活跃志愿者占比最高的三个行业领域由高到低依次为公共管理与社会保障行业（71.43%）、教育文化和卫生行业（51.78%）、科学技术与金融行业（45.83%）；占比最低的三个领域由低到高依次为建筑业（24.91%）、批发零售业（27.90%）和制造业（29.26%）。与2019年相比，教育文化和卫生行业、房地产与租赁业、交通运输和仓储业的活跃志愿者占比有所下降，分别下降4.34个、3.68个和1.52个百分点。而其他行业的活跃志愿者占比均实现上升，其中，科学技术与金融行业（45.83%）提高最多，提高11.81个百分点；制造业（29.26%）次之，提高10.04个百分点；农业（33.78%）再次之，提高8.35个百分点。

此外，受不同行业工作特色的影响，各领域的志愿服务参与状况存在一

定程度的差异，不同行业在各类志愿服务领域中各有所长。如表 2 所示，公共管理和社会保障行业在老年关怀（51.82%）、妇女维权 / 保护（15.32%）、扶助残障（30.63%）和扶贫济困（58.18%）类志愿服务的参与率上远高于其他行业，而教育文化和卫生行业在青少年辅导（27.69%）、支教助教（12.31%）和医疗护理（20.61%）类志愿服务的参与率上远高于其他行业。此外，与 2019 年不同，当下老年关怀和扶助残障类志愿服务存在显著的行业差异。其中，公共管理和社会保障行业（51.82%）、居民服务业（44.07%）、交通运输和仓储业（37.93%）在老年关怀类志愿服务上的参与率明显更高；公共管理和社会保障行业（30.63%）、采矿与基础设施建设行业（24.32%）和房地产与租赁业（21.88%）在扶助残障类志愿服务上的参与率显著高于其他行业。可见，随着经济社会的发展和志愿服务专业化要求的提升，不同行业将为各类志愿服务领域提供更多具备专业知识和技能的志愿者。

（四）从工作单位性质看，在非经济部门工作的居民更有可能成为活跃志愿者，在自治组织工作的活跃志愿者在多类志愿服务领域的参与情况均良好

接下来，本报告考察了不同类型工作单位的志愿服务参与状况。从总体上看，非经济部门的活跃志愿者占比普遍高于经济部门。如表 3 所示，活跃志愿者占比最高的三类工作单位由高到低依次为政府部门（69.86%）、自治组织（67.02%）和民办非企业（58.33%），占比最低的三类工作单位由低到高依次为没有单位（21.40%）、个体工商户（29.02%）和私营企业（33.12%）。在经济部门内，集体企业的活跃志愿者占比（55.56%）远高于国有企业（39.16%）和三资企业（38.89%）。结合前述志愿服务参与的行业差异和政治面貌差异可见，目前我国志愿服务仍以政治动员为主，政府部门、自治组织等距政治力量较近的个人是活跃志愿者的主要来源。

不过，仔细比较志愿服务的不同领域发现，不同工作单位的活跃志愿者的参与情况存在一定差异。如表 3 所示，来自自治组织的活跃志愿者在老年关怀（63.49%）、妇女维权 / 保护（25.40%）、扶助残障（39.68%）、环

表 2 不同行业领域活跃志愿者与各类志愿服务参与率的交叉

单位：人，%

行业	①青少年辅导	②老年关怀	③妇女维权/保护	④扶助残障	⑤支教助教	⑥扶贫济困	⑦医疗护理	⑧环境保护	⑨抢险救灾	⑩活跃志愿者人数及占比
农业	8.00	28.00	8.00	20.00	4.00	28.00	8.00	40.00	32.00	25（33.78）
采矿与基础设施建设行业	10.81	35.14	2.70	24.32	2.63	35.14	10.81	50.00	29.73	37（42.05）
制造业	13.01	31.97	3.28	14.75	3.28	28.69	1.64	47.54	17.21	122（29.26）
建筑业	8.96	34.33	1.49	14.93	0.00	22.39	4.55	32.84	32.84	67（24.91）
批发零售业	7.79	25.64	2.60	12.99	3.90	31.17	10.39	38.46	18.18	77（27.90）
交通运输和仓储业	3.45	37.93	0.00	3.45	0.00	20.00	0.00	17.24	37.93	29（29.29）
住宿餐饮业	6.06	32.35	12.12	14.71	0.00	26.47	3.03	50.00	15.15	34（29.31）
科学技术与金融行业	15.91	22.73	2.27	9.09	4.55	51.11	4.55	47.73	15.91	44（45.83）

续表

行业	①青少年辅导	②老年关怀	③妇女维权/保护	④扶助残障	⑤支教助教	⑥扶贫济困	⑦医疗护理	⑧环境保护	⑨抢险救灾	⑩活跃志愿者人数及占比
房地产与租赁业	12.50	34.38	6.25	21.88	9.38	31.25	3.13	31.25	15.63	32（34.78）
居民服务业	16.95	44.07	6.78	11.86	0.00	33.90	6.78	47.46	18.64	59（35.98）
教育文化和卫生行业	27.69	19.85	3.85	12.31	12.31	25.19	20.61	27.48	16.03	131（51.78）
公共管理和社会保障行业	10.00	51.82	15.32	30.63	3.64	58.18	8.11	57.66	31.53	110（71.43）

注：① 本表中各项均通过显著性检验。② 第⑩列 = 受访的从事该行业的活跃志愿者人数 / 从事该行业的受访者人数 ×100%。③ 第①～⑨列 = 受访的参与该类志愿服务且从事该行业的活跃志愿者人数 / 从事该行业的活跃志愿者人数 ×100%。

表3　不同单位/公司活跃志愿者与各类志愿服务参与率的交叉

单位：人，%

单位/公司	①青少年辅导	②老年关怀	③妇女维权/保护	④扶助残障	⑤支教助教	⑥扶贫济困	⑦环境保护	⑧抢险救灾	⑨法律援助	⑩活跃志愿者人数及占比
政府部门	4.00	41.18	3.92	20.00	0.00	68.63	52.94	17.65	9.80	51（69.86）
国有企业	9.23	35.38	0.00	9.23	1.54	41.54	43.08	27.69	3.08	65（39.16）
事业单位	28.45	24.14	4.31	9.48	13.79	31.03	29.31	17.24	1.72	116（56.31）
集体企业	12.00	50.00	0.00	8.00	0.00	32.00	56.00	32.00	0.00	25（55.56）
私营企业	11.37	28.91	4.74	17.06	3.30	24.64	37.26	16.59	5.69	25（33.12）
三资企业	0.00	28.57	0.00	0.00	0.00	33.33	50.00	28.57	0.00	7（38.89）
个体工商户	7.91	28.26	2.90	18.71	4.32	27.54	42.45	20.86	0.72	139（29.02）
民办非企业	28.57	50.00	7.14	14.29	0.00	14.29	42.86	28.57	7.14	14（58.33）
自治组织	15.87	63.49	25.40	39.68	6.35	55.56	57.14	41.27	12.50	63（67.02）
没有单位	13.79	29.31	3.39	13.56	0.00	27.59	42.37	27.59	1.69	58（21.40）

注：① 本表中各项均通过显著性检验。② 第⑩列＝该类单位（公司）受访活跃志愿者人数/该类单位（公司）受访者总数 × 100%。③ 第①～⑨列＝该类单位（公司）近一年参与此类志愿服务的受访者/该类单位（公司）近一年受访活跃志愿者总数 × 100%。

境保护（57.14%）、抢险救灾（41.27%）和法律援助（12.50%）等 6 类志愿服务的参与率上位居第一。相对而言，政府部门仅在扶贫济困领域的参与率（68.63%）最高，事业单位在支教助教领域的参与率（13.79%）最高，民办非企业在青少年辅导领域的参与率（28.57%）最高。

三　活跃志愿者群体的社会心态

（一）从社会信任上看，与非活跃志愿者相比，活跃志愿者群体普遍具有更高的制度信任和人际信任

公众的信任水平是衡量社会经济平稳发展、防范社会风险和化解潜在危机的重要指标。CSS2021 调查了受访者对制度机构的信任和对人与人之间的信任。在制度信任方面，将非常信任和比较信任某一机构的受访者界定为信任该机构的群体，并进行分析。结果表明，与非活跃志愿者相比，活跃志愿者群体的制度信任水平更高。其中，活跃志愿者最信任的四个机构由高到低排序依次是中央政府（97.61%）、公安部门（89.34%）、工作单位（88.70%）和法院（87.90%），分别比非活跃志愿者群体高 1.73 个、2.56 个、3.49 个、2.34 个百分点；接下来是区县政府（85.64%）和医院（83.12%），分别比非活跃志愿者群体高 4.42 个百分点和 4.14 个百分点；信任水平最低的两个制度机构是群团组织（82.30%）和乡镇政府（70.7%），分别比非活跃志愿者群体高 3.79 个百分点和 7.30 个百分点。此外，活跃志愿者和非活跃志愿者对慈善机构和新闻媒体的信任水平不存在统计上的显著差异。在人际信任方面，CSS2021 采用了 10 分制测量"对现在人与人之间的信任水平的评价"。其中，活跃志愿者平均得分为 6.71 分，显著高于非活跃志愿者（6.46 分）。简言之，与非活跃志愿者相比，活跃志愿者群体的制度信任和人际信任都普遍更高。

（二）从阶层感知上看，活跃志愿者群体"中位认同"更强烈，但也具有更强的地位感知下偏和向下流动感知

在阶层地位感知方面，活跃志愿者认为自己处于"中等"的最多，占

46.68%，显著高于非活跃志愿者（41.73%）。但是，活跃志愿者的阶层地位感知下偏和向下流动感知更为强烈。本报告将其对应客观家庭经济收入的五等分组，通过主观社会经济地位与客观家庭收入分层的差值对阶层感知状况进行分析，大于 0 表示阶层地位感知向上偏移，小于 0 表示阶层地位感知向下偏移，0 则表示阶层地位感知无偏移。结果显示，有 42.04% 的活跃志愿者高估了自己的社会地位，比非活跃志愿者低 17.38 个百分点；40.35% 的活跃志愿者低估了自己的社会地位，比非活跃志愿者高 15.78 个百分点；17.60% 的活跃志愿者的主观社会经济地位与客观家庭收入分层相匹配，比非活跃志愿者高 1.60 个百分点。通过受访者认为的目前与 5 年前社会经济地位的差值、5 年后与目前社会经济地位的差值来分析受访者 5 年内的阶层流动感知，大于 0 表示阶层地位的向上流动感知，小于 0 表示阶层地位的向下流动感知，0 则表示阶层地位的水平流动感知，结果显示，活跃志愿者更倾向于认为自己曾经经历向下流动或将继续经历向下流动。从过去 5 年到现在，33.82% 的活跃志愿者有向下流动感知，比非活跃志愿者高 9.06 个百分点；从现在到未来 5 年，48.31% 的活跃志愿者有向下流动感知，比非活跃志愿者高 6.77 个百分点。

（三）从政治参与上看，活跃志愿者群体比非活跃志愿者政治参与水平更高，政治效能感更强

与志愿服务等社会参与一样，政治参与也是公民服务社会的重要渠道，反映了公民对公共事务的关心和投入，是公民个人现代性的重要体现。CSS2021 发现，与非活跃志愿者相比，活跃志愿者的政治参与水平显著更高。在民主选举方面，52.32% 的活跃志愿者参与了最近一次（村）居委会选举，比非活跃志愿者高 4.80 个百分点；67.94% 的活跃志愿者表示愿意参与下一次（村）居委会选举，比非活跃志愿者高 6.49 个百分点；15.02% 的活跃志愿者参与了区县人大代表选举，比非活跃志愿者多 6.68 个百分点。此外，活跃志愿者参与率在"参加村居 / 单位重大决策讨论"（15.18%）、"向政府部门反映意见"（10.72%）、"通过各种渠道对政府公布的政策发表个人意见"（5.97%）、

"利用专业知识参与公共政策、公共事务论证会"（5.47%）、"出席政府部门组织的有关公共政策的听证会"（5.32%）、"到政府部门上访"（2.74%）等方面显著高于非活跃志愿者，分别高出 9.63 个、5.23 个、4.53 个、4.89 个、4.62 个和 0.96 个百分点。

此外，政治效能感作为公民政治态度的重要组成部分，是公民政治参与的重要驱动力。分析发现，与非活跃志愿者相比，活跃志愿者的政治效能感也显著更强。在内在政治效能感方面，77.26% 的活跃志愿者赞同"我关注村（居）委会的选举"这一观点，比非活跃志愿者群体高 8.07 个百分点；59.25% 的活跃志愿者赞同"我有能力和知识对政治进行评论"这一观点，比非活跃志愿者群体高 7.00 个百分点；68.32% 的活跃志愿者不赞同"我对政治不感兴趣，不愿意花时间和精力在这上面"，比非活跃志愿者群体高 20.37 个百分点。在外在政治效能感方面，61.42% 的活跃志愿者不赞同"村（居）委会根本不在乎和我一样的普通村（居）民的想法"这一观点，比非活跃志愿者群体高 12.21 个百分点；47.99% 的活跃志愿者否认"在村（居）委会选举中，选民的投票对最后的选举结果没有影响"，比非活跃志愿者群体高 12.56 个百分点；63.57% 的活跃志愿者对"参与政治活动没有用处，对政府部门不能产生什么根本的影响"表示不赞同，比非活跃志愿者群体高 14.00 个百分点。可见，无论是政治参与还是政治效能感，活跃志愿者都比非活跃志愿者更为积极。

（四）从其他社会心态上看，与非活跃志愿者相比，活跃志愿者群体的积极感知普遍更高

本报告还分析了活跃志愿者和非活跃志愿者在社会包容、社会公平、道德水平、遵纪守法水平和社会总体情况的评价等社会心态指标上是否存在显著差异，这些指标分别从不同方面反映了人们对社会向心力和社会融合程度的主观认知。结果显示，在社会包容程度上，活跃志愿者群体的平均得分为 7.30 分[①]，比非活跃志愿者高 0.23 分；在社会公平水平上，活跃志愿者的平均

---

① 在本题目下，各项社会心态得分的满分均为 10 分，10 分表示非常好，1 分表示非常不好。

得分为 7.22 分，比非活跃志愿者高 0.42 分；在社会道德水平上，活跃志愿者的平均得分为 7.22 分，比非活跃志愿者高 0.13 分；在遵纪守法水平上，活跃志愿者的平均得分为 7.69 分，比非活跃志愿者高 0.11 分；在社会总体情况的评价上，活跃志愿者的平均得分为 7.91 分，比非活跃志愿者高 0.19 分。由此可见，相比非活跃志愿者群体，活跃志愿者普遍拥有明显更好的社会心态。

四　志愿者与志愿服务的发展趋势与建议

综上所述，在各级党政的关心和社会各界的大力支持下，我国志愿服务事业稳步发展，取得了长足进步。总的来说，活跃志愿者具有年轻化、高政治参与、高家庭经济水平和社会心态更积极等群体特征。但由于历史和现实因素的制约，我国志愿者与志愿服务在结构优化、动员方式和管理机制等方面还存在着不足，有待解决和完善。

（一）发展趋势与问题

1. 我国活跃志愿者规模和质量稳步提升，是社会治理和发展的重要力量

如前所述，2021 年我国活跃志愿者约占 18~69 岁居民的三成；在近三个月，人均参与志愿服务 4.22 次，人均参与时长为 21.87 小时，贡献了 1268.27 亿元的经济价值，与 2019 年相比均大幅提升。同时，志愿服务的网络化、专业化和培训参与度仍处于较低水平，但专业化水平和培训参与度得到了一定程度的提高。相比于非活跃志愿者群体，活跃志愿者具有更高的社会信任、阶层认同、政治效能感和其他更为积极的社会评价，这表明我国的志愿者群体不仅创造了较高的社会经济价值，还是社会正能量的积极传播者。可以预见，随着社会的发展，志愿者群体将持续对社会治理和发展发挥更加积极的影响。

2. 各类志愿服务持续发展，部分志愿服务领域仍存在着较大的发展空间

与 2019 年相比，我国不同志愿服务领域的供需差距均有缩小，但仍比较突出，民众对志愿服务的需求度普遍高于志愿服务的参与率。如图 1 所示，

医疗护理（21.47%）、老年关怀（21.33%）和扶贫济困（16.54%）领域的志愿服务供需差异最为明显，此发现与 2019 年调查结果一致。特别是在老年关怀领域，如前所述，老龄化最明显的东北地区，其老年关怀类志愿服务参与率却不足全国平均水平。在全面建成小康社会和基本公共服务均等化显著推进的背景下，扶贫济困和医疗护理类志愿服务的供需差距逐渐缩小，与 2019 年相比，分别缩小 6.39 个和 6.12 个百分点，其差距缩小程度仅次于环境保护领域（7.16 个百分点）。可以预见，在党和政府的支持和鼓励下，各类志愿服务领域还有较大的发展空间，还将持续不断地向前发展，特别是医疗护理、老年关怀、法律援助和扶贫济困等与民生密切相关、存在较大空缺的志愿服务领域，其供需差距还会进一步缩小并逐步实现志愿服务的精准供给。

3. 志愿服务的地区和行业不平衡现象复杂，但仍在合理范围之内

如前所述，志愿服务存在着地区和行业发展不平衡的现象，不同地区和行业在各类志愿服务领域的参与水平均存在着显著的差异，但在志愿服务参与率整体提升的前提下，应结合地方和行业实际去理解这种不平衡的复杂性。一方面，受到经济、文化和自然条件等因素的影响，各类志愿服务不可避免地存在地区差异，随着经济社会的发展和志愿服务事业的推进，以及共同富裕事业的稳步推进，这种差异会逐渐缩小。另一方面，不同行业在各类志愿服务领域表现出的参与差异，恰恰体现了在行业特色的影响下，在不同行业工作的志愿者参与志愿服务各有所长，将推动志愿服务往更专业化的方向发展。

4. 政治动员志愿服务的效果一般，缺乏自主性，存在一定的形式主义

如前所述，活跃志愿者中来自政府部门、事业单位的占比较高，但仔细比较各志愿服务领域的参与情况可发现，多数领域都以来自自治组织的志愿者占比最高。这意味着，政治动员是我国志愿服务的重要动员方式之一，但在提升志愿服务内驱力的工作上还有待加强。调查发现，19.03% 的受访者认为"志愿服务项目主要靠团组织分派，缺乏自主性"，19.26% 的受访者认为当前的志愿服务存在"形式主义，不讲实际成效"的问题。这两类问题的比例尽管比 2019 年（23.50%、23.56%）有所下降，但仍较突出。形式主义作为

志愿服务发展的严重阻碍因素之一，将会打击志愿者的参与积极性，甚至可能导致活跃志愿者的流失。因此，防止志愿服务工作流于形式，采取多种方式激发民众的内驱力和自主性，是志愿服务发展道路上迫切需要解决的难题之一。

（二）对策与建议

1. 因地制宜、因人制宜地发展志愿服务，推动志愿服务的精准化

为实现志愿服务需求与供给的有机匹配，因地制宜、因人制宜地发展志愿服务是必行之策。一方面，不同群体有着对志愿服务的差异化需求，发展志愿服务要注重需求导向，充分考量地区差异和群体特性，探索推动志愿服务实行项目化运作，有所侧重地开展专项化服务和个性化服务，将群众满意度作为评估志愿服务发展的根本标准。另一方面，不同群体能为不同志愿服务领域贡献力量，发展志愿服务要注重挖掘潜在的志愿者，尤其是具备专业知识和技能的志愿者。因此，建议创新第三次分配形式，鼓励各单位发挥自身行业优势服务社会，推动志愿服务与行业特色相结合，运用专业技能和知识参与志愿服务，最终促进志愿服务提质增效。

2. 完善志愿者激励与评价制度，充分调动志愿参与的自主性

要避免志愿服务走入形式主义的困境，充分发挥志愿服务在满足民众需求、完善社会治理中的效能，关键在于调动志愿参与的活力。一方面，在优化传统志愿服务项目的基础上，以需求为导向拓宽志愿服务领域，为有能力、有专长、有热情的志愿者提供丰富多样的志愿参与内容，注重为志愿者提供能力培训和知识提升的机会，使志愿者在服务他人的同时也能收获个人的成长。另一方面，构建以服务对象为核心、组织自评估和第三方评估相结合的志愿服务评价机制，通过问卷调查、实地走访等方式对志愿者及其服务进行多重考评，并与志愿者定期表彰制度挂钩，提高志愿服务时长、志愿服务次数等志愿服务信息在个人征信中的影响力，对符合要求的志愿者给予信用正向激励，促进志愿服务与诚信建设相融合，推动志愿参与实现常态化、长期化。

3. 健全志愿者管理系统，推动志愿者队伍建设的规范化和专业化

志愿服务是自愿、无偿的，但也必须是规范、有序的，志愿者管理的缺

位可能削弱志愿者参与志愿服务的获得感和价值感，不利于志愿服务的健康和可持续发展。民政部更是将"加强志愿服务体系和参与平台建设""推广应用全国志愿服务信息系统"等列入《"十四五"民政事业发展规划》。综合前述的专业化水平有待提升等问题，本报告建议，一方面，积极发挥互联网信息传播优势，进一步健全全国志愿服务平台建设，使之成为集志愿者（组织）信息管理、专业培训、信息获取、资源链接、监督评估等多功能于一体的服务平台，在吸引相关组织入驻的同时推动志愿服务规范化、专业化、高效化。另一方面，要深入贯彻落实《志愿服务条例》，进一步完善志愿服务标准体系，建立志愿服务激励表彰和保障制度，吸引全社会的持续参与。

参考文献

中国社会科学院社会学研究所课题组:《疫灾引发的社会心理冲击及应对之道》，《中央社会主义学院学报》2020 年第 3 期。

邹宇春、李建栋、王翰飞、崔晨洁:《新冠肺炎疫情期间我国 90 后青年的个人心态和志愿服务参与》，《青年发展论坛》2020 年第 4 期。

邹宇春、周晓春:《以制度建设提升社会信任度》，《中国社会科学报》2016 年 6 月 1 日，第 006 版。

崔岩:《当前我国不同阶层公众的政治社会参与研究》，《华中科技大学学报》（社会科学版）2020 年第 6 期。

任莉颖:《社会质量测量与公众社会评价》，《华中科技大学学报》（社会科学版）2018 年第 6 期。

谭旭运、豆雪姣、董洪杰、张跃:《主观阶层、流动感知与社会参与意愿——基于网络调查的实证研究》，《社会发展研究》2019 年第 1 期。

李月、王伟进:《志愿服务和社会信用相结合:基层治理创新的新路径》，《中国志愿服务研究》2021 年第 1 期。

B.10
中国新业态与新就业青年调查报告

朱迪 崔岩 高文珺 王卡 滕素芬*

摘　要： 以智能化、数字化、信息化为特征的新经济迅速发展，催生出灵活多样的新就业形态，成为我国当前以及未来劳动力市场不容忽视的力量。本报告通过对全国18~45岁新业态和新职业从业者的问卷调查和访谈，考察该群体的发展状况与面临的困境，并提出政策建议。总体来说，新业态青年多为就近就业，工作动机多为兴趣爱好与入行要求简单，其工作满意度略高于青年整体，并对未来的社会流动和职业前景持积极态度。另外，新业态青年普遍反映工作时间长、就业不稳定，面临着职业歧视和福利保障不完善等问题。本报告建议采取创新完善新业态劳动关系认定、健全完善社会保障机制、推进职业培训和素质培养等措施，从而切实保障新业态群体的劳动权益、完善其社会保障和促进其社会融入。

关键词： 新业态青年　新就业青年　网约配送员　职业发展　福利保障　社会认同

伴随新一轮科技革命与产业变革，我国正在加快建设现代产业体系。《中共中央关于制定国民经济和社会发展第十四个五年规划和二〇三五年

---

* 朱迪，中国社会科学院社会学研究所研究员，中国社会科学院国情调查与大数据研究中心研究员；崔岩，中国社会科学院社会学研究所副研究员；高文珺，中国社会科学院社会学研究所副研究员；王卡，中国社会科学院大学社会学院博士研究生；滕素芬，共青团中央维护青少年权益部协商代言处处长、一级调研员。

远景目标的建议》明确提出加快发展现代服务业、加快数字化发展和发展战略性新兴产业。[①] 2020 年，我国第三产业增加值占比达到 54.5%。[②] 在此背景下，以智能化、数字化、信息化为特征的新经济迅速发展，催生一大批形态多样、分工精细的新就业形态，其覆盖不同层次就业领域、采取灵活多样的就业模式，吸纳了大量就业人口，成为我国当前以及未来劳动力市场中不容忽视的力量。其中，青年是新业态从业人员的主力群体，在这些新业态青年中，既有人力资本较高的大学毕业生，也有人力资本相对较低的新生代农民工。

根据国家信息中心发布的《中国共享经济发展报告（2021）》，2020 年我国共享经济市场交易规模约为 33773 亿元，同比增长约 2.9%，生活服务、生产能力、知识技能三个领域在共享经济市场规模位居前三。2020 年共享经济参与者约为 8.3 亿人，其中服务提供者约为 8400 万人，同比增长约 7.7%。[③] 美团 2021 年第二季度财报显示，2021 年上半年美团日均活跃骑手超过 100 万人，美团年度交易用户数 6.3 亿人。[④] 截至 2021 年 6 月 30 日，阅文平台上积累了 940 万网络作家。[⑤] 直播电商已成为网络直播中用户规模最大的直播类别，用户规模达 3.88 亿人，截至 2020 年底，我国直播电商相关企业累计注册 8862 家，行业内主播从业人数达到 123.4 万人。[⑥]

新业态新就业的发展得到政府和社会各界的关注与支持。2019 年至今，人力资源和社会保障部与国家市场监管总局、国家统计局联合向社会发布了四批共计 54 个新职业，包括"网约配送员""互联网营销师""电子竞技员"

---

① 中华人民共和国中央人民政府网，http://www.gov.cn/zhengce/2020-11/03/content_5556991.htm。

② 国家统计局网站，https://data.stats.gov.cn/easyquery.htm?cn=C01。

③ 国家信息中心：《中国共享经济发展报告（2021）》，http://www.sic.gov.cn/News/557/10779.htm。

④ 《美团第二季度财报：营收 438 亿主营业务保持高速增长》，新浪财经，https://baijiahao.baidu.com/s?id=1709930654540122295&wfr=spider&for=pc。

⑤ 《阅文集团上半年收入 43.4 亿元同比增长 33.2%》，《证券日报》，https://baijiahao.baidu.com/s?id=1708254561086927301&wfr=spider&for=pc。

⑥ 艾瑞咨询：《2021 年中国直播电商行业研究报告》，https://m.thepaper.cn/baijiahao_14475733。

在内的新兴职业被正式纳入我国"职业版图"。与此同时，新就业形态产生的一些问题也不断得到重视和规范。习近平总书记指出，新冠肺炎疫情突如其来，"新就业形态"脱颖而出，要顺势而为，当然这个领域也存在法律法规一时跟不上的问题，当前最突出的就是"新就业形态"劳动者法律保障问题、保护好消费者合法权益问题等，要及时跟上研究，把法律短板及时补齐，在变化中不断完善。[①] 2021年7月，人社部等八部门印发《关于维护新就业形态劳动者劳动保障权益的指导意见》，聚焦新就业形态劳动者权益保障面临的突出问题，提出要健全公平就业、劳动报酬、休息、劳动安全、社会保险制度，强化职业伤害保障，完善劳动者诉求表达机制。[②]

本报告通过问卷调查和调研访谈等方式，考察新业态青年的发展特征与面临的困境，并提出政策建议。定量数据主要来自全国新业态青年问卷调查，该调查由共青团中央维护青少年权益部、中国社会科学院社会学研究所共同组织实施，这是我国第一个关于新业态新职业群体的跨地区、跨职业、跨平台的全国性调查。调查对象是18~45岁以新业态新就业为主要职业的人群（具体定义参见后文），来自全国31个省/自治区/直辖市，调查时间是2020年10月，通过腾讯问卷平台发放，经过数据清理后，共获得有效样本11495个。课题组也设计了政府侧调研问卷，调研下沉至区、县等基层地区，覆盖全国31个省/自治区/直辖市，涉及共青团、宣传部以及人社、市场监管、商务、工信、农业等地方政府职能部门和行业主管部门，这些问卷信息有助于了解各地青年劳动力的就业情况以及各地针对"新业态"和"新业态青年"的相关管理服务措施及工作中的难点重点情况。此外，课题组也在不同地区进行了实地调研，针对网约配送员、网络主播等新业态青年，地方政府、物流服务商等组织了若干场座谈会和个案访谈，也针对新业态青年集中的主要互联网平台进行了调研。

① 《习近平谈"新就业形态"：顺势而为、补齐短板》，中华人民共和国中央人民政府网，http://www.gov.cn/xinwen/2020-05/23/content_5514219.htm。
② 人社部网站，http://www.mohrss.gov.cn/SYrlzyhshbzb/dongtaixinwen/buneiyaowen/rsxw/202107/t20210722_419104.html。

一　新业态青年的总体特征

本报告的"新业态"定义主要参考人社部的新职业分类，为《中华人民共和国职业分类大典》中近年来新收录或暂未收录的、随着经济社会发展和技术进步而形成的新的社会群体性工作，已有一定规模从业人员，且具有相对独立成熟的专业、技能要求的职业，呈现业态新颖、非全时工作、就业方式灵活等特点。本次调查主要针对七类新职业，包括①网约配送员（外卖骑手）、②网络主播（包括音视频创作者）、③公众号/微博等全媒体运营人员、④网络文学写手、⑤电子竞技员、⑥新兴互联网科技从业人员和⑦新型职业农民/农业经理人。[①]

调查样本的人口学特征参见表1。样本中，21~30岁群体超过半数，男性占73.7%，农业户籍占58.7%，高中及以上受教育程度占到八成，近半数接受过高等教育，近半数为未婚状态，家乡和工作地分布以华东和华中南地区占多数。

表1　新业态青年调查样本的人口学特征

单位：%

变量	分类	比例
性别	男	73.7
	女	26.3
年龄组	18~20岁	5.8
	21~30岁	55.5
	31~40岁	33.0
	41~45岁	5.7
户籍	农业户籍	58.7
	非农业户籍	41.3

①　对于不属于上述七类新职业的被访者，统一划分为其他新职业，本报告主要针对这七类新业态青年进行分析。

		续表
变量	分类	比例
政治面貌	中共党员	11.3
	共青团员	30.6
	民主党派和无党派	4.9
	群众	53.2
本人受教育程度	小学及以下	3.7
	初中	15.4
	高中、中专或职高	33.9
	大学专科	20.9
	大学本科及以上	26.0
父母最高受教育程度	小学及以下	19.1
	初中	32.2
	高中、中专或职高	31.9
	大学专科	6.7
	大学本科及以上	6.9
	不清楚	3.2
婚姻状况	未婚或同居	48.2
	已婚有配偶	47.0
	离异或丧偶	4.8
家乡所在地区	东北地区	12.2
	华北地区	13.5
	华东地区	28.5
	华中南地区	32.9
	西南地区	9.3
	西北地区	3.6
工作所在地区	东北地区	11.0
	华北地区	13.8
	华东地区	31.9
	华中南地区	32.4
	西南地区	7.9
	西北地区	3.1

总体来看，电子竞技员和网络主播更加年轻，30 岁以下的占比高于其他群体（见图 1）；网约配送员和新型职业农民中都有超过 70.0% 的农业户籍人口，而调查中其他群体均是以非农业户籍为主（见图 2）；全媒体运营人员和新兴互联网科技从业人员拥有较高受教育水平，分别有 67.0% 和 59.8% 的受访者拥有大学本科及以上学历，这一比例高于其他群体（见图 3）；全媒体运营人员和电子竞技员拥有相对较好的家庭背景，分别有 16.6% 和 16.5% 的父母拥有大学本科及以上学历，明显高于其他群体（见图 4）。

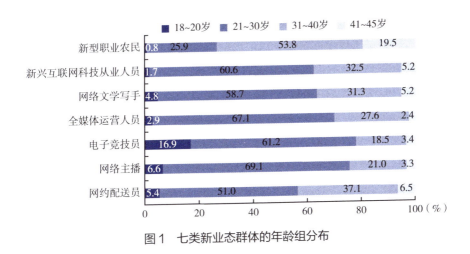

图 1　七类新业态群体的年龄组分布

调查涉及的七类新业态群体的人口特征画像具体如下。

（一）网约配送员以"80后"和"90"后男性为主，多数为高中及以下学历

网约配送员中，93.3% 在一个平台工作，3.5% 和 3.2% 分别在两个与三个平台工作。可见，在我们的调查样本中，绝大多数为专送骑手。骑手样本以男性为主，占比 90.8%，女性占比 9.2%。平均年龄为 30.2 岁，"90 后"是网约配送员职业的主力，21~30 岁的网约配送员占比最高，为 51%，其次为 31~40 岁网约配送员，也就是"80 后"，占比 37.1%。大部分网约配送员是农业户籍，占比 70.3%；仅有 29.7% 的网约配送员是非农业户籍。大部分网约

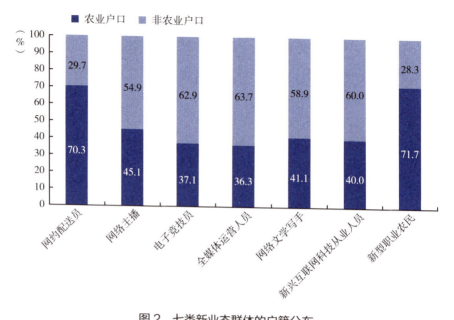

图2 七类新业态群体的户籍分布

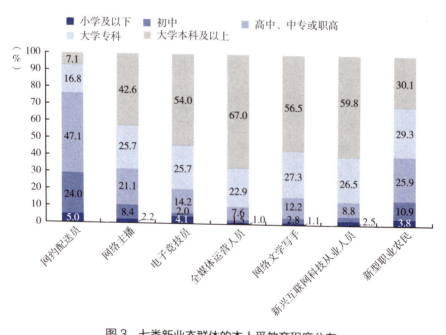

图3 七类新业态群体的本人受教育程度分布

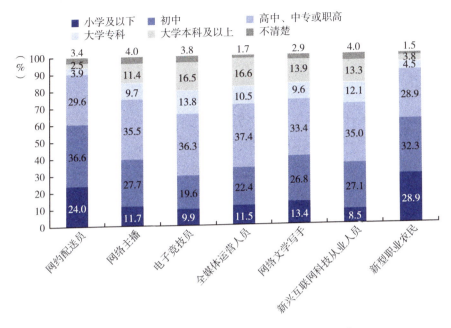

图 4　七类新业态群体的父母最高受教育程度分布

配送员的受教育程度在高中及以下，其中 47.1% 的网约配送员为高中、中专或职高学历，24.0% 为初中学历，此外也有 16.8% 为大学专科学历，7.1% 为本科及以上学历，5.0% 为小学及以下。

（二）网络主播群体多为"90后"未婚女性，六成以上拥有大学学历

不同于网约配送员以男性为主，网络主播中女性占多数，占比 59.9%，未婚比例为 67.6%。平均年龄 27.7 岁，"90 后"（即 21~30 岁）占比最高，为 69.1%，其次为"80 后"（即 31~40 岁），占比 21%。54.9% 的网络主播是非农业户籍。就学历来看，超 65% 的网络主播从业者受过大学教育，其中 42.6% 的网络主播为大学本科及以上学历，25.7% 为大学专科学历；21.1% 的网络主播为高中、中专或职高学历。可见，网络主播从业者的学历相对网约配送员更高。

（三）电子竞技员中"95后"占比突出，八成拥有大学学历，家庭背景较好

在电子竞技员样本中，男性占比70.3%，女性占比29.7%。样本的平均年龄为26.6岁，其中，21~30岁占比最高，为61.2%，31~40岁占比18.5%。"95后"电子竞技员占比高于"95前"和"90后"，"95后"的电子竞技员（21~25岁）占比58.2%，而26~30岁的电子竞技员占比相对较低，为41.8%，可见电子竞技员是更加年轻化的一个职业。62.9%的电子竞技员为非农业户籍。约80%的电子竞技员有大专及以上学历，14.2%的电子竞技员为高中、中专或职高学历，初中及以下学历占比不到7%，表明电子竞技员并不是社会上普遍认为的一个低学历职业。从父母的受教育程度来看，电子竞技员的父母中30.3%接受过高等教育，36.3%为高中、中专或职高学历，远高于新业态青年的总体情况，一定程度上表明电子竞技员拥有更优越的家庭背景。

（四）全媒体运营人员学历较高，近九成接受过高等教育

公众号/微博等全媒体运营职业对从业者在学历、专业技能、综合素质等方面均有较高要求，为典型的智力密集型行业。在全媒体运营人员中，男性占比43.3%，女性占比56.7%。平均年龄28.4岁，其中，21~30岁的占比最高，为67.1%，其次为31~40岁，占比27.6%，年龄分布相比前面三类职业要偏大一些。城镇青年占大多数，63.7%为非农业户籍。全媒体运营人员中近九成接受过高等教育，67%有大学本科及以上学历，22.9%有大学专科学历，与新兴互联网科技从业人员受教育程度接近，整体学历高于其他新业态群体，这也体现了该职业对学历、工作经验等方面的要求更高。

（五）网络文学写手性别比例较为均衡，以"90后"为主

在网络文学写手从业者中，男性占比51.7%，女性占比48.3%。平均年龄29.5岁，其中，21~30岁的占比最高，为58.7%，其次为31~40岁，占比31.3%。

58.9% 的网络文学写手是非农业户籍。超八成接受过高等教育，其中，27.3% 为大学专科学历，56.5% 为大学本科及以上学历。

（六）新兴互联网科技从业人员以高学历男性为主，半数已婚

互联网行业是典型的高科技行业，其优越的工作条件和薪酬吸引了大量高学历人才，但其相对高强度的工作性质又使得男性从业者更多。在新兴互联网科技从业人员样本中，男性占比 69%，女性占比 31%。从年龄上来看，平均年龄为 29.7 岁，其中，21~30 岁占比最高，为 60.6%，其次为 31~40 岁，占比 32.5%。60% 的新兴互联网科技从业人员为非农业户籍。86.3% 接受过高等教育，26.5% 为大学专科学历，59.8% 为大学本科及以上学历。50% 的新兴互联网科技从业人员为已婚群体。

（七）新型职业农民多为农村精英群体，大多为中年、已婚，有较高受教育程度

新型职业农民以男性为主，占比 69.5%。从年龄分布上来看，平均年龄为 34.7 岁，其中，31~40 岁的占比最高，为 53.8%，其次为 21~30 岁，占比 25.9%。71.7% 的新型职业农民为农业户籍。从政治面貌上看，不同于其他新业态群体，35.7% 的新型职业农民是中共党员，在新业态群体样本中占比最高。从学历来看，59.4% 接受过高等教育，29.3% 为大学专科学历，30.1% 为大学本科及以上学历，还有 25.9% 为高中、中专或职高学历。综合党员身份、受教育程度来看，新兴职业农民群体中很大一部分为农村精英群体，本身具有较高文化水平，从而懂得利用新技术新业态发展农业、带领农民增收。新型职业农民年龄普遍较大，有 79.3% 为已婚有配偶，73.3% 有未成年子女。

二 新业态青年的就业与职业发展

（一）新业态青年的工作特征

1. 本省内就业比例超过 80%、地区内就业比例近 90%，促进就近就业

通过对新业态青年家乡所在省份和工作所在省份的交互分析发现，新

业态青年在本省内就业比例达 81.5%,有 28 个省份的省内就业比例都高于 50%,因此可以说,新业态发展促进了就近就业。

从全国不同地区来看,选择在本地区内就业的比例高达 89.0%。地区内就业比例从高到低依次为:华东地区(93.8%)、华中南地区(92.1%)、华北地区(86.8%)、东北地区(83.1%)、西北地区(78.7%)和西南地区(78.0%)。从地区分布看,一方面,区域内就业比例与地区经济发展水平密切相关,经济发展水平高、活力强的区域,新业态也取得了良好的发展;另一方面,新业态的蓬勃兴起,也反映了区域经济转型升级的成效显著,进一步带动了就业的转型升级。调查表明,新业态从业青年即使没有选择在本省就业,也更倾向于选择临近省份就业。

不同新职业在不同地区内的就业比例有所不同,如表 2 所示,网约配送员在华东地区区域内就业比例最高,网络主播在华中南地区区域内就业比例最高,电子竞技员在华北地区区域内就业比例最高,全媒体运营人员在东北地区区域内就业比例最高,网络文学写手在华东地区区域内就业比例最高,新兴互联网科技从业人员在华东地区区域内就业比例最高,新型职业农民在华东地区区域内就业比例最高。

表 2　七类新业态青年地区内就业百分比

单位:%

项目	网约配送员	网络主播	电子竞技员	全媒体运营人员	网络文学写手	新兴互联网科技从业人员	新型职业农民
华东地区	95.5	88.9	88.6	89.3	91.2	93.3	98.9
华中南地区	93.4	90.0	75.9	88.1	89.0	89.7	84.1
华北地区	83.7	85.5	90.8	87.0	90.3	86.1	85.7
东北地区	68.8	88.3	87.5	94.0	85.6	80.7	91.7
西北地区	76.0	75.8	69.2	73.8	77.8	35.0	96.0
西南地区	61.0	85.9	89.6	92.4	90.1	78.1	97.3

2. 超八成月收入在 8000 元以下，新型职业农民、网络文学写手、网络主播收入内部差异较大

新业态青年月收入在 2000 元以下的占 9.4%，2000~3999 元的占 26.2%，4000~5999 元的占 34.6%，6000~7999 元的占 15.5%，8000~9999 元的占 5.4%，1 万 ~1.5 万元（不含）的占 4.2%，1.5 万 ~2 万元（不含）的占 1.4%，2 万元及以上的占 3.3%。可见，约 1/3 的新业态青年月收入在 4000~5999 元，85.7% 的新业态青年月收入在 8000 元以下。

分职业来看，月收入在 2000 元以下的比例较高的是电子竞技员（25.5%）、网络文学写手（19.8%）、新型职业农民（17.3%）；月收入在 1 万元及以上比例较高的是新型职业农民（24.8%）、网络文学写手（24.2%）、新兴互联网科技从业人员（22.9%）。网约配送员的月收入相对集中在中间段，月收入在 2000~3999 元的占 25.4%，4000~5999 元的占 44.3%，6000~7999 元的占 19.2%。而新型职业农民、网络文学写手、网络主播的收入分布相对分散，内部差异较大（见图 5）。

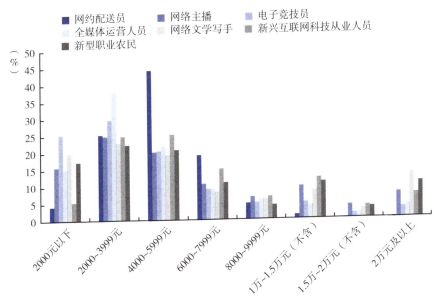

图 5 七类新业态青年当前工作月收入分布

215

3. 近两成有其他兼职，年龄越大有多份兼职的比例越高，电子竞技员、网络文学写手、网络主播拥有兼职的比例较高

新职业具有更加灵活、更加自由的就业形态，使得人们在工作赚钱的同时能够兼顾其他需求，也可以满足人们想要体验不同职业的需求，从而更多得到青年群体的青睐。调查发现，17.7%的新业态青年不只拥有当前这份主要工作，还有其他兼职；在有其他兼职的青年中，67.3%拥有1份兼职，27.4%拥有2份兼职，5.3%拥有3份兼职。从年龄差异来看，各年龄组是否拥有兼职的比例基本相当，但年龄越大，拥有2份或者3份兼职的比例更高。

在七类职业中，网约配送员拥有兼职的比例最低，为9.4%，电子竞技员、网络文学写手、网络主播拥有兼职的比例较高，分别为39.2%、34.2%、30.2%。

4. 超过1/4的新业态青年没有任何保障

不论是社会保障还是商业保障，在养老、医疗、失业、工伤、公积金和其他各项中，有26.3%的新业态青年没有任何保障，这一情况在不同职业间有着较大的差异。按照保障拥有率[①]从高到低依次为：新兴互联网科技从业人员（90.2%）、新型职业农民（83.5%）、全媒体运营人员（83.4%）、网约配送员（73.6%）、电子竞技员（69.8%）、网络主播（68.5%）、网络文学写手（63.5%）。

在各类保障中，拥有医疗保险的比例是最高的，为51.3%，拥有养老保险或退休金、工伤保险、失业保险、住房公积金的比例分别为36.4%、40.2%、26.9%、13.4%。此外，农业户籍的新业态青年保障拥有率为72.8%，略低于非农业户籍的75.2%。各年龄组中，年龄越小保障拥有率越低，18~20岁群体的保障拥有率为68.7%，21~30岁群体为73.3%，31~40岁群体为74.9%，41~45岁群体为75.5%。受教育程度越低，保障拥有率越低，小学及以下群体的保障拥有率为66.6%，初中群体为69.4%，高中群体为72.5%，大学专科群体为74.8%，本科及以上群体为78.1%。受教育程度越高，新业态青年对社会

---

① 文中保障拥有率是指在养老保险或退休金、医疗保险、失业保险、工伤保险、住房公积金、其他商业保险中，至少拥有一种的比例。

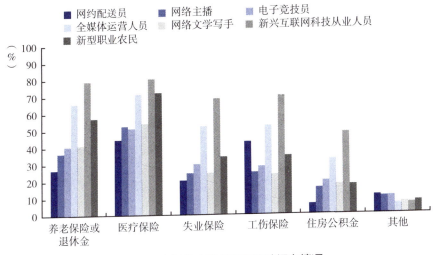

图 6　七类新业态青年各类保障拥有情况

保障可能越重视，也反映了受教育程度较高的职业的经济社会地位和职业稳定性较高，从而保障更完善。

5. 工作主要动机为兴趣爱好、入行要求简单和自我锻炼，新型职业农民独特就业动机为"能为社会做贡献"

当代青年在择业与就业中考虑的因素更加多元，新业态青年选择目前工作的因素中，排在前三的是：符合自己的兴趣爱好（23.0%）、入行要求比较简单（21.4%）、能使自己得到更多锻炼（21.2%）。不同职业类型的就业动机差异较大。网约配送员的主要就业动机为入行要求简单、能兼顾家庭以及一时找不到更好的工作，而网络主播、电子竞技员、全媒体运营人员、网络文学写手和新兴互联网科技从业人员的就业动机中"有发展空间，能展示自己的才干"和"符合自己的兴趣爱好"都较突出，新兴职业农民则有独特的就业动机"能为社会做贡献"，有 28.6% 的从业者选择此项。

同时，就业动机还存在性别、年龄、户籍和受教育程度差异。男性更看重能兼顾家庭和入行要求简单，女性更看重个人兴趣与自我锻炼；30 岁以下群体更看重个人兴趣与自我锻炼，30 岁以上群体则更看重能兼顾家庭和入行要求简单；农业户籍的新业态青年更看重能兼顾家庭和入行要求简单，非农

业户籍的新业态青年则更看重个人兴趣与发展空间；大专及以上学历更看重个人兴趣与发展空间，大专以下学历则更看重能兼顾家庭和入行要求简单。

6. 近半数在从事当前工作之前有正式全职工作，主要为普通工人、自由职业者、办事人员和商业服务业人员

调查发现，新业态青年在从事当前工作之前，44.2% 有正式全职工作，30.4% 为自由职业者/灵活就业/临时工，10.7% 在学校上学，4.9% 为失业/下岗，2.8% 毕业后一直未工作，2.4% 为务农，1.1% 为料理家务，0.2% 为退休，3.2% 为其他。在之前有工作的新业态青年中，所从事的具体职业主要为：普通工人占 21.8%，自由职业者占 18.0%，商业服务业人员占 15.4%，普通职员占 14.1%，个体经营者占 9.8%，企业管理者占 5.7%，专业人员占 3.5%，务农、干农活占 3.5%，以及新业态从业者占 2.3%。

不同新职业群体的社会来源有所差异。网约配送员群体中，31.2% 来自普通工人、17.4% 来自商业服务业人员；网络主播、电子竞技员、全媒体运营人员、网络文学写手群体中，20%~29% 来自普通职员；新兴互联网科技从业人员中，15.9% 来自企业管理者、33.7% 来自普通职员；新型职业农民中，22.7% 来自农民、18.7% 来自企业管理者。

（二）新业态青年的工作压力与风险

1. 普遍工作时间较长，平均每周工作 6 天、每天工作近 9 小时

从工作时间看，新业态青年的工作压力较大。根据调查数据，新业态青年每周平均工作 6.0 天，每天平均工作 8.9 小时，最短的日工作时长平均为 6.4 小时，最长的日工作时长平均为 11.8 小时。51.8% 的新业态青年每天工作超过 8 小时，20.4% 的新业态青年每天工作 12 小时及以上。47.9% 的新业态青年一周 7 天都在工作，一周工作 6 天及以上的占 74.5%。

七类职业中，网约配送的平均工作时间最长，每周平均工作 6.4 天（见图 7），每天平均工作 10.1 小时；电子竞技员的平均工作时间最短，每周平均工作 4.8 天，每天平均工作 6.5 小时。

从年龄组、性别、户籍、受教育程度和工作地点来看，在每周平均工作

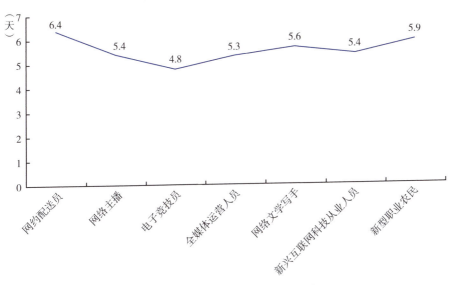

图7　七类新职业每周平均工作天数

天数和每天平均工作小时数上，男性略高于女性、农业户籍略高于非农业户籍，其他方面不存在较大差异，说明高强度的工作是新职业的一个普遍现象。

2. 主观评估失业可能性高于在职青年平均水平，较高人力资本职业较稳定

新业态青年对于自己在未来6个月内失业的可能性进行评估，有47.9%认为完全有可能和有可能。根据2019年中国社会状况综合调查[①]（CSS）数据，18~45岁有工作的青年群体中，认为自己在未来6个月内完全有可能和有可能失业的比例为21.8%。可以看出新业态青年对失业可能性的主观评估明显高于青年平均水平。

对失业可能性的主观判断上，年龄较大群体认同可能失业的比例更高，41~45岁群体明显高于其他年龄组，为55.3%，18~20岁群体为50.1%，21~30岁群体为47.0%，31~40岁群体为47.9%。农业户籍的主观评估失业可能性为49.2%，高于非农业户籍的45.7%；男性主观评估失业可能性高于女性，男性

---

① "中国社会状况综合调查"（Chinese Social Survey，CSS）是由中国社会科学院社会学研究所组织实施的，该调查是双年度的纵贯调查，采用概率抽样的入户访问方式，调查区域覆盖了全国31个省/自治区/直辖市，包括了151个区市县604个村居，每次调查访问10000余个家庭，研究结果可推论全国年满18~69周岁的住户人口。

为49.2%，女性为44.1%；初中及以下受教育程度的主观评估失业可能性高于高中及以上受教育程度。

在七类职业中，主观失业可能性评估最高的是电子竞技员（54.0%），其他依次为网络文学写手（49.6%）、网约配送员（49.5%）、网络主播（47.4%）、新型职业农民（40.2%）、全媒体运营人员（39.4%）、新兴互联网科技从业人员（38.3%）。可见，在新业态中，互联网科技从业人员和全媒体运营人员等对受教育程度要求较高、社会保障较完善的职业更加稳定。

3. 普遍面临职业歧视问题，创意工作者面临的同行抄袭问题较突出

新业态青年在不同的工作中都遭遇了一些不愉快经历，七类职业中，31.4%的新业态青年认为在工作中没有任何不愉快经历，"没有任何不愉快经历"的比例在新兴互联网科技从业人员中最高，为49.2%；在网络文学写手中最低，为22.6%（见图8）。

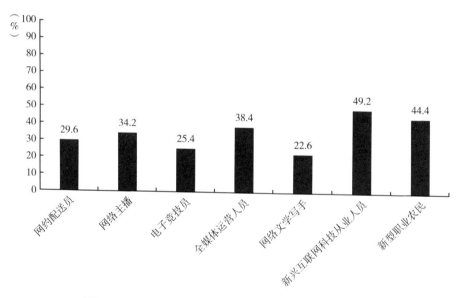

图8　七类新职业中"没有任何不愉快经历"的比例分布

不同新业态人员主要遭遇的经历有所不同。网约配送员主要遭遇的是职业歧视、交通事故、被客户打骂、身体素质明显下降；网络主播和电子竞技

员主要遭遇的都是身体素质明显下降、网络暴力、网络骚扰、职业歧视；全媒体运营人员主要遭遇的是身体素质明显下降、同行恶意抄袭和模仿、强制加班、网络暴力；网络文学写手主要遭遇的是身体素质明显下降、同行恶意抄袭和模仿、职业歧视、网络暴力；新兴互联网科技从业人员主要遭遇的是身体素质明显下降、强制加班、同行恶意抄袭和模仿；新型职业农民主要遭遇的经历是身体素质明显下降、职业歧视、同行恶意抄袭和模仿、强制加班。

可以总结出，网络活动从业者，如网络主播、电子竞技员、网络文学写手，所面临的网络暴力问题较突出；从事内容或产品创作等的创意工作者，如全媒体运营人员、网络文学写手、新兴互联网科技从业人员、新型职业农民，普遍面临同行抄袭问题。而职业歧视是新业态青年共同面临的问题。

（三）新业态青年的工作满意度与利益诉求

1. 工作满意度略高于青年整体，网约配送员满意度最低，新兴互联网科技从业人员满意度最高

在工作满意度方面，调查使用 1~10 分对工作环境、工作的自由程度、收入及福利待遇、与领导和同事的关系、晋升机会和未来职业前景、社会地位、总体满意度七个方面分别进行打分。数据发现，新业态青年对工作的总体满意度平均为 7.3 分，与领导和同事的关系平均 8.0 分、工作的自由程度平均 7.8 分、工作环境平均 7.6 分、收入及福利待遇平均 7.0 分、晋升机会和未来职业前景平均 6.8 分，得分最低的是社会地位平均 6.3 分。

以 6 分及以上为满意度标准，被访者对工作总体表示满意的比例为 77.7%，在六个方面表示满意的比例依次为"与领导和同事的关系"（84.8%）、"工作的自由程度"（81.3%）、"工作环境"（80.4%）、"收入及福利待遇"（71.9%）、"晋升机会和未来职业前景"（67.5%）、"社会地位"（60.6%）。根据 2019 年中国社会状况综合调查（CSS）数据，18~45 岁青年对工作表示满意的比例为 76.2%。可见新业态青年的总体工作满意度略高于青年整体水平。

从不同职业来看，总体满意度评分由高到低是：新兴互联网科技从业人员（7.9分）、新型职业农民（7.8分）、全媒体运营人员（7.7分）、网络主播（7.6分）、网络文学写手（7.4分）、电子竞技员（7.2分）、网约配送员（7.1分）。

新兴互联网科技从业人员在总体满意度、工作环境、收入及福利待遇、晋升机会和未来职业前景、社会地位五个方面的平均分均高于其他职业；工作的自由程度方面评分最高的是网络文学写手；与领导和同事的关系方面评分最高的是新型职业农民，这可能与新型职业农民的典型画像是农村精英群体有关系。而网约配送员在总体满意度、工作环境、工作的自由程度、晋升机会和未来职业前景、社会地位五个方面的评分均低于其他职业；收入及福利待遇方面评分最低的是网络文学写手。

2. 利益诉求集中在福利保障、劳动权益保障和技能培训，网约配送员希望雇用方"提供更好的纠纷处理机制"

调查显示，新业态青年希望政府为他们提供的服务和帮助排在前三的是："完善社会保险政策"（45.3%）、"维护劳动权益"（40.6%）、"完善相应就业政策和服务"（34.6%）。希望雇用方为他们做的事情排在前三的是："增加工资"（57.1%）、"提供更人性化的福利"（51.7%）、"提供更多的职业技能与素质培训"（28.2%）。从上述选择可见，新业态青年在福利保障、劳动权益和技能培训方面的诉求较为强烈。

除了"完善社会保险政策"是七类职业的共同期望外，不同职业的利益诉求有所不同，网约配送员希望政府做的事情主要是"维护劳动权益"和"保障劳动报酬支付"；网络主播、网络文学写手、电子竞技员主要是"完善相应就业政策和服务"和"维护劳动权益"；全媒体运营人员、新兴互联网科技从业人员、新型职业农民主要是"支持技能培训"和"完善相应就业政策和服务"。

在希望雇用方做的事情上，新业态青年的诉求较为一致，七类职业都选择了"增加工资"和"提供更人性化的福利"。但除了网约配送员外，其他六类职业均选择了"提供更多的职业技能与素质培训"，而网约配送员选择的是"提供更好的纠纷处理机制"，可见网约配送员这一职业面临纠纷的压力和风险更大。

三 新业态青年的生活、家庭与价值取向

（一）新业态青年的生活与家庭状况

1. 过半数家庭消费支出每月在 2000~5999 元，已婚有未成年子女的支出压力更大

新业态青年每月的家庭生活消费支出 1000 元以下的占 7.1%，1000~1999 元的占 17.3%，2000~3999 元的占 34.2%，4000~5999 元的占 21.8%，6000~7999 元的占 8.4%，8000~9999 元的占 4.3%，1 万 ~1.5 万元（不含）的占 4.0%，1.5 万元及以上的占 2.9%。可以看出，超过三成的新业态青年每月家庭生活消费支出在 2000~3999 元，超过半数的新业态青年每月家庭生活消费支出在 2000~5999 元。

从不同职业来看，家庭生活支出比较高（每月生活消费支出 6000 元以上）的是网络文学写手（33.5%）、网络主播（32.6%）；较低的是电子竞技员（14.6%）和网约配送员（14.2%）。前文新业态青年的画像指出，网络文学写手近半数为已婚，电子竞技员中"95 后"占比较高，因此家庭生活消费支出既与经济水平有关，也与家庭人口结构有关。

2. 过半数个人或家庭有负债，负债率和负债金额均高于全国平均水平

根据调查，新业态青年个人或家庭有借款或贷款的比例为 56.2%，不同职业的负债比例差异较大，新型职业农民（71.4%）、网约配送员（60.8%）、新兴互联网科技从业人员（52.1%）、网络文学写手（52.0%）、网络主播（51.0%）过半数都有负债，相比之下全媒体运营人员（45.6%）和电子竞技员（37.1%）的负债比例较低。

在有借款或贷款的新业态青年中，负债金额在"1 万元以内"的比例为 13.1%，"1 万 ~1.5 万元（不含）"的比例为 6.8%，"1.5 万 ~2 万元（不含）"的比例为 5.8%，"2 万 ~5 万元（不含）"的比例为 13.4%，"5 万 ~10 万元（不

含）"的比例为 14.0%，"10 万~30 万元（不含）"的比例为 21.7%，"30 万~60 万元（不含）"的比例为 14.4%，"60 万元及以上"的比例为 10.7%。可以看出，负债金额在 10 万元及以上的比例为 46.8%。负债金额在 10 万元及以上在不同职业中的比例排序为：新型职业农民（67.9%）、新兴互联网科技从业人员（65.6%）、网络文学写手（57.4%）、全媒体运营人员（57.1%）、网络主播（51.7%）、电子竞技员（45.1%）、网约配送员（41.5%）。

从图 9 可以看出，网约配送员相对处于高负债率、低负债额的状态；新型职业农民相对处于高负债率、高负债额的状态；电子竞技员相对处于低负债率、低负债额的状态；其他如网络主播、网络文学写手、全媒体运营人员、新兴互联网科技从业人员处于中间状态。

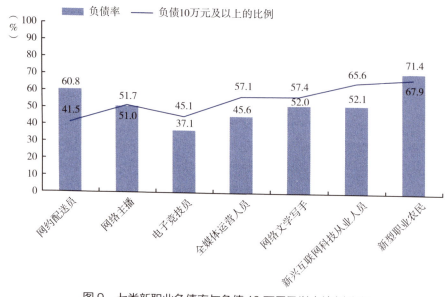

图 9　七类新职业负债率与负债 10 万元及以上比例分布

根据 2018 年中国家庭追踪调查（CFPS）数据，我国城乡家庭有 33.7% 有尚未偿还的负债，在持有负债的家庭中，家庭平均负债金额为 73947.8 元，65.0% 的家庭负债额度在 5 万元以内，负债 10 万元及以上的占 17.9%，负债 60 万元及以上的只占 1.1%。而新业态青年个人或家庭的负债比例为 56.2%，负债 5 万元以内的占 39.1%，负债 10 万元及以上的占 46.8%，负债 60 万元及以上的占 10.7%。可以看出，新业态青年个人或家庭的负债比例和负债金额都高于全国平均水平。

3. 生活压力主要来自收入、住房与子女教育

新业态青年个人和家庭面临的压力中，选择比例最高的三方面是：自己或家庭收入低（39.2%）、住房（34.2%）、子女教育（26.0%）。不同年龄组的压力排序略有差异，30 岁以下群体压力来源前三位为自己或家庭收入低、住房、自己或家人的健康；而 30 岁以上群体的压力来源前三位为子女教育、自己或家庭收入低、住房。说明随着年龄增长、成家有子女后，对于子女教育的担忧和压力增加。已婚或离异群体除了收入的压力外，更为担心子女教育；而未婚（或同居、丧偶）群体对于婚姻恋爱的压力高于其他群体。有未成年子女的新业态青年，对于子女教育的压力明显较高，尤其是有 2 个未成年子女的，对子女教育的压力感知比例高达 55.1%。

不同职业青年在压力感知方面存在差异，这与各群体的工作性质与人口特征有关系。新型职业农民年龄相对较大，很多生活在农村地区，他们对住房的压力感知要低于其他群体，但是在健康和子女教育方面的压力较大。网约配送员虽然收入不低，但是长期处于高强度、高风险工作中，收入能否持续是个问题，很多也是出于经济压力来当骑手，因而该群体的收入压力较突出。而网络主播、电子竞技员、全媒体运营人员相对年轻，很多没有子女，子女教育的压力相对较小，但是在婚姻 / 恋爱和工作 / 学业上的压力相对其他职业来讲较突出。新兴互联网科技从业人员因为工作多在一线城市和大城市，其住房压力要高于其他职业群体。

（二）新业态青年的社会认同与社会态度

1. 职业认同度普遍较高，认同度相对较低的是网约配送员

新业态青年本人对当前的职业非常认同和比较认同的占 89.9%，很不认同和比较不认同的占 10.1%，可见个人的职业认同度普遍较高。相对而言，网

约配送员的职业认同度明显低于其他职业，为87.0%，其他职业的认同度依次为：新兴互联网科技从业人员（96.3%）、网络文学写手（95.5%）、全媒体运营人员（94.8%）、新型职业农民（93.6%）、网络主播（93.4%）、电子竞技员（92.1%）。收入越高，职业认同度相对更高，月收入2000元以下的新业态青年职业认同度为87.2%，6000~7999元为93.1%，2万元及以上为96.7%。

在新业态青年看来，家人对新业态青年的职业认可度总体要低于本人，选择非常认可和比较认可的比例为79.2%，很不认可和比较不认可的比例为20.8%。从图10可以看到不同职业中，家人职业认可度最高的是新兴互联网科技从业人员，其次为全媒体运营人员、新型职业农民，较低的是网约配送员和电子竞技员。

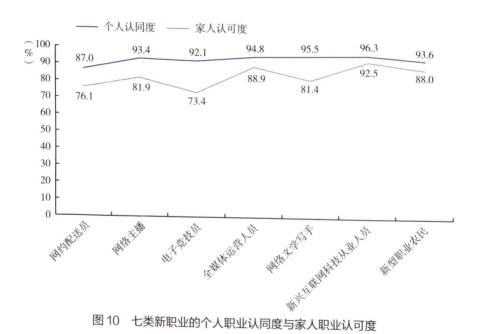

图10 七类新职业的个人职业认同度与家人职业认可度

从图10可以看到，七类职业的家人认可度全部低于个人认同度，差距最大的是电子竞技员，差值达到18.7个百分点，其次是网络文学写手，差值

14.1 个百分点。差值较小的是新兴互联网科技从业人员和全媒体运营人员，相比其他新职业，这两类职业更加稳定，与传统就业形式更加类似。数据侧面反映出家人对新职业的了解和认可程度还较低。

与个人职业认同度趋势类似，其收入越高，家人的认可度越高，月收入2000 元以下的家人认可度为 74.7%，上升到月收入 2 万元及以上的家人认可度为 89.3%。非农业户籍新业态青年的家人职业认可度为 82.1%，要高于农业户籍的 77.1%，这可能与城市家庭背景中父母等家人对新事物接触更多有关。

2. 总体对未来社会流动和职业前景持积极态度，新兴互联网科技从业人员和网络文学写手最乐观

用 1~10 分代表社会经济地位等级，新业态青年对本人目前的社会经济地位评价平均为 5.03 分，五年后的社会经济地位评价平均为 6.19 分。从比例上看，目前的社会经济地位选择 7 分及以上的比例为 25.6%，选择 5~6 分的有 35.3%，选择 4 分及以下的有 39.1%。对于五年后的社会经济地位，选择 7 分及以上的比例为 45.8%，选择 5~6 分的有 33.7%，选择 4 分及以下的有 20.5%。同时，对五年后和目前的社会经济地位自评进行比较，37.7% 认为没有变化，8.3% 认为会向下流动，54.0% 认为会向上流动。表明大多数新业态青年对五年后的社会经济地位持积极乐观态度。

从图 11 可见，相对而言，网约配送员对目前和五年后的社会经济地位评价较低，结合前文中其受到职业歧视的比例较高，对职业的认同度相对较低，表明网约配送员的职业社会认同度还待提升。

总体来看，对于职业前景，81.0% 的新业态青年对职业前景较有信心，68.5% 认为未来不太有可能大幅增加收入，76.4% 认为随着年龄增大会被取代，61.0% 认为这份工作与自己的梦想 / 理想一致。相对于其他职业，新兴互联网科技从业人员和网络文学写手对职业前景的判断总体最为积极，而网约配送员对职业前景的判断总体较消极，这与从业者本身的人力资本和技能有关系，也与不同职业的稳定性和发展前景有关。

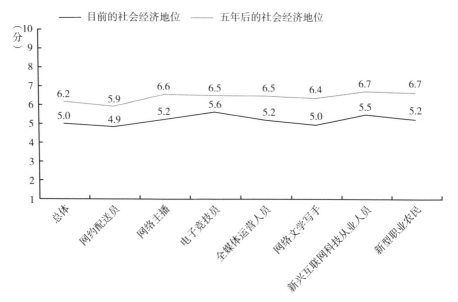

图11　七类职业对目前与五年后社会经济地位的主观评价
（1分代表最低，10分代表最高）

（三）新业态青年的未来规划

1. 超七成表示未来一年继续从事现在工作，未来五年转为创业或提升自己的比例上升

新业态青年在未来一年的工作规划上选择"继续从事现在的工作"①的比例高达73.1%，可见大多数人在未来一年还会继续从事现在的工作。而对于五年后的工作打算，选择"继续从事现在的工作"比例有所下降，为55.9%，"当个体户/自己开店/自己创业"的比例明显上升，由12.0%增至21.4%；同时，"上学或参加培训，为以后找工作充电"的比例也有所上升，增加了1.5个百分点（见表3）。

---

①　分析将"现在工作不错，继续好好干""找不到更好的工作，先这么干下去再说""现在干得不是很好，但这个工作前途不错，会想办法干好"合并为"继续从事现在的工作"。

表3　新业态青年未来一年和五年后的工作打算百分比（多选题）		
		单位：%
未来的工作打算	未来一年	五年后
现在工作不错，继续好好干	47.3	35.7
找不到更好的工作，先这么干下去再说	19.1	12.8
现在干得不是很好，但这个工作前途不错，会想办法干好	18.2	15.2
当个体户/自己开店/自己创业	12.0	21.4
换个不同的工作试试	9.9	10.3
上学或参加培训，为以后找工作充电	8.5	10.0
换个类似的工作试试	6.8	6.7
不想工作，歇一段时间	1.9	1.7
离职生育子女	0.6	1.1

不同职业在未来一年和五年后的工作打算中，网约配送员选择"继续从事现在的工作"比例都较低，而选择"当个体户/自己开店/自己创业"的比例较高；电子竞技员选择"换个类似的工作试试"和"换个不同的工作试试"的比例较高；新型职业农民、全媒体运营人员和网络文学写手选择"上学或参加培训，为以后找工作充电"的比例高于其他职业。

2. 近七成表示未来可能返回家乡工作，返乡后大多数选择创业或做小买卖

对于目前不是在家乡工作的新业态青年，选择有可能和很有可能返回家乡的比例为67.9%，不太可能和完全不可能返回家乡的比例是32.1%。不同职业可能返回家乡的比例略有差异，新型职业农民为76.3%、网约配送员为71.1%、电子竞技员为69.0%、全媒体运营人员为62.6%、网络主播为61.9%、网络文学写手为60.7%、新兴互联网科技从业人员为58.6%。

相对于年龄较大群体，30岁以下群体的返乡意愿较高；受教育程度越高，返乡意愿越低；目前在一线城市工作的新业态青年返乡的意愿（70.3%）高于在非一线城市工作（67.6%）；农业户籍的新业态青年的返乡

意愿（71.1%）高于非农业户籍（62.0%）；随着收入增加，返乡意愿降低。来自不同地区的新业态青年可能返回家乡的比例不同，西南地区为76.5%、华中南地区为70.8%、华东地区为69.2%、华北地区为62.7%、西北地区为61.9%、东北地区为58.4%，可见西南地区的新业态青年返乡意愿最高，东北地区最低。

对于如果返乡会选择做什么，66.9%的新业态青年选择创业/做小买卖，40.5%选择当地就业，7.7%选择务农，2.2%选择不工作。不同职业中，网约配送员选择创业/做小买卖的比例最高，为71.7%。

3. 未来发展方向并不集中在大城市，年轻、高学历、未婚的新业态青年更倾向未来到一线城市和省会城市工作

对于未来五年会去哪里发展的问题，新业态青年的选择相对分散，23.2%选择北上广深一线城市，26.4%选择非北上广深的其他直辖市或省会城市，27.7%选择经济发达的非省会城市，21.0%选择其他城市/地区/自治州/盟，24.8%选择县城/乡镇，11.0%选择农村。除选择农村的较少外，选择各类城市或地区的比例差异不大，反映新业态青年的工作地点选择并不集中在大城市。

从不同职业来看，网约配送员更希望到县城/乡镇发展（28.3%）；网络主播、电子竞技员、全媒体运营人员、网络文学写手更希望到其他直辖市或省会城市发展（30.9%、37.9%、32.1%、36.4%）；新兴互联网科技从业人员更希望在一线城市发展（33.5%）；新型职业农民更希望到农村去发展（55.3%）。未来工作地点的选择与不同职业的发展特征联系紧密。

目前已经在一线城市工作的新业态青年中，未来五年继续选择在一线城市的比例为54.2%，而目前不在一线城市的，选择一线城市的比例为20.0%。随着年龄增长，选择到一线城市和直辖市/省会城市的比例有所减少，18~20岁群体的选择比例分别为37.2%和31.3%，而41~45岁群体则下降至17.6%和18.4%。年轻、高学历、未婚的新业态青年更倾向于未来到一线城市和省会城市工作。

四 研究总结：促进新业态青年成长发展的政策建议

新业态群体以青年为主，其就业方式的灵活性、工作内容与从业者兴趣的高度契合性、工作安排的自主性等，得到了相当一部分青年的认同。但是，新业态新就业在发展的起步阶段也存在一些问题，尤其是在社会保障、职业培训等方面，本报告提出以下政策建议。

第一，鼓励支持新经济新业态发展、稳定新业态就业，扩大中等收入群体。重视新业态新就业对经济社会发展的重要作用，稳定新业态新就业群体就业，对于提高居民收入水平、扩大中等收入群体、扩大内需、实现共同富裕都有重要意义。

第二，创新完善劳动关系认定，发挥工会与行业协会作用，保障新业态群体劳动权益。创新劳动关系认定标准，研究制定适合新就业形态发展的平台企业劳动用工、劳动契约、工资支付、工作时间、休息休假等有关劳动基准，确立新就业形态从业人员劳动权益保护的劳动标准。充分发挥工会与行业协会等组织的作用，推动建立集体协商与平等对话机制，有效维护新业态群体的劳动权益。

第三，探索新经济新职业发展需求，健全完善社会保障机制。要进一步落实"十四五"规划提出的健全多层次社会保障体系、建立健全灵活就业人员社保制度的要求，加快完善新业态群体的社会保障体系，推动各级政府部门整合地区优势资源，创新完善社会保障制度，建立符合现实情况、适合新业态群体的参保缴保制度，核心应当是强制与激励和便利相结合。

第四，重视推进职业培训与素质培养，促进新业态青年的就业能力提升和职业发展。尽快完善出台新职业相关的国家职业技能标准，将职业技能与收入、与晋升挂钩，明确新业态群体的职业发展路径。同时开展有针对性的职业培训和就业培训。政府部门应积极引导，推动企业重视并积极推进灵活用工人员职业培训，将职业培训设置在员工职业能力提升和晋升机制的框架内，推动实施带薪培训制度。

第五，完善制度支持和公共服务，促进新业态群体的社会融入。地方政府应转变思想观念和工作思路，有效利用这群新就业群体的人力资源，推动地区发展和乡村振兴。完善城市户籍制度改革，完善灵活就业群体的医疗、养老、子女教育、住房等公共服务，引导服务新业态群体，鼓励这些"新市民"参与到新型城镇化建设中来。努力增进全社会对新业态群体的认知与理解，加强新业态群体的归属感与认同感。

B.11
中国大学毕业生工作、生活
与心理状况调查报告

——基于"中国大学生追踪调查"(PSCUS)数据的分析

刘保中　郭亚平*

摘　要： 大学生从"象牙塔"跨入社会，从校园走向职场，实现了人生重大的角色转变，并逐渐成长为社会主义现代化建设的中坚力量。我们需要关注在这一转型过程中大学毕业生就业、生活以及心理健康等方面的基本状况及可能面临的问题。本报告利用"中国大学生追踪调查"(PSCUS)2019年和2020年的毕业生调查数据，围绕就业、生活和心理状况进行分析，呈现中国大学毕业生的生存现状。研究发现：疫情对大学毕业生就业影响明显，大学毕业生进入体制内工作的比例有所上升，进入民营企业工作的比例下降；大学毕业生实际薪酬与收入预期仍旧存在相当差距；相当比例的大学毕业生表现出失业隐忧情绪、"跳槽"现象；大学毕业生工作满意度总体偏低，尤其是对工作收入和职业声望的满意度相对更低；大部分毕业生住房问题比较突出，居住质量相对不高；大学毕业生面临较大的生活压力，心理健康问题突出。大学毕业生是国家青年人才资源的重要力量，建议相关部门和机构积极关注大学毕业生面临的现实问题，帮助他们切实解决实际困难，促进他们更好地投身到社会主义现代化建设当中。

---

* 刘保中，中国社会科学院社会学研究所助理研究员；郭亚平，中华女子学院社会工作学院讲师。

关键词： 大学毕业生　工作状况　生活现状　心理健康

　　最近 20 年是我国高等教育快速发展的时期。自 1999 年实施大学扩招政策之后，我国高等教育实现了"井喷式"的发展，高等教育毛入学率不断提高，高等教育规模迅速扩大。2020 年 5 月教育部发布的《2019 年全国教育事业发展统计公报》显示，2019 年全国高等教育毛入学率达到51.6%，这意味着我国高等教育已经实现从大众化阶段向普及化阶段的历史性过渡。在我国高等教育事业蓬勃发展的同时，高校毕业生人数激增，最近几年每年都有八九百万的大学毕业生，其中多数要进入劳动力市场，这使得现阶段大学生就业形势的严峻程度前所未有。社会各界为促进大学生就业、缓解大学生就业压力建言献策，但是大学生毕业参加工作后的状况却很少受到社会关注。大学生从"象牙塔"跨入社会，从校园走向职场，实现了人生重大的角色转变，并逐渐成长为社会主义现代化建设的中坚力量。对于中国大学生毕业后的就业、生活及心理健康状况的研究，不仅有助于全面评估高等教育事业发展成效，而且对经济发展和社会稳定具有极其重要的现实意义。

　　本报告使用的数据来自"中国大学生追踪调查"（以下简称 PSCUS）。PSCUS 由中国社会科学院社会学研究所和中国教育发展智库主持实施，以全国范围内的在校大学生及毕业生为调查对象，旨在全面深入地了解大学生的学习、生活、价值观与就业状况。PSCUS 采用多阶段混合抽样的方法，把"学校—专业—班级"作为三个层次的抽样单元进行抽样，在初级抽样单元的设计上，该调查兼顾了学校层级、学科类型和分布地域的不同，以此提高样本的代表性，降低抽样误差。因此，PSCUS 数据在调查内容的全面性、调查数据的代表性和及时性上具有较大的优势。"中国大学生追踪调查"自 2013 年开始实施，从 2018 年正式开始对大学生毕业离校后继续追踪调查，形成每年度的毕业生追踪调查数据库。PSCUS 毕业生数据库为分析大学毕业生离开校园步入职场的转型状况提供了珍贵的数据资料。本报告主要采用 PSCUS2020

年毕业生调查的数据，针对 2020 年应届毕业生进行分析；另外，为全面呈现大学毕业生多方面的情况，部分数据会采用 2019 年毕业生调查数据中的应届毕业生数据。

大学毕业生的就业状况主要包括工作、升学、未就业等，本报告主要分析毕业生初入职场之后的工作、生活和心理健康状况，研究对象为毕业半年左右且参加工作（不包括占比较低的创业和自由职业类型）的应届大学生就业群体。PSCUS 毕业生调查数据显示，2019 年参加工作的应届毕业生调查数据有效样本量为 1693 个，其中男生占 46.4%，女生占 53.6%；2020 年参加工作的应届大学生有效样本量为 1382 个，其中男生占 50.1%，女生占 49.9%。

一 大学毕业生的工作状况

（一）疫情对大学毕业生就业影响明显，大学毕业生进入体制内工作的比例上升，进入民营企业工作的比例下降；大学毕业生就业地域分化明显，偏好经济发达城市和"离家近"

新冠肺炎疫情对大学生就业产生了较大冲击，严峻的就业形势影响了毕业生的就业选择。PSCUS2020 年毕业生调查数据显示，在就业的毕业生群体中，一半左右的大学毕业生表示疫情对就业产生较大影响。对比 2019 年和 2020 年 PSCUS 调查数据可以发现，应届大学毕业生中升学的人数比例从 2019 年的 23.9% 上升到 2020 年的 31.4%，参加工作的毕业生比例从 55.5% 下降至 45.1%。

从就业单位的所有制性质来看，国有部门和非国有部门构成了就业市场上就业单位的两个基本类别，前者由政府机关、事业单位、国有企业等"体制内"单位组成；后者包括了外资企业、私营企业等"体制外"单位。虽然经历了多年的市场化转型，体制外单位已经成长壮大，其中不乏高薪企业，但就目前中国劳动力市场的总体状况而言，体制内劳动力市场依然占有更多的垄断性资源，享有相对更高的平均收入水平、工作稳定性和良好的社会声望，因此进入体制内单位工作仍旧是当前大学生主要的就业偏好。但现实情况是，体制内工作岗位和机会都是相对比较有限的，图1显示，根据PSCUS的调查，2019年进入体制内单位工作的应届大学生比例仅为34%，2020年上升到41.1%，体制外仍旧是吸纳大学生就业的重要渠道，尤其是民营企业吸纳了超四成的大学毕业生，2019年和2020年应届毕业生进入民营企业工作的比例分别占到46.1%和40.7%。相比之下，受到疫情的影响，2020年应届大学生进入民营企业工作的比例比2019年下降了5.4个百分点，而进入体制内单位工作的比例比2019年上升了约7个百分点。

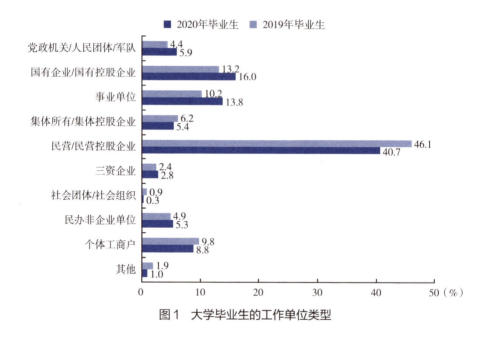

图1　大学毕业生的工作单位类型

以上调查数据呈现出大学生就业市场两个突出的情况：一是多数大学毕业生进入了体制外尤其是民营企业工作；二是新冠肺炎疫情对大学生就业结构影响较大。此次疫情对中小微企业冲击最大，尤以餐饮、旅游、外贸、酒店、影视等行业最为明显，很多民营企业不得不缩小人员规模，一些企业甚至倒闭，这导致民营企业工作机会大量减少。为应对疫情的影响，国家相关部门出台多项政策"稳就业"，如：增大基层医疗、社会服务等岗位招募规模，扩大"三支一扶"计划等基层服务项目招募规模；促进国有企业扩大招聘高校毕业生的规模；加大对小微企业吸纳高校毕业生就业的支持力度等。从实际情况看，对小微企业吸纳高校毕业生就业的支持性政策效果显然不太明显，当然这背后也有疫情影响下大学生就业心态的变化，疫情加剧了劳动力市场的不确定性，大学生对于稳定的体制内工作机会的偏好明显增加，更加不愿意选择去市场风险性更高的体制外单位工作。

从就业地域来看，大学毕业生就业呈现明显的地域偏好，倾向于选择北上广深及省会城市和其他经济发达地区。PSCUS2020 年毕业生调查数据显示，26.6% 的毕业生在上海、北京、广州、深圳等一线城市工作，大约四成（39.8%）的大学毕业生在省会城市或经济发达城市工作。刚毕业的大学生对未来充满期待，希望寻找更好的就业机会、更大的发展空间使他们倾向于选择在大城市发展。北上广深以及其他经济发达地区的经济发展迅速、国际化程度高，能够为大学毕业生今后的发展提供更多的就业机会和广阔的事业空间，自然成为大学毕业生的工作首选地。离家近，就业机会多、发展空间大和经济发展程度高是影响大学毕业生选择就业区域的主要因素（见图 2）。当然，除了"大城机会"，也有"小城故事"。有 32.5% 的毕业生选择了在非经济发达地区工作，这其中有近一半（46.7%）的人是因为离家近。选择在离家近的地方工作原因不一，部分因为已有的情感依赖，另外熟悉的文化和社会关系网络，方便为以后的职业发展提供支持，而且生活成本也相对较低。

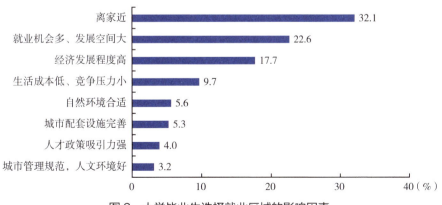

图 2 大学毕业生选择就业区域的影响因素

（二）大学生求职信息的获取呈现多渠道化特征，互联网、线下招聘会以及个人社会网络是毕业生获取求职信息的主要渠道；收入水平、发展空间、工作地域及工作稳定性是大学毕业生求职时比较看重的因素

PSCUS2020 年毕业生调查数据显示，大学生求职信息的获取呈现多渠道化特征，既包括线上的互联网形式，也有线下的招聘会，还有个人的社会网络。其中，互联网是目前大学生获取就业信息的最重要渠道，这种情况在2020 年毕业生中表现得更加突出。2020 年超三成（32.1%）的大学毕业生通过求职网站 / 媒体获取就业信息，通过线下现场招聘会获得求职信息的毕业生比例则呈现下降趋势，从 2019 年的 28.8% 下降到 2020 年的 24.4%。疫情导致大量线下招聘会取消，毕业生不得不转移到线上寻找工作机会或通过亲朋好友获取就业信息。相对于 2019 年毕业生，2020 年毕业生中通过父母 / 亲戚获得工作信息的比例明显增加（见图 3）。

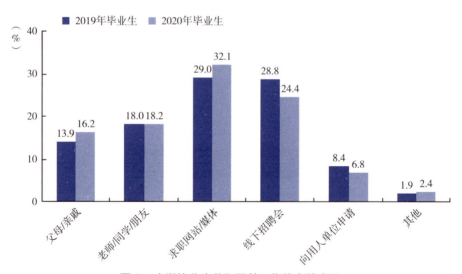

图 3　大学毕业生获取目前工作信息的来源

随着经济的快速发展以及社会的剧烈变革，青年群体的生活观念和社会态度发生深刻变化，当代大学生个性鲜明、自主性强，对于自己的生活方式

以及未来发展具有清晰的态度，在职业选择上有自己的见解。PSCUS2020 年毕业生调查数据显示，超过一半（53.6%）的大学毕业生表示会自己决定职业选择。另外，近 1/4（23.9%）的大学毕业生表示会听取父母的建议，13.4% 的大学毕业生会听取老师的建议，也有近 1/10（9%）的大学毕业生会听取毕业校友和同学的建议。

大学毕业生在找工作时最看重工作的收入和发展空间，其次是工作地域和工作稳定性。PSCUS2020 年毕业生调查数据显示，分别有 47.7% 和 18.6% 的人把工作的收入水平和工作发展空间放在首位，分别有 9.3% 和 7.8% 的人把工作地域和工作稳定性放在首位。而仅有 6.1% 和 3.2% 的人愿意把个人兴趣和专业对口视为最重要的择业标准。这些结果反映出大学毕业生务实的心态，相比于职业理想和个人兴趣，毕业生更加看重当下工作所能带来的实际利益。

（三）大学毕业生实际薪酬与收入预期之间存在相当差距，大学毕业生社会保障状况参差不齐

对于刚刚毕业、步入职场的大学毕业生而言，工作预期尤其是收入预期跟实际状况的差异往往是导致就业初期心理落差的主要原因。PSCUS2020 年调查数据显示，大学毕业生实际薪酬与收入预期存在较大差距，超过一半（55.6%）的大学毕业生表示目前的工作收入低于预期收入，42.3% 的大学毕业生认为目前实际收入与预期收入差不多，极低比例（2.1%）的大学毕业生认为实际工作收入高于预期收入。

对于每一个大学毕业生来说，劳动合同至关重要，它是大学生与工作单位确立劳动关系、维护自身权益的法律依据。但是根据 PSCUS2020 年调查数据，仍旧有 1/10（10.2%）的大学生同工作单位没有签订任何形式的劳动合同。在社会保障方面，如图 4 所示，57.2% 的大学毕业生享有五险一金，15.0% 的人只有五险，除了少部分群体还享有三险一金、三险、商业保险外，17.4% 的大学毕业生没有任何社会保障或商业保险。总的来看，大学毕业生享有社会保障情况不容乐观，而且还有不少大学生对社会保障相关政策法规了解得不清楚，社会保障意识不强。

图4　大学毕业生获得社会保障的情况

（四）大学毕业生的"所学"和"所用"之间存在一定程度的专业匹配和技能匹配问题；超过一半的大学毕业生专业和工作匹配情况较好，但技能匹配较好的比例不足四成；高职院校毕业生的专业匹配度和技能匹配度显著低于本科院校毕业生

大学生在毕业后所从事的工作与专业的匹配程度对教育回报具有重要影响。如表1所示，PSCUS2020年调查数据表明，26.6%的大学毕业生认为自己专业方向与工作非常相关，27.6%的人表示专业方向与工作是比较相关的，约有1/4（24.9%）的大学毕业生表示专业方向与工作有相关性，有1/5（20.9%）的大学毕业生认为所学的专业方向与工作内容毫不相关。此外，高职院校毕业生专业匹配度明显低于本科院校毕业生。有24.7%的高职毕业生所从事的工作与自己的专业毫不相关，比本科院校毕业生低了9个百分点，这意味着高职院校毕业生在劳动力市场上本应具有技能人力资本上的比较优势，但较高的专业错配度很可能导致他们的技能优势无法发挥，从而难以获得相对较高的市场回报。

大学毕业生掌握的技能是参与劳动力市场竞争的重要人力资本，技能匹配即技能性人力资本与工作职位的匹配程度，也是人力资本匹配的重要内容。PSCUS2020年调查数据显示（见表2），37.5%的大学毕业生表示在大学期间所掌握的技能能够达到（完全能达到和比较能达到）现在工作的需要，38.6%的毕业生表示其掌握的技能基本能够满足现在工作的需要，但是也有接近1/4（23.9%）的毕业生表示在大学期间所掌握的技能达不到（完全达不到和比较达不到）现在工作的需要，其中接近一成（9.3%）的毕业生表示其掌握的技能完全达不到现在工作的需要。调查数据也表明，高职院校毕业生的技能匹配度明显低于本科院校毕业生。有12.1%的高职院校毕业生表示其掌握的技能完全达不到工作要求，而本科院校毕业生的这一比例仅为5.5%，仅有7.6%的高职院校毕业生表示其掌握的技能完全能达到工作要求。较高的学用错配度在某种程度上也造成较高的高职院校毕业生技能错配率。

表1 大学毕业生的工作 - 专业匹配情况				
				单位：%
类型	毫不相关	有一点相关	比较相关	非常相关
本科院校	15.7	25.9	28.5	29.9
高职院校	24.7	24.2	26.9	24.2
总体	20.9	24.9	27.6	26.6

表2 大学毕业生的工作 - 技能匹配情况					
					单位：%
类型	完全达不到	比较达不到	一般	比较能达到	完全能达到
本科院校	5.5	14.5	32.0	33.3	14.7
高职院校	12.1	14.7	43.4	22.2	7.6
总体	9.3	14.6	38.6	26.9	10.6

（五）大学毕业生工作满意度总体偏低，尤其是对工作收入和职业声望的满意度相对更低，高职院校毕业生工作满意度普遍低于本科院校毕业生

就业满意度是衡量就业质量最重要的主观性评价指标，是衡量高校毕业

生对于所获得工作的一种主观感受，也是大学生对自身就业状况的综合评价指标。PSCUS2020年调查数据显示大学毕业生的工作满意度并不算高，仅有45.1%的大学毕业生对工作总体上表示非常满意和比较满意，46%的大学毕业生对工作总体满意度持"一般"态度。从满意度的内部结构看：在工作收入满意度上，36.8%的大学毕业生满意目前的工作收入情况，其中有13.2%的大学毕业生对工作收入表示非常满意。47.4%的大学毕业生认为现在的工作收入状况一般，15.7%的大学毕业生非常不满意和比较不满意工作收入。在工作稳定性上，14.5%的人对工作稳定性非常满意，36.7%的大学毕业生对工作稳定性表示比较满意，仅有6.8%的人对工作稳定性表示非常不满意和比较不满意。42.7%的大学毕业生对工作前景表示满意，仅有1/10（11.0%）的大学生对工作前景不满意。在职业声望方面，分别有11.9%和29.4%的大学毕业生对自身工作的职业声望表示非常满意和比较满意（见图5）。

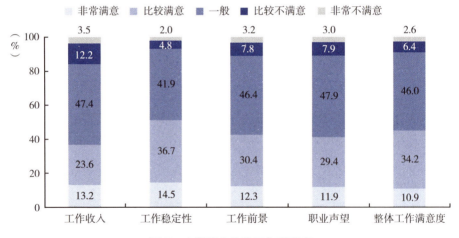

图5　大学毕业生的工作满意度

报告进一步比较了高职院校毕业生和本科院校毕业生在工作满意度上的差异，对比发现高职院校毕业生对工作收入、工作稳定性、工作前景、职业声望以及整体工作的满意度均低于本科院校毕业生，尤其是在工作前景和职业声望上，差距更加明显。高职院校毕业生对工作前景充满担忧，对职业声望满意度普遍不高。高职院校毕业生的人力资本匹配度较低，导致专业技能比较优势没有办法得到充分发挥，这也一定程度影响高职院校毕业生的工作满意度。

（六）1/4的大学毕业生存在失业隐忧；超两成的毕业生在毕业半年内换过工作，高职院校毕业生毕业半年内换工作的比例达到1/3；绝大多数毕业生具有职业规划，但以短期规划为主

日益激烈的就业竞争和劳动力市场的不确定性使得不少大学毕业生表现出对未来可能失业的担忧。PSCUS2020年调查数据显示，分别有9.5%和16.5%的毕业生认为未来6个月内自己非常有可能和有可能失业，仅有四成多一点（42.2%）的毕业生认为未来6个月内不可能失业。

大学生就业竞争日趋激烈，使得高校毕业生"跳槽"现象也日益频繁，就业稳定性变差。PSCUS2020年调查数据显示，在毕业半年内有超两成（21.4%）的毕业生换过工作。在"跳槽"的这部分群体中，九成来自高职院校毕业生。高职院校毕业生到工作岗位上之后，要成为一个熟练掌握岗位技能的工人，普遍需要1~2年的时间，1/3的高职院校毕业生在毕业半年内就选择换工作，这对于他们的职业发展是非常不利的。由于缺乏相应岗位工作经验的积累，工作能力缺乏充分锻炼，在之后继续找工作中找到合适工作的难度进一步增大。对于离职的原因，排在前三位的分别是工作收入太低、没有发展前途和不符合个人兴趣。由此可见，虽然大学毕业生普遍认识到，掌握专业知识或技能、工作经验或实习经历、资格证书等因素是获得好工作的重要条件，然而过高的收入预期、缺乏对工作岗位的充分了解、对工作准备不足等因素，使部分毕业生在工作后发现诸多不适应，最终选择跳槽。

短期跳槽、失业隐忧都在很大程度上影响了大学毕业生的就业质量，对大学毕业生而言，非常有必要建立科学理性的职业规划，以促进自身长远的职业发展。PSCUS2020年调查数据显示，接近一半（47.7%）的大学毕业生具有短期1~2年的职业规划，26.5%的人做了3~5年的中期具体规划，但也有18.1%的大学毕业生对自己职业规划完全不清楚，只是有模糊的想法和愿望（见图6）。

总的来看，绝大多数大学毕业生对自己的职业发展还是具有一定的规划和认识的，但这些职业规划多以短期为主，对长远的职业发展帮助有限。

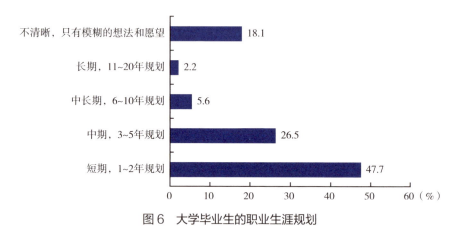

图6　大学毕业生的职业生涯规划

二　大学毕业生的生活状况

（一）大部分毕业生住房问题比较突出，居住质量相对不高，近四成的大学毕业生"蜗居"在20平方米以下的住房

随着经济的发展，我国居民收入在增长的同时，房价也在不断上涨，甚至大大超过了居民收入的增长速度。在这种现实情况下，大学毕业生在刚毕业几年内的住房问题非常突出。PSCUS2020年调查数据显示，近1/3的大学毕业生住在单位宿舍，25.8%的大学毕业生住在父母或者亲友家，不管是住在单位宿舍还是父母、亲友家，都在一定程度上节省了住房费用，也有近1/4（24.7%）的大学毕业生租住私人住房。对于刚毕业的大学生来说，较低的工资收入不足以支撑他们的买房需求，但是住房需求的解决也是影响大学毕业生择业的重要因素。部分大学生已经把企业解决住房或给予住房补贴作为选择就业地域、就业单位的考虑因素，但是在目前的住房市场以及经济环境下，多数企业没有能力提供住房和住房补贴。从居住质量看，大学毕业生住房面积普遍偏小，近四成大学毕业生住房面积在20平方米以下，两成大学毕业生住房面积在 20~40 平方米。

可以说，高企的房价，已经成为横亘在毕业大学生面前的一座大山。房价飙升导致中国大学生难以承担毕业后经济压力的现状已经越来越普遍。需要警惕的是，房价不断上涨已经成为引起贫富差距持续扩大的非常重要的原因，居高不下的房价阻碍了没有住房的年轻大学生向上层社会流动的机会。与此同时，不完善的住房保障制度使得毕业大学生往往被排斥在政策边缘，仅有 13.2% 的大学毕业生表示租住了公租房或者廉租房（见图 7）。

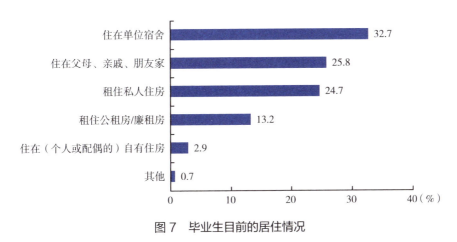

图 7　毕业生目前的居住情况

（二）大学毕业生较多居住在城市边缘地区、城乡结合部或城市远郊/农村，出行以公共交通为主，通勤时间一般在1小时内

刚参加工作的毕业生工资普遍偏低，住在偏远地段的情况较普遍。PSCUS2019 年毕业生调查数据显示，有 37.6% 的大学毕业生居住在城市中心城区，其他大学毕业生住在城市边缘地区、城乡结合部或城市远郊/农村等。其中，38.2% 的大学毕业生住在城市边缘地区，21.7% 的人住在安全系数低、居住条件差的城乡结合部和城市远郊/农村（见图 8）。在通勤上，大学毕业生以公交车、地铁等公共交通为主要出行方式，九成大学生从住处到工作地的通勤时间在 1 小时内，5% 的大学毕业生通勤时间在 1~2 小时，也有少数大学生通勤时间在 2 小时以上。良好的居住环境是大学毕业生工作、生活

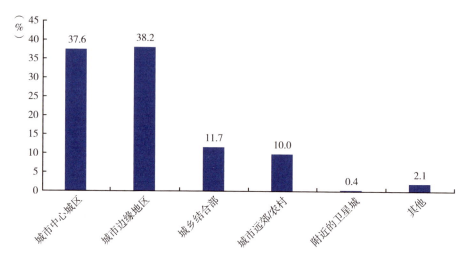

图8 大学毕业生居住在城市的区域

的重要保障，但工作城市、工作收入、生活成本等方面的差异，导致他们的居住环境参差不齐。

（三）绝大多数大学毕业生对目前的总体生活状况表示满意和尚可，对自身社会地位的满意度略微偏低；在生活诉求方面，希望政府在继续深造、能力提升和购房方面提供支持

生活满意度是个体根据自身标准对一段时间内生活状态的主观评价。PSCUS调查问卷询问了大学毕业生对目前生活现状的总体满意度，一成左右的大学毕业生对现有的生活状况表示非常满意，33.8%的大学毕业生对生活总体状况表示比较满意，仅有7.2%的大学毕业生对生活总体评价比较不满意和非常不满意。近一半（48.2%）的人对目前生活现状评价"一般"，这说明，对于近半数大学毕业生来说，他们对目前的生活现状没有特别满意或厌恶，对目前的生活现状表示尚可。在社会保障方面，48.8%的大学毕业生对社会保障情况表示满意，仅有一成的大学毕业生对社会保障情况表示不满意，7.9%的大学毕业生对生活环境表示不满意。在社会地位评价上，四成大学毕业生对社会地位表示满意，近一半的大学毕业生对社会地位评价"一般"（见图9）。

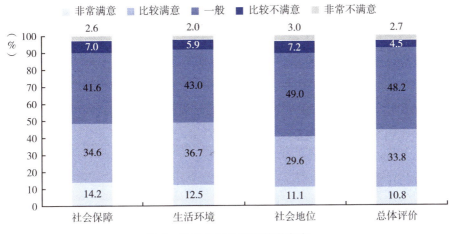

图9　毕业生对生活现状满意度

在个人诉求方面，已经就业的大学毕业生在个人发展和住房保障方面表现出了相对强烈的诉求。在最需要获得政府或者社会支持的需求中，分别有23.9%、18.2%和16.7%的人选择了继续深造、拥有个人住房和自身能力提升。

三　大学毕业生的心理状况

（一）大学毕业生心理健康问题突出，近四成（38.3%）大学毕业生患心理疾病的危险性偏高，高职院校毕业生和本科院校毕业生在心理健康上并不存在明显差异

近年来，在校大学生心理健康问题越来越成为社会关注的焦点，大学毕业生从校园踏入社会，面临社会身份、生活环境的重大变化，同样容易出现一系列心理健康问题，需要引起重视。PSCUS2020年毕业生调查问卷采用凯斯勒心理疾病量表（K10）测量大学毕业生患心理疾病的危险性。K10量表将个体心理健康状况分为四个等级：0~5分为1级，表示患心理疾病的危险性低；6~11分为2级，表示患心理疾病的危险性较低；12~19分为3级，表示患心理疾病的危险性较高；20~30分为4级，表示患心理疾病的危险性高。调查数据显示，近四成（38.3%）的大学毕业生患心理疾病的危险性在3级及以

上，表示大学毕业生患心理疾病的危险性偏高。其中，两成大学毕业生患心理疾病危险性较高（3级），18.4%的大学毕业生患心理疾病的危险性达到4级。考虑到高职院校毕业生和本科院校毕业生在工作和生活满意度上的差异，研究进一步比较了高职院校毕业生和本科院校毕业生的心理健康状况，发现高职院校毕业生患心理疾病为3级和4级的比例略高于本科院校，但总体上并不存在明显差异。

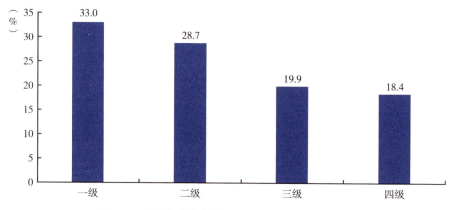

图10　大学毕业生凯斯勒心理疾病量表测量情况

（二）大学毕业生普遍面临较大心理压力，尤其是工作压力和收入压力

大学毕业生离开熟悉的校园生活环境，独自在陌生的环境中打拼，使他们的心理和精神承受新的挑战和压力。数据显示，近六成（58.6%）大学毕业生表示自己近半年承受着较重的压力，其中17.3%的大学毕业生认为自己的压力非常大，41.3%的人表示自己的压力比较大，仅有不足一成（8.4%）的大学毕业生认为自己的压力比较小和非常小。大学毕业生作为促进经济发展和社会进步的"新军"，若他们承受着巨大压力，这对于大学毕业生个人成长、社会发展及社会稳定来说都是非常不利的。这也是引发大学毕业生心理健康问题的重要因素。在压力的诸多来源上，工作和收入压力最为突出，另外人际关系和健康问题也是大学生压力的重要来源。超过一半（51.1%）的大

学毕业生表示自己身体健康状况一般和较差，近1/3的大学毕业生从不锻炼身体。大学毕业生作为参加工作的新人，对单位的人际关系和工作压力要有充分的心理准备，要提高自我适应和自我调整的能力，对于工作中消极的不健康的情绪要及时排解，避免其对身心造成更严重的伤害，这也是新时代大学毕业生应具备的基础素质。

四　结语

随着高校扩招政策的推进，高校毕业生人数不断攀升，大学毕业生不仅需要经受严峻就业形势的"洗礼"，而且需要直面"文凭贬值"的社会现实，在"天之骄子"的光环逐渐褪去之后，我们更加需要关注大学毕业生在走出校园、进入职场之后，在就业、生活以及心理健康等方面的状况及可能面临的问题。大学毕业生作为我国社会主义现代化建设事业的新生力量，他们工作、生活和精神状态不仅关乎其个人成长，而且对经济社会发展的大局都具有重要的意义。本报告采用"中国大学生追踪调查"（PSCUS）数据，对大学毕业生的就业现状、生活状况以及心理健康进行了分析，主要发现如下。

第一，疫情对大学毕业生就业冲击明显，大学毕业生进入体制内工作的比例上升，进入民营企业工作的比例下降；大学毕业生实际薪酬与收入预期之间仍旧存在相当差距；大学毕业生工作满意度总体偏低，尤其是对工作收入和职业声望的满意度相对更低；大学毕业生的"所学"和"所用"之间存在一定程度的专业匹配和技能匹配问题；日益激烈的就业竞争和劳动力市场的不确定性使得不少大学毕业生表现出失业隐忧、频繁"跳槽"。

第二，大学毕业生普遍满足于生活现状，但希望在个人深造、能力提升以及购房上获得更多政策支持。大部分毕业生住房问题比较突出，居住质量相对不高，以"蜗居"为主，主要居住在城市边缘地区、城乡结合部或城市远郊/农村。公共交通是他们主要的出行方式，通勤时间基本在1小时以内。

第三，大学毕业生面临较大的生活压力，心理健康问题突出。大学毕业生从校园走上工作岗位，社会环境的变化、更复杂的人际关系使大学生的生

活遭受较大压力,引发一系列心理问题。近四成大学毕业生存在患心理疾病的风险。工作和收入压力是大学毕业生主要的压力来源,人际关系和健康问题也构成了大学生压力的重要来源。

大学生走出"象牙塔"、步入社会,从校园走向职场,在实现个人价值的同时,亦创造出更多的社会价值,肩负起时代赋予的责任和使命。但处于转型之中的大学毕业生的就业、生活和心理状况也存在着一些值得引起重视的问题,需要得到社会各界的关怀与支持,帮助他们切实解决实际困难,促进他们保持积极向上的精神状态,做好充足的心理准备,更好地投身到社会主义现代化建设当中。地方政府应切实关心关注大学毕业生的紧要需求,尤其是大学毕业生的住房需要,相对较低的收入和过高的房价可能会降低大学毕业生的城市认同感,造成人才"进不来"或"留不住",地方政府应积极联合用人单位解决大学毕业生的住房难问题,尽可能为大学毕业生住房保障提供必要支持。高校需积极引导大学生在毕业前做好准备,加强大学生对当前的就业政策、就业形势等方面的认识和理解,引导大学生形成正确的就业预期。大学毕业生自身要提高面对挫折以及应对压力的能力,对步入职场后遭遇的工作压力、人际关系压力等要具备自我调整的能力,可以积极寻求家人的支持与理解,及时排解工作、生活上的困扰和焦虑。

参考文献

刘成斌、张晏郡:《向体制内卷:疫情风险对大学生就业价值观的影响》,《江汉学术》2021 年第 4 期。

刘保中:《人力资本类型及匹配对大学毕业生初职地位获得的影响》,《青年研究》2020 年第 4 期。

教育部:《2019 年全国教育事业发展统计公报》,http://www.moe.gov.cn/jyb_sjzl/sjzl_fztjgb/202005/t20200520_456751.html。

B.12
2021 年中国城乡居民生育意愿和生育行为调查报告[*]

张丽萍　王广州 [**]

摘　要： 准确测量中国生育政策调整后妇女再生育意愿及影响因素，正确
判断生育意愿的变化趋势和变化过程，成为研究中国生育政策调
整的核心问题之一。通过 CSS2021 年调查数据，并结合以往的调
查，对生育水平现状、生育意愿以及生育计划情况加以研判，分
析发现：① 18~49 岁的育龄妇女平均亲生子女数为 1.37 个，二孩
育龄妇女占 40% 左右，成为目前生育的主体。②生育水平的区域
差异显著，东北、华北和华东地区育龄妇女平均子女数在 1.3 个以
内。③育龄人群理想子女数具有高度的稳定性，18~49 岁育龄人群
平均理想子女数一直介于 1.96~2.00 个之间，始终低于 2.10 的生育
更替水平。④尽管二孩生育意愿占绝对优势，但二孩生育意愿的
相对占比下降，一孩和三孩等上升，生育意愿的分化已经初露端
倪。⑤育龄人群再生育意愿较低，女性计划再生育的比例低于男
性。⑥ "90 后" 三孩终身生育意愿还存在提升空间，实现不确定
人群的生育意愿转化是提升目前低生育水平的关键。

关键词： 生育意愿　再生育　三孩政策

---

* 基金项目：中国社会科学院妇女 / 性别研究中心 "家庭养育与生育决策支持框架研究" 的
阶段性成果。

** 张丽萍，中国社会科学院社会学研究所，研究员；王广州，中国社会科学院人口与劳动经
济研究所，研究员。

　　2021 年 5 月 31 日中央政治局会议决定实施一对夫妻可以生育三个子女政策及配套支持措施，2021 年 6 月 26 日中共中央、国务院《关于优化生育政策促进人口长期均衡发展的决定》明确指出"人口发展是关系中华民族发展的大事情"，这是继 2013 年 11 月 15 日《中共中央关于全面深化改革若干重大问题的决定》实施单独二孩政策、2015 年 10 月 26 日《中国共产党第十八届中央委员会第五次全体会议公报》实施全面二孩政策后，在不到 8 年的时间里第三次进行生育政策的调整、完善和优化，实现了从严格的独生子女计划生育政策为主体的政策体系向实施三孩生育政策及配套支持措施的重大转变，生育政策实施的各个阶段都引起了社会各界的强烈反响和高度关注。中共中央、国务院纲领性文件不仅标志着新时期国家人口发展战略和规划内涵的重大变化，也是积极应对新时期中国人口总量和结构问题矛盾的战略举措。对生育政策的不断调整、完善和优化，其根本目的是促进人口的长期均衡发展。

　　回顾人口重大政策的出台和重大决策的实施，生育政策的变化举足轻重。2013 年以来，是新中国成立以后短时间内不断进行重大战略部署的阶段，这些部署同对人口新形势、新特征和新问题的科学判断密不可分。国家统计局年度人口抽样调查数据显示，2016 年全国出生人口规模为 1786 万人，达到全面二孩生育政策对出生规模和生育水平影响的高峰，2017 年出生人数开始持续下降，2019 年下降到 1465 万人，2020 年人口普查结果显示，2020 年出生人数进一步下降到 1200 万人。简单地从出生人口规模的变化趋势来看，2016 年以来出生人口总量持续、稳定下降，2020 年出生人口规模比 2016 年下降 580 万人以上，下降的幅度接近 1/3。2017 年至 2019 年总和生育率变化和出生人口数下降不仅标志着全面二孩政策"堆积"效果的基本结束，考虑到疫情的影响，2021 年出生规模将形成事实上的第五连降，生育水平进一步下降的风险大增。此外，特别需要密切关注和高度重视的是第七次人口普查数据显示，2020 年育龄妇女总和生育率为 1.3，表明中国目前已经全面进入超低生育水平阶段，进入低生育率陷阱的特征得到进一步证实。

　　生育政策的不断调整、优化以及配套支持措施的不断加强，对未来生育水平的影响有多大？能否促使生育水平全面回升？特别是能否使总和生育率恢复到更替水平附近，并保持在 1.8 的水平上？对于这些关键问题的回答不仅需要深入、细致研究当前的生育水平与生育意愿，而且需要对未来的生育水平变化特点和变动趋势进行科学的分析及预判。

从 2011 年开始中国社会状况综合调查（CSS）开始持续调查被访者的生育状况与生育意愿，到 2021 年，对生育相关的主题已经完成 5 次调查，调查的时间跨度不仅达到十年，而且调查时点包括 2013 年以来的生育政策调整全过程，比如，单独二孩政策措施之前与之后（2011 年调查、2015 年调查）、全面二孩政策实施之后（2017 年调查、2019 年调查），以及宣布实施三孩政策之后（2021 年调查）。尽管调查项目的设计上有些变化，但核心调查内容和调查的目标充分反映了生育政策完善、优化的全过程。对于生育状况、生育意愿、生育计划等的调查内容涵盖了被访者兄弟姐妹情况（判断是否独生子女）、亲生子女情况、理想子女数、生育计划等。这一系列调查为以往独生子女政策、单独二孩与全面二孩政策调整后目标人群与生育意愿等研究提供了数据支持。为了研究目前生育水平变动的本质和生育水平变动面临的新问题，本文以 2021 年调查数据为基础，分析当前育龄人群生育状况与生育意愿，并结合 2011 年以来的调查数据，研究生育意愿的基本情况和变化特点，重点研究对生育政策调整尤其是全面三孩政策可能产生的影响，通过纵向对比分析和队列分析，研究不同时期和队列的变化特点和面临的全局性、战略性问题。[①]

一　调查样本的生育状况及统计推断

生育政策实施效果一方面反映在出生规模的变动上，另一方面反映在生育水平变化中。无论是出生规模的变化还是生育水平的变动都与育龄妇女总量、结构和生育进度密不可分。由于生育过程具有不断递进和自然生育率随年龄变化的属性，因此，三孩生育政策的效果除了与二孩妇女的数量密切相关外，与育龄妇女的婚育模式、一孩育龄妇女总量及结构也密切相关。

[①]　数据说明：受各地疫情突发的影响，CSS2021 尚未完成计划样本量。本报告分析采用的是已完成 89% 样本量的 CSS2021 数据。

根据 2019 年国家统计局 1‰人口变动抽样调查汇总数据推断，2019 年全国育龄妇女总量为 3.63 亿人，与 2010 年全国人口普查时育龄妇女总量 3.80 亿人相比减少了 1700 万人左右，与 2015 年 1% 人口抽样调查推算的全国育龄妇女总人口 3.74 亿人相比减少 1100 万人。特别是 2015 年到 2019 年育龄妇女规模下降幅度明显增大，平均每年减少 275 万人左右。2019 年在 3.63 亿育龄妇女中，0 孩育龄妇女 1.1 亿人，占育龄妇女总量的 30.30%；一孩育龄妇女 1.25 亿人，占育龄妇女总量的 34.45%；二孩育龄妇女 1.10 亿人，占育龄妇女总量的 30.30%；三孩及以上育龄妇女仅 0.18 亿人，占育龄妇女总量的 4.96%。在二孩育龄妇女中，40 岁及以上育龄妇女占 48.23%。由此可见，由于平均初婚年龄和初育年龄的不断推迟，40 岁以下二孩育龄妇女的比例约为 52%，也就是粗略看，一半左右的二孩育龄妇女年龄接近或超过 40 岁，考虑到自然生育率大幅下降，其生育的可能性大打折扣。随着时间的推移，育龄妇女不断老化，生育率下降，二孩育龄妇女比例必然有下降的趋势。中国社会状况综合调查数据中，也可以发现育龄人群结构变动情况和生育水平的变化趋势。

（一）二孩育龄妇女占40%左右，生育二孩成为潜在的生育目标

从 2021 年调查被访者亲生子女的情况来看，总体上，18~49 岁的育龄妇女平均亲生子女数为 1.37 个。从孩次结构看，存活子女为二孩的妇女比例最高，为 40.28%，其次是一孩妇女，占 28.19%，亲生子女数为三孩的妇女占 7.80%，四孩及以上占 1.27%，0 孩女性占 22.46%，由于 2021 年 CSS 调查对象为 18~69 岁，而 15~17 岁的育龄妇女不在调查对象样本中，因此，调查数据对育龄妇女平均亲生子女数的估计偏高。如果调查误差不大，实际育龄妇女平均亲生子女数低于 1.37 个的可能性更大。

（二）随着孩次的升高，"70后"和"80后"差距缩小

首先，从不同队列的平均生育子女数来看，"80 后"平均亲生子女数相对较多，为 1.76 个；"70 后"次之，"70 后"平均亲生子女数为 1.74 个；"90 后"受婚育时间的影响，平均亲生子女数为 0.94 个。

其次，从不同队列的孩次结构来看，"80 后"一孩比例明显低于"70 后"。"70 后"一孩比例最高，达到 35.50%，"80 后"次之，为 30.34%，比"70 后"低 5 个百分点以上。从主要生育目标即二孩比例来看，"80 后"二孩比例略高于"70 后"，"80 后"超过 50%，达到 53.77%，而"70 后"接近 50%，为 49.94%（见表 1）。从三孩来看，"70 后"和"80 后"三孩比例很接近，都在 10% 以上，分别为 10.65% 和 10.42%；而"90 后"由于生育时间和进度原因, 0 孩比例最高，为 42.24%，一孩比例为 27.01%，二孩比例为 26.01%。

表 1 育龄妇女平均亲生子女数队列差异

单位：个，%

队列	平均亲生子女数	孩次构成				
		0 孩	一孩	二孩	三孩	四孩及以上
总计	1.37	22.46	28.19	40.28	7.80	1.27
"70 后"	1.74	2.20	35.50	49.94	10.65	1.71
"80 后"	1.76	3.92	30.34	53.77	10.42	1.55
"90 后"	0.94	42.24	27.01	26.01	3.88	0.86
"00 后"	0.02	97.82	2.18	0.00	0.00	0.00

注：2021 年调查中出生年份与年龄说明，"70 后"（1972~1979 年, 42~49 岁）、"80 后"（1980~1989 年, 32~41 岁）、"90 后"（1990~1999 年，22~31 岁）、"00 后"（2000~2003 年，18~21 岁）。

数据来源：CSS2021。

总之，综合考虑各年龄队列的孩次结构和生育进度，"90 后"育龄人群的生育行为将直接影响当前生育政策效果。

（三）受教育水平越低，生育水平越高

研究发现，随着女性受教育水平的提高，生育水平逐渐降低，以往的调查数据也反复证实生育水平的"梯度"存在。2021 年调查数据显示，初中及以下育龄妇女平均亲生子女数为 1.86 个，受教育程度为高中、中专、职高的女性平均亲生子女数为 1.28 个，大专及以上育龄妇女平均亲生子女数仅为 0.67 个。

从孩次构成来看，初中及以下育龄妇女亲生子女数为 2 个的超过一半（56.62%），有 1 个子女的比例近 1/4。尽管初中及以下育龄妇女有 3 个孩子的比例远低于 2 个和 1 个孩子，但在各种受教育程度中的比例也是最高的，为 13.02%；

高中、中专、职高受教育程度育龄妇女亲生子女数比例最高的也是2个，为
37.30%，有1个亲生子女的为32.94%，有3个亲生子女的仅占5.75%；调查对象
中大专及以上被访者有超过一半的育龄妇女无亲生子女，有1个亲生子女的占
30.73%，有2个亲生子女的仅占16.72%，而有3个亲生子女的不到1%（见表2）。

表2　不同受教育程度育龄妇女的亲生子女数情况

单位：个，%

受教育程度	平均亲生子女数	孩次构成				
		0孩	一孩	二孩	三孩	四孩及以上
总计	1.37	22.46	28.19	40.28	7.80	1.27
初中及以下	1.86	3.37	24.80	56.62	13.02	2.19
高中、中专、职高	1.28	23.21	32.94	37.30	5.75	0.79
大专及以上	0.67	51.53	30.73	16.72	0.90	0.11

数据来源：CSS2021。

（四）东北、华北和华东地区育龄妇女平均子女数在1.3个以内

分区域看，中南地区与西北地区育龄妇女平均亲生子女数最多，东北、
华北和华东地区较少，不到1.3个。其中，东北地区最少，平均只有1.1个，
平均亲生子女数最高的是中南地区（包括河南、湖南、湖北、广东、广西、
海南等省区），为1.56个。从孩次构成的区域差异来看，中南地区二孩比例
为41.57%，三孩比例在各地区中是最高的，为13.77%（见表3）。

表3　亲生子女数情况的区域差异

单位：个，%

区域	平均亲生子女数	孩次构成				
		0孩	一孩	二孩	三孩	四孩及以上
总计	1.37	22.46	28.19	40.28	7.80	1.27
华北地区	1.15	24.57	38.08	34.64	2.70	0.00
东北地区	1.10	15.79	61.40	20.18	2.63	0.00
华东地区	1.29	24.56	28.21	41.04	5.64	0.55
中南地区	1.56	20.24	22.27	41.57	13.77	2.16

区域	平均亲生子女数	孩次构成				
		0孩	一孩	二孩	三孩	四孩及以上
西南地区	1.45	22.39	22.89	43.53	9.45	1.74
西北地区	1.50	20.63	21.69	48.68	5.29	3.70

数据来源：CSS2021。

比较中南地区和东北、华北地区的孩次构成可以看到，东北地区最突出的特点是一孩比例非常高，为 61.40%，0 孩和二孩比例却低于其他地区，其中二孩比例为 20.18%，在各地区中是最低的。虽然华北地区与东北地区平均亲生子女数最接近，但华北地区一孩和二孩育龄妇女的比例与东北明显不同，华北地区一孩和二孩育龄妇女的比例更接近一些，两者差距远远小于东北。

二 平均理想子女数

理想子女数是对生育意愿的一个测量指标，其出发点是不考虑生育政策，个人认为一个家庭通常有几个孩子最理想，是对理想孩子数量的主观判断。从平均理想子女数的变化趋势来看，自从 2013 年单独二孩生育政策调整以来，无论全国性生育意愿调查还是区域性抽样调查，平均理想子女数表现出非常高的稳定性。从近年来对理想子女构成或分布的调查结果来看，其主要特征也具有比较高的一致性。比如，国家卫健委 2017 年、2019 年调查结果与中国社科院 2017 年和 2019 年的调查结果都是非常接近的。

（一）平均理想子女数始终低于更替水平

十年来，中国社科院 CSS 调查结果反复证实，18~49 岁育龄人群平均理想子女数始终低于 2.10 的生育更替水平，在 1.96~2.00 个之间。全面二孩生育政策调整前后，平均理想子女数出现了小的波动。比如，从 2015 年以来的调查数据看，2015 年平均理想子女数是几次调查中最低的，为 1.96 个，全面二

孩政策实施后的 2017 年提高到 2.0 个，之后又有所下降，2021 年的调查结果是 1.97 个。可见，育龄人群平均理想子女数不仅低于更替水平，同时还具有高度的稳定性，只是随政策的变化出现很小的波动。

（二）理想子女数从集中在二孩到向其他孩次分化

尽管表面上平均理想子女数具有高度的稳定性，十年来的五次调查数据显示，理想子女数为 2 个的比例始终是最高的，但理想子女数为 2 个的比例呈现从提升到小幅降低的趋势也比较明显。理想子女数为 2 个孩子的比例从 2011 年的 76.32% 提高到 2015 年的 80.37%，随后降低到 2017 年的 79.97%，2019 年又进一步下降到 78.47%，2021 年继续下降，降低到 76.72%，与 2011 年接近。与此相反，理想子女数为一孩的比例在生育政策调整之前的 2011 年高达 18.72%，2015 年为 11.72%，2017 年降低到 10.70%，然而，2021 年有回升趋势，达到 12.16%；理想子女数为 0 孩的比例则不断提升，0 孩比例从 2011 年的 0.43%，提高到 2021 年的 1.51%。

随着三孩政策的全面实施，三孩生育意愿也是全社会高度关注的。历次调查显示，理想子女数为 3 个孩子的比例始终在 10% 以下，但三孩生育意愿的比例持续小幅上升。具体来看，理想子女数为 3 个孩子的比例由 2011 年的 3.21% 提高到 2015 年的 5.53%，2021 年又进一步上升到 7.62%。

总之，尽管二孩生育意愿占绝对优势，但二孩生育意愿的相对比例下降，一孩和三孩等生育意愿在上升，因此，虽然表面上平均理想子女数具有非常稳定的特征，但实际上生育意愿的分化趋势已经初露端倪。

（三）随着年龄的降低，不同队列平均理想子女数降低

“70 后”、“80 后”和“90 后”的平均理想子女数呈现逐渐降低的趋势。从 2021 年数据看，“70 后”的平均理想子女数为 2.03 个，“80 后”为 2.01 个，年龄更低的“90 后”和“00 后”则分别为 1.91 个和 1.85 个。从理想子女的孩次分布看，“70 后”的理想子女数为一孩和二孩的比例逐渐降低，三孩的比例逐渐提高。为了分析生育政策变化对不同队列的影响，下面从队列的角

度分析生育意愿的变化，具体结果如下。

"80 后"的生育意愿随着生育政策调整变化较大，2011 年，"80 后"理想子女数为一孩、二孩和三孩的比例分别是 21.51%、74.29% 和 3.10%，2015 年调查时点是单独二孩政策已经实施，但全面二孩政策尚未公布。调查时点"80 后"理想子女数为一孩的比例降低为 10.73%、二孩比例提高到 82.25%，三孩比例为 5.41%；2017 年（全面二孩政策实施后），"80 后"理想子女数为 1 个孩子的比例继续降低为 8.91%，二孩比例也有所降低，为 80.77%，三孩的比例提高到 7.18%；2021 年 "80 后"理想子女数为一孩的比例回升到 11.16%，二孩比例降低为 75.59%，三孩比例进一步提高到 9.86%。

"90 后"与"80 后"类似，10 年间理想子女数也是经历了一孩比例从高到低而后又有所回升的过程。"90 后"理想子女数为 1 个孩子的比例从 2011 年的 29.59% 降低到 2021 年的 14.69%，2 个孩子的比例从 2011 年的 66.83% 提高到 2015 年的 80.69%，随后又回落到 2021 年的 76.16%，而三孩比例则从 2011 年的 1.91% 持续提高到 2021 年的 6.11%。

"00 后"刚刚进入育龄期，2021 年调查对象包含从 2000 年到 2003 年的出生人口，2019 年调查时也仅仅是 2000 年和 2001 年两个年龄组，现有数据显示，2021 年 "00 后"的理想子女数更低，为 1.85 个，其中认为理想子女数为一孩的比例高于其他年龄组，为 15.41%，三孩的比例为 3.41%，低于其他年龄组。

（四）三孩生育意愿有所提高，但不同群体差异较大

2021 年是三孩生育政策宣布实施的年份，三孩生育意愿引起关注。对于三孩生育意愿，从理想子女数来看，三孩的比例也确实有所提高，达到历次调查的最高值，为 7.62%。

从不同队列来看，理想子女数为三孩的比例最高的是"80 后"，为 9.86%，"70 后"次之（为 8.16%），均未超过 10%；而生育高峰期的"90 后"仅为 6.11%（见表 4）。

（五）平均理想子女数的区域差异明显

从不同区域来看，育龄人群 2021 年平均理想子女数的差异很大，中南

地区、西南地区和西北地区平均理想子女数都在 2.0 个以上，接近 2.1 的更替水平；华东和华北分别是 1.90 个和 1.89 个；而最低的东北地区仅为 1.67 个。从分布看，理想子女数相对较高的三个区域一孩比例都在 10% 以下，二孩比例在 75%~78%，而三孩比例相对较高，其中中南地区理想子女数为三孩的比例达到 12.96%，四孩及以上的比例也超过 2%；理想子女数相对较低的华东、华北和东北地区，一孩比例超过 14%，三孩比例在 5.1% 以内，低于其他三个地区。东北地区的理想子女数分布则更多地集中在低孩次，一孩比例高达 31.13%，二孩比例不到 2/3，为 64.62%，三孩比例仅为 1.42%，还有 2.36% 的育龄人群的理想子女数为 0 孩（见表 5）。

出生年代	调查年	平均理想子女数	理想子女数				
			0 孩	一孩	二孩	三孩	四孩及以上
合计	2011 年	1.86	0.43	18.72	76.32	3.21	0.54
	2015 年	1.96	0.73	11.72	80.37	5.53	1.65
	2017 年	2.00	0.69	10.70	79.97	6.45	2.18
	2019 年	1.98	1.40	11.29	78.47	6.79	2.04
	2021 年	1.97	1.51	12.16	76.72	7.62	1.98
"60 后"	2011 年	1.9	0.88	15.92	77.54	3.91	0.18
	2015 年	2.01	1.07	11.19	78.36	6.18	3.20
	2017 年	2.02	0.59	10.47	78.66	8.30	1.98
"70 后"	2011 年	1.91	0.06	15.76	79.42	3.19	0.25
	2015 年	1.99	0.68	11.50	79.22	6.56	2.04
	2017 年	2.03	0.54	10.30	79.04	7.38	2.74
	2019 年	2.03	1.08	9.94	78.79	7.19	3.00
	2021 年	2.03	1.44	9.75	77.62	8.16	3.03
"80 后"	2011 年	1.82	0.46	21.51	74.29	3.10	0.07
	2015 年	1.97	0.37	10.73	82.25	5.41	1.25
	2017 年	2.02	0.80	8.91	80.77	7.18	2.35
	2019 年	1.98	1.26	12.20	76.85	7.78	1.91
	2021 年	2.01	1.17	11.16	75.59	9.86	2.22

表 4　18~49 岁育龄妇女的理想子女数

单位: 个, %

续表

出生年代	调查年	平均理想子女数	理想子女数				
			0孩	一孩	二孩	三孩	四孩及以上
"90后"	2011 年	1.73	0.72	29.59	66.83	1.91	0.04
	2015 年	1.91	1.06	13.59	80.69	3.90	0.77
	2017 年	1.94	0.78	13.19	80.52	4.10	1.40
	2019 年	1.92	1.85	12.46	79.69	5.00	1.00
	2021 年	1.91	1.82	14.69	76.16	6.11	1.24
"00后"	2019 年	1.93	2.48	10.28	80.14	6.38	0.71
	2021 年	1.85	1.97	15.41	78.85	3.41	0.36

数据来源：CSS2011、CSS2015、CSS2017、CSS2019、CSS2021 数据。

表5　2021 年不同区域 18~49 岁育龄人群理想子女数分布情况

单位：个，%

地区	平均理想子女数	理想子女数				
		0孩	一孩	二孩	三孩	四孩及以上
华北地区	1.89	1.89	15.12	77.62	3.78	1.60
东北地区	1.67	2.36	31.13	64.62	1.42	0.47
华东地区	1.90	1.49	14.11	78.36	5.02	1.02
中南地区	2.08	1.52	7.60	75.60	12.96	2.32
西南地区	2.07	0.99	9.45	77.72	8.04	3.81
西北地区	2.05	1.41	8.47	77.40	9.89	2.82

数据来源：CSS2021。

三　育龄人群的再生育计划

各国经验研究表明，生育意愿转化为生育行为过程中有一个"折扣"，而生育计划转化为实际生育过程中也有一个"折扣"，中国生育政策调整过程也证实了这个"折扣"的存在和影响。中国社会状况综合调查通过了解有子女者"还打算要几个孩子"来获得生育计划的部分信息，尽管缺少了未生育人群的生育计划，但也发现从理想子女数到计划生育子女数大打折扣，而从计划生育子女数到实际生育子女数之间也会大打折扣。

（一）育龄人群再生育意愿较低

从已生育人群的再生育计划来看，明确表示要再生育一个孩子及以上的比例不到 10%，还没有想好的比例为 6.62%，可能不要了的比例为 8.18%，肯定不再要孩子的比例已经超过 3/4。

从不同队列来看，"70 后"明确肯定不会再生育的比例达到 94.01%，"80后"肯定不会再生育的比例也接近 3/4（73.23%），"90 后"肯定不会再生育的比例尽管不到 50%，但也已达到 45.05%（见表 6）。

表 6　2021 年 18~49 岁育龄人群生育计划

单位：%

生育计划	"70 后"	"80 后"	"90 后"	总计
再要一个	1.50	8.05	19.43	7.49
再要两个	0.60	0.78	2.12	0.93
再要三个及以上	0.15	0.00	0.53	0.15
还没有想好	0.97	7.77	16.96	6.62
可能不要了	2.77	10.17	15.90	8.18
肯定不要了	94.01	73.23	45.05	76.62
合计	100.00	100.00	100.00	100.00

数据来源：CSS2021。

（二）女性计划再生育的比例低于男性

从肯定不再要孩子的比例来看，男性肯定不再要孩子的比例为 71.01%，女性肯定不再要孩子的比例为 79.73%。按不同队列来看，各队列女性打算再生育的比例都低于男性，其中"80 后"男性肯定不会再生育的比例为60.54%，女性则高达 79.83%，后者比前者高了 19.29 个百分点；"90 后"男性肯定不会再生育的比例为 35.19%，而女性肯定不会再生育的比例为 49.01%，两者相差 13.82 个百分点；希望再要一个孩子的"80 后"女性比男性低 4.72个百分点，"90 后"女性比男性少 9.1 个百分点（见表 7）。

考虑到还有部分人群是还没有想好以及可能不要了，假设还没想好与可能不要了的这两部分人群中都有一半的人再生育，还有一半不再生育，与肯

表7　2021 年 18~49 岁分性别育龄人群生育计划

单位：%

生育计划	"70 后"		"80 后"		"90 后"		总计	
	男	女	男	女	男	女	男	女
再要一个	2.43	0.88	11.16	6.44	25.93	16.83	9.30	6.49
再要两个	0.75	0.50	1.24	0.54	3.70	1.49	1.35	0.70
再要三个及以上	0.37	0.00	0.00	0.00	1.23	0.25	0.34	0.05
还没有想好	1.68	0.50	12.60	5.26	20.99	15.35	8.79	5.42
可能不要了	3.36	2.38	14.46	7.94	12.96	17.08	9.21	7.61
肯定不要了	91.42	95.74	60.54	79.83	35.19	49.01	71.01	79.73
合计	100.00	100.00	100.00	100.00	100.00	100.00	100.00	100.00

数据来源：CSS2021。

定不会再育的人群汇总后发现：无论是"80 后"还是"90 后"，女性计划不再生育的比例均高于男性 13 个百分点左右。

（三）计划生育三孩的比例较低

为了分析全面三孩生育政策的鼓励生育潜力，可以把育龄妇女分为三类，第一类是有明确的三孩生育计划；第二类是没有明确的三孩生育计划，即没想好；第三类是肯定不生三孩。而对于有确定生育计划的已生育人群来说，是否计划生育第三个孩子，又可以分为两种情况，一种是现有一个孩子者是否计划生育第三个孩子，另外一种是现有两个孩子者是否计划生育第三个孩子。

对于现有一孩育龄妇女，计划再生育 1 个子女即生育二孩，再生育 2 个子女即生育三孩。同样，对于已经生育 2 个子女的育龄妇女，计划再生育 1 个子女，也是计划生育三孩。为了判断育龄妇女预期生育三孩的比例，除计划三孩生育的女性外，还要计入已经生育了三孩、四孩等三孩及以上女性，此外，还要计入没有生育的人群中计划生育三孩的女性，但由于本次调查对于生育计划仅调查了现有子女为一孩及以上的人群，对未生育调查对象没有进行相关调查，所以本文分析三孩终身生育意愿时仅限于有过生育行为的育龄妇女。

已育育龄妇女中三孩终身生育意愿为 13.42%（见表8），其中的 11.68% 已经生育了三孩，还有 1.74% 计划生育三孩。比较不同出生队列的已生育妇

女终身生育三孩的比例可以发现，"70后"、"80后"和"90后"三孩终身生育意愿都在13%左右。由于"90后"是低龄育龄人群，是潜在的三孩生育主体，其终身三孩生育意愿比例为12.53%，略低于"70后"和"80后"。在已经生育三孩的育龄妇女中，"90后"已经生育三孩的占8.17%，比"70后"和"80后"低约4个百分点，未生育三孩但计划生育三孩的占4.36%，其中包括一孩妇女有1.14%计划再生育两个孩子、二孩妇女计划再要一个孩子和两个孩子的2.97%和0.25%。可见，从现有生育计划的角度看，提升的空间不大。

表8　2021年按现有孩次育龄妇女生育计划

单位：%

类别	现有子女数	生育计划	"70后"	"80后"	"90后"	总计
一孩妇女再育计划	1个	再要一个	0.38	5.58	13.12	5.23
三孩终身生育意愿	1个	再要两个	0.38	0.32	1.14	0.52
	2个	再要一个	0.50	0.64	2.97	1.03
		再要两个	0.13	0.21	0.25	0.19
	已经生育三孩及以上比例		12.64	12.45	8.17	11.68
	三孩终身生育意愿汇总		13.65	13.62	12.53	13.42
生育计划不确定	1个	还没有想好	0.38	3.33	9.90	3.50
		可能不要了	0.88	3.65	10.40	3.92
	2个	还没有想好	0.13	1.72	4.95	1.73
		可能不要了	1.25	3.65	6.19	3.22
	不确定合计		2.64	12.35	31.44	12.37
确定不再生育	1个	肯定不要了	34.29	18.67	11.88	23.17
	2个	肯定不要了	49.06	49.68	30.45	45.68
	肯定不要了合计		83.35	68.35	42.33	68.85

注：表中育龄妇女亲生子女数三个及以上比例以已经生育的育龄妇女为分母。

对于三孩终身生育意愿来说，提升空间是还没有想好和可能不要了、肯定不要了的育龄妇女能否转化为计划生育三孩的育龄妇女。从肯定不打算生三孩育龄妇女的队列差异来看，"90后"肯定不生育三孩的比例为42.33%，还有31.44%是没想好和可能不要了，肯定不生育三孩的比例低于"70后"的

83.35% 和 "80 后" 的 68.35%，所以不确定的人群，是需要鼓励生育并有助于提升生育水平的群体。

四　主要调查发现与讨论

适度生育水平是未来人口年龄结构变动的基础，而合理的人口结构关系到国计民生和经济社会健康发展。准确测量中国生育政策调整后妇女再生育意愿及影响因素，正确判断生育意愿的变化趋势和变化过程成为研究中国生育政策调整的核心问题之一，有助于科学了解人口发展现状以及未来变化趋势并及时做出应对和调整。本文通过对 2021 年全国调查数据的分析，并结合以往的调查，对生育水平现状、生育意愿以及生育计划情况加以研判，力争回答有关生育政策调整能否提升生育水平这个问题。

首先从生育水平看，18~49 岁的育龄妇女平均亲生子女数为 1.37 个，出于调查对象年龄下限的原因，实际育龄妇女平均亲生子女数低于 1.37 个。从孩次结构看，二孩育龄妇女占 40% 左右，成为目前的生育主体。从队列分析看，"80 后" 平均亲生子女数相对较多，随着孩次的升高，"70 后" 和 "80 后" 的差距缩小，"90 后" 0 孩比例较高（42.24%），一孩和二孩比例也分布在 1/4 以上，"90 后" 育龄人群的生育行为直接影响当前生育政策效果。同时，受教育水平与生育水平负相关。此外，生育水平的区域差异显著，东北、华北和华东地区育龄妇女平均子女数在 1.3 个以内。

其次，调查在不考虑生育政策的情况下，个人认为一个家庭通常有几个孩子最理想，获得理想子女数的数据。CSS 调查结果显示，18~49 岁育龄人群理想子女数具有高度稳定性，18~49 岁育龄人群平均理想子女数一直为 1.96~2.00 个，始终低于 2.10 的生育更替水平。但孩次结构显示，理想子女数从集中在二孩到开始向其他孩次分化的趋势已产生，尽管二孩生育意愿占绝对优势，但二孩生育意愿的相对比例下降，一孩和三孩等生育意愿在上升，生育意愿的分化已经初露端倪。理想子女数为三孩的比例始终在 10% 以下，但一直在持续小幅上升。历次调查显示，三孩比例从 2011 年的 3.21% 提高到

2015 年的 5.53%，到 2021 年上升到 7.62%。而随着年龄的降低，不同队列平均理想子女数降低。"70 后"、"80 后"和"90 后"的平均理想子女数呈现逐渐降低的趋势。从 2021 年数据看，"70 后"的平均理想子女数为 2.03 个，"80 后"为 2.01 个，年龄更低的"90 后"和"00 后"则为 1.91 个和 1.85 个。值得重点关注的是，三孩生育政策实施对三孩生育的影响引起广泛关注，调查中有关三孩生育意愿的数据显示，从理想子女数来看，三孩生育意愿的比例也确实有所提高，达到历次调查的最高值。分区域看，育龄人群 2021 年平均理想子女数的差异很大，中南地区、西南地区和西北地区平均理想子女数接近 2.1 的更替水平，三孩生育意愿所占比例也相对较高；而最低的东北地区仅为 1.67 个。东北地区的理想子女数分布则更多地集中在低孩次，一孩比例高达 31.13%，二孩比例不到 2/3，为 64.62%，三孩比例仅为 1.42%，还有 2.36% 的理想子女数为 0 孩。

最后，育龄人群再生育意愿较低。生育意愿转化为生育行为及生育计划转化为实际生育都有一个"折扣"，已生育的育龄人群肯定不再要孩子的比例已经超过 3/4，"80 后"也接近该比例，加上可能不要和还没有想好的，实际无生育计划的比例要更高，"90 后"肯定不再要的接近一半，为 45.05%。性别差异分析显示，女性生育意愿中计划再生育的比例低于男性，肯定不再要子女的女性占 79.73%，比男性高 8.72 个百分点。按出生队列看，其中"80 后"肯定不会再生育的比例女性比男性高 19.29 个百分点；"90 后"女性比同龄男性高 13.82 个百分点；希望再要一个孩子的"80 后"女性比男性低 4.72 个百分点，"90 后"女性比男性少 9.10 个百分点。同时，从现有孩次看，计划生育三孩的比例较低，已经生育子女的育龄女性中，有三孩生育计划的占育龄妇女总数的 1.74%。尽管"80 后"认为理想子女数为三孩的比例高于其他人群，但现有二孩女性计划生育三孩的比例相对较低。"90 后"计划生育三孩的为 4.36%，其中现有二孩计划生育三孩的为 3.22%。

总之，育龄人群的生育状况与生育计划不容乐观，未来提升生育水平面临很多困境，接下来急需有计划地分人群、分地区开展更加有针对性的、精准化的人口工作。从人群看，可着力提升"80 后"人群和"90 后"人群的生育意愿。从区域看，也需注意东北地区生育水平的现状，一方面需要提振东北地区的生育水平;另一方面,也要防止华北地区、华东地区的生育水平滑落,步东北地区的后尘。同时,鉴于目前的生育状况和人口形势,除了较为直接的人口政策外,建议从以下三个方面进一步综合施策,使人口再生产尽快走上良性循环的轨道。

第一,加快配套措施落实。目前,生育意愿不强的主要原因表面上是生育、养育和教育成本较高,实质原因是如何教育孩子的问题突出。家庭、社会和教育部门的教育目标存在明显的冲突和利益矛盾。因此,需要尽快抓住问题的核心,加快破局和生育政策配套措施的落实。

第二,加强科学研究。目前受新时期人口重大转变及疫情的影响,人口科学及相关研究面临许多新问题和新挑战,要科学、充分利用现有数据,特别是深入开发人口普查数据及现有大数据资源,为科学研判人口新形势、新特点和新趋势服务。加强对人口发展的监测、预测和预警研究,通过前瞻性的科学研究,为国家重大决策服务。

第三,加强国情教育。随着第七次人口普查成果的推出和相关人口政策的出台,当前人口形势引起了全社会格外关注,需要准确、科学地解读党中央的科学决策,同时以此为契机,进行全面的人口发展和人口政策的国情教育,为社会各界全面了解我国人口现状提供权威信息,使公众更积极、理性地认识和看待个人生育与社会发展的关系。

参考文献

张丽萍、王广州:《女性受教育程度对生育水平变动影响研究》,《人口学刊》2020 年第 6 期。

王军、王广州:《中国低生育水平下的生育意愿与生育行为差异研究》,《人口学刊》2016 年第 2 期。

邱红燕、任杨洁、侯丽艳:《生育意愿与生育行为差异及其影响因素分析》,《中国公共卫生》2019 年第 11 期。

张丽萍:《东北地区低生育率陷阱问题研究》,《北方论丛》2021 年第 4 期。

B.13
中国城市消费者满意度调查报告

中国消费者协会消费者满意度调查课题组 *

摘　要： 2020 年是"十三五"收官之年，同时是我国全面建成小康社会、实现第一个百年奋斗目标具有里程碑意义的一年。突如其来的新冠肺炎疫情对我国社会经济产生较大冲击，对居民日常生活消费也产生了深刻的影响。为了解我国消费环境建设中的消费者感知状况和疫情之下的满意度波动，中国消费者协会 2020 年在全国范围内 100 个大中城市开展了消费者满意度调查工作，对当前国内城市满意度状况、地区表现差异、存在的问题进行分析，结果发现：消费者满意度总体处于良好水平，与疫情之前相比呈上升趋势，城市的规模越大、发展水平越高，消费者满意度越高；消费者满意度分指标中，"消费供给"得分最高，而"消费维权"得分最低，其中"消费宣传""信息真实""交易安全""权益保护"是需要重点关注的方面，对此本报告提出了相应的对策建议。

关键词： 消费者满意度　消费环境　消费信心　消费维权

---

*　课题组成员：朱剑桥，中国消费者协会秘书长；栗元广，中国消费者协会副秘书长；张德志，中国消费者协会消费监督部主任；李妍，中国消费者协会消费监督部副主任；汤哲，中国消费者协会消费监督部干部。本报告执笔人：汤哲。

党的十九大报告做出重要论断，中国特色社会主义进入了新时代，这是我国发展新的历史方位。新时代我国经济发展的基本特征是已经由高速增长转向高质量发展阶段，正处在转变发展方式、优化经济结构、转换增长动力的攻关期，建设现代化经济体系是跨越关口的迫切要求和我国发展的战略目标。

回顾过去几年的经济增长情况，消费对我国经济增长的贡献率稳步提升，充分发挥了"稳定器"和"压舱石"的作用。着力发挥消费引领作用，充分发挥超大规模市场优势，进一步推动消费稳定增长，成为政策推进方向和各界共识。国家统计局核算数据显示，我国2020年全年国内生产总值（GDP）达到101.5986万亿元[①]，并且是全球主要经济体中唯一实现经济正增长的国家，充分彰显了中国经济强大的活力和韧性；我国人均GDP连续两年超过1万美元，居民收入翻番目标如期实现。庞大的消费需求和中等收入群体，蕴含了广阔的市场潜力，消费者规模扩大和水平提升将成为拉升经济增长的重要动力。

2020年是"十三五"收官之年，同时是我国全面建成小康社会、实现第一个百年奋斗目标具有里程碑意义的一年。2020年初，突如其来的新冠肺炎疫情对我国社会经济产生较大冲击，对居民的日常生活和消费也产生了深刻的影响。从消费层面来看，消费环境面临的冲击导致消费回补低于预期，消费者的消费需求、消费决策和消费信心均有所波动。

中国消费者协会（以下简称"中消协"）自2017年起持续在全国范围内开展城市消费者满意度调查工作。调查于每年第四季度开展，调查城市数量从2017年50个、2018年70个到2019年和2020年的100个，涵盖直辖市和各省区社会消费品零售总额排名相对靠前的大中城市。

中消协2020年度全国100个大中城市消费者满意度调查工作从2020年10月10日至12月16日在全国100个城市同步展开，经过质控审核后最终获得64273个有效样本，男女比例均衡，覆盖不同年龄段。本报告基于调查数

[①] 国家统计局：《中华人民共和国2020年国民经济和社会发展统计公报》，http://www.gov.cn/shuju/2021-02/28/content_5589283.htm。

据，重点梳理不同地区、不同类型消费者满意度及消费信心情况，通过与历年得分情况进行对比，发现消费者满意度变化趋势和关注问题的变化，并提出相关对策建议。

一 全国大中城市消费者满意度调查体系概况

（一）全国大中城市消费者满意度指标体系建构

本报告将"消费者满意度"定义为：消费者在日常购买商品或接受服务过程中，对消费供给、消费环境和消费维权等议题的情绪反馈，是以百分制的形式测度出来的消费者主观评价。

2020年城市消费者满意度指标体系由3个一级指标、16个二级指标和25个三级指标构成。其中，3个一级指标分别是"消费供给"①、"消费环境"②和"消费维权"③。2020年消费者满意度指标体系及各级指标对应关系见表1。

表1　2020年消费者满意度指标体系		
一级指标	二级指标	三级指标
消费供给	供给丰富性	种类丰富性
		替代产品丰富性
	供给便利性	分布合理
		物流便利
		公共基础设施完善
	供给创新性	供给创新性

---

① "消费供给"是指市场产品和服务供给的层次、效率和创新是否能够满足消费者的需求。
② "消费环境"是指消费者在消费过程中形成的消费感知、享受到的体验、与商家之间的友好关系是否能够满足消费者的需求。
③ "消费维权"是指政府及有关部门、社会组织、经营者对消费者进行知识教育和权益保护的方式、效率、效能是否能够满足消费者的需求。

续表

一级指标	二级指标	三级指标
消费环境	质量水平	货品真实
		商品或服务质量
	服务水平	服务水平
	消费设施	安全性
		舒适性
	价格合理	价格公道
		明码标价
	信息真实	信息真实
	售后保障	售后保障
	商家信任度	商家信任度
	交易安全	交易安全
	消费知情权	消费知情权
	消费自主选择权	消费自主选择权
消费维权	权益保护	维权渠道
		维权效率
		维权结果
	消费宣传	消费警示提示
		消费知识法制宣传
	消费执法	消费执法

（二）调查城市选取与样本量设计

2020 年消费者满意度调查城市数量为 100 个，包括 27 个省会城市、4 个直辖市、5 个计划单列市和 64 个地级市（州）。其中 4 个直辖市自然入选，27 个省（区）中每个省（区）至少选取 3 个城市，且各省计划单列市和副省级城市自然入选；另外，按照地级市（州）城市上一年度社会消费

品零售总额 [1] 最新数据从大到小排序，依次确定入选城市（城市详细名单见表2）。

二　消费者满意度调查结果及表现

（一）2020年度消费者满意度综合得分总体表现良好，与往年相比呈现持续上升趋势

百分制下，2020年100个城市的消费者满意度综合得分为79.32分。相比于2017年度的71.75分、2018年度的73.68分、2019年度的77.02分，2020年度消费者满意度调查得分总体表现良好，且历年结果呈现持续上升的趋势。

从城市综合表现来看，最高得分达到86.67分（杭州市），最低为69.48分（贵阳市），最高分和最低分相差17.19分。有51个城市的得分高于本年度全国综合得分。

如表2所示，调查得分排名前10位的城市依次为：杭州市（86.67分）、南京市（86.08分）、厦门市（84.20分）、青岛市（84.17分）、吴忠市（83.81分）、上海市（83.65分）、苏州市（83.35分）、烟台市（83.11分）、常州市（82.97分）、无锡市（82.86分）。排名前10位的城市从地域分布来看，有6个城市属于长三角城市，3个城市属于东部城市，仅有吴忠市属于西部城市。

得分排名后10位的城市依次为：长春市（73.67分）、唐山市（73.54分）、松原市（73.36分）、汕头市（73.22分）、合肥市（73.13分）、遵义市（72.21分）、邯郸市（71.12分）、衡阳市（70.61分）、昆明市（69.87分）、贵阳市（69.48分）。其中，昆明、贵阳2个城市得分低于70分。排名后10位的城市从地域分布来看，有4个城市属于中部城市，3个属于东部城市，3个属于西部城市。

---

[1]　社会消费品零售总额数据来源于国家统计局数据库，2020年、2019年、2018年各省份统计年鉴或各市2019年国民经济和社会发展统计公报（当年最新）。多数城市均采用2019年年末社会消费品零售总额数据，大连、吉林、松原、哈尔滨、洛阳、南阳、绵阳、南充、克拉玛依、哈密等城市采用的是2018年年末社会消费品零售数据，唐山、邯郸、保定、鞍山、齐齐哈尔、大庆、日喀则、山南、天水、庆阳等采用的是2017年年末社会消费品零售数据。

排名	城市	满意度总分	消费供给	消费环境	消费维权
				表2 2020年100个城市消费者满意度得分及排名	
					单位：分
1	杭州市	86.67	90.01	87.55	82.32
2	南京市	86.08	85.65	86.36	85.55
3	厦门市	84.20	85.64	85.68	79.27
4	青岛市	84.17	85.63	85.19	80.54
5	吴忠市	83.81	86.00	85.60	77.59
6	上海市	83.65	84.50	85.12	79.11
7	苏州市	83.35	85.02	83.85	81.02
8	烟台市	83.11	85.17	83.59	80.61
9	常州市	82.97	85.04	84.13	78.57
10	无锡市	82.86	85.04	83.98	78.50
11	济南市	82.77	85.83	84.01	77.58
12	嘉兴市	82.77	82.06	83.51	81.11
13	北京市	82.67	84.68	84.63	76.10
14	山南市	82.66	82.59	83.45	80.51
15	南宁市	82.65	83.71	83.63	79.35
16	沈阳市	82.51	84.74	84.35	76.14
17	宁波市	82.49	84.04	82.67	81.13
18	金华市	82.47	84.54	83.29	79.03
19	芜湖市	82.43	83.05	83.32	79.59
20	济宁市	82.32	84.54	82.24	81.26
21	日喀则市	82.31	81.91	83.30	79.81
22	温州市	82.27	82.93	83.37	78.83
23	淄博市	82.23	84.70	83.65	76.90
24	成都市	82.20	86.95	83.58	75.68
25	泉州市	82.18	87.71	83.36	75.77
26	南通市	82.02	82.93	83.31	77.91
27	洛阳市	81.84	82.85	81.98	80.88
28	绍兴市	81.83	80.56	83.55	77.80
29	克拉玛依市	81.82	81.27	81.77	82.30

续表

排名	城市	满意度总分	消费供给	消费环境	消费维权
30	海西蒙古族藏族自治州	81.78	82.57	84.06	75.01
31	宜昌市	81.37	84.02	82.40	77.00
32	潍坊市	81.35	83.50	82.74	76.25
33	天津市	21.28	82.50	81.72	79.40
34	拉萨市	81.19	80.74	81.35	81.03
35	银川市	81.15	84.23	82.79	74.82
36	渭南市	81.14	81.70	82.61	76.74
37	赣州市	81.06	82.77	82.94	74.88
38	临沂市	81.05	81.90	81.34	79.73
39	包头市	80.98	84.00	82.16	76.01
40	佛山市	80.77	83.41	81.72	76.64
41	石嘴山市	80.76	81.40	81.96	77.10
42	南昌市	80.23	82.68	82.04	73.80
43	柳州市	80.21	81.28	81.80	75.21
44	鞍山市	80.17	80.54	80.91	77.89
45	天水市	80.11	82.87	80.89	76.35
46	襄阳市	79.92	82.43	80.82	76.00
47	海口市	79.90	81.26	80.80	76.62
48	乌鲁木齐市	79.82	79.46	80.22	78.92
49	岳阳市	79.50	79.45	79.97	78.25
50	西宁市	79.47	83.05	80.76	73.84
51	阜阳市	79.33	80.34	79.67	77.80
	全国平均分	79.32	81.36	80.62	74.70
52	石家庄市	79.20	81.52	80.90	73.18
53	鄂尔多斯市	79.15	80.49	80.92	73.50
54	毕节市	79.09	78.08	80.59	75.50
55	南充市	79.01	82.85	80.11	73.78
56	儋州市	78.78	79.31	79.10	77.58
57	深圳市	78.77	81.96	80.37	72.51
58	太原市	78.62	80.14	79.76	74.58

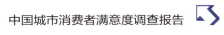

					续表
排名	城市	满意度总分	消费供给	消费环境	消费维权
59	盐城市	78.59	79.70	80.62	72.33
60	徐州市	78.07	78.75	79.96	72.46
61	武汉市	77.93	82.80	78.59	73.33
62	重庆市	77.92	81.93	79.51	71.21
63	大庆市	77.81	80.44	80.36	69.24
64	齐齐哈尔市	77.78	84.22	80.97	65.26
65	南阳市	77.58	82.09	79.36	70.06
66	哈尔滨市	77.54	82.48	79.58	69.07
67	上饶市	77.50	77.18	78.31	75.45
68	广州市	77.43	80.32	78.81	71.97
69	大同市	77.26	81.12	79.30	69.41
70	海东市	76.95	78.83	79.10	69.92
71	郑州市	76.85	80.32	78.20	71.14
72	吉林市	76.79	79.27	79.78	67.10
73	西安市	76.79	81.18	77.83	71.38
74	运城市	76.50	79.68	76.86	73.70
75	长沙市	76.43	78.06	76.62	74.97
76	福州市	76.41	77.93	78.10	70.87
77	曲靖市	76.40	77.35	79.71	66.70
78	庆阳市	76.29	81.61	77.75	69.21
79	东莞市	76.20	79.43	77.64	70.38
80	三亚市	76.14	76.61	77.86	71.12
81	宝鸡市	75.93	80.43	78.04	67.50
82	绵阳市	75.92	78.40	79.13	65.62
83	哈密市	75.62	76.03	79.24	65.38
84	保定市	75.57	79.21	78.27	66.03
85	大连市	75.49	80.54	77.66	66.60
86	台州市	74.90	78.76	77.15	66.47
87	兰州市	74.47	78.24	76.70	66.15
88	呼和浩特市	74.39	78.15	76.39	66.70
89	玉溪市	74.34	77.85	75.69	68.61

续表

排名	城市	满意度总分	消费供给	消费环境	消费维权
90	桂林市	73.86	74.62	75.49	68.91
91	长春市	73.67	76.46	77.16	62.41
92	唐山市	73.54	78.09	75.93	64.31
93	松原市	73.36	77.62	75.95	63.76
94	汕头市	73.22	73.34	75.74	66.17
95	合肥市	73.13	76.75	75.31	65.02
96	遵义市	72.21	71.99	72.64	71.15
97	邯郸市	71.12	73.08	71.22	69.71
98	衡阳市	70.61	74.14	74.16	58.77
99	昆明市	69.87	72.08	71.94	62.91
100	贵阳市	69.48	67.43	69.85	69.63

注: 保留两位有效数字后, 济南市与嘉兴市得分一致; 保留三位小数时, 济南市得分为 82.767 分, 嘉兴市得分为 82.766 分。

(二)不同城市类别与消费群体满意度得分情况

1. 不同城市类别消费者满意度得分

（1）社会消费品零售总额越大的城市, 消费者满意度得分相对越高

按照社会消费品零售总额, 将 100 个城市划分为 4000 亿元以上、2000 亿 ~4000 亿元、1000 亿 ~2000 亿元及 1000 亿元以下四个城市类别, 城市数量分别为 22 个、26 个、22 个、30 个。

调查结果显示, 2020 年社会消费品零售总额在 4000 亿元以上城市的消费者满意度得分最高, 为 80.89 分, 其次是社会消费品零售总额在 2000 亿 ~4000 亿元城市（79.66 分）。与 2019 年相比, 所有类别城市的满意度得分均有所提高, 且提高幅度均在 3 分以上。其中, 满意度得分提高最多的是社会消费品零售总额在 1000 亿元以下的城市, 提高了 3.93 分（见图 1）。

（2）城市规模越大, 消费者满意度得分相对越高

根据 2014 年国务院公布的《关于调整城市规模划分标准的通知》, 按照六普的城区人口进行城市分类, 参与调查的城市可以分为: 超大城市、特大

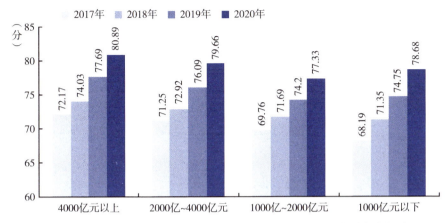

图1 2017~2020年不同社会消费品零售总额城市消费者满意度得分

城市、Ⅰ型大城市、Ⅱ型大城市和中小型城市五类。

调查结果表明，2020年超大城市的消费者满意度得分最高，为80.68分；其次是特大城市，为80.42分；再次是Ⅰ型大城市79.10分、中小型城市79.01分、Ⅱ型大城市78.76分，后三类城市的得分较为接近。其中，超大城市连续四年得分排名第一。与2019年得分相比，所有类别城市得分均有所提高，除超大城市外，提高幅度均在3分以上。其中，特大城市满意度得分提高了3.6分，提升幅度最大（见图2）。

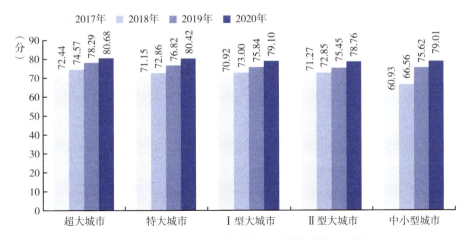

图2 2017~2020年不同规模城市消费者满意度得分

（3）城市行政级别越高，消费者满意度相对越高

按照城市行政级别，可将城市划分为直辖市、计划单列市、省会城市、其他城市四个城市类别。2020年调查显示，各行政级别城市得分由高到低依次为：直辖市（81.91分）、计划单列市（81.06分）、其他城市（79.05分）、省会城市（78.8分）。与上一年度相比，所有类别城市的满意度得分均有所提高，其中，计划单列市满意度得分提升最多，提高了3.85分；同时，省会城市与其他城市得分排名互换（见图3）。

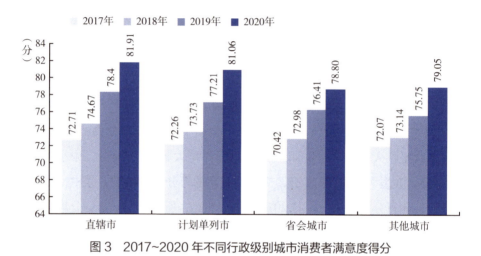

图3　2017~2020年不同行政级别城市消费者满意度得分

（4）城市发展水平越高，消费者满意度相对越高

按照中国社会科学院城市级别划分标准，可将被调查城市划分为一线城市、二线城市、三线城市、四线及其他城市四个类别。2020年调查表明，不同发展水平城市得分由高到低依次为：一线城市（80.92分）、二线城市（80.31分）、四线及其他城市（78.97分）、三线城市（77.88分）。与上一年度相比，各发展水平城市的满意度得分均有提高。其中，二线城市满意度得分提高了3.94分，提升幅度最大（见图4）。

（5）不同地理区域城市得分对比发现，华东地区的消费者满意度得分最高，东北地区满意度得分最低

从东、中、西部三大地理区划得分比较来看，不同地理区域城市得分由

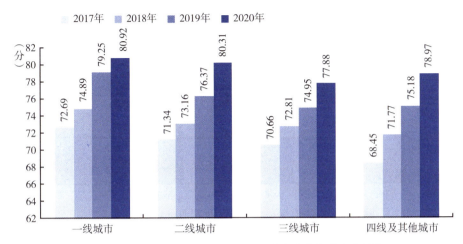

图4　2017~2020 年不同发展水平城市消费者满意度得分

高到低依次为：东部地区城市得分为 80.69 分，西部地区城市得分为 78.46 分，中部地区城市得分为 77.72 分。

从华北、东北、华中、华南、华东、西北、西南七大地理区划得分情况来看，华东地区城市消费者满意度得分为 81.92 分，相对最高；东北地区城市消费者满意度得分为 77.39 分，相对最低。其他地区满意度得分由高到低依次为西北（79.09 分）、华北（78.24 分）、华南（78.20 分）、华中（78.04 分）、西南（77.64 分）。

从历年数据来看，各区域被测评城市的消费者满意度得分均有所上升。其中，华东地区连续四年满意度得分最高，西北地区满意度得分提升最多（见图5）。

2. 不同消费群体满意度得分

（1）男性消费者满意度略高于女性消费者

2020 年男性消费者满意度得分略高于女性消费者，分别为 79.40 分和 79.26 分。2017~2019 年的调查结果均为男性得分略高于女性，但总体差异都不大，历年分差浮动均在 0.5 分上下（见图6）。

与 2019 年相比，男性和女性消费者的满意度得分均有上升，且个别指

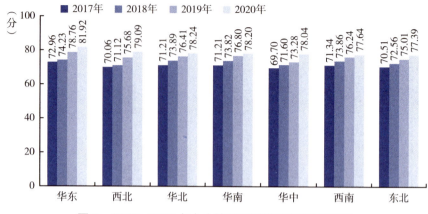

图5　2017~2020年七大地理区划消费者满意度得分

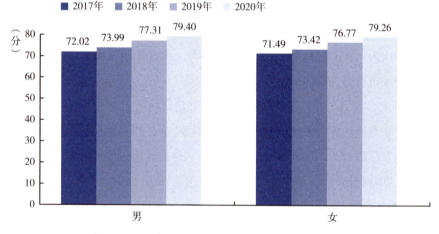

图6　2017~2020年不同性别消费者满意度得分

标差异显著。从三级指标看，2项指标得分差异超过2分，分别为"安全性"（2.45分）、"交易安全"（2.63分），均为男性得分高于女性得分。

（2）青少年群体消费者满意度得分最高，而中青年群体得分最低

将消费者划分为15~24周岁、25~34周岁、35~44周岁、45~54周岁、55~70周岁五个年龄段进行比较，结果显示，2020年满意度得分最高的为15~24周岁群体（80.51分），得分最低的为25~34周岁群体（78.88分）。其中15~24周岁群体满意度得分连续四年最高（见图7）。

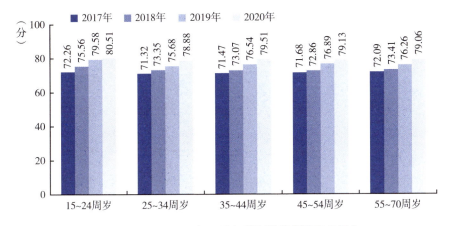

图7　2017~2020 年不同年龄段消费者满意度得分

与 2019 年相比，各年龄段消费者满意度得分均有上升，且个别指标差异显著。满意度得分上升最大的是 25~34 周岁群体，上升了 3.2 分。对比三级指标同期变化，有 5 项指标得分波动较大，各年龄段消费者满意度最大值与最小值差异超过 3 分，分别为"信息真实"（3.01 分）、"交易安全"（3.88 分）、"维权渠道"（3.89 分）、"维权效率"（3.80 分）、"维权结果"（3.59 分），且维权方面的三个指标均是 15~24 周岁及 45~70 周岁群体满意度较高，25~44 周岁群体满意度较低。

（3）随着收入的增加，消费者满意度得分也呈上升趋势

按照 2020 年不同个人月均收入水平，可将消费者群体划分为 4 个层次：3000 元（含）以下、3000~5000 元（含）、5000~8000 元（含）和 8000 元以上。

调查结果表明，8000 元以上群体的满意度得分最高，为 80.64 分，且随着收入的增加，消费者满意度得分也呈上升趋势（见图8）。

与 2019 年相比，各收入群体的满意度得分均有上升，且个别指标差异显著。满意度上升最大的是收入 5000~8000 元（含）的群体，上升了 2.95 分。从三级指标看，6 项指标得分波动较大，不同收入消费者满意度最大值与最小值差异超过 4 分，分别为"供给创新性"（4.08 分）、"商家信任度"（4.08 分）、"交易安全"（4.62 分）、"维权效率"（4.51 分）、"维权结果"（4.26 分）、"消费警示提示"（5.05 分）。

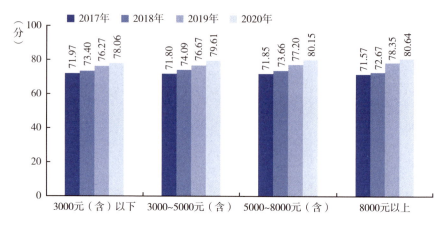

图 8　2017~2020 年不同个人月均收入群体满意度得分

（4）2020 年，消费支出占比处于 40%~60%（含）的消费者满意度最高，而消费支出占比在 20%（含）以下的群体满意度最低

根据消费者最近一年日常支出占收入的比重，将消费者群体划分成五类：占比在 20%（含）以下、20%~40%（含）、40%~60%（含）、60%~80%（含）及 80% 以上。

根据调查结果，2020 年满意度得分最高的为支出占比在 40%~60%（含）的消费群体，为 80.40 分，满意度得分最低的为支出占比在 20%（含）以下的消费群体，为 75.09 分，最高分与最低分之间相差了 5.31 分（见图 9）。

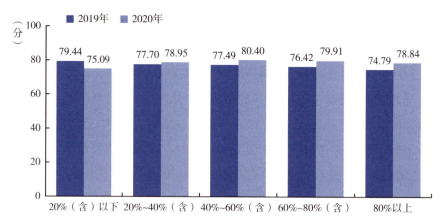

图 9　2019~2020 年不同消费支出消费者满意度得分

与 2019 年相比，除支出占比在 20%（含）以下的消费群体外，其他群体满意度得分均有所上升。占比在 20%（含）以下的消费群体得分下降 4.35 分，占比在 80% 以上的消费群体得分上升最多，上升了 4.05 分。

（三）2020年度消费者满意度分级指标得分

1. 2020 年满意度一级指标中"消费供给"得分最高，而"消费维权"得分最低

调查显示，构成消费者满意度的三个一级指标中，"消费供给"得分相对最高，为 81.36 分；"消费环境"指标项得分相对居中，为 80.62 分；"消费维权"指标项得分相对最低，为 74.70 分，与其他两个指标差距较大（见图10）。从城市表现看，共有 52 个城市的"消费供给"得分高于全国综合水平，51 个城市的"消费环境"得分高于全国综合水平，53 个城市的"消费维权"得分高于全国综合水平。

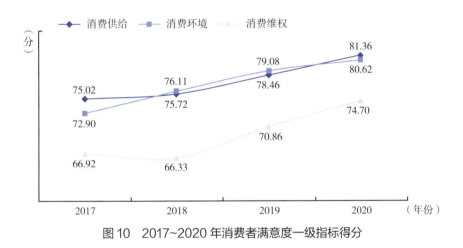

图 10 2017~2020 年消费者满意度一级指标得分

对照 2017~2020 年得分情况来看，"消费供给"和"消费环境"得分相对较高且较为接近，这两项指标得分 2020 年首次超过 80 分，其中"消费供给"得分继 2017 年调查之后再次超过"消费环境"得分；"消费维权"仍然是得分最低的指标，尽管也在持续提升中，但与其他两项指标之间存在较大差距。

2. 2020 年满意度二级指标中得分最高的是"消费自主选择权"和"消费知情权","消费宣传""信息真实""交易安全""权益保护"等指标得分相对较低

根据 2020 年消费者满意度二级指标得分情况,大致可以将 16 个二级指标分为四个梯队。

第一梯队(得分 85 分以上)包括 2 个指标,分别是"消费自主选择权"(92.05 分)、"消费知情权"(88.78 分),其中"消费自主选择权"指标得分连续四年远超其他各项指标得分。第二梯队(80~85 分)共有 4 个指标,分别是"供给便利性"(84.46 分)、"质量水平"(83.42 分)、"供给丰富性"(81.63 分)、"价格合理"(81.40 分)。第三梯队(75~80 分)共有 6 个指标:"消费设施"(79.95 分)、"商家信任度"(79.48 分)、"售后保障"(78.77 分)、"服务水平"(78.08 分)、"供给创新性"(76.49 分)、"消费执法"(75.70 分)。第四梯队(75 分以下)共有 4 个指标:"消费宣传"(74.62 分)、"信息真实"(74.54 分)、"交易安全"(74.03 分)、"权益保护"(73.30 分),具体如表 3 所示。

表 3　2017~2020 年消费者满意度二级指标得分对比
(按 2020 年指标得分高低排序)

单位:分

指标 \ 年度	2020	2019	2018	2017
消费自主选择权	92.05	91.47	90.13	80.11
消费知情权	88.78	86.97	82.78	64.68
供给便利性	84.46	84.34	82.02	79.98
质量水平	83.42	82.85	80.89	75.84
供给丰富性	81.63	74.98	71.76	71.07
价格合理	81.40	79.14	76.95	71.77
消费设施	79.95	77.19	72.93	77.17
商家信任度	79.48	78.85	76.80	74.00
售后保障	78.77	77.85	75.61	73.14
服务水平	78.08	77.08	74.25	75.04

指标＼年度	2020	2019	2018	2017
供给创新性	76.49	74.25	71.50	72.76
消费执法	75.70	73.70	68.13	65.66
消费宣传	74.62	71.24	66.73	67.62
信息真实	74.54	74.75	71.76	66.32
交易安全	74.03	69.31	63.62	68.33
权益保护	73.30	66.92	63.65	67.74

总体来看，2020年二级指标得分最高分（"消费自主选择权"92.05分）与最低分（"权益保护"73.30分）之间相差18.75分，分值差异仍然较大。但是相比于2019年度二级指标最高分（"消费自主选择权"91.47分）与最低分（"权益保护"66.92分）之间24.55分的分差来看，这一差值有所下降。

3.2020年满意度三级指标中得分差异明显："消费自主选择权""物流便利"等指标得分持续领先，而"维权效率"指标得分则连续四年垫底

根据2020年消费者满意度三级指标得分情况，大致可以将25个三级指标分为四个梯队。

其中，第一梯队（85分以上）共有4个指标："消费自主选择权"（92.05分）、"消费知情权"（88.78分）、"物流便利"（87.26分）、"货品真实"（86.50分）。第二梯队（80~85分）包括6个指标："明码标价"（84.22分）、"公共基础设施完善"（84.19分）、"替代产品丰富性"（83.29分）、"分布合理"（82.32分）、"商品或服务质量"（80.37分）、"舒适性"（80.08分）。第三梯队（75~80分）包括10个指标："种类丰富性"（79.95分）、"安全性"（79.81分）、"商家信任度"（79.48分）、"售后保障"（78.77分）、"价格公道"（78.57分）、"服务水平"（78.08分）、"供给创新性"（76.49分）、"消费知识法制宣传"（76.09分）、"消费执法"（75.70分）、"维权渠道"（75.07分）。第四梯队（75分以下）包括5个指标："信息真实"（74.54分）、"交易安全"（74.03分）、"维权结果"（73.70分）、"消费警示提示"（73.16分）、"维权效率"（71.17分），具体如表4所示。

表4　2017~2020 年消费者满意度三级指标得分对比
（按 2020 年指标得分高低排序）

单位：分

指标 ＼ 年度	2020	2019	2018	2017
消费自主选择权	92.05	91.47	90.13	80.11
消费知情权	88.78	86.97	82.78	64.68
物流便利	87.26	88.71	87.1	82.68
货品真实	86.50	85.96	84.33	76.16
明码标价	84.22	81.89	79.04	70.21
公共基础设施完善	84.19	84.35	81.61	79.83
替代产品丰富性	83.29	—	—	—
分布合理	82.32	80.57	78.07	77.82
商品或服务质量	80.37	79.79	77.51	75.53
舒适性	80.08	77.67	74.74	76.34
种类丰富性	79.95	74.98	71.76	71.07
安全性	79.81	76.75	71.29	77.93
商家信任度	79.48	78.85	76.80	74.00
售后保障	78.77	77.85	75.61	73.14
价格公道	78.57	76.40	74.86	73.33
服务水平	78.08	77.08	74.25	—
供给创新性	76.49	74.25	71.50	72.76
消费知识法制宣传	76.09	73.79	69.86	68.75
消费执法	75.70	73.70	68.13	65.66
维权渠道	75.07	70.05	68.42	69.91
信息真实	74.54	74.75	71.76	66.32
交易安全	74.03	69.31	63.62	—
维权结果	73.70	66.10	62.22	67.02
消费警示提示	73.16	68.76	63.68	66.52
维权效率	71.17	64.84	60.69	66.47

注：①2017~2019 年调查体系中的“供给丰富性”在 2020 年调整为“种类丰富性”和“替代产品丰富性”2 项。

②“服务水平”为 2018 年以后新增指标项；在 2017 年调查时细分为“服务意识”和“服务态度”2 项，当年度得分分别为 74.22 分和 75.86 分。

③“交易安全”为 2018 年以后新增指标项；在 2017 年调查时细分为“个人信息安全”、“财产安全”和“人身安全”3 项，当年度得分分别为 62.42 分、67.75 分和 75.63 分。

对比 2017~2020 年四年得分情况可以看到：25 个三级指标梯队分布整体较为稳定，且得分显著提升。其中"消费自主选择权"指标得分持续领先，而"维权效率"指标得分则连续四年垫底。需要重点关注的是有 3 个指标得分与 2019 年相比有所下降。其中"公共基础设施完善"和"信息真实"两项指标得分分别小幅下降 0.16 分和 0.21 分，"物流便利"指标得分减少 1.45 分，下降幅度较大。

（四）100个城市消费信心情况对比

出于疫情等原因，消费者的消费需求、购买意愿和消费信心受到不同程度的影响。为了具体掌握消费者在未来一年的消费信心及预期情况，本次调查从"对于经济形势的预期""对于日常消费支出的预期""总体消费信心"三个角度进行了调查。

1. 消费者对于未来一年经济形势的预期总体积极乐观

调查显示，54.0% 的受访消费者对未来一年经济形势的预期持"比较乐观"态度，23.2% 的受访者持"非常乐观"态度，总体占比超过七成。7.0%的受访消费者预计经济发展形势可能会"一般"，合计 15.0% 的消费者选择"不太乐观"和"非常不乐观"（见图 11）。总体来看，消费者对于我国未来一年经济形势的预期较为乐观，表明多数消费者具有积极心态。

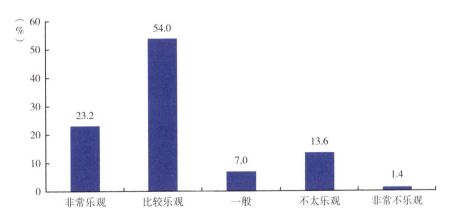

图 11　消费者对于未来一年经济形势的预期

287

2. 消费者对于未来一年的支出计划在持平基础上略增

当问到"与今年相比，未来一年是否计划增加在日常消费方面的支出"时，42.2%的消费者表示计划支出"与今年持平"，34.2%的消费者计划"增加支出"，22.0%的消费者计划"减少支出"（见图12）。总体来看，消费者对于未来一年的消费支出较为慎重，可能还需要结合经济发展和消费形势、家庭收入状况等因素综合考量。

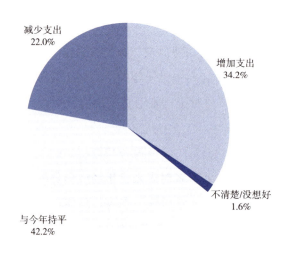

图12　未来一年是否计划增加在日常消费方面的支出

3. 消费者对于未来一年的消费信心总体乐观审慎

经测算，百分制下全国100个大中城市消费者对于未来一年的消费信心综合评分为78.76分。如果以75分以上为"良好"，可以认为消费者对于2021年度的消费信心总体较为乐观。

消费者满意度反映的是过去和当前的消费情况，消费信心投射的则是未来一段时间内的消费预期和消费态度。参照消费者满意度得分标准进行衡量，消费者对于2021年的消费信心评价打分（78.76分）要略低于上一年度满意度评价得分（79.32分），一定程度上也反映出还有不少消费者对未来一年消费的审慎态度。在疫情防控常态化时期的消费促进工作中，除了关注消费供给、消费环境建设和消费维权保障等工作外，还应当加强对个体消费者的情感关怀和群体支持，从政策、文化、保障兜底等多方面提振居民消费信心。

三　提升消费者满意度面临的问题与挑战

从中消协历年调查情况来看，全国大中城市消费者满意度持续提升。2017 年度至 2020 年度得分分别提升 1.93 分、3.34 分和 2.30 分，总体呈现上升趋势，符合《"十三五"市场监管规划》关于"消费者满意度持续提升"的预期和要求，但是也有继续优化提升的空间。当前，我国社会主要矛盾已经转化为人民日益增长的美好生活需要和不平衡不充分的发展之间的矛盾。居民日常生活消费节奏总体平稳，消费供应得到充分保障，商品消费和服务消费类别日益丰富、选择性多。与此同时，庞大的消费群体、人口结构的变化、旺盛的消费需求、不断变化的消费趋势和个性化的需求，对消费供给、消费环境和消费维权形成重大的考验。

（一）消费需求旺盛与消费供给之间的不匹配

我国人口正在发生结构性变化，这对于消费业态产生直接影响，消费群体的差异性值得关注，服务类、健康型、体验式经济将在未来消费市场占据更加重要的地位，公共服务消费重要性越发凸显。根据统计，2020 年全年的社会消费品零售总额为 391981 亿元[1]，尽管与 2019 年相比有所下降，但是也充分表明了疫情防控常态化时期消费者旺盛的购买力和消费动力。当然，我们还应看到近年来社会消费品零售总额增速逐渐放缓、国内消费动力不足的现实状况，以及消费供给与需求不匹配的深层问题。

从得分表现看，消费者对于消费供给的整体满意度持续提升，特别是对于供给的便利性较为认可，消费者自主选择、自行决策的动机和能力都显著

---

[1]　国家统计局：《中华人民共和国 2020 年国民经济和社会发展统计公报》，http://www.stats.gov.cn/tjsj/zxfb/202102/t20210227_1814154.html。

提升，但对于供给的丰富性和创新性评价相对较低。此外，一些消费新模式、新业态产生后尽管在一定程度上为消费者带来科技感、新鲜感的消费体验，但是商业逻辑供给端和隐藏的消费套路、安全隐患、价值冲突等也让消费者心存疑虑，诸如互联网平台涉嫌垄断经营和不正当竞争等，隐蔽性更强、危害性更大，有些已经造成实质性的人身、财务损失。

（二）不同地区和重点消费群体满意度差异仍然显著

从地区和城市综合表现来看，除个别城市外，东部和南部城市、经济发展水平较高的城市满意度得分明显高于中西部及经济发展水平一般的城市；相比之下收入水平高的消费者满意度更高，而刚刚步入社会的"90后"青年消费群体收入相对较低、压力更大，满意度相对较低。具体从城市来看，杭州、青岛、厦门、上海等城市得分排名表现出较大的领先优势和较好的稳定性，消费中心城市的消费辐射和枢纽带动作用持续显现。

值得指出的是，尽管本次调查只是选取大中城市的城区开展调查，但是地区差异、消费矛盾中的苗头性问题早已显现，如经济发达地区和欠发达地区、城市地区和农村地区的消费供给、消费选择、公共服务建设与保障等还存在较大的差异，本地人口和外来人员的消费意愿、公共服务保障、参与机会等还存在一定差异，各地政府在推进城市更新发展、社会治理特别是消费环境治理时应当充分关注其中的共同点和差异性，致力于居民的基本需求满足和消费升级改善。例如许多城市在增加人口、吸引人员、留住人才方面花了大力气、大成本，但要避免只盯着人力资源、消费价值贡献和追求人口数据增长的狭隘思维，应考虑到人才政策和具体服务的落地，特别是公共服务的保障性和均衡性，以此强化归属感、减少边缘化。

（三）"促消费"与"保维权"权衡取舍后的顾此失彼

近年来，党中央、国务院先后出台一系列政策举措，着力营造良好的市场秩序，改善消费环境，注重消费者权益保护，为扩大内需、拉动消费增长等提供明确指引。2020年以来，大量的消费需求受到疫情影响被抑制或延迟，消费活力和动力不足，为促进消费回补、释放消费潜力，各地政府和有关企业经营者纷纷推出了相关的购物节、促消费活动，取得了不错的成效，但与此同时也有一些问题可能需要在发展中纠偏。

一是政府相关部门对于营商环境和消费环境的权衡，多数情况下可能更重视营商环境建设投入，强调招商引资、企业开办、发展活力和意见诉求等经济发展指标，相比之下对消费环境建设和消费者获得感的重视程度可能不够，甚至部分地区消费环境建设需要为营商环境建设让道，但事实上营商环境和消费环境同属于城市软实力的重要构成，并不存在非此即彼的竞争关系。二是企业重营销、轻维权的现象仍然普遍。从目前线上线下消费模式和问题表现来看，各种营销策略和促销活动气氛浓厚，造品牌、讲故事、搞营销、玩概念十分普遍，同时一些行业性、区域性问题持续多发，如网购投诉、个人信息泄露、预付式消费商家卷款跑路、品牌商无视消费者合理意见诉求。尽管消费者的自主选择权、知情权和对商家的信任逐年强化，但交易安全、信息真实等方面却始终难以称心。

（四）消费维权诉求期盼与维权供给不足的现实窘境

纵向比较连续四年的消费者满意度结果，"消费维权"一直是消费者满意度评价的弱项，不仅连续四年在三项一级指标中排名最低，且与"消费供给""消费环境"得分存在显著差距，消费者尤其对"维权效率"和"维权结果"评价不佳。随着移动互联网络快速应用，网络购物、直播带货、在线教育、P2P、投资类骗局等纠纷问题和维权群体性事件时有发生，消费者遇到问题不知如何解决，也不知道找谁维权，找到责任人和责任单位却也解决不了问题、无处说理，暴露出诸多维权痛点。

尽管消费不是奔着维权的目的而来，但是维权感知情况却会直接影响消费者未来的消费信心和消费决策。事实上，消费风险问题多发，消费维权难、处理慢、对处理结果不满意也是影响消费信心的突出短板。维权需求日益增长，除了归咎于企业经营者的不负责任、不够重视外，还暴露出我国维权网络和专业力量不足的现实窘境，行政执法和社会组织基层人手紧缺，新问题

多发且日益复杂化也对维权调处工作提出新的监管观念和技术挑战。不仅如此，消费者对于维权过程、维权结果的不满意还可能会延伸至其他社会管理领域，以致产生更为普遍的不满情绪和不信任感。

（五）消费信心与消费能力、素养观念之间的不协调

从调查结果来看，消费者对于未来经济发展和个人消费支出总体持乐观态度，同时也表示出一定的审慎心理。居民消费信心与多种因素相关，如消费供给的丰富性、可得性和易用性，如消费者收入水平的高低和城市的消费便利程度，同时也与社会整体消费氛围密不可分。在当前的消费语境中，物质主义、消费主义甚至享乐主义的思想意识对消费者科学、理性、文明的消费观念形成一定的冲击；消费模式、商品和服务的内容和形态的不断迭代升级，推动着消费问题特别是维权问题也在不断迭代，因此消费者也有必要及时加强自身观念和行动的迭代增能。

在日常生活中，消费者除了关注消费价格、营销卖点、明星光环等外部因素外，更应多聚焦于自身内在诉求和现实需要。消费者既要关注商品的属性和实用性、品牌和价值，还要切实考量自身需求和能力的匹配，主动学习消费知识，掌握必要的消费技能，拓宽消费视野和选择面，提升消费素养和消费品位，不轻信盲从、不盲目消费、不信谣传谣，特别是要注重提高自身避险能力与救济能力，避开消费误区和陷阱，科学理性安全消费。

四 提高消费者满意度的思考和建议

从调查结果看，100个城市消费者满意度综合得分总体表现良好，城市得分和排名有所波动但是总体保持较好的稳定性。同时，各指标间的差异暴露出当前消费领域仍然面临一些挑战，具体到各城市得分表现及呈现的差异性，也反映出消费者的诸多期待。"十四五"规划指出，构建新发展格局，要坚持扩大内需这个战略基点。在国内外多重因素交织的影响下，全面促进消费，发挥消费的基础性作用，打造多点支撑的消费增长格局，营造便利安全

放心的消费环境成为必然举措。面向"十四五"开局新阶段、新任务、新要求，有必要将提升消费者满意度的理念和实践贯穿于城市中长期发展规划和建设的总体进程中。为此，本报告提出如下建议。

（一）以目标导向推进消费提质升级，全面优化消费环境

调查显示，属于"消费环境"指标的"服务水平""信息真实""交易安全"和属于"消费维权"指标的"消费执法"等细分指标消费者关注度高、重要性较强，但得分相对较低、表现不佳。从更好贴近和服务消费者的角度出发，这说明在消费者日常生活感知和消费环境体验上还有诸多可以优化的关键点。

为此建议：一是建立健全消费产品及服务的标准体系，紧随技术、应用等变化，持续完善高质量的消费品和服务领域质量标准体系，通过推动标准升级促进商品质量及服务水平升级，同时推动政府监管规范化、常态化；二是积极引导消费结构升级，通过加强基础设施建设和消费环境建设，为中高端业态发展奠定基石，精细化耕作消费细分市场，支持个性化生产服务，释放服务业消费潜力；三是建立健全信用评价监管体系，多部门广泛参与、联动合作，为督促市场参与者共同优化消费环境提供管理抓手；四是健全消费环境监测评价体系，在消费环境建设工作上引入数据化思维工具，摸清消费家底中的亮点、难点和堵点，加强结果反馈与改进跟踪机制建设，厚植城市消费底蕴。

（二）洞察消费需求，改善消费供给，不断激发消费活力动力

改善消费供给的前提是准确把握消费需求。要结合不同消费群体的消费能力、需求特点进行分析和应对，要充分认识和分析消费者的基本需求、发展需求和升级需求，准确把握不同阶段的消费特征和消费趋势。在新消费时代，还可以充分发挥信息化特点和数据化效力，强化数据要素驱动，基于多源大数据、数据算法与模型等方式，梳理本地消费者的不同意见和诉求，构建多元、立体的消费者画像和城市消费地图。

改善消费供给在当前阶段就是要推动消费提质扩容，在保障供给稳定性的前提下，加大供给丰富性和创新性的提升力度。一方面是要加大力度，通过消费扩容填补数量缺口、拓宽消费渠道，引导传统消费供给合理化、新兴消费供给扩大化，为消费者提供更大的选择空间；另一方面则要优化结构，通过深化供给侧改革，引导企业以新技术、新产品、新模式、新业态支撑消费供给创新，不断优化消费供给质量，为市场注入新活力。此外，改善消费供给、激发消费活力还要切实考虑居民可支配收入，努力增加消费者财产性收入，降低基础性生活负担，通过增强购买力来激发消费活力，让消费者有能力消费也有信心消费。

（三）抓住关键问题，切实强化风险管控，保障消费安全

近年来，一些消费场所、消费设施的安全风险和意外事故时有发生，加之新冠肺炎疫情的持续影响，消费安全的重要性更加凸显。与此同时，移动支付、智能终端等互联网工具的广泛应用在创造便利的同时也带来网络安全、信息泄露、技术伦理等议题。随着互联网信息传播更加发达、新技术新应用不断推广，网络消费安全已成为消费者最为在意的问题之一，本次调查也表明消费者对于"交易安全"评价相对较低，特别是女性消费者、较低收入消费者等群体对于交易安全有着更深的担心。

在疫情防控常态化形势下，建议相关监管部门和经营者：一是切实加强消费安全保护制度建设和监管执法机制建设，进一步强化消费全流程安全审查和保障措施，重点关注各领域不良营商手法和不公平交易活动，明确安全保护义务与奖惩措施；二是督促经营者主动定期排查消费风险隐患漏洞和薄弱环节，自觉创新安全消费保障技术和服务措施，在线经营与实体消费安全并重，硬件设施安全与软件服务安全并重，为安全消费提供有力支撑；三是建立和完善安全消费工作机制和监督机制，如通过建立健全经营者信用信息公示、个人诚信档案记录、消费者评价信息公示等机制，降低消费过程中的信息不对称程度，让消费者明明白白消费；四是完善线上线下消费风险预判与追溯机制，着力守护安全、畅通消费，加强消费教

育和引导，降低消费者的焦虑感，尽量避免消费领域风险问题的外溢和扩大化。

（四）补齐维权短板，增强消费维权供给，提振消费信心

纵向比较连续四年的消费者满意度结果，"消费维权"一直是消费者满意度低的一项。这其中既有消费维权供给不足导致的维权渠道不畅、效率不高、结果不满意等现实原因，也有企业经营者作为卖方市场长期以来形成的强势地位使然，以致消费者在维权过程中存在话语权不强、动力不足、信心不强的情况。因此，提出以下建议。

一是进一步建立健全消费者权益保护工作部门协作机制并发挥效力，推进部门间数据共享、协同施策，加强事前事中事后全流程监管，强化对消费者权益的行政保护，避免各自为政甚至相互推诿，同时也避免消费纠纷向其他社会问题外溢蔓延。二是进一步拓宽维权渠道，纵向覆盖从经营者、行业协会到相关部门、维权机构的多层级渠道，横向提供电话、网络、窗口等多形式渠道，增强消费维权供给特别是农村地区的消费维权供给力量。三是进一步提高维权效率，加强经营者直接和解成效，强化专业消费维权组织队伍建设，建立多元化纠纷解决机制，完善诉讼、仲裁与调解对接等制度，不断提高办事效率，强化消费救济和维权托底作用。四是进一步提高消费维权工作的透明度，及时做好信息传递和反馈沟通，提升消费者对维权程序的信任度和维权结果的认可度。五是进一步激发和调动消费者依法主动维权的积极性，讲究有理有据、崇信尚德，着力消除维权动力不足、信心不足的无力感和弱势感。

（五）注重宣传引导，培育消费社会责任，让消费更温暖

加强政策宣传，讲好市场故事，是推动消费市场健康有序发展的重要工作方式。只有经营者具备良好的合规意识和自律意识，消费者具备良好的自我保护意识，才能实现交易信息的有效反馈和供需两端的良好交互，进而形成促进市场健康发展的良性循环。调查显示，消费知识法制宣传、消费警示

提示及消费执法一直在各项指标中排名靠后,调查还显示部分消费者自我保护意识相对淡薄,超六成遇到问题的消费者未采取积极的自我保护措施。

为此建议:一是针对市场交易和消费活动中的常见问题和疑难问题,主动预判风险,提前谋划应对,在消费环境治理实践中优化政策宣传和风险警示策略。二是加强消费知识法制宣传,注重对消费市场的积极影响和正面引导,通过更接地气的方式方法、更加通俗易懂的内容表达、更加平和亲切的互动往来,让有关市场主体能够接收到相关政策内容和宣传信息,增进各方理解和自觉参与。三是培育消费社会责任,让经营更诚信,让消费更温暖。一方面强化经营者的责任意识,引导相关市场主体筑牢安全消费防线,拉高线、守底线,共建共享安全安心的消费环境;另一方面强化消费者的责任意识,注重自我保护和知识更新,提升消费素养特别是消费安全意识和风险防御能力,做更具责任感的消费者。

专 题 篇

Reports on Special Subjects

B.14
2021 年中国互联网舆论场分析报告

祝华新　潘宇峰　廖灿亮*

摘　要: 2021 年舆论场正能量充沛,建党 100 周年在互联网上掀起热潮,
疫情防控常态化,"中国打法"给中国人民带来安全感和体制信
赖。西方"抵制新疆棉"等做法,引发中国网民愤慨。政府奋发
有为,反垄断和防止资本"无序扩张",与"打工人"对资本之恶
的吐槽,形成舆论场的合力。舆论场对公众人物严格的道德审查,
廓清了社会主义文艺空间,在某些个案中也出现了网络暴力。网
络舆论场的理性建设任重而道远。

---

* 祝华新,中国经济体制改革研究会常务理事,互联网与新经济专业委员会主任;潘宇峰、
廖灿亮,资深舆情分析师。

关键词： 平台治理　打工人　饭圈　社会性死亡　常识理性

在网络舆论场上，2021 年社会心态较为平稳，没有上一年武汉"封城"那么惊心动魄。石家庄藁城、南京禄口机场、西北旅行团等几起疫情阻击战很快控制住局面。民众对政府抱有信心，对于防控措施高度配合。在疫情全球蔓延的背景下，率先实现经济复苏增长的中国，表现出强大的体制向心力和文化凝聚力。

如果说往年的热点舆情主要围绕民众与政府的互动这一框架展开叙事，2021 年舆论场呈现新的特征，网民更多地关注企业和公众人物的沉浮和道德评价。政府对互联网平台和教培等行业的强监管有相当的民意基础，一些知名企业家受到严苛的审视，也引起部分人群对国家是否鼓励商业创新的担忧。舆论对演艺明星等公众人物私德不检的"零容忍"，关乎法律、道德和私人生活的边界，引发讨论。

一　2021 年舆情分类及对比往年的变化

本报告以 2020 年 11 月 1 日至 2021 年 10 月 31 日为统计时段，梳理这期间发生的热点舆情事件，统计各个事件在报刊、网络新闻、微博、微信等渠道的相关文章量，并由此计算舆情事件热度[①]。将每月热度排名前 50 的全年 600 个热点舆情事件作为研究样本，从事件类型、所属地域、所涉政府部门等维度对各事件进行编码统计，进一步综合事件热度与舆论正负面情绪占比，得到相关领域、地域、部门等承受的舆情压力指数。

---

① 舆情热度指标综合了热点舆情事件在报刊、新闻网站、论坛/博客、微博、微信、新闻客户端六类媒介渠道的传播量，各渠道权重通过层次分析法获得，分别为 0.2181、0.1806、0.0399、0.1342、0.2079、0.2193。

热度排名	事件	报刊	新闻网站	论坛/博客	微博	微信	新闻客户端	热度
	表1 2021年20件热点舆情事件							
							单位：千篇	
1	建党100周年掀起网络热潮	305.5	3466.4	85.1	66101.8	7581.5	6492.3	98.65
2	疫苗接种筑起全民免疫屏障	253.3	5916.7	327.7	8611.2	7278.7	10184.8	97.67
3	东京奥运会	51.7	2076.1	267.2	44245	558.8	2082.2	93.35
4	中国脱贫攻坚战取得全面胜利	97	759.9	63.4	553.7	1310.7	905.5	89.94
5	平台整治与反垄断	30.2	1168.1	121.3	1245.5	1072.1	1302	89.58
6	南京禄口国际机场疫情失守	24.9	921.2	48.8	2503.7	979	1225.3	89.06
7	郑州暴雨	12.8	661.1	147.6	13063.4	409.9	872.7	87.06
8	中央倡导共同富裕	27.7	375	38.7	516.3	430	386.3	84.14
9	抵制"新疆棉花"引发网民愤慨	6.6	222.6	20.4	45323.5	184	417.8	83.03
10	袁隆平病逝	4.2	173.8	7.8	22967.8	181.8	279.4	80.62
11	双减政策与教培机构治理	7.8	234.6	16.9	175.2	254.7	285.6	79.10
12	吴亦凡涉强奸罪被刑拘	0.9	411.4	130.5	5521.8	161.9	314.2	78.02
13	《觉醒年代》大热	4.3	98.7	3.9	3648.4	79.2	161.3	76.25
14	多地限电	1.5	165.6	92.4	869.8	112.3	158.4	75.19
15	"饭圈"乱象整治行动	2.7	125.1	6.5	1242.5	73.5	144.8	74.77
16	"元宇宙"概念走俏	1	181.5	54.4	528.9	74.5	144.3	73.46
17	阿里巴巴女员工被侵害	1.1	116.8	6.4	1628.4	55.5	120.2	72.71
18	孟晚舟回国	1.5	39.1	4.5	1527.8	106.3	122.6	72.61
19	"三孩"政策遇冷	2.8	51.8	4.6	319.5	76.1	94	72.04
20	张文宏论文事件	0.7	60.1	2.4	794.7	89.8	69.6	70.10

以上为 600 个热点舆情事件中热度最高的 20 件[①]。2021 年上半年，全国舆论聚焦中国共产党成立 100 周年、中国脱贫攻坚战取得全面胜利等重大主题，网民心态稳步提升；进入 7 月后，受南京疫情、郑州暴雨等事件影响，舆论情绪出现反复；后续在孟晚舟回国、神舟十三号飞天等正能量话题的带动下，网民的凝聚力和信心再次达到高位。

对比热点舆情事件在几个重点领域的分布以及各个领域承受的舆情压力情况（见图 1），可以看出，政治意识形态相关的事件占比约 16%，这些事件或涉及中央大政方针，如脱贫攻坚战取得全面胜利、倡导共同富裕；或涉及民众爱党爱国情绪的表达，如袁隆平病逝、孟晚舟回国；或涉及青年思政教育，如建党题材电视剧《觉醒年代》大热。这些话题舆论讨论氛围积极向上，使得这一领域的整体舆情压力指数极低（-5.0），仅有少量话题存在意识形态方面的争论。

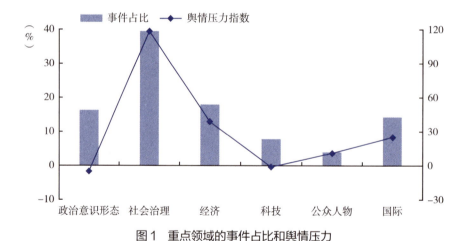

图 1　重点领域的事件占比和舆情压力

社会治理类事件数量最多，接近四成，风险最大，承担着超过六成的舆情压力。此类事件几乎一半都由新冠肺炎疫情引发，2021 年以来，河北、云南、江苏、广东等多地陆续突发疫情，疫情防控常态化时代防疫抗疫工作是

———————————

[①]　人民网主任数据分析师叶德恒对此项数据分析做出贡献。

地方政府治理的一道主考题。此外，年内自然灾害不断，从年初的沙尘暴肆虐，到下半年河南、山西等地的洪涝灾害，舆论对于政府应急救援的监督和反思越发充分，地方政府则需在灾害治理中增强与民众的"共情"意识。最后，人口老龄化的加剧也为社会治理增加难度，延迟退休政策在全年被持续热议，第七次全国人口普查结果公布后，"三孩"政策随即出台，但民众响应并不热烈，部分舆论对国家后续发展潜能表示担忧。

经济类事件的数量和压力指数均仅次于社会治理类，位居第二。北京环球影城盛大开业彰显在改革开放旗帜下，中国经济的进步和国民消费能力的上升。国家对平台经济的反垄断治理贯穿全年，相关热点层出不穷，对教培机构的整治也使得教育行业迎来洗牌。企业舆情事件依然多发，其中既有鸿星尔克被网民疯狂追捧这种借势营销的正面案例，也有阿里巴巴女员工举报被侵害事件这种影响企业形象的反面教材。整体来看，在企业舆情事件的舆论表达中，企业家往往会被冠以"资本家"标签。

科技类事件在 2021 年依然保持着高热度和低风险态势，除了神舟系列飞船等航空航天领域持续取得重大突破外，"元宇宙"等新生科技赛道也引发舆论关注。此外，数据安全和个人隐私保护话题持续高热，年内出现"滴滴出行"App 新用户暂停注册、多家企业发生用户信息泄露事件、《个人信息保护法》出台等一系列相关话题，警示民众在享受数字时代科技成果的同时，网络安全意识也应不断提升。

公众人物类舆情多为由"爆料"或"举报"引发的负面事件，且多集中于娱乐明星，与当下流行的"饭圈"文化互相交叠，形成一种"吃瓜"舆论现象，极易引燃舆论场。除明星外，一些具有正面形象标签的公众人物，也易成为网民论战的焦点。在争论中，对个人的道德批判往往替代事实陈述、合法性分析等，成为主要叙事逻辑。

国际类事件数量占 14%，东京奥运会的成功举办是国际社会共抗疫情、延续文明星火的一次成功努力，北京冬奥会蓄势待发也得到国际各界的普遍期待。年首年尾特朗普和默克尔的离任，在境内的舆论反响形成鲜明反差，对默克尔的怀念和对其政治遗产的总结体现出网民对特朗普单边主义的反感。

此外，本年度境内舆论场中民族情绪依然高涨，舆论对"反华""辱华"相关言论的回击屡屡成为网络热点。

从舆情压力指数的部门分布来看，受河南暴雨等灾害事故影响，公安应急部门压力再度攀上首位，医疗卫生部门的舆情压力较2020年疫情突发期大幅降低（见图2）。比较各部门舆情压力多年来的趋势变化，可以分为以下几类：首先是压力增长型部门，以市场监管相关部门为代表，虽然食品药品监督领域舆情热点逐渐减少，但2021年平台经济反垄断监管的不断加强，使得该领域压力出现反弹态势。其次是压力持续型部门，如军事外交系统，近年来涉外话题持续升温，导致相关部门舆情压力始终处于高位。再次是压力反弹型部门，如公安应急、生态环保、社会保障、网信等，2020年受疫情影响，舆论注意力从这些部门转移，压力出现短暂释放，抗疫常态化后压力又回升反弹。最后是压力持续降低型部门，如教育、纪检监察等，曾经一度是舆论关注的重点领域，近年来随着治理水平的提升，相关的舆情负面声音也大大降低。

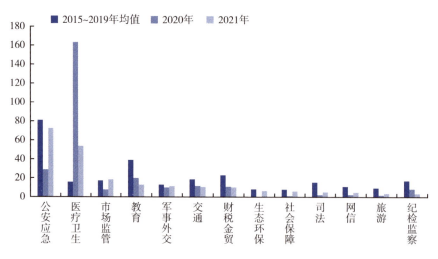

图2　近年各政府职能部门舆情压力指数走势

从地域分布来看，北京、江苏、河南、山东、四川和广东是热点舆情事件数量最多的地区；河南、北京、山东、四川和浙江是舆情压力最大的地区

（见表 2）。与 2020 年舆情压力指数相对比，在舆情压力较大的地区中，河南、辽宁、江苏、甘肃和河北压力指数同比增长明显，众多因素中，新冠肺炎疫情对地方产生的压力最为突出，上述地区都不同程度地出现过疫情突发现象。自然灾害与安全事故应对不力，也是导致地方负面舆情的重要原因，如甘肃白银山地马拉松事故，甚至河南等地还出现暴雨等自然灾害与疫情风险叠加的现象，更加考验地方治理水平。此外，社会事件处置不当也会导致舆情压力上升，如四川的成都 49 中学生坠楼事件，但此类社会负面舆情的占比较往年已大为减少。

表 2　2021 年热点事件数量 Top20 地区舆情压力指数

单位：%

热点排名	地区	热点事件数量占比	舆情压力指数	压力指数同比变化	热点排名	地区	热点事件数量占比	舆情压力指数	压力指数同比变化
1	北京	11.6	9.87	−52	11	陕西	3.6	3.81	60
2	江苏	7.6	6.74	187	12	湖北	3.1	6.01	−77
3	河南	5.8	10.78	324	13	甘肃	3.1	5.87	163
4	山东	5.4	8.50	−28	14	上海	3.1	4.45	52
5	四川	5.4	8.37	35	15	香港	3.1	2.02	−8
6	广东	5.4	7.27	−19	16	安徽	2.7	4.01	137
7	云南	4.5	4.30	27	17	天津	2.7	2.31	636
8	河北	4.0	5.74	401	18	山西	2.2	4.16	33
9	浙江	3.6	7.45	5	19	湖南	2.2	4.15	23
10	辽宁	3.6	7.32	269	20	黑龙江	2.2	4.10	14

分析 2015 年以来我国东、中、西部地区各省份舆情压力指数平均值的变化，其趋势呈现"两低一波"的特征（见图 3）。东部和西部地区舆情压力呈下降趋势，其中东部下降最为明显，东部沿海省份作为全国经济最为发达的

地区，一度也是社会矛盾最为突出、负面舆情最为集中的区域。随着近年来我国经济转向高质量发展，社会治理现代化稳步推进，东部一些省份在危机应对与风险防范等方面的能力提升也走在了全国前列。中部地区舆情压力指数持续波动，近两年逐渐取代东部成为全国负面舆情重点指向的地区。西部地区舆情压力始终保持在低位，脱贫攻坚战取得了全面胜利，乡村振兴开启新征程，生态文明建设持续发力，国家一系列大政方针均有利于西部省份打造正面的网络舆论形象。

图3　2015~2021年不同区域舆情压力指数变化趋势

二　建党百年，体制向心力和民族凝聚力增强

2021年是中国共产党成立100周年，是开启全面建设社会主义现代化国家新征程、向第二个百年奋斗目标进军的开局之年，网上主旋律突出、正能量充沛、爱国热情高涨，网络舆论场整体"飘红"。

（一）宣传手法创新，效果感人

2021年，网络宣传以"为党的生日献礼"贯穿始终，新技术、新方式、新平台的运用，入耳入脑入心。

全景式描述五四新文化运动，展现马克思主义在中国的早期传播和中国共产党创建过程的电视剧《觉醒年代》，在网上强势"破圈"①。该剧尝试用版画作为叙事样式，人物个性鲜明、忧国忧民，获赞"思想激荡的历史文化大片"。相关视频平台点击播放量超过 3 亿次，微博话题阅读 28.9 亿次，讨论 158.7 万条。跟帖中频现"泪目，吾辈自强"等评论，不少网友自发推荐该剧，并表示要"二刷""三刷"②。抗美援朝战争题材的《长津湖》聚集了"半个影视圈的硬汉"。"这场仗如果我们不打，就是我们的下一代要打！"父辈的家国情怀，特别是"冰雕连"烈士群像令人震撼。微博话题 # 电影长津湖 # 阅读量 28.3 亿次，讨论 1011.4 万条。年轻网友反映观影"恍如隔世"，"走出影院，看到街头飞扬的国旗，看到享受国庆假期的人群，你就会发现，我们置身的盛世就是最好的电影彩蛋"③。人民网"红色云展厅"展播各地红色纪念馆、陈列馆、展示馆、博物馆等"四史"（党史、新中国史、改革开放史、社会主义发展史）图文视频内容，访问量 5.85 亿次，仅微博话题 # 遵义会议会址里唯一活着的文物 # 阅读量就达 2.7 亿次。

这些宣传创新，体现了中央媒体融合的要求。正面宣传不是"自说自话""自娱自乐"，更不能"自以为是"，而要了解、亲近目标受众，把"重要的"做成"需要的"，把"有意义"做得"有意思"。④

（二）公众人物为民族精神代言，受到舆论拥戴

一些为国家做出贡献的公众人物事迹被网民集体追捧，强化民族自尊自强，网上爱国主义声势更加壮大。2021 年 5 月 22 日，"杂交水稻之父"袁隆平逝世，相关话题迅速成为社交平台热搜头条。网民纷纷留言，表达缅怀、哀思之情，"他让中国人端牢饭碗""国士无双，国之脊梁"等评论刷屏。截至 2021 年 11 月，微博话题 # 袁隆平逝世 # 阅读 100.7 亿次，讨论

---

① 指某个人或作品突破某一个小的圈子，被更多的人接纳并认可。
② 多次观看。
③ 电影制片方常在电影中加入一些具有小趣味的情节，或在电影的字幕后放上一段为电影续集埋下伏笔的片段，被称为"电影彩蛋"。
④ 原《人民日报》副总编辑许正中在 2019 年媒体融合发展论坛上的致辞。

1555.2 万条。被加拿大非法扣押的华为首席财务官孟晚舟在不认罪、不支付罚金的情况下回到中国。在社交媒体上，网民发起"云接机"活动。当晚有465 家媒体和机构账号视频直播，超过 6200 万人收看。[①] 微博话题＃孟晚舟回到深圳＃阅读 13.6 亿次，＃欢迎孟晚舟回家＃阅读 6 亿次。神舟十二号载人飞船成功发射点燃了网民爱国热情。聂海胜、刘伯明、汤洪波三名宇航员在太空执行长达 3 个月任务后平安归来，成为网民追捧的新一代"网红"。截至 11 月，微博话题＃神舟十二号发射升空＃阅读量高达 30.7 亿次。

（三）集中力量办难事，应急管理展示制度"魔力"

2021 年全国多地疫情拉锯战，继续凸显了"中国打法"的制度优势和文化优势。例如在出现了"社区、家庭广泛传播"的扬州，孙春兰副总理连续5 天坐镇指挥抗疫工作，主城区 147 万市民在小区隔离中做了十几次甚至二十几次核酸检测，1.79 万人转运到周边城市隔离，小男孩穿上防护服蹒跚前行到外埠隔离的照片让网民泪目。10 月 31 日万圣节傍晚，根据外省市协查通报，上海紧急筛查曾进入迪士尼乐园和迪士尼小镇的人员 33863 人，核酸检测结果均为阴性；虽然关闭了部分室内项目，但户外演出继续，迪士尼烟花如期绽放。疫情防控和日常生活两不误，网民称为"史上最浪漫的一次核酸检测"。

在一年左右时间内，国内的新冠疫苗接种已超过 22 亿剂次，总接种人数10.7 亿人，筑起全民免疫屏障，充分体现了我国体制强大的动员能力及新冠疫苗生产供应能力。

正因为国家应急管理的总体水平较高，一些地区遭遇突发灾难的应对不足在网上成为众矢之的。7 月 20 日郑州暴雨，地铁五号线和京广隧道等处出现了令人痛心的伤亡，网民对政府治理能力提出痛切的批评。此后，各地吸取教训，提升防控级别，"宁让百姓骂，不让百姓哭"。

---

① 据新媒体账号"传媒茶话会"。

（四）网民国家认同感强烈，政策的民意底盘持续扩大

当前，"以人民为中心"的执政理念赢得民众拥戴，年轻网民的民族自尊心与国家认同感强烈，党和政府内外大政方针的民意底盘持续扩大和筑牢。郑州暴雨后，网民热捧鸿星尔克等热心救灾的国货品牌，在"支持国货，野性消费"呼声的驱动下，这些品牌的门店商品一度出现断货断码。西方国家对我国一些企业、行业的制裁与封锁，更加坚定了网民捍卫国家利益的信念。国际服饰品牌 H&M 抵制新疆棉，受到中国舆论痛击，淘宝等电商平台纷纷下架 H&M 相关产品。截至 11 月，微博话题 # 我支持新疆棉花 # 阅读 81.4 亿次，讨论 4312.1 万条。

网上舆论有时呈现逢美逢日必怼的情绪。特斯拉汽车女车主在上海车展登上车顶维权①，引发关注。舆论批评特斯拉蔑视中国消费者，车辆安全性有问题，更有网民质疑特斯拉中国用户的数据存放在美国，给国家带来不安全因素。大连"盛唐·小京都"因为仿照京都街市风貌，被认为伤害公众感情，开张不久即宣布关闭。一些涉外企、外教的舆情，在社交媒体容易引发对立情绪，政府部门需提升涉外舆情处置能力。如何看待以美国为代表的西方世界，如何坚定地维护国家主权，同时继续实行对外开放，考验年轻一代的眼界和智慧。

三 企业、政府、社会的互动

改革开放四十多年来，在生产力标准主导下，打破高度集中的计划经济体制，社会基本走向是"放权让利"。国家鼓励人民群众的经济自由和生活自由，扶持市场主体，对于能带动生产力发展、扩大就业、增加 GDP 的市场行为给予包容。如今政府提出了反垄断和防止资本"无序扩张"的

---

① 上海市公安局青浦分局发布通报：张某和李某因消费纠纷，在该展台区域通过肆意吵闹等方式，一度引发现场秩序混乱。张某因扰乱公共秩序被处以行政拘留五日，李某因扰乱公共秩序被处以行政警告。

目标，统筹发展和安全，更加重视经济发展起来后的社会公平、政治稳定。2021年市场、社会空间"规矩"凸显，政府奋发有为，道德意识形态扩张。有为政府与有效市场、有活力社会三者之间要形成更有张力的边界，仍需磨合。

（一）"打工人"的吐槽压倒财富崇拜

改革初期，政府和社会舆论对早期的个体户、后来的企业家阶层高看一眼。1983年时任总书记的胡耀邦表示：年轻人自食其力是光彩，依靠国家不劳而获才是不光彩；集体经济和个体经济的广大劳动者不向国家伸手，"党中央对他们表示敬意，表示慰问"。中宣部梳理的"纳入中国共产党人精神谱系的伟大精神"中，"企业家精神"与"两弹一星"精神、大庆精神、北大荒精神等并列。社会舆论摆脱"左"和小生产观念的束缚，支持"让一部分人先富起来"，网上常有"我奋斗了18年，才跟你坐在一起喝咖啡"这类励志表达。2020年7月20日，蚂蚁集团宣布启动"全球最大IPO"，蚂蚁集团整层楼欢呼，网民说这是"财务自由的声音"，羡慕之情，溢于言表。

仅仅一年过去，社会心态发生了微妙变化，舆论更多地吐槽"打工人"的艰辛，吐槽企业"996"[①]式压榨，乐见互联网"大厂"[②]出丑和面临巨额处罚。随着社会心理从崇尚精英到平民意识的抬头，对资本从以往的仰视转变为平视和道德伦理的审视和批判。不少网民自喻为被资本"收割"的"韭菜"[③]。

19世纪末20世纪初，美国出现过进步主义思潮。当时工商业和金融业掀起兼并狂潮，大批中小企业破产，工人农民生活状况恶化，反托拉斯呼声高涨。在当下中国，年轻网民出生在改革开放后经济高速增长的年代，对改革前的经济贫困、物资匮乏缺少体会，而对经济增长带来的收入分配差距过

---

① 早9点上班、晚9点下班，一周工作6天。
② 互联网大型企业，市值通常在1000亿美元以上，业务覆盖社交、电商、搜索、短视频、生活服务等领域，如腾讯、阿里、字节跳动、美团等。
③ 在股市、P2P理财平台、知识付费市场和企业里被忽悠和受坑害的人群，如散户给庄家和大户送钱，打工者给资本数钱。

大心怀不满。他们更多地看到了市场竞争的残酷，在社交平台怀念传说中或年轻人想象中的计划经济年代。例如 B 站有一段视频，表白工作后作为"无产阶级"，向往"一个没有压迫、没有剥削、没有异化的世界"。舆论希望压缩资本回报率，提高劳动者的劳动收益，这种社会心态隐含着群体关系的紧张。

（二）平台企业和一些企业家陷入舆论口水战

前些年政府对新业态秉持"先发展、后管理"的态度。如今互联网平台捆绑了上亿人吃穿行娱乐等日常生活，已然成为国家经济社会运行的基础设施。如果不为其制定规则，它可能会挑战社会治理秩序。从 2020 年下半年以来政府相对集中地推出一系列整治措施，对平台企业的市场垄断、损害消费者权益，以及数据、算法等问题，出台了一系列法规法条，进行了约谈和处罚等。平台企业的声誉在舆论场急剧贬值。人社部、最高法联合发布典型案例，明确公司实行"996"工作模式的规章制度应被认定为无效。网上流行"打工人"一词，它打破了传统的体力劳动和脑力劳动划分，而是相对于"有钱人"和"资本家"来说，技术劳动和体力劳动一样处于被雇用和被压榨的地位，带有自怜和社会抗议的味道。新就业形态劳动者权益保护话题在网上持续发酵，例如要求平台的算法能降低骑手的劳动强度，为快递小哥、网约车司机等灵活用工人员承担劳动保障责任。

对企业家的功过得失评价要实事求是。公众和投资界往往从民营企业和企业家的个案，来评价一个国家和地区的营商环境。将企业家群体污名化，把改革时期第一代企业家推向舆论的对立面，会破坏国内营商环境，贬损的是我们一路走来的改革道路，相关情况值得重视和关注。

（三）部分舆论对经济社会发展方向的不确定感增强

改革初期全社会形成共识：发展是硬道理，效率优先，先做大蛋糕；当下政策和民意更多地关注社会公平问题。中共十九届五中全会提出"全体人民共同富裕取得更为明显的实质性进展"。面对国内外新形势，国家从互联

网虚拟经济转向更重视实体经济特别是制造业，压缩一些行业的利润率，扶持中小企业、专精特新企业。

习近平总书记要求："各级政府一定要严格依法行政，切实履行职责，该管的事一定要管好、管到位，该放的权一定要放足、放到位，坚决克服政府职能错位、越位、缺位现象。"[1] 在这轮监管中，要弥补早年的"缺位"，也要防止"越位"、层层加码。中国经济体制改革研究会会长彭森提出：政府干预秉持最小化原则；规范监管的要义，在于依法、合理、有效，度的把握尤其重要；避免对企业不必要的干预，完善行业自律和社会共治。[2]

一些民营企业、平台企业和资本市场对监管和舆情还不适应。8月3日，新华社主管的《经济参考报》刊文《"精神鸦片"竟长成数千亿产业》，将网络游戏比作新型"毒品"。受消息面影响，当日游戏股重挫。自媒体帖文《每个人都能感受到，一场深刻的变革正在进行》，代表了全面回归改革前社会的偏激主张，引起广泛不安。当前迫切需要澄清中外舆论场的误解误读，稳定业界和中外投资者的预期。9月8日《人民日报》发表评论员文章，明确指出三个"没有变"，即非公有制经济在中国经济社会发展中的地位和作用没有变；毫不动摇鼓励、支持、引导非公有制经济发展的方针政策没有变；致力于为非公有制经济发展营造良好环境和提供更多机会的方针政策没有变。社会各界需要珍惜改革四十多年来政商之间形成的经济发展共识和相互信任，保持顺畅沟通渠道，消除信息不对称，在党的领导下形成共度时艰的合力。

一些地方政府以务实的态度，营造良好的营商环境。如上海引进特斯拉；北京环球影城开业；合肥投资芯片、半导体、新能源汽车，被称为"最牛风投机构"，舆论点赞。

四 网络舆论情感纠结，彰显常识理性的力量

互联网是意见表态的广场，也是情感抒发的平台。网民社会心态一定程

---

① 2014年5月26日习近平总书记在中央政治局第15次集体学习时的讲话。
② 彭森:《把促进电子商务可持续发展放在第一位》，中国经济体制改革研究会官网。

度上反映出当前社会现实、社会变迁和中国人的喜怒哀乐。近年来，网民的年龄、学历、城乡、职业结构日益向中国总人口的相关结构还原。城乡"同网同速"，覆盖经济发展程度不同的地区和全年龄段，网友的平均受教育程度呈持续下降趋势。从 2000 年岁末到 2020 年岁末，本科及以上网民占比从 41.14% 下降到 9.3%，初中及以下网民占比从 6.44% 上升到 59.6%。[①] 如今活跃在短视频和直播平台的"网红"有不少是高中甚至初中毕业。网上文化土壤的水分营养不足，非理性情绪泛滥，网络讨论经常出现预设立场压倒事实真相、不问是非单凭一己好恶的情况。需要促进网民的辨识力提升，尊重常识，服膺理性。

（一）互联网的泛娱乐化倾向

当下互联网特别是手机内容呈现泛娱乐化倾向。中青年微信朋友圈在展示日常生活时常使用美颜滤镜，把生活中那些不美好的东西过滤掉了，只留下那些美好的场景。简书网友分析：其实生活中的惊喜有很多。一套精致的碗筷、几株好看的绿植……打破现有的生活规律，创造更有趣的生命体验，生活往往需要我们用心去感受！年轻网民喜欢收集，如集卡、集鞋、集玩具，盲盒[②]产业爆发。

前些年互联网整治的重点是"大 V"不负责任的言论，现在一些"网红"艺人因吸毒、逃税、性犯罪等受到追究。国家广电总局通知坚决抵制违法失德人员，禁止劣迹艺人转移阵地复出。

一个极具争议的流行文化群体，是"饭圈"[③]。在新冠肺炎疫情中，有"饭圈"女孩"爱国打 Call"，积极参加线上线下志愿者爱心行动，但也出现了一些行为偏差。如不惜血本为偶像应援打榜[④]、控制评论、冲销量、刷数据

---

① 中国互联网络信息中心（CNNIC）第 7 次、第 47 次《中国互联网络发展状况统计报告》。
② 以随机抽选为特征的销售模式，消费者收到一个不知具体产品款式的玩具盒子，里面通常装的是动漫、影视作品的周边，或者设计师单独设计出来的玩偶，甚至可能是高档手机。
③ 艺人粉丝群体因为崇拜同一偶像艺人，共享资讯、集体行动而形成的圈子。
④ 应援指在偶像的演唱会上挥舞统一的荧光棒，为偶像接送机，线上给偶像投票，创作同人作品等。打榜指通过投票、带话题发博等方式，提高偶像的名次和热度，使之在榜单上靠前。

等现象屡禁不止。一些网民对劣迹艺人无原则袒护，不同艺人的粉丝群体在互联网平台相互谩骂。在某真人秀节目中，一些粉丝通过集资购买节目联名品牌牛奶，取得牛奶瓶盖内侧的二维码，好为自己喜欢的艺人"打榜"，再将牛奶整箱倒掉。有些流量明星挑战伦理底线，粉丝盲目崇拜而丧失了美丑、是非判断能力。

目前"饭圈"形成了"金融资本—偶像—粉丝—商业平台—娱乐经纪—营销机构—广告商—厂家"的产业链条。中央网信办开展"饭圈"乱象整治专项行动，"立规矩，圈规范"，守护未成年人健康成长。（新浪）微博CEO王高飞表示，未来要对被一些网络营销公司钻空子的粉丝经济进行整改。中国演出行业协会将对艺人向粉丝的商业集资行为实施行业自律惩戒措施。

（二）年轻网民的"躺平"心态

一些年轻网民认为市场竞争激烈，工作"内卷"①，阶层固化，凭个人努力无法实现向上流动，内心无奈，只想"躺平"，低欲望生存。不愿意被工作束缚，不消费、不买房、不结婚、不生子，甚至懒得交流。"躺平"与此前的"丧""佛系"属同一语系，含有对社会现状的不满、消极反抗和不合作的意识。

这些网络流行语虽是一些年轻人对生活、工作压力的吐槽和调侃，但也一定程度反映了当代青年改善现实生活的诉求，提示全社会对青年最为关心的工作、收入、住房等问题给予关怀与支持。进一步看，需畅通向上流动渠道，促进机会公平与分配公平，增强青年群体的获得感。从这个角度看，党中央提出扎实推动共同富裕，也是要形成人人参与的发展环境，避免"内卷""躺平"。

---

① 指非理性的内部竞争，同行间竞相付出更多努力以争夺有限资源，导致个体努力的收益下降。

五 互联网生态变化及展望

（一）互联网红利全民化，众声喧哗中新闻媒体不能失声

目前城乡光纤到达率和 4G 覆盖率基本实现无差别。截至 2021 年 6 月底，下沉市场网民对短视频的使用率为 88.6%，较一、二线市场高 2.2 个百分点；对网络视频与即时通信的使用率与一、二线市场持平。[①] 政府强调开发网络适老化产品，中老年群体网民规模增长最快，一些老年人出现在陌陌等网络社交平台，让人刮目相看。网民早期集中于城市、职场、知识圈和年轻人中，如今互联网红利进一步覆盖全民。

灾难发生后，收集、传播灾民求助和社会援助信息的"救命文档"已成标配。7 月 20 日郑州暴雨，上海财经大学河南籍大学生与同学们一道，创建一份在线表格文档《待救援人员信息》，有人维护更新表格，有人核实求助信息，有人联系救援队伍。截至 7 月 21 日 21 时，文档更新至第 270 多版，成为一个民间抗洪资源对接平台，凸显了互联网的民间自组织功能和强大的动员能量。自媒体的活跃，警示传统新闻媒体不能缺席。

（二）民生问题仍将是 2022 年首要舆情

前些年网络舆情常为年轻人的议题和兴趣所主导，2022 年的舆情热点将更多聚焦在成年人关注的民生问题上。国务院常务会议提出，对制造业中小微企业等实施阶段性税收缓缴 2000 亿元，表明这些企业生存压力加大。房地产税意外提速推出，直接影响购房者的生活预期。一些房地产巨头如果倒下，不仅影响购房者、租房者利益，还会波及下游建筑、装修、物业、中介及上游供应商的劳动就业。

社会治理需要精细化，注重人文关怀。避免因为能源紧张、拉闸限电而影响居民生活和正常经济运行，纠正一刀切停产限产和"运动式减碳"。

[①] 中国互联网络信息中心（CNNIC）第 48 次《中国互联网络发展状况统计报告》。

（三）防疫常态化中舆论心态变化

2021 年岁末有些地方发现新冠肺炎病例后，把全城健康码统一变"黄码"，全县红绿灯一度变红灯，某些简单粗暴的防控措施，还有"时空伴随者"[①] 如何界定，引发讨论。随着疫苗的普及和治疗技术的进步，公众面对新冠肺炎疫情的心态更加从容。从疫情早期的全员核酸、封城、社区管控，网民逐步转向关注如何以相对最小的成本，既保护居民安全，又把对城市运行的影响降到相对最低。

（四）公众媒介素养亟待提高

在互联网海量信息中，如何精准识别信息真伪？公众亟待补上媒介素养这一课。如在网上屡屡被视为党报表态、做出过度解读的文章，大多与《人民日报》纸媒无关。《人民日报》旗下子媒《健康时报》运营的新媒体"人民健康客户端"，在"学术频道"刊发前卫生部官员高强文章《"与病毒共存"可行吗？》，一度被误认为中央精神。普通群众不熟悉政府管理规定，不知道哪些是经新闻出版部门审定有记者证和采访资质的新闻媒体，哪些是经网信部门认可的互联网新闻信息稿源，经常见风就是雨，被自媒体上某些传闻和一己之见带节奏。

（五）"网红经济"将受到规范和治理

网上完成了从"大 V"议政到"网红"带货的转变。"互联网营销师""直播销售员"[②] 以"人设"牵引直播带货，在与粉丝的互动中营造"沉浸式体验"，打通产供销链条。对于直播带货造假、直播刷单、流量作弊等问题，需要加强

---

① 一些地方政府疾控中心解释，时空伴随者是指与确诊号码在同一时空网格（800M*800M）共同停留超过 10 分钟，且最近 14 天任一方号码累计停留时长超过 30 小时，该号码为时空伴随号码。

② 人社部《关于对拟发布新职业信息进行公示的公告》，在"互联网营销师"职业下增设"直播销售员"工种。后来人社部、市场监管总局、国家统计局联合发布互联网营销师等 9 个新职业。

监管。李子柒（李佳佳）与杭州微念公司对簿公堂，提示 MCN[①] 和艺人的利益分配、文化 IP 和品牌的运营需要规范，促进行业生态健康发展。

（六）互联网隐私保护和数据安全

疫情防控大数据和流行病学调查，有助于疫情溯源和精准防控，但因为关系到个人隐私，舆论越来越敏感。上海公布流调结果时，率先隐去了无关的个人信息，只在有效维护公共安全的前提下公布相关具体场所，修正了病患被迫"裸奔"的窘状。这个做法为各地所采用。

9 月 1 日《数据安全法》实施，11 月 1 日《个人信息保护法》实施。如人脸信息属于个人最重要的生物识别信息，最高人民法院颁布司法解释，明确物业服务与建筑物管理人不得将人脸识别作为唯一出入验证方式，应当按照业主或者物业使用人的要求同时提供其他合理验证方式。公众将更为关心数据隐私保护，养成"非必要不提供"的良好习惯，授权个人信息跟踪后积极行使"撤回同意"权利，要求停止处理和删除个人信息，对此互联网平台须承担相应责任。

参考文献

《把不可逆转的复兴之路越走越坚实——热烈庆祝中华人民共和国成立七十二周年》，《解放日报》2021 年 10 月 1 日。

中国经济体制改革研究会编写组：《中国改革开放大事记（1978-2008）》，中国财政经济出版社，2018。

［法］古斯塔夫·勒庞：《乌合之众：大众心理研究》，王浩宇译，北京联合出版公司，2016。

---

① Multi-Channel Network，即多频道网络产品，文化 IP 的投资运营方，一种新的网红经济运作模式。

B.15
2021年中国食品药品安全形势分析

田 明 冯 军*

摘 要： 食品药品安全关乎群众生命健康，是民生工程，也是民心工程。近年来，我国食品药品安全形势稳定向好，相关产业快速健康发展，安全治理能力和水平持续提升，但问题和风险依然存在。本文基于食品药品监管部门发布的相关监管数据，对当前我国食品药品安全的现状和存在的问题进行分析，并就进一步保障人民群众身体健康和生命安全提出针对性的政策建议。

关键词： 食品安全 药品安全 安全监管

一 食品药品安全总体现状

2020年，是全国人民众志成城抗击新冠肺炎疫情的一年，是"十三五"规划收官之年，是"十四五"规划谋划之年，也是"两个一百年"奋斗目标的历史交汇点。食品药品监管部门统筹发展与安全，做到安全"守底线"与质量"拉高线"并重，不断提升监管能力和水平，为新发展阶段谋篇布局。

（一）食品安全方面

国民对食品的需求已经从"温饱"向"营养健康"转变。2020年，全国

* 田明，国家市场监督管理总局发展研究中心，博士，副研究员，研究方向为食品安全监管；冯军，国家市场监督管理总局发展研究中心，副主任，研究方向为食品安全监管。

食品数量、质量和营养安全水平不断提升，食品工业规模以上企业利润总额达到 6206.6 亿元，较 2019 年增长 7.2%，高出全部工业 3.1 个百分点，已成为国民经济的重要组成部分。[1] 食品安全保障能力不断提升，建立了以《食品安全法》及其实施条例为主体、40 余部相关法律法规和 80 余部配套部门规章为支撑的法律法规体系，食品安全的国家标准不断完善，已基本与国际食品安全法典接轨。2020 年，农业农村部完成国家农产品质量安全例行监测共计 3.5 万批次，合格率为 97.8%，同比上升 0.4 个百分点[2]；市场监管部门完成从国家到县 / 市四级监督抽检共计 638 万余批次，总体不合格率仅为 2.31%[3]。新冠肺炎疫情防控期间，市场监管总局建成进口冷链食品追溯管理平台，实现全国互联互通，确保进口冷链食品全程可追溯、居民可放心消费。

总体来说，食品安全监管相关部门多措并举，灵活运用市场监管的"工具箱"，确保不发生系统性、区域性重大食品安全事故。在党和政府领导下，在社会各界共同参与下，我国形成了从"农田到餐桌"的食品安全保障体系和社会共治共管格局。

（二）药品安全方面

药品法规标准体系不断完善。2020 年 3 月 30 日，新修订的《药品注册管理办法》《药品生产监督管理办法》作为《药品管理法》的重要配套规章正式发布。2020 年 7 月 2 日，2020 年版《中华人民共和国药典》经第十一届药典委员会执行委员会全体会议审议通过，正式发布，共收载 5911 个品种。

药品审评审批制度改革不断推进。2020 年 5 月，国家药品监督管理局启动化学药品注射剂仿制药质量和疗效一致性评价。截至 2020 年底，已有 3831 个品规的参比制剂成功发布。2020 年 9 月国家药品监督管理局发布《中药注册分类及申报资料要求》，开辟了具有中医药特色的注册审评路径。

---

[1] 数据来源：工业和信息化部消费品工业司，https://www.miit.gov.cn/gyhxxhb/jgsj/xfpgys/gzdt/art/2021/art_27ef579cbe2c4d309157ee5edbe50d10.html。

[2] 数据来源：农业农村部，http://www.gov.cn/xinwen/2021-01/14/content_5579771.htm。

[3] 数据来源：国家市场监管总局，http://www.samr.gov.cn/spcjs/sjdt/202104/t20210425_328182.html。

药品监管工作不断加强。2020 年国家药品抽检共完成 136 个品种 18013 批次制剂产品与中药饮片的抽检任务，检出 104 批次不符合规定产品，合格率为 99.4%。[①]

社会共治取得成效。药品监管部门于 2020 年 8 月 25 日至 9 月 25 日举办《中华人民共和国药品管理法》《中华人民共和国疫苗管理法》知识竞赛，社会各界积极参与，初赛网络答题人数达 174 万；其中，19 个省份药品监管人员参与率超过 100%。[②] 药品监管部门以实际行动践行初心使命，坚持统筹发展和安全，牢牢抓住高风险药品监管的关键，严防严管严控药品安全风险，促进全民健康。

新冠肺炎疫情防控期间，服务于新冠疫苗、抗疫药物和医疗器械研发攻关是全国药品监管工作的重点。2020 年 12 月 30 日，国家药品监督管理局批准我国第一支新冠病毒灭活疫苗的注册申请。与此同时，全国市场监管部门围绕人民群众的基本生活需求，特事特办，全面加快药品和医疗器械的应急审批，严厉打击制售假劣药品、医疗器械、医用卫生材料等违法行为，加强食品和药品质量安全监管，组织企业开展"保价格、保质量、保供应"行动，切实守好人民群众的"菜篮子""米袋子""药盒子"安全。

二 食品安全方面存在的问题和原因分析

（一）食品抽检情况

2020 年，全国市场监督管理部门坚持以问题为导向，完成对 34 大类食品共计 638 万余批次抽检，覆盖不同环节、区域、渠道，总体不合格率与 2019 年基本持平，为 2.31%。

抽检数据显示，包括老百姓日常大量消费的米面油、肉蛋奶等大宗食品在内的 30 类食品抽检不合格率均低于总体不合格率；其中，网购食品抽检不合格率为 2.30%，接近总体不合格率。现阶段，农兽药残留超标、微生物污染

---

① 《国家药品抽检年报（2020）》，中国食品药品检定研究院网站。
② 中国食品药品网，http://www.cnpharm.com/c/2020-12-29/769882.shtml。

是全国食品抽检不合格的主要原因。其中，农兽药残留超标占不合格样品比例为 35.3%；微生物污染超标占不合格样品总量的 23.0%，问题主要集中在小餐饮、小吃店等餐饮食品领域；超范围、超限量使用食品添加剂占不合格样品总量的比例呈现下降趋势，但仍有 16.2%，其中蔬菜制品的问题较为突出。针对这些问题，各地市场监管部门主动采取措施将风险降至最低，于 2020 年共完成核查处置任务 13.6 万件次，下架、召回、封存不合格食品 3596 吨，罚没金额 10.93 亿元。[①]

（二）食品安全问题分析

食品作为人民群众日常生活的消费重点，其安全没有"零风险"，但监管必须做到"零容忍"。现阶段，我国食品安全形势依然严峻。总体而言，环境污染仍是食品安全的重大隐患；与此同时，生产经营者的责任意识和诚信意识有待加强，食品质量安全管理和研发能力与国际先进水平比仍然存在差距，食品安全标准、风险监测评估预警等基础工作相对薄弱，基层监管力量和技术手段尚存不足，新业态、新资源相关潜在风险逐渐增多，等等。新旧问题交织，深刻影响到人民群众的获得感、幸福感和安全感，准确把握食品安全风险是现阶段保障食品安全的重要任务[②]，主要包括以下三个维度。

1. 物质性维度

一是微生物污染问题严重。微生物污染是我国现阶段引发食品安全问题的主要因素。全世界 70% 的食源性疾病患者的致病原因是微生物污染。截至 2020 年底，我国食源性疾病发病人数 37454 人，较上年减少 1343 人；食源性疾病死亡人数 143 人，较上年增加 9 人。[③]

二是农兽药残留等源头污染问题突出。我国是农业和畜牧业生产大国，

---

① 中国食品安全网，https://www.cfsn.cn/front/web/site.bwnewshow?newsid=6790。
② 庞国芳、孙宝国、陈君石、魏复盛：《中国食品安全现状、问题及对策战略研究》，科学出版社，2020，第 57 页。
③ Hongqiu Li, Weiwei Li, Yue Dai, et al. 2020. Characteristics of Settings and Etiologic Agents of Foodborne Disease Outbreaks — China, http://weekly.chinacdc.cn/en/article/doi/10.46234/ccdcw2021.219/, updated October 15,2021.

农业增产过多依赖农药、化肥、兽药等农业畜牧业化学投入品。从全国情况来看，虽然近几年农药用量连续下降，10种高毒性农药逐步限停，但总用量仍远高于西方发达国家。例如，2020年食品中农兽药残留抽检不合格率为1.79%，主要问题集中在大宗蔬菜。

三是非法使用食品添加剂问题频发。食品添加剂被誉为"现代食品工业灵魂"，只要按规定的范围和用量使用就不会造成食品安全隐患。2020年，食品添加剂因超范围、超限量而抽检不合格率为0.98%，虽低于总体不合格率1.33%，但仍有部分产品问题较为突出。例如，生食动物性水产品（餐饮自制）、油炸面制品（餐饮自制）中铝残留量超标，蔬菜干制品二氧化硫限量超标，馒头（餐饮自制）中检出甜蜜素等。

四是食品过度加工带来营养安全问题。粮食食品加工业曾将精加工视为行业进步和发展提高的标志，导致"面粉过白、大米过精"，加之消费者的饮食选择存在"吃得精细"这一误区，居民难以从粮食食品中获取充足的微量元素，造成营养摄入不均衡、"隐性饥饿"等问题。同时，居民膳食结构发生变化，高热量、高蛋白、高脂肪食品的摄入量大大增加，导致糖尿病等慢性疾病发病率上升，超重和肥胖现象愈加严重。

2. 社会性维度

一是消费者食品安全知识普及率不高。消费者具有正确的食品安全认知可以发挥强大的监督和导向作用，推动食品行业和企业落实主体责任，促进食品科技全面进步。2017年全国食品安全宣传周发布的《全国食品药品科普状况调查（2017）》显示，我国有超过50%的公众不甚了解"食品安全知识"[1]，特别是在广大农村地区、偏远地区，群众的食品安全知识水平较低，是食品安全"易燃易爆区"。

二是生产经营者主体责任意识缺乏。中国人民大学食品安全治理协同创新中心的多个全国范围大规模调查均发现，食品生产经营者诚信意识淡薄是我国食品安全基础薄弱的最大制约因素。[2]2020年，市场监管系统共检查农

---

① 人民网，http://m.people.cn/n4/2017/0704/c34-9266683.html。

② 新华网，http://www.xinhuanet.com/legal/2017-07/13/c_129654735.htm。

村地区食品生产经营主体 509 万户次，发现问题 6.8 万个。①

三是媒体不客观报道引发舆情风险。食品安全问题燃点低、触点多，是热点舆情的重要组成部分。一方面，媒体与公众之间存在信息不对称，加之公众对食品安全的不信任，易导致问题被放大，造成公众焦虑；另一方面，由于各种社会问题错综复杂，当出现食品安全问题时，不良媒体往往利用食品安全事件"燃点低"的特点夸大报道、博人眼球，普通公众也存在利用舆情热点表达愤怒，借以发泄自己的不满情绪的情况。此外，那些把食品安全问题蓄意工具化的政治势力和牟利者，同样通过各种方式对热点舆情推波助澜。

四是食品欺诈问题严峻。食品欺诈的根源是人的贪欲，即为个人谋求更多利益。不是所有的食品欺诈都会引发食品安全问题，但是非法添加非食用物质会给消费者健康带来严重危害。近几年，国家市场监督管理总局组织的国家食品安全抽检结果显示，检出的非法添加非食用物质主要包括罂粟碱、罗丹明 B 等 23 种；部分产品添加非食用物质较多，如火锅菜品（毛肚、鸭肠）中添加甲醛，凉茶等饮料中添加解热镇痛药对乙酰氨基酚等。

五是新产业新业态形成食品安全新风险。我国经济发展新形势下，新产业新业态应运而生，但是法律法规滞后且存在漏洞，监管与维权面临双重困难，例如跨境电商农产品安全监管相关法律法规缺乏，相关质量认证及标准化体系不完善。同时，国际贸易也增加了输入性食品安全风险，特别是进口冷链食品传播新冠病毒的风险一直备受重视。

3. 监管性维度

一是法规标准体系与国际社会标准尚有一定差距。我国于 2015 年修订的"史上最严"《食品安全法》虽然加大了对违法行为的处罚力度，但是实际执法过程中存在取证难、入罪难等问题，而行刑衔接不充分、审判轻判率高、公益诉讼推进慢等问题也同样削弱法律威慑力。同时，我国食品安全国家标准体系虽已建成，但与国际食品法典和发达国家标准相比，还有明显差距。

---

① 国家市场监管总局 2021 年第二季度例行新闻发布会，http://www.gov.cn/xinwen/2021-04/22/content_5601272.htm。

目前，我国尚未形成完善的食品质量标准体系，未能形成从标准到监管、从处罚到问责的全过程监管治理模式，这对我国食品产业的国际竞争力有一定负面影响。

二是基层监管能力不足。总体而言，我国与美国的食品安全监管机构在数量上差距不大；但从人员队伍来看，美国每万人口食品安全监管人员约为3.6人，是我国的两倍。通过基层调研可知，现阶段我国基层监管机构普遍存在监管队伍专业性不足、年龄结构老化等问题。[1] 同时，基层派出机构的食品安全首要职责落实不到位。2019年5月20日，中共中央、国务院明确提出"县级市场监管部门及其在乡镇（街道）的派出机构，要以食品安全为首要职责"[2]。在实际工作中，基层派出机构的行政管理主要存在两大问题：一是部分地区基层派出机构划归基层政府管理，骨干力量被抽调或挪用；二是除了承担正常的市场监管工作外，基层派出机构还从事大量基层政府工作，例如拆迁、创卫、协助处理信访、防汛、环保等。[3]

三 药品安全方面存在的问题和原因分析

（一）药品抽检情况[4]

从抽检品种来看，2020年国家药品抽检共抽取制剂产品与中药饮片等品种136个，具体分类情况如图1所示。

从抽检数量来看，制剂产品与中药饮片全年共完成抽样18013批次，环节分布和覆盖企业、单位情况如图2所示。

从药品制剂抽检数据来看，2020年国家药品抽检共抽检制剂产品16645批次共128个品种。其中，符合规定的为16568批次，制剂产品合格率为99.5%。抽检的128个品种中，106个样品符合规定；其中，化学药品64个品

---

① 唐任伍、张士侠：《现阶段我国食品安全风险的多维度特征》，《人民论坛》2020年第16期。
② 《中共中央国务院关于深化改革加强食品安全工作的意见》，http://www.gov.cn/zhengce/2019-05/20/content_5393212.htm。
③ 唐任伍、张士侠：《现阶段我国食品安全风险的多维度特征》，《人民论坛》2020年第16期。
④ 《国家药品抽检年报（2020）》，中国食品药品检定研究院网站。

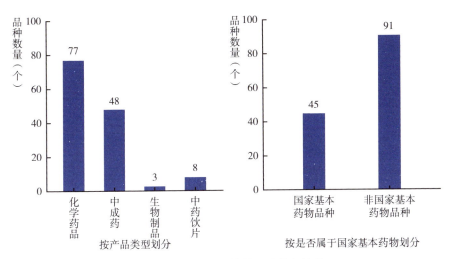

图1 2020 年药品抽检品种分布情况

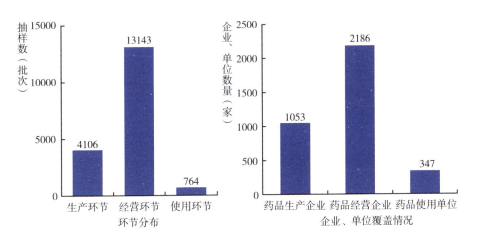

图2 2020 年药品抽检数量分布

种、中成药 39 个品种、生物制品 3 个品种，总体质量处于较高水平。

从 2020 年药品抽检情况来看，我国药品质量仍处于较高水平，整体安全形势平稳可控。

一是化学药品。2020 年国家药品抽检共抽检化学药品 77 个品种 10217 批次，涉及 18 个剂型，在药品生产、经营、使用环节各抽样品 2370、7322、

525 批次。经检验，符合规定 10174 批次，不符合规定 43 批次，分别在生产、经营、使用环节检出不符合规定产品 15、27 和 1 批次，分别占对应环节全部样品的 0.6%、0.3% 和 0.2%。

二是中成药。2020 年国家药品抽检共抽检中成药 48 个品种 6338 批次。经检验，符合规定 6304 批次，不符合规定 34 批次（含 2 批次补充检验不符合规定）。生产、经营、使用环节分别抽取中成药 1072、5197、69 批次，在生产与经营环节各检出不符合规定产品 1 和 33 批次，分别占对应环节全部样品的 0.1% 和 0.6%。

三是生物制品。2020 年国家药品抽检共抽检生物制品 3 个品种 90 批次，均取自生产环节，涉及治疗类品种 1 个、预防类品种 2 个，检验合格率为 100%。

四是基本药物。2020 年国家药品抽检共抽检国家基本药物（不含中药饮片）6167 批次，符合规定 6142 批次，合格率 99.6%。其中，抽检生产、经营、使用环节各 1260、4625、282 批次，在经营环节检出不符合规定产品 25 批次。

五是抗病毒中成药专项。2020 年国家药品抽检设置了抗病毒中成药专项，共抽检抗病毒中成药 5 个剂型合计 932 批次，其中 930 批次合格，合格率达 99.8%。

六是中药饮片专项。2020 年国家药品抽检共抽检 8 个品种的中药饮片，共计 1368 批次，相关情况如图 3 所示。

（二）药品安全问题分析[1]

化学药品方面的抽检数据显示，生产环节和经营环节相比使用环节出现不符合规定情况的比例更高，提示生产企业应加强包装材料入厂检验、生产工艺管理与关键质量参数控制，以及对分装与灭菌工艺的重视；应重点关注储存和运输环节，尤其是需避光、冷藏储存药品的温湿度控制。

中成药方面的抽检数据显示，问题主要集中在丸剂与散剂，提示有关企

---

[1] 《国家药品抽检年报（2020）》，中国食品药品检定研究院网站。

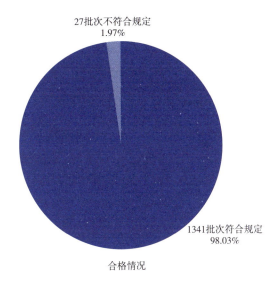

合格情况

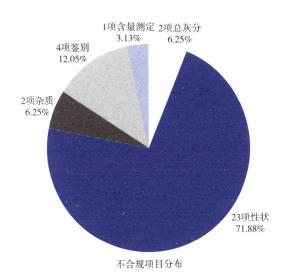

不合规项目分布

图 3　2020 年中药饮片达标情况和不合规项目分布状况

业应加强相关剂型生产人员的培训，规范生产流程管理与质量控制。

中药饮片方面的抽检数据发现以下问题：一是掺伪、正伪品混用问题，如掺泥沙、米浆等物质以增加重量；二是有害残留物质超限问题，如人参、黄芪等有机氯农药残留超标；三是采收与加工炮制不规范，如部分小作坊变蒸为煮。抽检结果提示有关企业应规范相关工艺流程，加强检验工作，严格控制储运条件，提高质量安全意识。

四 食品安全监管的政策建议

（一）总体计划

1. 发动群众、依靠群众，共同守护食品安全

群众路线是我们党的生命线和根本工作路线，是我们党永葆青春活力和战斗力的重要传家宝。食品产业链条长，从田间地头一直延伸到餐桌，涉及环节多、业态复杂，监管工作具有动态性、长期性等特点。做好食品安全监管工作必须坚持群众路线的基本原则，只有始终面向群众、依靠群众、服务群众，才能确保食品安全的工作目标不变、方向不偏、力度不减，才能把守护食品安全变为群众的自觉行动，撬动社会力量，形成社会共治新格局。

2. 以守转攻、以罚代管，倒逼源头合规准入

食品安全没有"零风险"，监管必须实现"零容忍"。坚决贯彻落实"最严谨的标准、最严格的监管、最严厉的处罚、最严肃的问责"要求，不断转变食品安全监管理念，提高食品安全保障水平，对群众关切痛恨的违法犯罪行为和突破道德底线的食品安全问题，从严、从重、顶格处罚，依法加强行刑衔接、联合惩戒，纵深、持续推进"铁拳"执法的震慑作用，倒逼企业加强源头治理，完善食品生产销售管理体系，自觉落实企业主体责任。

3. 聚焦重点、整合资源，打好安全监管"组合拳"

新形势新机制下，食品安全监管部门充分发挥改革带来的倍增效应，聚焦食品生产、流通、经营领域，用活用好市场监管"工具箱"中的各种工具，借助信用监管、价格监管、网络监管、广告监管、质量监管、认证认可等手

段，形成大市场监管体系下高效协同的工作机制，重点强化专项监管、企业信用监管和智慧监管，打好市场监管的"组合拳"，助力食品安全监管水平不断提升。

4. 提升意识、培育品牌，推动产业高质量发展

食品工业是我国重要的传统民生产业，是制造强国战略和健康中国战略的重要基础。品牌是国家竞争力的综合体现，也是本土企业参与全球市场竞争的重要资源。但目前，我国多数食品企业对品牌发展的重视程度不足，不利于食品产业的高质量发展。要开展食品行业质量提升行动，引进先进的技术标准和管理体系，加强品牌培育、品牌宣传和品牌评价，通过市场竞争提高食品行业的美誉度和知名度。

（二）具体措施

1. 推出食品生产经营单位"红黑榜"管理模式，营造全民参与监督、社会共治食品安全的良好氛围

在全国范围内试点推行食品生产经营单位"红黑榜"管理模式，推进全国食品安全信用体系建设，督促食品生产经营者全面履行主体责任。把遵纪守法、示范引领的企业列入"红榜"，违法乱纪、危害公众的企业列入"黑榜"，将列入黑榜的企业主体作为重点监管对象，加大检查频次，实行联合惩戒，鼓励社会各方力量参与监督。

2. 开展突出问题专项治理行动，保障百姓"舌尖上的安全"

深入贯彻落实《关于深化改革加强食品安全工作的意见》和《地方党政领导干部食品安全责任制规定》，整合资源、集中力量，形成部门联合、上下联动的工作机制，着力解决一批人民群众普遍关心的问题。深挖问题根源，完善管理措施，建立管理制度，避免问题反弹回潮。充分发挥群众监督和参与作用，畅通投诉举报渠道，深入群众听取意见，引导全社会积极参与，实实在在解决群众关切的问题。对于整治行动中推诿扯皮、弄虚作假、执法不公、不担当不作为的人员，严肃追责问责，确保整治工作取得"可检验""可评判""可感知"的成果。

3. 开展食品安全责任保险推广工作，创新参保方式、保险服务以及保险领域

研究制定食品安全责任保险相关法律制度，建立健全食品安全风险管理机制，加强宣传引导，充分调动食品生产经营者参保的自愿性、主动性、积极性，使食品安全责任保险成为食品安全社会共治的重要力量。结合食品行业的特点、需求和实际存在的问题，合理设计食品安全责任保险条款和保险费率，不断完善食品安全责任保险理赔机制。同时落实长效发展机制，构建多元治理格局，简化投保和理赔手续，积极探索多方参与的共治体系，确保食品安全责任保险的可持续推广。

4. 推动健全食品安全监管跨地区跨部门协调联动机制

充分利用各级食品安全委员会及其办公室的统筹协调能力，促使各地区、各部门形成合力，明确各方工作任务。完善联席会议机制，明确成员单位职责，优化联席会议流程，通过协调合作切实解决联动协作中遇到的新问题；同时，通过搭建和优化信息共享平台，完善信息共享机制，保障成员单位之间的信息互联互通。

五　药品安全监管的政策建议

（一）完善上市许可持有人主体责任及相关制度①

一是明确批签发职责分工，完善重大质量风险产品查处程序。明确省级药品监管部门等批签发机构的日常管理职责，加强调查相关企业生产过程中可能影响产品质量的因素。细化批签发现场检查及处置工作要求，明确对存在重大风险的生物制品的处置措施。

二是落实上市许可持有人主体责任，强化质量管理、风险防控和责任承担三大主体能力。药品上市许可持有人应当提升自身管理能力，加强质量控制体系建设及相关人才培养，主动采取措施停止销售、使用，并召回缺陷产

---

① 邵蓉、谢金平:《变革中持续探索　探索中立足国情——再谈我国药品上市许可持有人制度》,《中国食品药品监管》2021 年第 6 期，第 78~85 页。

品。同时，落实"最严谨的标准、最严格的监管、最严厉的处罚、最严肃的问责"要求，明确批签发过程中违法违规行为的处罚措施。此外，药品监管部门在对药品上市许可持有人的资质进行审核时也应关注其责任赔偿能力，尤其是针对不同风险级别的药品品种要实现责任赔偿能力要求差异化。

（二）推进创新药同步研发、注册与审评

一是在临床研究执行中，优化和实现临床研究机构内部流程和机构之间的协同一致，推动伦理审批流程简化，并提高伦理审批的效率和水平。在研究能力建设方面，支持临床研究机构平台建设和专职临床研究团队建设，推动研究机构明确自身定位，积累探索性临床试验的管理经验；此外，还需加大临床研究的激励力度，完善面向医生、医院的临床研究激励机制，增加临床医学研究在医学科学研究基金中所占的比例，或设立专项科研计划和基金。

二是完善突破性治疗药物程序和附条件批准程序，推动具有明显临床优势和突出临床价值的药物加速完成注册和上市流程。

三是优化审评相关流程，鼓励以临床价值为导向的审评，提高审评审批资料要求的合理性，进一步与国际接轨，落实优先审评审批程序和特别审批程序。

（三）构建更加科学、高效、权威、现代的监管体系[①]

一是加强监管队伍建设，优化中药和生物制品（疫苗）等审评检查机构设置，培养职业化、专业化的人才队伍。创新检查方式方法，量身定制培养计划，实现核心监管人才数量、质量"双提升"。

二是在统筹发展和安全、强化底线思维的同时，全面提升疫苗等高风险产品的质量水平，坚守人民群众用药安全底线。

三是强化依法行政，加快修订相关法规标准，推进标准体系建设和普法宣传，不断提升药品监管的法治化水平。

---

① 李利：《新发展阶段药品监管工作面临的形势和任务》，《中国食品药品监管》2021 年第 2 期，第 4~13 页。

四是强化系统性观念，落实各方主体责任，增强互动支撑能力，建设智慧监管、阳光监管机制，推动国际合作，不断提升药品监管能力和监管体系的现代化水平。

参考文献

胡颖廉:《新时代国家食品安全战略：起点、构想和任务》,《学术研究》2019年第 4 期。

徐景和:《加快打造药品安全法治工作的升级版》,《中国食品药品监管》2020年第 8 期。

王守伟、周清杰、臧明伍等编著《食品安全与经济发展关系研究》, 中国质检出版社, 2016。

B.16
2021年中国生态环境状况报告

生态环境部宣传教育中心社会蓝皮书课题组*

摘　要： 2020年，"十三五"规划纲要确定的9项生态环境约束性指标和污染防治攻坚战阶段性目标任务圆满完成，生态环境质量总体改善并持续向好。2021年是"十四五"规划的开局之年，我国经济发展和社会活动逐步恢复，生态文明建设进入了以降碳为重点战略方向、推动减污降碳协同增效、促进经济社会发展全面绿色转型、实现生态环境质量改善由量变到质变的关键时期。2022年，要坚持稳中求进总基调，抓住以降碳为源头治理的"牛鼻子"，以人为本深入打好污染防治攻坚战，实现经济复苏和绿色低碳发展协同增效，拓宽生态环境保护领域和区域，形成全民参与、多元共治的"大环保格局"。

关键词： 双碳目标　减污降碳　生态红线　生物多样性　无废城市
　　　　　乡村振兴

　　2021年是"十四五"规划的开局之年，与国际社会在"疫情反复震荡"中蹒跚前进的局面不同，我国疫情防控取得显著成效，经济发展和社会活动逐步恢复，转向高质量发展的新阶段，开启全面建设社会主义现代化国家的

---

　　* 课题组成员均为生态环境部宣传教育中心工作人员。贾峰，生态环境部宣传教育中心主任，世界环境杂志社社长兼总编辑，研究员；周恋彤，新媒体室负责人，硕士，工程师；黄瀚漪，新媒体室项目主管，硕士，工程师；刘汝琪，新媒体室项目主管，硕士，工程师；唐玉佳，新媒体室项目主管，硕士，高级工程师；赵晓艺，新媒体室项目主管，硕士，工程师。

新征程。在此背景下，生态环境保护迎来更大机遇，肩负新的历史使命。进入新发展阶段，"30·60"目标 ① 成为生态文明建设的重要内容，我国生态环境保护进入减污降碳协同治理的新阶段。2021 年，中国保持住了生态文明建设的战略定力，坚持以生态环境保护为抓手倒逼社会绿色转型发展，推动国民经济迈向高质量发展新阶段，美丽中国建设迈出坚实步伐。我国自然生态和社会环境有了新面貌，蓝天碧水绿地成为不少城市和地区的常态，老百姓有了明显的获得感和幸福感。

一　2021 年总体形势

（一）生态环境质量持续向好

当前，"十三五"规划纲要确定的 9 项生态环境约束性指标和污染防治攻坚战阶段性目标任务圆满完成，生态环境质量总体改善，蓝天、碧水、净土保卫战取得优异成绩。在大气环境质量方面，2020 年全国地级及以上城市优良天数比例达到了 87%，比 2015 年增长了 5.8 个百分点，超过"十三五"目标 2.5 个百分点。$PM_{2.5}$ 未达标地级及以上城市平均浓度达到 37 微克 / 米 ³，比 2015 年下降了 28.8%，也超过"十三五"目标 10.8 个百分点。2020 年以来，按照 $PM_{2.5}$ 与臭氧协同防控思路采取了有力防控措施，2020 年臭氧浓度出现了首次降低。在水环境质量方面，全国地表水优良水体比例由 2015 年的 66% 提高到 2020 年的 83.4%，超过"十三五"目标 13.4 个百分点；劣 V 类水体比例由 2015 年的 9.7% 下降到 2020 年的 0.6%，超过"十三五"目标 4.4 个百分点。在土壤环境质量方面，全国受污染耕地安全利用率和污染地块安全利用率双双超过 90%，顺利实现了"十三五"目标。在生态环境状况方面，全国森林覆盖率 2020 年达到了 23.04%，自然保护区以及各类自然保护地面积占到

---

① 习近平主席于 2020 年 9 月 22 日在第七十五届联合国大会一般性辩论上，提出中国力争在 2030 年前实现碳达峰和 2060 年前实现碳中和。十九届五中全会和中央经济工作会议进一步对碳达峰、碳中和工作做出安排部署，"30·60"目标已被纳入"十四五"规划和 2035 年远景目标纲要，并成为生态文明建设的重要内容。

陆域国土面积的 18%。在应对气候变化碳减排方面，2020 年单位 GDP 二氧化碳排放比 2015 年下降了 18.8%，也顺利完成了"十三五"目标任务。2021 年 1~9 月，全国生态环境状况仍呈持续改善态势。

1. 蓝天保卫战推动优良天数比例大幅上升

2020 年，全国 337 个地级及以上城市（以下简称 337 个城市）中，202 个城市环境空气质量达标，占全部城市数的 59.9%。337 个城市的平均优良天数比例为 87.0%，其中，17 个城市的优良天数比例为 100%，243 个城市的优良天数比例在 80%~100%，74 个城市的优良天数比例在 50%~80%，3 个城市的优良天数比例低于 50%；平均超标天数比例为 13.0%，337 个城市累计发生严重污染 345 天，比 2019 年减少 107 天；重度污染 1152 天，比 2019 年减少 514 天。2020 年 337 个城市六项污染物浓度年际比较如图 1 所示。

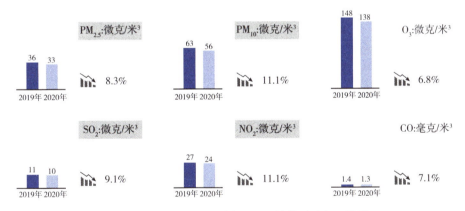

图 1　2020 年 337 个城市六项污染物浓度年际比较

资料来源：摘自《2020 年中国生态环境状况公报》，https://mee.gov.cn/hjzl/sthjzk/zghjzkgb/202105/ P020210526572756184785.pdf。

2021 年 1~9 月，全国 339 个地级及以上城市的平均优良天数比例为 86.8%，同比下降 0.4 个百分点；$PM_{2.5}$ 平均浓度为 28 微克 / 米^3，同比下降 6.7%（见表 1）；PM_{10} 平均浓度为 51 微克 / 米^3，同比持平；O_3 平均浓度为 142 微克 / 米^3，同比持平；SO_2 平均浓度为 9 微克 / 米^3，同比下降 10.0%；NO_2 平

均浓度为 21 微克 / 米³，同比持平；CO 平均浓度为 1.1 毫克 / 米³，同比下降 8.3%。

类目	优良天数比例（%，百分点）				PM₂.₅（微克 / 米³，%）			
	2020 年	同比变幅	2021 年 1~9 月	同比变幅	2020 年	同比变幅	2021 年 1~9 月	同比变幅
总体	87.0	↑5.0	86.8	↓0.4	33.0	↓8.3	28	↓6.7
京津冀及周边地区"2+26"城市	63.5	↑10.4	64.5	↑2.4	51.0	↓10.5	40	↓18.4
汾渭平原	70.6	↑8.9	68.0	↓3.0	48.0	↓12.7	38	↓17.4
北京市	75.4	↑9.6	75.5	↑1.8	38.0	↓9.5	33	↓5.7

表 1　全国环境空气质量改善情况

资料来源：根据生态环境部发布的数据整理。

与此同时，产业、交通、能源三大结构调整为"再下降一微克"赢得了空间。"十三五"时期，京津冀及周边"2+26"城市 6.2 万余家涉气"散乱污"企业已全部分类处置。京津冀及周边地区、汾渭平原等地累计完成农村煤改气、煤改电 2500 万户，城市建成区燃煤锅炉已基本淘汰。在柴油货车污染治理方面，全国累计淘汰黄标车、高排放老旧汽车 2540 多万辆。在用地结构调整方面，重点区域城区道路机扫率超过 90%，2017~2020 年新增绿地超过 1000 万公顷。

2. 水环境质量总体明显提升

2020 年，全国地表水优良（Ⅰ~Ⅲ类）水质断面比例同比上升 8.5 个百分点，劣 V 类断面比例同比下降 2.8 个百分点（见图 2）。其中、长江流域、黄河流域、珠江流域、松花江流域、淮河流域、浙闽片河流、西北诸河水质为优；长江干流水质首次全部达到 Ⅱ 类及以上，长江流域国控断面劣 V 类实现动态清零，取得历史性突破（见图 3）。

2021 年 1~9 月，3641 个国家地表水考核断面中，水质优良（Ⅰ~Ⅲ类）

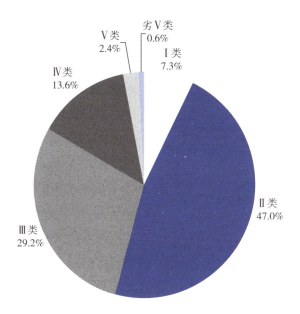

图2 2020 年全国地表水总体水质状况

资料来源：摘自《2020 年中国生态环境状况公报》，https://mee.gov.cn/hjzl/sthjzk/zghjzkgb/202105/P020210526572756184785.pdf。

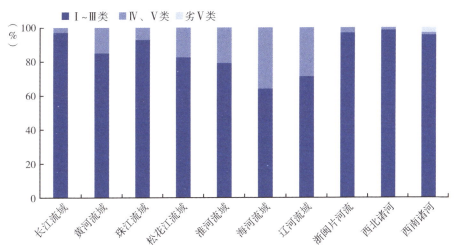

图3 2020 年七大流域和浙闽片河流、西北诸河、西南诸河水质状况

资料来源：摘自《2020 年中国生态环境状况公报》，https://mee.gov.cn/hjzl/sthjzk/zghjzkgb/202105/P020210526572756184785.pdf。

断面的比例为 81.8%，同比上升 1.2 个百分点；劣 V 类断面的比例为 1.2%，同比下降 0.9 个百分点（见图 4）。主要污染指标为化学需氧量、高锰酸盐指数和总磷。

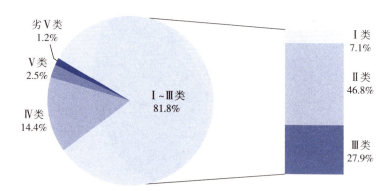

图 4　2021 年 1~9 月全国地表水水质类别比例

资料来源：摘自生态环境部官网。

在与公众生活息息相关的黑臭水体整治方面，全国地级及以上城市 2914 个黑臭水体消除比例超过 98.2%；饮用水水源地治理方面，2804 个饮用水水源地 10363 个问题完成整改；渤海综合治理方面，2020 年渤海近海岸域水质优良比例达到 82.3%，沿海城市新增治理修复长度 132 公里，整治修复滨海湿地超过 8891 公顷。

3. 土壤污染风险得到基本管控

自"土十条"落地起，原环境保护部、财政部、原国土资源部、原农业部、原国家卫计委等五部门联合部署开展土壤污染状况详查，解决我国土壤污染底数不清问题。截至目前，农用地土壤详查、重点行业企业用地调查已初步完成，结果显示，全国农用地土壤环境状况总体稳定，受污染耕地安全利用率达到 90% 左右，污染地块安全利用率达到 93% 以上。影响农用地土壤环境质量的主要污染物是重金属，其中，镉为首要污染物。对此，按照"预防为主、保护优先"的原则，我国不断加强土壤污染源头防控，发布了土壤污染重点监管单位名录 1 万余家，完成 1865 家涉镉等重金属重点行业企业的整治。

（二）绿色低碳发展体系逐步形成

2020 年 9 月 22 日，习近平主席在第七十五届联合国大会一般性辩论上发表重要讲话并指出，"中国将提高国家自主贡献力度，采取更加有力的政策和措施，二氧化碳排放力争于 2030 年前达到峰值，努力争取 2060 年前实现碳中和"。2020 年中央经济工作会议将"做好碳达峰、碳中和工作"列为 2021 年重点任务之一。2021 年 3 月 15 日召开的中央财经委员会第九次会议明确把碳达峰、碳中和纳入生态文明建设整体布局，为今后 5 年做好碳达峰工作谋划了清晰的"施工图"。

2021 年 5 月 26 日，碳达峰碳中和工作领导小组第一次全体会议在北京召开。在碳达峰碳中和工作领导小组的统一部署下，由国家发改委会同有关部门制定碳达峰、碳中和顶层设计文件，抓紧编制 2030 年前碳达峰行动方案和分领域分行业实施方案，加快构建碳达峰碳中和"1+N"政策体系。日前，中共中央、国务院印发《关于完整准确全面贯彻新发展理念做好碳达峰碳中和工作的意见》，国务院印发《2030 年前碳达峰行动方案》，二者共同构成了贯穿碳达峰、碳中和两个阶段的顶层设计，是"1+N"政策体系中的"1"。关于"1+N"后续政策体系，有关部门正在研究制定能源、工业、城乡建设、交通运输、农业农村等领域和钢铁、石化化工、有色金属、建材、电力、石油天然气等重点行业实施方案，以及科技支撑、财政金融、碳汇能力、统计核算和督查考核等支撑政策。

在市场机制层面，碳排放交易是控制和减少温室气体排放的重要抓手。全国碳排放权交易市场在 2021 年正式落地，交易中心落地上海，注册登记系统设在湖北武汉。2021 年 7 月 16 日，全国碳交易市场完成了首笔线上交易。首批进入交易的是 2162 家电力企业，管控规模达到 45 亿吨二氧化碳。截至 2021 年 11 月 10 日，全国碳市场共运行 77 个交易日，配额累计成交量达到 2344.04 万吨，累计成交额突破 10 亿元，达到 10.44 亿元。未来，全国碳市场将纳入钢铁、水泥等更多主要碳排放行业，并将分阶段引入核证自愿减排量、碳汇等交易产品，建立碳金融衍生品交易机制，积极引导社会投资。

绿色低碳发展成为实现双碳目标的主要手段。2021 年初，国务院发布了《关于加快建立健全绿色低碳循环发展经济体系的指导意见》（以下简称《意见》）。推动经济走上绿色低碳循环发展的道路，这是解决我国资源环境生态问题的基础之策，也是实现碳达峰碳中和目标的首要途径。《意见》对生产体系、流通体系、消费体系的绿色转型做出了全面的部署安排。要求以节能环保、清洁生产、清洁能源等为重点率先突破，做好与农业、制造业、服务业和信息技术的融合发展，全面带动一二三产业和基础设施的绿色升级。这就要求发展壮大新一代信息技术、新能源、新材料、新能源汽车、绿色环保等战略性新兴产业，加快推动现代服务业、高新技术产业和先进制造业发展。同时，针对形成绿色生活方式，《意见》提出"健全绿色低碳循环发展的消费体系"，包括"加大政府绿色采购力度，扩大绿色产品采购范围，逐步将绿色采购制度扩展至国有企业。加强对企业和居民采购绿色产品的引导，鼓励地方采取补贴、积分奖励等方式促进绿色消费。加强绿色产品和服务认证管理，完善认证机构信用监管机制"。

随着减污降碳协同治理持续加强，我国碳排放强度显著下降，绿色低碳发展加快推进。2020 年，我国碳排放强度较 2005 年下降 48.4%，累计少排放二氧化碳约 58 亿吨，基本扭转了二氧化碳排放快速增长的局面。此外，石化、化工、钢铁等重点行业转型升级加速，2020 年我国单位工业增加值二氧化碳排放量比 2015 年下降约 22%；煤炭消费量占能源消费总量的比重由 2005 年的 72.4% 下降至 56.8%，非化石能源占能源消费的比重由 2005 年的 7.4% 提高到 15.9%。以风电、光伏、水电为代表的可再生能源快速发展为中国能源转型做出了积极的贡献。2020 年，中国风电光伏新增发电装机 1.2 亿千瓦，实现了历史性的突破，同时风电、光伏、水电的利用率达到 95%。集装箱铁水联运量"十三五"期间年均增长超过 23%，新能源汽车生产和销售规模连续 6 年位居全球第一。2020 年当年城镇新建绿色建筑占新建民用建筑比例高达 77%。

（三）生态系统质量和稳定性进一步提升

目前，中国是世界上唯一划定生态保护红线的国家。总体来看，中国共划定陆域生态保护红线 309.5 万平方公里，占国土总面积的 32.2%，各类自然保护地现在已经有 1.18 万个，国家级自然保护区有 474 个，各类自然保护地的面积占到陆域国土面积的 18%，提前实现联合国《生物多样性公约》"爱知目标"所确定的 17% 的目标要求。各类自然保护地包括了草地、林地、灌丛、水域湿地等，能够起到水土保持、防风固沙、水源涵养、生物多样性维护等生态功能。目前，90% 的陆地生态系统类型和 85% 的重点野生动植物种群在保护地里面都得到了有效妥善的保护，部分珍稀濒危物种野外种群也在逐步恢复。

中国政府作为东道国举办 2020 年联合国生物多样性大会，与各国共商全球生物多样性保护大计，制定"2020 年后全球生物多样性框架"，规划未来十年的全球生物多样性工作目标并强化执行机制。此次大会选在云南昆明举办，足见保护生物多样性"中国方案"和"云南答案"对于全世界的重要意义和积极贡献。自 1992 年中国加入《生物多样性公约》以来，1/3 的新物种发现于云南。云南省是全国新发现物种最多的省份，据统计，1992~2020 年，云南省内累计发现新物种 2519 种，新记录种 1199 种。

云南将生态保护与精准扶贫有机结合，探索出一条"生态脱贫"之路。独龙族是云南省人口最少的民族，贡山县独龙江乡通过实施生态补偿，吸收贫困人口成为生态护林员，形成"生态护林员 +"模式，通过开展草果、重楼、羊肚菌等林下特色种植和独龙牛等特色养殖，同时，依托独龙江大峡谷独特的自然生态优势发展生态旅游业，使独龙族整族实现了脱贫。

云南是我国生物多样性保护的一个缩影。近年来，大熊猫受威胁程度等级从"濒危"降为"易危"，"微笑天使"长江江豚频繁亮相，三江源国家公园等地的雪豹频繁现身，青藏高原藏羚羊种群数量大幅增加，从 7 万头增加到 30 万头。中国开始探索生态补偿产品价值实现的路径。2021 年 9 月，中共中央办公厅、国务院办公厅印发了《关于深化生态保护补偿制度改革的意见》，提出聚焦重要生态环境要素，完善分类补偿制度；围绕国家生态安全重点，健全综合补偿制度；发挥市场机制作用，加快推进多元化补偿。在青藏高原开展生态奖补，农牧民不再是大自然的索取者，而吃上了"生态保护

饭"，当上了野保员、林保员、湿地保护员，成为雪域高原的"生态卫士"。2016年以来，西藏、青海累计为群众提供生态岗位90多万个，农牧民增收近80亿元。

（四）美丽中国建设提速

生态环境好不好，老百姓的满意度和获得感是实打实的检测指标。2020年国家统计局所做的公众生态环境满意度调查结果显示，31个省（自治区、直辖市）公众生态环境满意度均超过80%，平均达到89.5%，比2017年大幅提高10.7个百分点。污染防治攻坚战公众调查显示，约95%的受访人群认为"十三五"时期污染防治攻坚战取得积极成效，普遍认为雾霾和重污染天气明显减少，对蓝天保卫战满意度较高。

河湖"清水绿岸、鱼翔浅底"，海湾"水清滩净、鱼鸥翔集、人海和谐"，公众身边的优质生态产品是美丽中国的集中展示。近年来，全国各地方遵循山水林田湖草沙系统治理理念，通过采取有效措施改善水质，保护修复自然生态，建设了一批"美丽海湾""美丽河湖"，公众获得感、幸福感明显提升。广东湛江红树林国家级自然保护区位于广东雷州半岛沿海滩涂上，保护区总面积约2万公顷，是我国红树林面积最大的自然保护区。它既是防风消浪、净化海水、维持生物多样性的"海岸卫士"，也是固碳储碳、应对气候变化的"海洋绿肺"。一段时间以来，当地许多原来生长有红树林的区域被侵占，变成养殖鱼塘、农田或者基础设施建设用地等，同时，受外来物种入侵、生产生活污水排入等影响，红树林面积减小。近年来，该保护区积极引入社会资金，推进红树林的生态修复，提升红树林湿地生态功能，红树林面积稳中有升。2021年6月8日，"湛江红树林造林项目"成功签约交易，修复后的红树林植被和土壤碳库中实际产生5880吨二氧化碳减排量，通过转让协议由北京市企业家环保基金会出资购买，这标志着我国首个红树林碳汇项目和首个蓝碳（海洋碳汇）交易项目的完成，生态系统的生态和经济双重价值得以显现。这笔资金不仅可促进当地经济社会发展，还能进一步提升当地参与生态保护修复的积极性。

　　近年来，建设美丽乡村、加强农村生态文明、改善农村人居环境已多次被写入党中央和国务院的重要文件。建设好生态宜居的美丽乡村，让生态优势转化为"美丽经济"，是实现乡村振兴的重要内容和题中应有之义。"十三五"以来，生态环境部、农业农村部大力实施《农业农村污染治理攻坚战行动计划》《关于打好农业面源污染防治攻坚战的实施意见》等系列攻坚计划，截至 2020 年底，中央财政累计安排专项资金 258 亿元，支持 15 万个行政村完成环境整治，农村生活垃圾收集转运体系覆盖 90% 以上的行政村，农村生活污水治理规划和标准体系初步建立。三大粮食作物的化肥、农药利用率均达到 40% 以上，全国畜禽粪污综合利用率和农膜回收率分别达到 75%、80%。近年来，各地在农村污染综合治理中，系统谋划保护生态环境和普惠村民，真正让绿水青山变成了金山银山。福建省石狮市水头村海岸线长，村民们原本依靠养蛏生活，近年来为了提升产量而大规模围堰养殖，占用大量河口湿地。围堰拆除迫在眉睫，当地通过补偿款和转产转业补助形式，鼓励村民支持并主动退出养殖。河口围堰被拆除后，当地湿地生态环境得以修复，福厦高铁石狮水头段开通在即，泉州湾跨海大桥、水头外线等若干城市主干道也已相继贯通，吸引了一批又一批的人来到水头村投资就业，水头村的村民真正感受到了"农业强、农村美、农民富"的实惠。

　　发生在公众身边的固体废物污染事关人居环境和身体健康，如何让废弃物也"美丽"，治理任务艰巨、治理要求高。从 2017 年到 2020 年，我国固体废物进口量逐年快速下降，从 2017 年 4227 万吨，下降到 2019 年 1348 万吨，直至 2020 年底清零，累计减少固体废物进口量 1 亿吨。经过 4 年的努力，自 2021 年 1 月 1 日起，我国实现固体废物"零进口"，全面禁止境外固体废物进境倾倒、堆放、处置，我国固体废物污染防治工作进入了一个新的历史时期、一个崭新的篇章。

　　筑牢洋垃圾入境防线的同时，国内的再生资源回收体系进一步健全和完善。2020 年，全国再生资源回收总量达到 3.7 亿吨，比 2016 年增加了 1.1 亿吨，增幅达 42%。以"无废城市"建设为固体废物综合治理的总抓手，2019 年以来，深圳等 11 个城市和雄安新区等 5 个特殊地区开始推进"无废城市"建设

试点，涉及金额投入1200余亿元，形成了一批可供推广借鉴的新模式新案例。中新天津生态城推行垃圾收集转运全流程"垃圾不见天"，打造垃圾分类精品示范小区，新建小区分类设施100%覆盖，居民步行2分钟之内可投放垃圾，利用真空负压的生活垃圾气力输送系统将生活垃圾从投放口抽送至地埋式转运站，全程无异味、无污染，有效解决垃圾站建设邻避问题。福建省南平市光泽县地处武夷腹地，11%的县域面积在武夷山国家公园内，通过建设"无废农业""无废农村""无废圣农"，光泽县实现了乡村人居环境的整体提升和绿色生态产业致富。圣农集团鸡肉占全国麦当劳市场的45%、肯德基市场的50%，年产值125亿元，在光泽县分布207个鸡舍。先进的养殖管理技术和模式，在大幅减少饲料、水资源消耗的同时，极大减少了粪便产生量，为常规养殖的20%。在主产业链之外，鸡粪发电、鸡粪制有机肥、羽毛制蛋白等副产业链，为每一种废物都找到低环境影响、高利用效率的合理归途。

二　2022年面临的困难与挑战

（一）生态环境改善从量变到质变的拐点还未到来

尽管污染防治攻坚战取得显著成效，但现阶段我国生态环境质量改善成效并不稳固，生态环境的改善总体上还是中低水平，仍存在一些人民群众关心的突出环境问题。例如，城市空气质量总体上仍未摆脱"气象影响型"。对标世卫组织$PM_{2.5}$过渡值第一阶段标准（35微克/米^3），337个地级及以上城市仅有62.9%达标，2035年要对标中等发达国家水平，力争达到或低于第二阶段过渡值（25微克/米^3）。京津冀及周边地区、汾渭平原等重点地区，大气污染物排放量仍然偏高，$PM_{2.5}$浓度依然较高，重污染天数仍然较多。臭氧浓度显现逐年上升态势，氮氧化物和VOCs（挥发性有机物）的控制仍未取得较好效果。大气污染治理已经进入需要啃"硬骨头"的深水区，需要在产业结构、能源结构、用地结构等源头治理上下功夫。另外，城市黑臭水体要实现长治久清还需加倍努力，噪声、油烟等污染问题不断增多，环境内分泌干扰素、持久性有机污染物、抗生素、微塑料等新污染物对人体健康和生态系统服务功能的威胁不容忽视。调查结果显示，重污染天气、违法排污、黑臭水体、机动车尾气污染和农村生活垃圾是"十四五"时期公众较为关心的突出生态环境问题；耕地污染、白色污染、危险废物和生物多样性破坏等问题逐渐引起社会关注，非从事环保工作人员更关注环境噪声和白色污染。

科学谋划当前和今后一个时期环境质量改善工作，就必须把握新发展阶段特征、贯彻新发展理念、融入新发展格局，更加深刻认识各种工作面临的新形势、新问题。总体上，我国生态环境保护的结构性、根源性、趋势性压力尚未根本缓解，以重化工为主的产业结构、以煤为主的能源结构和以公路货运为主的运输结构没有根本改变，生态环境事件多发频发的高风险态势没有根本改变，污染排放和生态破坏的严峻形势没有根本改变。同时，我国工业化、城镇化还将深入发展，发展经济和改善民生的任务还很重，能源资源需求仍将保持刚性增长；传统产业所占比重依然较高，战略性新兴产业、高技术产业尚未成长为经济增长的主导力量；能源结构没有得到根本性改变，我国煤炭消费比重超过世界平均水平的 1 倍，占世界煤炭总消费量过半。总体上来看，人民群众日益增长的优美生态环境需要已成为我国社会主要矛盾的重要内容，我国生态环境质量改善成效与人民群众的期待和美丽中国建设目标要求还有不小差距。

（二）实现双碳目标并非一片坦途

当地时间 2021 年 11 月 13 日，第二十六次缔约方大会（COP26）在英国格拉斯哥闭幕，来自全球 197 个国家的代表在经历多轮谈判和斡旋后终于达成共识，共同签署了《格拉斯哥气候公约》。正如这两周谈判历程的艰难，在真正通往碳中和的路上，各国要付出的无疑将会有很多。中国作为世界上最大的发展中国家，将用历史上最短的时间完成全球碳排放强度最大降幅，实现《巴黎协定》确定的低于 2℃并力争 1.5℃的温升控制目标，需要做出更大努力。未来，我国能源利用状况和应对气候变化政策措施，都将受到国际社会的高度关注。

首先，在我国绿色低碳发展体系逐步形成的同时，我们也要清醒地认识到，减排达峰路径并非坦途。与发达国家相比，我国实现碳达峰、碳中和目标愿景，时间更紧、困难更多、任务艰巨。当前我国距离实现碳达峰目标已不足 10 年，从碳达峰到实现碳中和也仅有 30 年，受新冠肺炎疫情影响，经济社会发展过程中仍面临一些不确定因素，部分地区对生态环境保护的重视程度减弱，部分省份对碳达峰、碳中和存在模糊认识，部分地方有上马"两高"项目拉动 GDP 的冲动。2021 年第二轮第三批、第四批中央生态环境保护督察在 13 个省份发现"两高"项目突出问题 51 个，涉及 770 多个项目，包括手续不全、违法违规开工、用淘汰产能置换新建项目指标等问题，给全国碳达峰、能耗双控、产业结构和能源结构调整、大气污染治理等工作带来挑战和风险。

其次，我国产业结构偏重、能源结构偏煤、能效水平偏低、技术创新能力偏弱，还有很大提升空间和潜力。长期来看，落实碳达峰碳中和目标，赋能高质量发展，需要在发展模式和思维方式上进行根本转变。中国实现碳达峰碳中和目标时间周期短，对经济结构转型、技术创新、资金投入、消费方式转变，以及制度框架、政策体系等都提出了更高要求。实现碳达峰碳中和目标，要全国一盘棋，应对经济、技术、疫情方面的不确定性，从碳排放总量控制、碳定价和绿色金融机制、城市减碳发展战略、气候立法等多方面统筹考虑。

再次，我国区域间发展差距大，碳中和目标下转型可能涉及的社会公正问题突出。高碳行业在转型中将受到巨大冲击，尤其是严重依附煤炭发展经济和要满足就业需求的地区，实现高质量发展需要强有力的社会保障政策，综合考虑低碳环保、生物多样性和人类福祉，实现公正的转型。

最后，国际政治格局不确定性下国际绿色低碳竞争激烈，全球环境治理的不稳定因素依旧存在。新冠肺炎疫情正在对全球经济社会产生全方位影响，联合国经济和社会事务部（UN DESA）发布的《2021 年世界经济形势与展望报告》称，2020 年全球经济萎缩 4.3%，萎缩幅度是 2009 年全球金融危机期间的 2.5 倍以上。目前，我国绿色低碳技术和产业创新投入不足，尚需培育绿色低碳的新动能，不断增加我国绿色发展韧性、持续性、竞争力，在国际绿色低碳竞争中，力图赢得先发优势。

（三）乡村振兴背景下生态环境短板凸显

当前，农业农村污染治理仍然是生态环境保护的突出短板，"污水乱泼、垃圾乱倒、粪土乱堆、柴草乱垛、畜禽乱跑"的问题仍未完全解决。生态环境保护工作的重心还在城市尤其是地级以上城市，推动环境治理（比如黑臭水体治理）从地级市向县级市、乡镇、农村地区扩展延伸势在必行。总体上来看，农业农村污染治理正处于爬坡过坎、不进则退的吃紧阶段，还有很多硬骨头需要啃。农村生活垃圾和耕地污染问题逐渐引起社会关注，农村环境整治成效亟待巩固提升，农村生活污水治理率偏低，农村黑臭水体整治刚刚起步。农村人居环境质量与人民群众的美好期盼和 2035 年全面建成美丽中国还有较大差距。

农业面源污染来源多样，农药化肥减量增效、畜禽养殖污染防治、水产养殖尾水治理等，是当前农村生态环境保护的突出难点。如，我国农用地膜残留污染问题日益严重，在新疆、内蒙古等地造成了严重的"白色污染"问题，由于回收地膜需要投入大量人力物力，没有直接经济效益，并且因为回收后处理途径不完善，解决地膜污染仍是个棘手问题。由于化肥等化学品的使用、过度开垦利用和不科学耕作模式等对土地带来的潜在危害，我国东北部地区黑土地面临着黑土层流失、保肥力下降等问题，一些地区土壤黑土层不足 20 厘米，目前黑土层仍以每年 1~2 毫米的速度减少。2021 年 7 月，中科院在国内首次发布《东北黑土地白皮书（2020）》，指出近 30 年，东北黑土地产水量、生态系统碳储量、土壤保持、防风固沙等生态系统服务功能以及相关县区生态环境状况指数退化趋势得到总体遏制，但仍未恢复到 30 年前的水平。

农村污水治理同样属于短板中的短板。出于农村排水管网等基础设施不健全，农村污水项目运营受到水量不稳定、废水排放分散、方式随意等的影响，农村生活污水处理程度较低，农业生产过程中化肥、农药等化学用品直接排入水体，导致了农村居民生活用水与灌溉用水的水资源质量双下降。根据 2020 年城乡建设统计公报数据，2020 年末，全国对生活污水进行处理的行

政村比例为 34.87%，较 2016 年增长 15 个百分点左右，但仍有 65% 的行政村未建设污水处理设施，与城市、县城 90% 左右的覆盖率相比，存在较大差距。垃圾处理设施、公共厕所、村内道路等基础设施设备也存在巨大不足。

我国正处于推进巩固脱贫攻坚成果与乡村振兴有效衔接的历史交汇期。由于我国生态问题与贫困问题，特别是农村贫困问题之间互为因果、相互制约，生态环境保护对于促进扶贫攻坚与乡村振兴二者有机衔接具有重要作用。

三 2022 年发展态势和政策建议
——稳中求进提质增效

"十四五"时期，是开启全面建设社会主义现代化国家新征程、谱写美丽中国建设新篇章、向第二个百年奋斗目标进军的起步开局时期，我国的生态文明建设进入了以降碳为重点战略方向、推动减污降碳协同增效、促进经济社会发展全面绿色转型、实现生态环境质量改善由量变到质变的关键时期。面对错综复杂的国际形势、艰巨繁重的国内改革发展稳定任务，特别是在新冠肺炎疫情防控常态化背景下，要防止生态环境保护"开倒车""走回头路"，坚持稳就是快、稳就是进、稳中求进。

（一）实现经济复苏和绿色低碳发展协同增效

抓住以降碳为源头治理的"牛鼻子"，坚持以改善生态环境质量为核心，实施减污降碳协同治理，倒逼总量减排、源头减排、结构减排，推动产业结构、能源结构、交通运输结构、农业结构加快调整，促进经济社会发展绿色转型和生态环境持续改善。

一是推动形成绿色低碳发展方式。依法依规淘汰落后产能和化解过剩产能，大力发展战略性新兴产业，加快传统产业绿色低碳改造，坚决遏制高耗能高排放项目盲目发展。推进煤炭消费替代和转型升级，大力发展可再生能源。为了实现《巴黎协定》将温度变化控制在 2℃ 的目标，研究预计中国非化石能源比重未来持续高速增长，"十四五"期间达到 25%，"十五五"期间达到 34%，"十六五"期间达到 42%。最终到 2050 年，中国非化石能源比重将提升至 78%，煤炭消费相比 2019 年下降 90%，二氧化碳排放下降 76%。到 2050 年，中国风电将占到能源消费的 38.5%，光伏发电占到 21.5%，天然气占 9.8%，水电占到 9%。①

二是统筹推进减污降碳协同增效。把降碳摆在更加突出、优先的位置，更加注重综合治理、系统治理、源头治理，编制出台减污降碳协同增效实施方案，对减污降碳协同增效一体谋划、一体部署、一体推进、一体考核。以减污降碳协同增效为总抓手，以改善生态环境质量为核心，以精准治污、科学治污、依法治污为工作方针，深入打好污染防治攻坚战，强化多污染物协同控制和区域协同治理，推动污染防治在重点区域、重点领域、关键指标上实现新突破。

三是提升生态系统碳汇能力。坚持山水林田湖草沙一体化保护和系统治理，实施重要生态系统保护和修复重大工程，加强草原、河湖、湿地保护修复，不断提升生态系统碳汇能力，增强适应气候变化能力。健全生态保护补偿机制，建立健全能够体现碳汇价值的生态产品价值实现机制。

四是不断完善政策制度支撑保障。统筹建立二氧化碳排放总量控制制度，推动建立温室气体数据统计核算、数据管理及履约长效机制。完善有利于绿色低碳发展的财税、价格、金融、土地、政府采购等政策。稳步推动全国碳排放权交易市场建设，完善温室气体自愿减排交易机制。开展绿色低碳社会行动示范创建，加快形成全民参与的良好格局。

五是深度参与全球气候治理进程。主动参与应对气候变化国际谈判，推动各方全面履行《联合国气候变化框架公约》及《巴黎协定》，共建公平合理、合作共赢的全球气候治理体系。发挥"一带一路"绿色发展国际联盟等合作平台的作用，大力推动应对气候变化南南合作，共同建设清洁美丽的世界。

---

① 国家发改委能源研究所：《2020 年中国可再生能源展望报告》。

（二）以人为本深入打好污染防治攻坚战

民之所盼，政之所向。全面建成小康社会以后，公众对优质生态产品的需求日益增长，对蓝天白云、繁星闪烁、清水绿岸、鱼翔浅底、鸟语花香、田园风光等优美生态环境的要求日益提高。《中共中央　国务院关于深入打好污染防治攻坚战的意见》提出，到 2035 年，实现生态环境根本好转，"美丽中国"目标基本实现。从"十三五"坚决打好污染防治攻坚战，到"十四五"深入打好污染防治攻坚战，从"坚决"到"深入"的两字之差，意味着污染防治攻坚战触及的矛盾和问题层次更深、领域更广，对生态环境质量改善的要求也更高。进入"十四五"时期，我们需要面向"美丽中国"的要求起好步、开好局，久久为功、步步为营，深入打好污染防治攻坚战，"提气、增水、固土、强生态"，抓重点、补短板、强弱项，持续改善生态环境质量，提供更多的优质生态产品。

一是持续推进空气质量提升。把京津冀及周边地区、长三角地区等国家重点发展区域作为蓝天保卫战的重中之重，推进联防联控联治。以 $PM_{2.5}$ 和臭氧协同控制为主线，强化多污染物协同控制和区域联防联控，深入开展 VOCs 和 NOx 综合治理，坚决打好重污染天气消除、臭氧污染防治、柴油货车污染治理三大标志性战役。

二是继续实施水污染防治行动和海洋污染综合治理行动。以长江、黄河流域为重点加强生态保护修复，聚焦渤海、长江口—杭州湾、珠江口邻近海域开展综合治理。加强"三水"统筹，基本消除城市黑臭水体和劣 V 类国控断面。大力推进"美丽河湖""美丽海湾"保护与建设，不断提升广大公众临海亲海的获得感和幸福感。巩固深化城市黑臭水体治理成效，持续推动农村黑臭水体治理，实现"有河有水、有鱼有草、人水和谐"的治水目标。

三是深入开展土壤污染防治行动。有效管控农用地和建设用地土壤污染风险，做好重金属源头防控。继续推进"无废城市"建设，持续开展"白色垃圾"综合治理，加快补齐危险废物和医疗废物收集处理短板。加强新污染物治理，实施以环境风险预防为主的治理策略，以源头淘汰限制为主、兼顾过程减排和末端治理，有效管控其环境风险和人体健康风险。

四是维护生态环境安全。坚持系统治理，科学推进荒漠化、石漠化和水土流失综合治理，加快构建以国家公园为主体的自然保护地体系，加大对挤占生态空间和损害重要生态系统行为的惩处力度，提高生态系统质量和稳定性。以国家生态保护红线监管平台为依托，及时发现生态破坏问题，保障生态保护红线持续提供优质生态产品，维护国家和区域生态安全。实施生物多样性保护重大工程，积极参与全球生物多样性治理的进程，加强双边、多边对话与合作，为全球生物多样性保护积极贡献中国智慧和中国力量。发挥主席国优势，开好 COP15 第二阶段会议，推动达成"2020 年后全球生物多样性框架"，有效扭转全球生物多样性丧失的趋势，协同推进生物多样性保护和应对气候变化。

（三）拓宽生态环境保护领域、区域，形成"大环保格局"

随着生态环境保护工作的深入，越来越多的区域协同和跨领域合作将是大势所趋。要拓宽生态环境保护领域和区域范围，完善生态文明领域统筹协调机制，加快形成导向清晰、决策科学、执行有力、激励有效、多元参与、良性互动的"大环保格局"。

第一，环保产业是构建生态环境保护"双循环"格局、发挥生态环境保护对高质量发展支撑保障作用的重要着力点。习近平总书记强调，要加快构建以国内大循环为主体、国内国际双循环相互促进的新发展格局。构建新发展格局的关键，在于经济循环的畅通无阻，从生态环境保护来看，要助力增添绿色发展动能，推进生态环境质量持续改善，提供更多优质生态产品，满足人民群众日益增长的优美生态环境需要。2021 年 7 月，第十九届中国国际环保展览会及 2021 环保产业创新发展大会在北京举办，着力发挥生态环境保护需求牵引和生态环境科技创新驱动的双擎引领作用。展望"十四五"和更长远的未来，环保产业应围绕深入打好污染防治攻坚战和碳达峰碳中和目标，坚持系统提质增效与结构调整优化并重，大力加强技术创新和服务革新，发展安全、高效、节能低碳的先进环保技术装备，全面提升污染治理设施运行

质量。同时，不断拓宽服务领域，主动服务产业转型和绿色低碳发展，为持续改善生态环境质量，如期实现碳达峰碳中和目标愿景，汇聚环保产业的强大力量。

第二，促进政府、公众、企业、社会组织多元参与，提升全社会生态环境保护主体责任意识，实现从"要我环保"到"我要环保"的历史性转变。随着国民购买力提升，绿色消费逐渐成为环保的重要议题，不论是企业的生产端、公民的消费端还是物流过程中，浪费和污染都不容乐观。2021年2月，生态环境部、中央宣传部等六部门共同制定并发布《"美丽中国，我是行动者"提升公民生态文明意识行动计划（2021-2025年）》，通过专题行动，培育公民生态道德和行为准则，增强公民生态文明意识，推动公众践行绿色生活方式、传播绿色理念。未来重点的工作仍然是推进生活方式绿色化，从衣食住行各个方面提升公民的绿色低碳意识，并改善行为方式。社区是民众生活、居住的主要场所，因此社区和街区更新将成为我国城市绿色发展更新的主要方式。2021年，天津等16城已被命名为"绿色货运配送示范城市"，将作为样板着力打造绿色高效现代物流体系，并将经验推广到全国。

第三，强化城乡统筹、协同发力，推动生态文明建设向农业农村领域深化延伸。全面推进乡村振兴和农业农村现代化，持续推进农村人居环境整治和农业面源污染防治，以农村生活污水治理、黑臭水体整治、饮用水水源地保护为重点，加快补齐农村环境基础设施短板。加强农村生态系统保护与恢复，促进生态产品价值的转化，推动农村生产生活方式绿色转型和乡村生态振兴。积极拓展融资渠道，发挥绿色金融作用，形成以政府为主导并引入社会资本的稳定融资渠道，引导社会资本从城市向乡村转移，参与农业农村污染治理。

参考文献

国家发改委能源研究所：《2020年中国可再生能源展望报告》。

B.17
2021年中国养老照护研究报告

张立龙　王晶[*]

摘　要： 我国于2016年和2020年分两批在全国选取29个城市开展长期护理保险制度试点。本报告系统梳理了两轮试点在筹资安排、给付政策、管理办法等方面的差异性变化，发现与第一轮试点相比，第二轮试点中长护险覆盖范围越来越广泛、保险给付的护理服务提供方式越来越多元化、给付水平有所提高且各地区差异在缩小、失能等级的评估标准越来越规范；但试点地区依然存在试点政策的碎片化而增加了全国统一制度框架制定的困难、对失能预防的关注度不足、尚未形成引导养老服务体系主体分工的制度框架等问题。为此，本报告建议加快制定长期照护保险法，拓宽筹资渠道，扩大给付范围；重视失能预防服务，通过给付规则引导居家和机构照护的分工协作模式；实现从"按床位"到"按服务"给付的转变，加快从"补供方"向"补需方"的转变，将老年辅具购租和住房适老化改造纳入保险给付范围等。

关键词： 养老照护　长期护理保险　医养结合　筹资方式　给付对象

随着中国人口预期寿命的延长，中国老年人口规模快速增大，老龄化程度逐步加深，失能老年人口数量和长期护理需求逐步增加。2020年6月国家

---

[*] 张立龙，首都经济贸易大学劳动经济学院，副教授；王晶，中国社会科学院社会学研究所，副研究员。

卫健委公布的《2019 年我国卫生健康事业发展统计公报》显示，2019 年我国居民人均预期寿命为 77.3 岁，[①] 比 1949 年新中国刚成立时的 35 岁增加了 42.3 岁，比 1980 年的 67 岁增加了 10.3 岁。人均预期寿命的延长带来了老年人口规模和比重的快速增加，2021 年 5 月公布的《第七次全国人口普查公报（第五号）》显示，截至 2020 年 11 月 1 日，我国 60 岁及以上老年人口总量为 2.64 亿人，占总人口的 18.7%[②]；80 岁及以上高龄老年人口规模约为 3264.7 万人，占老年人口的比重约为 12.61%。根据有关预测，随着老龄化程度的加深，失能老年人规模也将快速增加，以日常活动能力受限（ADL）为基础测量的老年人失能率保持在 9.25%~11.15%，失能老年人规模将由 2020 年的 2485.2 万人增加至 2050 年的 5472.3 万人，平均每年增加 100 万人。[③]

　　家庭规模的小型化、家庭结构的核心化带来家庭照护功能的减弱。在我国"未富先老"的背景下，老年人消费能力不足使得老年人长期护理需求无法转变为有效需求，长期护理服务市场尚未形成。一是随着中国人口结构转变逐步完成，家庭规模逐渐缩小，老年人的居住安排正在改变。七普公报数据显示，2020 年我国平均每个家庭户的人口为 2.62 人，比 2010 年的 3.10 人减少 0.48 人；与此同时，我国老年人单独居住（独居或与配偶居住）的比例快速上升；这些都使得传统的由家庭承担的老年人照料功能逐渐弱化。二是快速的老龄化使得我国面临未富先老的挑战。相关预测表明，我国 65 岁及以上老年人比重从 7% 增加至 14% 仅用了 26 年，这明显快于发达国家；相同老龄化水平下我国的人均 GDP 处于相对较低的水平。以日本为例，日本的老龄化水平在与我国 2019 年处于相似水平时，人均 GDP 为 3 万美元左右，而我国 2019 年人均 GDP 仅约 1 万美元。我国在保基本、广覆盖、低水平的基础上建立起养老保障制度，老年人由于养老金收入微薄而消费能力不足，长期

① 国家卫健委：《2019 年我国卫生健康事业发展统计公报》，https://baijiahao.baidu.com/s?id=16 68895787914041198&wfr=spider&for=pc。

② 国家统计局：《第七次全国人口普查公报（第五号）》，http://www.stats.gov.cn/tjsj/tjgb/rkpcgb/ qgrkpcgb/202106/t20210628_1818824.html。

③ 廖少宏、王广州：《中国老年人口失能状况与变动趋势》，《中国人口科学》2021 年第 1 期，第 38~49 页。

护理服务需求由于无法转化为有效需求而难以释放。三是我国长期护理服务体系和长期护理筹资体系并未建立起来。2019 年党的十九届四中全会《中共中央关于坚持和完善中国特色社会主义制度、推进国家治理体系和治理能力现代化若干重大问题的决定》指出，积极应对人口老龄化，加快建设居家社区机构相协调、医养康养相结合的养老服务体系。但居家、社区、机构在养老服务体系中分工并未形成，养老床位供给增加和养老床位空置率较高的矛盾现象并存。此外，国外长期护理保险制度的发展经验表明，设立长护险有助于解决失能老年人住院引发的过度医疗问题，减少医院"占床"现象，优化医疗资源配置，同时能够吸引社会资本投资建设养护机构、护理员培训机构，拉动就业。

为积极应对人口老龄化，促进社会经济发展，让全体居民共享发展改革成果，进一步健全社会保障制度，保障失能人员的基本生活权益，促进养老服务产业发展和拓展护理从业人员就业渠道，我国于 2016 年开始了长期护理保险制度的试点。本报告首先梳理两次试点的指导意见的变化；其次分析各试点地区长期护理保险制度在筹资安排、给付政策、管理办法等方面的最新进展，总结试点的特色与不足；最后为长期护理保险制度试点地区政策设计以及将来全国长期护理保险制度框架建设提供政策建议。

一　中国长期护理保险发展现状

推动建立长期照护保险制度是党中央、国务院应对人口老龄化、健全社会保障体系做出的战略部署。近年来，在政府有关部门的推动下，部分地区积极开展长期护理保险制度试点。人力资源和社会保障部办公厅于 2016 年 6 月下发《关于开展长期护理保险制度试点的指导意见》（人社厅发〔2016〕80 号，以下简称《指导意见》），决定在承德、长春、齐齐哈尔、上海、南通、苏州、宁波、安庆、上饶、青岛、荆门、广州、重庆、成都、石河子 15 个地级市开展长期护理保险制度试点，并将吉林和山东两省作为重点联系省份。除试点地区外，北京市海淀区、浙江省嘉善县等地也积极探索长期照护制度。2020 年 9

月，国家医疗保障局会同财政部印发《关于扩大长期护理保险制度试点的指导意见》（医保发〔2020〕37 号，以下简称《意见》），新增北京市石景山区、天津、晋城、呼和浩特、盘锦、开封、湘潭、南宁、黔西南州、昆明、汉中、甘南藏族自治州、乌鲁木齐等 10 多个地区，扩大试点。试点地区在制度框架、政策标准、运行机制、管理办法等方面做了有益探索，取得初步成效。

（一）两次试点意见对长期护理保险制度框架的设计

通过比较 2016 年的《指导意见》和 2020 年的《意见》，当前我国长期护理保险制度试点的设计基本框架，表现在以下几个方面。

第一，两次试点以探索适应我国社会主义市场经济体制、经济发展水平、老龄化发展趋势的长期护理保险制度框架为主要目标。2016 年的《指导意见》指出要坚持基本保障，根据当地经济发展水平和各方面承受能力，合理确定基本保障范围和待遇标准；2020 年《意见》指出要保基本、低水平起步、以收定支，探索长期护理保险制度的可持续发展运行机制，做好与相关社会保障制度及商业保险的功能衔接。

第二，两次试点意见提出要重点为重度失能人员（优先考虑失能老年人、重度残疾人）的"基本生活照料和与基本生活密切相关的医疗护理等"提供费用支持，各地区根据自身实际确定了适合本地区的长期护理保障范围。

第三，两次试点意见都指出要根据护理等级、服务提供方式等制定差别化的待遇保障政策，基金支付水平控制在 70% 左右；2020 年《意见》又明确保险鼓励符合条件的失能者使用居家和社区护理服务，同时将参保人员失能状态 6 个月以上作为给付条件之一。

第四，两次试点意见中的参保范围和筹资方式基本一致。原则上试点阶段从覆盖职工医保的参保人群起步，以单位和个人同比例缴费的筹资方式为主，在起步阶段，单位以职工工资总额为缴费基数从职工医保费中划出，个人从职工医保个人账户代扣，不增加单位和个人负担。筹资标准则根据试点地区经济发展水平、护理需求、护理服务成本以及保障范围和水平等因素，按照以收定支、收支平衡、略有结余的原则合理确定。

（二）第一批试点地区的主要成效

2016 年《指导意见》出台前后，第一批 15 个试点地区陆续出台试点办法或试点方案（见表 1），长期护理保险制度在试点地区逐渐发展起来。第一批试点地区将重度失能人员作为保障对象，重点支持"基本生活照料和与基本生活密切相关的医疗护理等所需费用"，各地区根据自身实际确定长护险保障范围。大部分试点地区将"重度失能"人员作为给付对象，少数地区还要求满足城镇职工基本养老金的最低缴费年限、等待期等条件才有资格享受长期照护保险待遇；从长期护理服务传递的方式看，形成了医疗机构、养老机构、社区居家、居家自主护理四种服务方式[1]，试点地区对不同服务提供方式提供不同的支持方式，主要涵盖服务、现金、服务＋现金等三种给付模式。不同试点地区的给付水平也存在较大差异，且绝大部分地区对基金支付水平都设定了封顶线。从整体保障水平来看，城镇职工长期照护保险基金最低支付比例是 50%，最高支付比例是 90%；重度失能人员每日限额最低标准是 20元，最高的标准是 150 元。[2]

表 1　第一批试点地区长期护理保险相关制度文件

地区	文件	执行时间
长春	《关于建立失能人员医疗照护保险制度的意见》	2015 年 5 月 1 日
南通	《关于建立基本照护保险制度的意见（试行）》	2016 年 1 月 1 日
安庆	《关于安庆市城镇职工长期护理保险试点的实施意见》	2016 年 1 月 12 日
荆门	《荆门市长期护理保险办法（试行）》	2016 年 11 月 22 日
承德	《关于建立城镇职工长期护理保险制度的实施意见》	2016 年 11 月 23 日
石河子	《关于建立长期护理保险制度的意见（试行）》	2017 年 1 月 1 日
齐齐哈尔	《齐齐哈尔长期护理保险实施方案（试行）》	2017 年 10 月 1 日
宁波	《宁波市长期护理保险制度试点方案》	2017 年 12 月 28 日

---

① 杨菊华等:《中国长期照护保险制度的地区比较与思考》,《中国卫生政策研究》2018 年第 4期, 第 1~7 页。

② 李强等:《长期照护保险制度试点方案的比较与思考——基于全国 15 个试点地区的比较分析》,《山东农业大学学报》(社会科学版) 2018 年第 2 期, 第 23~30 页。

续表

地区	文件	执行时间
成都	《成都市长期照护保险制度试点方案》	2017年2月13日
苏州	《关于开展长期护理保险试点的实施意见》	2017年6月28日
上海	《上海市长期护理保险试点办法》	2018年1月1日
上饶	《关于开展长期护理保险试点工作实施方案》	2017年7月1日
广州	《广州市长期护理保险试行办法》	2017年8月1日
青岛	《青岛市长期护理保险暂行办法》	2018年4月1日

相关数据表明，自第一批地区开始试点以来，长期护理保险的参保人数和享受待遇人数快速增加，在长期护理保险的支持下，试点地区的失能者长期护理服务需求更好地得到了满足。2021年6月8日，国家医保局发布的《2020年全国医疗保障事业发展统计公报》显示，2020年长期护理保险参保人数10835.3万人，基金收入196.1亿元；享受待遇人数83.5万人；各试点地区长期护理保险定点护理服务机构共4845家，护理服务人员数19.1万人。[①]

表2给出了2020年第一批试点地区长护险的参保人数、享受待遇人次、基金支出、定点护理机构数量等情况。整体来看，自2016年试点以来，各试点地区均取得了一定的成绩，参保人数、享受待遇人次逐步增加。以成都为例，截至2021年6月，成都已有1423.95万人拥有长护险，累计受理失能认定申请5.87万人，评估通过4.58万人；支付待遇75.28万人次，共计8.43亿元。

表2　2020年第一批长期护理保险试点城市的基本情况

地区	参保人数（万人）	享受待遇人次（万人次）	基金支出（亿元）	定点护理机构数（家）
上海	518.12	39.1	12.7	1173
青岛	909	7.1	35	978
南通	719.2	2.5	**	254
长春	**	0.5	1.49	45

---

① 国家医保局：《2020年全国医疗保障事业发展统计公报》，http://www.nhsa.gov.cn/art/2021/6/8/art_7_5232.html

续表

地区	参保人数（万人）	享受待遇人次（万人次）	基金支出（亿元）	定点护理机构数（家）
齐齐哈尔	52.84	1.671	0.865	33
苏州		2.85	1.68	155
安庆	45.8	0.703	.0.156	54
上饶	696.31	1.52	0.609	35
荆门	243	0.91	0.132	
广州	750	7.8	1.87	243
成都	1423.95	75.28	8.43	990
重庆	57.95	**	**	**
宁波	189	0.125		26
石河子	55.8	0.071	0.667	
承德	48.16	0.160	0.068	31

注：** 表示没有找到相关数据。其中上海、上饶、广州、重庆、成都的数据分别为 2019 年 12 月、2019 年 9 月、2019 年 8 月、2020 年 10 月和 2021 年 6 月；其他地区数据的时间均为 2020 年 12 月。

（三）第二批试点城市的主要做法

国家医疗保障局、财政部在 2020 年 9 月印发了《关于扩大长期护理保险制度试点的指导意见》后，各指定试点地区也陆续出台了试点方案、办法或意见（见表 3），明确了本地区试点的覆盖对象、筹资水平、待遇条件、待遇范围、待遇标准、服务供给、费用计算、经办服务、基金管理等（见表 4）。

表 3　第二批试点地区长期护理保险相关制度文件		
地区	文件	执行时间
甘南	《甘南州城镇职工长期照护保险实施细则（试行）》	2020 年 9 月 29 日
汉中	《汉中市长期护理保险实施办法（试行）》	2020 年 11 月 5 日
乌鲁木齐	《关于乌鲁木齐市开展长期护理保险制度试点的通知》	2020 年 11 月 5 日
北京市石景山区	《北京市石景山区扩大长期护理保险制度试点实施细则》	2020 年 11 月 6 日
湘潭	《湘潭市长期护理保险制度试点实施方案》	2020 年 12 月 10 日
天津	《天津市长期护理保险制度试点实施方案》	2020 年 12 月 15 日

		续表
地区	文件	执行时间
盘锦	《盘锦市开展全国长期护理保险制度试点工作实施方案》	2020 年 12 月 15 日
福州	《关于开展长期护理保险制度试点实施方案的通知》	2020 年 12 月 21 日
黔西南	《黔西南州长期护理保险试行实施细则》	2020 年 12 月 28 日
昆明	《昆明市人民政府关于全面开展长期护理保险制度试点工作方案》	2020 年 12 月 29 日
晋城	《晋城市人民政府关于建立长期护理保险制度的实施意见》	2020 年 12 月 30 日
开封	《开封市长期护理保险制度试行办法》	2020 年 12 月 30 日
呼和浩特	《呼和浩特市长期护理保险制度试点实施方案》	2020 年 12 月 31 日
南宁	《关于南宁市长期护理保险制度试点的实施意见》	2021 年 1 月 14 日

自 2016 年以来，第一批试点地区积极开展长期护理保险制度试点，在制度框架、政策标准、运行机制等方面进行了有益探索，取得初步成效。2020 年出台的《意见》是在总结第一批试点地区经验的基础上制定的，因此，整体来看，在制度框架、政策标准、运行机制等方面，第二批试点地区长期护理保险的试点方案要比第一批试点地区的方案有所改进，具体表现在以下 5 个方面。

1. 长护险的覆盖对象越来越广泛，明确将灵活就业人员、退休人员纳入保障体系

从第一批试点地区长照险的覆盖对象看，大部分地区将城镇职工保险参保对象作为长照险的覆盖对象，少数地区也纳入了城乡居民医疗保险覆盖对象，但由于 2016 年灵活就业人员参与城镇职工社会保障体系的体制机制尚未建立，试点地区并未将灵活就业者纳入城镇职工保险。随着灵活就业人员社保问题受到越来越多的关注，积极推进灵活就业人员参与城镇职工社保的制度建设，创新机制让灵活就业人员参与城镇职工保险成为一项重要课题。大多数第二批试点地区将灵活就业人员作为长护险的覆盖对象，并单独制定了其保险缴费政策。

此外，多数第二批试点地区单独制定了针对退休人员的保险缴费政策，将退休人员纳入筹资对象，拓宽了资金来源，增加了长期护理保险筹资的稳定性和制度运行的可持续性。

表4 第二批试点地区的保障对象、保险给付水平、给付形式等

地区	保障对象	保障水平（保险给付）				给付形式	服务形式
		医疗机构	养老（护理）机构	社区居家	个人居家		
北京市石景山区	重度失能人员	**	在护理机构享受护理服务：支付标准为90元，其中基金支付70%	机构上门护理服务：支付标准付90元，其中基金支付80%，每月支付上限30小时	由家政护理员（或亲属）提供居家护理服务，每小时支付标准为60元，其中基金支付70%，每月支付上限30小时	服务+现金	机构护理、机构上门护理、居家护理
天津	重度失能人员	**	在定点护理机构接受规范机构护理的，定额支付每人每天70元标准，基金支付70%	接受定点护理机构规范的居家护理服务的，实行按月定额支付，按照每人每月2100元标准，基金支付75%	**	服务	机构护理、定点护理机构上门护理
盘锦	重度失能人员	**	在护理机构接受护理的，基金支付比例为70%	护理机构上门护理或照护服务的，基金支付比例为80%。月限额以上年度全市城乡居民人均可支配月均收入为基数，根据失能评估等级一级、二级、三级，按70%、60%、50%比例分别设定	**	服务	机构护理、居家护理机构上门护理

续表

地区	保障对象	保障水平（保险给付）				给付形式	服务形式
		医疗机构	养老（护理）机构	社区居家	个人居家		
福州	重度失能人员	试点期间人均享受待遇按1800元/月标准执行，机构护理（包括医疗机构护理和养老机构护理）按标准的75%（1350元/月）支付		上门护理服务，人均享受待遇按1800元/月标准执行，居家护理按标准的85%（1530元/月）支付	**	服务	医疗机构护理、养老机构护理、机构上门居家护理
晋城	重度失能人员	机构护理（包括定点护理机构和定点医疗机构）。每人每日定额100元，由长期护理保险基金支付70%		①居家上门护理，每月定额1500元（50元/日），由长期护理保险基金支付70%。②居家和机构上门叠加护理，居家护理部分每人每日定额15元，由保险基金全额支付；机构上门护理部分每月定额1000元（33元/日），由保险支付70%	居家自主护理：每人每日定额30元，由长期护理保险基金全额支付	服务+现金	机构护理、居家自主护理、居家上门护理、居家和上门叠加护理
开封	重度失能人员	机构护理（包括医疗机构和养老机构）：长期护理保险基金支付限额为1900元/人		居家上门护理：长期护理保险基金支付比例为65%，月支付限额为1500元/人	居家自主护理：基金月支付限额为900元/人，其中支付参保人月限额为450元/人，支付护理机构月限额为450元/人	服务+现金	机构护理、上门护理、居家自主护理

续表

地区	保障对象	保障水平（保险给付）				给付形式	服务形式
		医疗机构	养老（护理）机构	社区居家	个人居家		
呼和浩特	中度、重度失能人员	①职工机构护理：按照失能等级顺序中度、重度一级、重度二级、支付限额分别为每人 900 元、1200 元、1500 元、1800 元；②城乡居民：按照失能等级顺序中度、重度一级、重度二级、支付限额分别为每人 600 元、750 元、1050 元、1350 元			③职工居家护理（包括机构上门服务和亲情护理服务）：按照失能等级顺序中度、重度一级、重度二级、支付限额分别为每人 750 元、1050 元、1350 元、1650 元	服务+现金	机构护理、居家护理（包括机构上门服务和亲情护理服务）
湘潭	重度失能人员	二级及以上医疗机构支付限额为 100 元/（人·天），一级及以下限额为 80 元/（人·天），其中护理保险承担 70%	支付限额为 50 元/（人·天），其中护理保险承担 70%	支付限额为 40 元/（人·天），其中长期护理保险基金承担 80%	**	服务	医疗机构护理、养老机构护理、机构上门护理
南宁	重度失能人员			长护险基金支付每月护理待遇标准的 75%		服务+现金	机构上门护理、入住机构护理、异地居住护理
黔西南	重度失能人员		机构内护理服务每人每月 1000 元	居家上门护理每人每月 900 元	每人每月 200 元	服务+现金	自主照料、上门护理、机构内护理
汉中	重度失能人员	在协议医疗机构中使用护理床位接受服务的，长护保险按不超过 1100 元/月标准结算	在协议护理服务机构中使用养老等级床位接受服务的，按不超过 1200 元/月标准结算	对居家接受指定团队人员、亲朋、专人等护理的，按不超过 450 元/月标准补助		服务+现金	医养结合机构护理、养老机构护理、居家护理（含机构上门和家属的护理服务）

续表

地区	保障对象	保障水平（保险给付）				给付形式	服务形式
		医疗机构	养老（护理）机构	社区居家	个人居家		
昆明	重度失能人员	长期护理保险提供医养结合机构护理、养老机构护理、居家护理（含由定点服务机构上门服务和通过护理员培训的家属提供的护理服务）3 种待遇保障方式。以 2019 年度云南城镇非私营单位和城镇私营单位就业人员平均工资加权计算的城镇就业人员月平均工资（全口径月社会平均工资）的 70% 为待遇计发基数，月支付限额原则上不超过待遇计发基数的 70%				服务＋现金	
甘南	重度失能人员	长期照护保险以上年度全省私营单位在岗职工月平均工资的 60% 为月定额标准基数，机构护理按照 70% 的比例进行支付		长期照护保险以上年度全省私营单位在岗职工月平均工资的 60% 为月定额标准基数，居家照护按照 75% 的比例进行支付		服务＋现金	医疗机构护理、养老机构护理、机构上门护理、居家护理
乌鲁木齐	重度失能人员	城镇职工：重度失能人员按计发基数的 70% 给予补偿［2008 元/（人·月）］；城乡居民：重度失能人员按计发基数的 55% 给予补偿［1578 元/（人·月）］	上门护理服务每日不超过 2 小时，每两人每 1 次。护理费每人每小时限额 72 元，重度失能者的上门护理费用由长期护险基金为城镇职工按限额的 100%（城乡居民按限额的 80%）给予补偿	城镇职工：重度失能人员按计发基数的 75% 给予补偿［2152 元/（人·月），包含 160 元护理服务项目］。城乡居民：重度失能人员按计发基数的 60% 给予补偿［1721 元/（人·月），包含 160 元护理服务项目］		服务	机构护理、居家护理（包括机构上门服务和亲情护理服务）

注：＊＊表示没有找到相关数据。南宁长护险待遇每月定额标准按 2019 年度全区城镇非私营单位和城镇私营单位加权计算的全口径人员平均工资（4926 元）的 50% 确定。

2. 保险给付的护理服务提供方式越来越多元化，将居家自主护理服务纳入给付范围成为新趋势

第二批试点地区保险给付的护理服务提供方式越来越多元化，越来越多的试点地区将失能人员的居家自主护理服务也纳入长护险给付范围。第一批试点地区中保险给付的护理服务提供方式主要有医疗机构护理、养老机构护理、社区居家护理等，符合条件的失能人员可以在政府有关部门按照一定的标准指定的具备护理服务提供资格的医疗机构、养老机构或医养结合机构（长期护理保险定点机构）内接受护理服务，也可以在家接受长期护理保险定点机构提供的上门护理服务。部分试点地区如石河子、荆门、广州也对由亲属、朋友等非正式照护者提供的护理服务提供现金支持。第二批试点地区在保持了第一批试点地区长护险所支持的护理服务提供方式的基础上，进一步扩大了向由亲属、朋友等非正式照护者提供的护理服务提供支持的范围，在第二批试点的 14 个地区中，有 9 个地区明确提出了针对居家自主照护者的支持，未来长护险的制度设计对居家自主护理支持的倾向越来越明显。例如，石景山的试点办法明确规定居家护理中由家政护理员（或亲属）提供符合规定的居家护理服务，每小时支付标准为 60 元，其中基金支付 70%，个人支付 30%，每月支付上限为 30 小时。开封的试点办法明确了居家自主护理是指参保人亲属接受培训并考核合格后为参保人提供护理的服务形式，长期护理保险基金为居家自主护理的月支付限额为 900 元 / 人，其中支付参保人月限额为 450 元 / 人，支付护理服务机构月限额为 450 元 / 人。

3. 保险给付水平有所提高，各地区给付水平差异在缩小

与第一批试点地区相比，第二批试点地区长护险的给付水平明显有所提高。一方面，第二批试点地区对长期护理服务费用的支付标准显著高于之前的试点；另一方面，长照险给付比例也显著提高，第一批试点的给付比例在不同地区存在较大差异，从 50%（如齐齐哈尔）至 90%（如广州）不等，这与 2016 年出台的《指导意见》中要求的"各试点城市严格落实收支平衡、略有结余的基本原则，按照基金负担能力确定支付标准，并以综合报销比例不低于 70% 为制度支付标准目标"不符。第二批试点地区的给付比例则基本在

70%~80%，这与 2020 年《意见》中要求的"基金支付水平总体控制在 70% 左右"的目标基本相符，整体上长照险定额给付水平和给付比例的提升，显著提高了失能人员购买护理服务的能力，更好地满足了其对长期护理服务的需求。

4. 失能等级评估标准越来越规范

长期护理保险失能等级评估标准是长期护理保险待遇享受和基金支付的重要依据，是构成完整制度体系的重要组成部分。推动建立全国统一的长期护理失能等级评估标准，能够更好地保障失能人员公平享有长期护理保险待遇的权利，更加精准地提供长期护理服务。自 2016 年长期护理保险制度试点开展以来，各试点地区借鉴国际经验，因地制宜，积极探索，初步形成了适宜的地方评估标准。在总结地方经验的基础上，国家医保局、民政部于 2021 年 8 月印发了《长期护理失能等级评估标准（试行）》，从待遇均衡性、制度公平性方面考虑，对评估指标、评估实施和评估结果判定作了规定。第二批试点地区加强对长期护理失能等级评估标准的实施应用，参照执行该评估标准，试点地区各级医保部门和民政部门建立协作机制，加强协调配合，探索建立评估结果跨部门互认机制等。

5. 部分试点地区将中度失能老人纳入保障对象，也有试点地区强调失能预防

无论是 2016 年出台的《指导意见》还是 2020 年出台的《意见》，均明确在试点期间要"重点解决重度失能人员基本护理保障需求，优先保障符合条件的失能老年人、重度残疾人。有条件的地方可随试点探索深入，综合考虑经济发展水平、资金筹集能力和保障需要等因素，逐步扩大参保对象范围，调整保障范围"。与第一批试点地区相似，第二批试点地区仍以重度失能人员为主，优先保障符合条件的失能老年人、重度残疾人。但试点地区也将保障对象扩大至中度失能人员，如第一批试点的苏州、长春、南通，第二批试点的呼和浩特等地。青岛、昆明两个地区设立了失能预防基金。以昆明为例，在试点办法中明确要建立失能高危人群预防、干预机制，从长期护理保险基金收入中按年计提不低于 2% 的资金作为长期护理保险失能预防金，用于对影响失能高危人群健康的因素进行干预，尽可能延缓失能进度，全面防控参保人重度失能情况的发生。

二 中国长期护理保险试点的主要问题

（一）试点地区对失能人员的评估标准各异，还没有形成统一的失能等级评估体系

失能等级的评估标准是用来评估失能人员失能状况的重要工具，是确定失能人员能否享受长期护理保险待遇的基本依据，它也关系到长护险的受益人数、保险费的高低、缴费负担、财政投入、服务供给能力以及服务质量评估等方面。但从目前各地区的试点情况看，失能等级的评估还存在较大差异。一些试点地区在试行办法或方案中，并没有给出失能等级的评估标准，而是单独出台了失能等级的评估办法。例如，石景山在出台了试点方案之后，又出台了《北京市石景山区扩大长期护理保险制度试点失能评估管理办法（试行）》，明确按照北京市《老年人能力综合评估规范》进行评估，结合失能评估量表，根据评估分数，分为重度失能、中度失能、轻度失能。另外一些地区在试点方案或办法中就明确了失能等级评估标准，如汉中市在试点评估办法中就明确要按照《日常生活活动能力评定量表》进行评分，总评分低于 40 分（含）的，即符合重度失能标准；甘南州则明确由失能评定专家采用《日常生活能力评定量表（Barthel 指数）》，对其活动能力、自理能力等十个方面进行评估。因此，探索建立全国统一的评估标准，是将来建立长期护理保险制度框架的基础。

（二）覆盖人群大多仅限于城镇职工医保参保人群，保障对象仍以重度失能人员为主

从覆盖人群来看，试点的《指导意见》和《意见》都强调了"试点阶段从职工基本医疗保险参保人群起步"，试点地区也大多遵循了这一原则。在第一批试点的 15 个城市中有 4 个地区明确覆盖城乡居民，第二批试点的 14 个城市中有 3 个地区覆盖了城乡居民，即大多数居民还没有成为长护险的覆盖对象。当然，这在一定程度上与我国现阶段未富先老的社会经济背景有关系。从筹资标准上看，各试点地区存在较大差异，试点地区中筹资水平最高的上海市

筹资标准是最低的石河子市的 20 倍以上；比较按比例缴费水平，最高与最低标准相差 5 倍左右；定额标准最高与最低相差 6 倍左右。筹资标准直接决定了基金支付水平和待遇范围，进一步加剧了制度结构的碎片化压力。从保障对象看，大部分试点地区把受益对象限定为重度失能人员，使合规失能发生率控制在 3‰以下。对于失智人员、中重度失能人员，他们有正当服务需求，且经济和身体状况与重度失能人员类似，却不能享有服务保障和补助待遇。

（三）各地试点政策的碎片化现象比较严重，增加了全国统一制度框架制定的难度

从各试点地区当前试行方案和办法看，虽然各地区在覆盖对象、筹资标准、保险给付对象、给付标准等方面有很多相同之处，且都是在两次试点的指导意见的要求之下制定的，但从具体试点办法的实施情况看，各试点地区在覆盖人群、基金筹集和管理、护理服务的提供形式和支付标准等关键政策上还存在一地一政策、制度机构碎片化的问题[1]，因此根据各试点地区的政策还不能归纳出明确的制度框架，这增加了在全国统一推广的难度。

（四）试点地区长护险制度对失能预防的关注度不足

从试点地区的给付政策看，除青岛和昆明外，其他试点地区的长护险并没有将失能预防作为一项重要内容。但现有研究一般认为，老年人失能的预防和失能过程的减缓比失能后的照护更有效。一方面，失能的预防和失能过程的减缓意味着老年人口伤残调整预期寿命的缩短，健康预期寿命的延长；另一方面，国际经验表明，增加对失能预防的投入可更多地减少未来照护服务支出。当前，建立长期护理保险制度的国家，均强调失能预防的作用，并在长期护理保险基金中专门设立失能预防基金。例如，日本的长期护理保险制度中的预防给付基金，主要支持轻度失能者和部分中度失能者享受照护预防服务，以预防其向重度失能转变。

---

① 戴卫东等:《中国长期护理保险试点政策"碎片化"与整合路径》,《江西财经大学学报》2021 年第 2 期，第 55~65 页。

（五）试点地区尚未形成引导养老服务体系主体分工的长护险制度框架

居家、社区、机构在养老服务体系中的明确分工是发达国家养老服务体系建设的基本经验。我国最早在"十二五"规划纲要中就指出，要建立"居家为基础、社区为依托、机构为支撑"的养老服务体系，其后又在"十三五"规划纲要中将"机构为支撑"改为"机构为补充"，进一步明确了机构养老在整个养老服务体系中的地位。"十四五"规划中则明确"居家为基础、社区为依托、机构为补充、医养康养相结合的养老服务体系"是我国未来养老服务发展的方向。在地方的养老服务体系探索中，也将"9064""9073"[①] 等养老服务体系的分工模式作为发展目标。截至 2020 年，我国以居家为基础、社区为依托、机构为补充、医养康养相结合的养老服务体系已基本建成，但各主体的功能定位仍然不清。例如，入住养老机构的老人大多并非处于失能状态的老人，处于失能状态的老人也因不能入住养老机构而得不到专业的机构照护。通过梳理发达国家尤其是建立长期护理保险制度国家的经验发现，长期护理保险制度可以通过对不同失能等级老人服务提供的给付政策设计，更好地引导居家、社区、机构在养老服务体系中的分工。但从我国现行试点地区保险制度的设计看，由于大多数地区覆盖对象仅为重度失能人员，且对机构照护的给付标准高于居家照护给付标准，这不利于引导居家、社区、机构照护服务分工体系的建立。

三　政策建议

（一）拓宽长期照护保险筹资渠道，探索建立以中央和地方政府共同承担"政府筹资责任"、养老保险和医疗保险共同划拨组成"个体缴费"为基础的长期照护保险制度

筹资模式在一定程度上直接决定了长护险制度的可持续性。发达国

---

① "9073"或"9064"的养老服务体系，指的是 90% 的老人居家养老，7% 或 6% 的老人在社区机构养老，3% 或 4% 的老人在养老院等机构养老。

家长期护理保险制度的发展经验表明，多方共同筹资是保障长期护理保险制度可持续性的前提。以日本为例，日本的长期护理保险制度实现了以中央和地方政府共同承担"政府筹资责任"、养老保险和医疗保险划拨组成"个人缴费"为基础的筹资模式，拓宽了资金来源，使得长期照护保险财政长期处于盈余状态。从2016年以来中国在青岛、广州等15个地区长期照护保险的试点状况看，保险的筹资来源和结构均存在一些问题。从筹资结构看，财政补贴仅来自地方政府；医保基金划转使得医保基金面临较大压力；城镇职工通过从工资中扣除的方式实现个人缴费，但对城乡居民来说，当需要以现金形式来完成个人缴费时，会存在较大困难，这也是城乡居民个人缴费额处于很低水平（每年10~40元）的原因之一。基于此，本报告建议：拓宽长期照护保险筹资渠道，强调中央和地方政府共同承担筹资责任，让政府筹资占保险总收入的50%左右。伴随我国社会保险覆盖面的逐步扩大，进一步将60岁及以上老年人和灵活就业人员纳入长期照护保险缴费范围，取消现金缴费形式，改为直接从医疗保险和养老保险账户划拨组成的新"个人缴费"模式。针对城镇职工，在不增加企业缴费压力的基础上，从养老保险和医疗保险划拨一定比例构成"个人缴费"；针对城乡居民，从城乡居民养老保险基金和城乡居民医疗保险基金划拨一定比例构成"个人缴费"。

（二）在拓宽照护筹资渠道的基础上，改变以"重度失能"老人为保险给付对象的现状，将给付对象扩展至"轻度失能""中度失能"老人

从中国现行试点地区的保险给付看，大多数地区基于保险筹资规模的限制，当前仅以"重度失能"老人为保险给付对象，没有很好地发挥长期照护保险给付的预防功能。因此，随着未来长期照护筹资渠道的拓宽，长期照护保险要充分发挥其照护预防功能，将给付对象扩展至"轻度失能""中度失能"的老人。同时，应加强对长期照护服务和基本公共服务的融合利用，结合新纳入国家基本公共卫生服务的"老年健康与医养结合服务"项目，为活

力老年人提供失能预防保健服务，降低老年失能风险，减少未来失能老人规模；为失能老年人提供健康评估与健康服务，满足轻度和中度失能老人的躯体和心理健康需求。

（三）利用长期照护保险给付，引导居家照护服务和机构照护服务的"责任分工"，将现有"按床位"给付政策转变为"按服务"给付

发达国家长期护理保险制度发展的经验表明，长期照护保险给付规则可引导居家照护和机构照护的分工。以日本为例，日本长期照护保险制度明确只有失能达到一定程度，接受机构照护才能享受保险给付；同一类型的服务以居家照护、地区密集型照护、机构照护的形式提供，收费标准也不同；这使得日本照护服务体系中的居家照护和机构照护的分工得以实现，即照护需求等级较低的老年人接受居家服务和地区密集型服务，而照护需求等级较高的老年人接受机构服务。在我国居家、社区、机构养老服务主体的功能定位仍然不清的背景下，应以建立长期照护保险制度为契机，通过制定合理的保险给付规则，引导居家、社区、机构在照护服务体系中的功能分工定位，从而更好地完善现有的养老服务体系。此外，当前长期护理保险试点地区大多以"按床位"给付的形式支持入住机构的老人，形式上表现为替老人支付了"住宿费"，却掩盖了老年人之间照护需求的差异，也使得照护需求较少的老年人更倾向于入住养老机构，不符合养老机构的功能定位。基于此，本报告建议：随着长期护理保险给付范围扩展至所有失能老人，保险给付应将"按床位"转变为"按服务"给付，从而让长期照护保险更好地发挥功能。

（四）调整现有加快养老机构建设的思路，推进医养结合机构的专业化和精细化，强化居家和社区照护服务体系建设

当前我国基本形成了以居家为基础、社区为依托、机构为补充的养老服务体系，机构和床位也经历了较快增长，但现有体系的功能专业化和精细化程度不足，服务供给和需求之间尚未实现良好匹配。据民政部统计，截至

2020 年底，中国已有各类养老机构和设施 32.9 万个，养老服务床位 821.0 万张[1]，但存在供需匹配问题，机构和床位空置率相对较高。主要原因在于早期养老服务体系建设重心主要向以生活照护为主的机构养老倾斜，并出台了建设补贴和运营补贴等一系列"补供方"的激励措施，重点支持养老机构建设和增加床位供给。随着医养结合政策文件和相关规划的出台，新时期中国发展养老服务的政策思路有所调整，养老机构提供医疗照护服务的问题开始得到重视，但在"补需方"措施不足的情况下，失能老人缺乏支付照护费用的能力，其照护需求难以转化为有效需求，居家和社区照护服务体系的建设也缺乏可持续性。基于此，本报告建议：摆脱以支持机构建设为主的发展思路，增加和完善针对需求方的经费投入和支持政策，对居家、社区和机构照护服务给予不同等级的报销比例，从而推动多层次多元化的长期照护体系建设。[2]

（五）探索建立针对认知症老年人的专门照护体系

随着老年人口特别是高龄老年人口规模的增加，中国认知症老人的数量也在快速增加。2017 年"中国精神障碍疾病负担及卫生服务利用研究"的结果表明，65 岁及以上老年人口的认知症患病率为 5.56%[3]；第七次全国人口普查公报显示，65 岁及以上人口规模为 19064 万人，按比例推算 2020 年中国老年人认知症患者规模约为 1068 万人，该群体的专项照护需求尤其值得关注。一些发达国家在长期护理服务体系中，设置了专门针对认知症老年人的预防服务和照护服务，为预防认知症的发生、提供高质量照护服务奠定了基础。但当前，我国健康养老服务体系中针对躯体失能老人的服务发展较快，但针对精神失智老人的服务发展缓慢，建议结合国家基本公共卫生服务中的"老

---

[1] 民政部:《2020 年民政事业发展统计公报》，http://images3.mca.gov.cn/www2017/file/202109/1631265147970.pdf.

[2] 史毅、张立龙:《日本失能预防服务体系对中国健康老龄化的启示》，《健康中国观察》2020 年第 9 期，第 91~94 页。

[3] Yueqin Huang, Yu Wang et al., Prevalence of Mental Disorders in China: a Cross-sectional Epidemiological Study. *Lancet Psychiatry*, 2019(6).

年人健康管理""严重精神障碍患者管理"项目工作，将老年认知症患者纳入日常管理和监测，鼓励高校和专业机构增设认知症老人护理的技能和职业培训，以适应不同类型照护对象的服务需要。

（六）将老年辅具购租和住房适老化改造纳入长期照护保险给付范围

德国、荷兰、日本等较早建立长期照护保险制度的国家将老年辅具和住房适老化改造纳入长期照护保险给付范围，这一方面满足了老年人居家养老的需求，另一方面也促进了老年辅具产业和住房适老化改造服务的发展。有鉴于此，本报告建议：中国要在加快老年辅具产业发展和培育住房适老化改造市场的同时，将老年辅具购租和住房适老化改造纳入长期照护保险给付范围，提高老年人的购买能力，从而满足老年人对老年辅具购租和住房适老化改造的需求。

（七）加快制定长期照护保险法，制定统一的长期照护保险资格认定标准、给付标准、筹资标准与结构等

在现有试行长期护理保险制度的国家中，均制定了长期护理保险方案。以日本为例，日本政府在其实施长期照护保险制度之前的 1997 年就通过了《介护保险法案》，为长期照护保险制度的发展奠定了良好的基础。在保险法实施后的 20 多年时间里，日本政府多次修订长期照护保险法案，逐步完善长期照护保险制度。基于此，中国在总结长期照护保险试点经验的基础上，应积极促进长期照护保险立法，制定全国统一的长期照护保险资格认定标准、给付标准、筹资标准等，推动"老有所养"有法可依是长期照护保险制度稳定可持续发展的重要基础。

参考文献

戴卫东等:《中国长期护理保险试点政策"碎片化"与整合路径》,《江西财经大

学学报》2021 年第 2 期。

　　国家统计局:《第七次全国人口普查公报（第五号）》,http://www.stats.gov.cn/tjsj/tjgb/rkpcgb/qgrkpcgb/202106/t20210628_1818824.html。

　　国家卫健委:《2019 年我国卫生健康事业发展统计公报》,https://baijiahao.baidu.com/s?id=1668895787914041198&wfr=spider&for=pc。

　　国家医保局:《2020 年全国医疗保障事业发展统计公报》,http://www.nhsa.gov.cn/art/2021/6/8/art_7_5232.html。

　　李强等:《长期照护保险制度试点方案的比较与思考——基于全国 15 个试点地区的比较分析》,《山东农业大学学报》（社会科学版）2018 年第 2 期。

　　廖少宏、王广州:《中国老年人口失能状况与变动趋势》,《中国人口科学》2021 年第 1 期。

　　民政部:《2020 年民政事业发展统计公报》,http://images3.mca.gov.cn/www2017/file/202109/1631265147970.pdf。

　　史毅、张立龙:《日本失能预防服务体系对中国健康老龄化的启示》,《健康中国观察》2020 年第 9 期。

　　杨菊华等:《中国长期照护保险制度的地区比较与思考》,《中国卫生政策研究》2018 年第 4 期。

　　Yueqin Huang, Yu Wang et al., Prevalence of Mental Disorders in China: A Cross-sectional Epidemiological Study. *Lancet Psychiatry*, 2019(6).

2021 年中国乡村振兴推进报告

吴惠芳　李文慧[*]

摘　要： 2021 年是全面建成小康社会后转入全面推进乡村振兴的"元年"，乡村振兴工作取得了可喜成效。国家以立法形式从法律、财政、人才、组织、土地等多方面为乡村振兴推进工作提供了有力的制度支持。乡村产业不断发展壮大，现代乡村产业体系正在稳步构建。农村人居环境和基础设施不断改善、基本公共服务水平持续提升，生态宜居的美丽乡村建设已经迈上轨道。乡村文化活动不断丰富，思想文化阵地得到巩固，文化繁荣发展。通过加强基层党组织建设、整合乡村治理资源、加强依法治理、塑造乡村德治秩序，现代乡村治理体系正在逐步完善。但是，处于起步阶段的乡村振兴仍然面临区域发展不均衡、人力资源不足、产业质低量少、民生保障不能完全满足人民群众的需求、基层治理能力亟须提升等多种挑战。为此，必须进一步加强乡村振兴战略资金支持、培育新型农民、聚焦产业兴旺、加强乡村治理能力建设，顺应人民群众新期盼，助力乡村经济社会繁荣发展。

关键词： 乡村振兴　脱贫攻坚　产业兴旺　共同富裕

乡村振兴发展战略最早是在 2017 年党的十九大报告中提出来的。该报告

---

*　吴惠芳，中国农业大学人文与发展学院教授、副院长；李文慧，中国农业大学人文与发展学院博士研究生。

指出，农业农村农民问题是关系国计民生的根本性问题，必须把解决好"三农"问题作为全党工作的重中之重，由此，乡村振兴发展战略成为我国经济社会发展的七大战略之一。2018年中央一号文件明确了实现乡村振兴发展战略的三个目标：一是到2020年，乡村振兴取得重要进展，制度框架和政策体系基本形成；二是到2035年，乡村振兴取得决定性进展，农业农村现代化基本实现；三是到2050年，乡村全面振兴，农业强、农村美、农民富全面实现。进入2021年，乡村振兴战略比往年引起更大关注，被要求与脱贫攻坚有效衔接。一方面，脱贫攻坚是乡村振兴的基础；另一方面，乡村振兴是脱贫攻坚的延伸，脱贫攻坚要解决的问题是绝对贫困，而乡村振兴是要缓解相对贫困以及让农民富起来。在短期内，巩固脱贫攻坚成果，并做好与乡村振兴的有效衔接依然是乡村振兴事业的重心。2021年的中央一号文件规定，从脱贫之日为起始，脱贫县均设立5年的过渡期，做到"扶上马送一程"。在过渡期间，现有的重点帮扶政策保持总体稳定，并逐项分类优化调整，合理把握节奏、力度和时限，稳步实现集中资源支持脱贫攻坚阶段向全面推进乡村振兴平稳过渡，推动"三农"工作重心的历史性转移。

我们应当明确地知道，脱贫摘帽不是终点，而是新生活、新奋斗的起点。基于当前历史起点，需要对乡村振兴推进工作做出总结，力求为接下来的乡村振兴推进工作提供一定的科学基础。因此，这里立足于脱贫攻坚顺利收官与乡村振兴稳步推进的时间交汇点，总结乡村振兴工作在产业发展、乡村基础设施建设、乡村文化服务提供以及乡村居民生活改善等方面所取得的成效，并分析遇到的困难与挑战，精准把握未来乡村振兴工作的推进力度及推进方向。

一　乡村振兴推进的保障机制

乡村振兴和新型城镇化同步推进，尽管两者并不冲突，但平衡好乡村振兴所需要的人口从农村向城市转移，与避免农村出现空心化之间的关系，并不是一件容易的事情。乡村振兴的远期目标是在2050年全面实现乡村振兴，实现农业强、农村美和农民富，用30年的时间去实现一个宏大目标，就需要一些制度层面的保障。为此，国家从法律、财政、人才等方面对推进乡村振兴提供了制度保障。

（一）乡村振兴的法律保障

为了顺利推进乡村振兴事业，我国于 2021 年 4 月 29 日审议通过《中华人民共和国乡村振兴促进法》（以下简称《促进法》），该法于 6 月 1 日起正式实施。该法第九章"监督检查"明确了国家实行乡村振兴战略的实施目标责任制和考核评价制度，其中第 73 条明确了对相关责任人处分、处罚、追究刑事责任等的规定，为乡村振兴提供了强有力的法律保障。与此同时，中央还召开了一系列与乡村振兴有关的重要会议，出台不少政策文件，为乡村振兴提供政策依据。

从会议决策与政策文件（见表 1）可以看出，国家层面在推进乡村振兴事业进程中集合多部门力量，把解决好"三农"问题作为全党工作的重中之重，集中优势资源支持脱贫攻坚向全面推进乡村振兴平稳过渡，重点解决相对贫困问题。

表 1 "十四五"规划建议出台后乡村振兴相关会议决策与政策		
发布时间	会议 / 政策	主要内容
2020 年 10 月 29 日	中共中央关于"十四五"规划的建议	实施乡村建设行动。完善乡村水、电、路、气、通信、广播电视、物流等基础设施，提升农房建设质量。因地制宜推进农村改厕、生活垃圾处理和污水治理
2020 年 12 月 16 日	中央经济工作会议	要充分挖掘国内市场潜力，以改善民生为导向扩大消费和有效投资。要把扩大消费同改善人民生活品质结合起来。要全面推进乡村振兴，推进农村改革和乡村建设
2020 年 12 月 21 日	全国住房城乡建设工作会议	实施乡村建设行动，提升乡村建设水平。推进以县城为重要载体的就地城镇化和以县域为单元的城乡统筹发展
2020 年 12 月 28 日	中央农村工作会议	坚持把解决好"三农"问题作为全党工作重中之重，举全党全社会之力推动乡村振兴。构建新发展格局，把战略基点放在扩大内需上，农村有巨大空间，可以大有作为。实施乡村建设行动，继续把公共基础设施建设的重点放在农村。接续推进农村人居环境整治提升行动，重点抓好改厕和污水、垃圾处理。要把县域作为城乡融合发展的重要切入点

续表

发布时间	会议/政策	主要内容
2020年12月29日	全国扶贫开发工作会议	抓好基础设施建设衔接，按照实施乡村建设行动统一部署，持续改善乡村道路、水利、电力、通信等生产生活条件和村容村貌。持续改善乡村义务教育办学条件和医疗卫生基础条件
2020年12月31日	全国财政工作会议	完善财政支农政策，支持全面推进乡村振兴。保障国家粮食安全，提高农业质量效益，支持巩固拓展脱贫攻坚成果同乡村振兴有效衔接
2021年1月4日	中国人民银行工作会议	引导金融机构加大对"三农"、科技创新、小微和民营企业等国民经济重点领域和薄弱环节的支持力度。做好脱贫攻坚与乡村振兴金融服务有效衔接
2021年1月4日	关于全面推进乡村振兴加快农业农村现代化的意见	对于发展不平衡不充分问题，农业农村短板弱项问题，城乡协调发展问题提出了解决方案；对于构建新发展格局，扩大农村需求，畅通城乡经济循环等方面提出了规划和远景前瞻
2021年3月12日	中华人民共和国国民经济和社会发展第十四个五年规划和2035年远景目标纲要	"提高农业质量效益和竞争力""实施乡村建设行动""健全城乡融合发展体制机制""实现巩固拓展脱贫攻坚成果同乡村振兴有效衔接"四大方向建设规划
2021年3月16日	关于深入扎实做好过渡期脱贫人口小额信贷工作的通知	切实满足脱贫人口小额信贷需求，支持脱贫人口发展生产、稳定脱贫
2021年3月22日	关于实现巩固拓展脱贫攻坚成果同乡村振兴有效衔接的意见	到2035年，脱贫地区经济实力显著增强，农村低收入人口生活水平显著提高，城乡差距进一步缩小，在促进全体人民共同富裕上取得更为明显的实质性进展

（二）乡村振兴资金倾斜

乡村振兴需要大量的资源尤其是资金的投入，从目前来看，市场主体对此缺乏足够的兴趣，这就需要政府所主导的财政和金融资源向农村地区倾斜。本质上要求国家在处理城乡关系时，从以前的"以乡补城"调整为"以城补乡"。目前所出台的乡村振兴相关法律和文件已做了相关部署，以《促进法》为例，第50条明确了国家建立健全农业支持保护体系和实施乡村振兴战略财政投入保障制度，县级以上人民政府应当优先保障用于乡村振兴的财政投入，确保投入力度不断增强、总量持续增加、与乡村振兴目标任务相适应。第 61 条明确了各级人民政府应当坚持取之于农、用之于农的原则，按照国家有关规定调整完善土地使用权出让收入使用范围，提高农业农村投入比例。第 62 条指出，国家支持以市场化方式设立乡村振兴基金，重点支持乡村产业发展和公共基础设施建设。第 64、65 和 66 条是关于金融支持乡村振兴的要求，一是健全多层次资本市场；二是建立健全多层次、广覆盖、可持续的农村金融服务体系，政策性金融机构、商业银行和农村中小金融机构的侧重点有所不同；三是建立健全多层次农业保险体系。

此外，金融证券行业也要将目光转向乡村振兴，多个银行和金融机构发行了乡村振兴债券、票据等，规定了募集资金使用途径及限制（见表 2），有效缓解了乡村振兴事业推进中的资金不足情况。

表 2　乡村振兴债券相关规定汇总

监管部门	债券品种	政策出台时间	募集资金用途	募集资金用途限制
银行间交易商协会	乡村振兴票据	2021 年 3 月 15 日	乡村振兴项目建设、偿还乡村振兴项目借款、补充乡村振兴项目营运资金	首期发行额度中募集资金拟用于乡村振兴用途的占比不低于 30%
证监会及交易所	乡村振兴转向公司债券	2021 年 7 月 13 日	优化农村就业结构、健全农村产业体系、完善农村基本设施情况等。发展脱贫地区特色产业、促进脱贫人口稳定就业、改善脱贫地区的基础设施条件	募集资金用于乡村振兴领域相关项目的乡村振兴公司债券，确定用于相关项目的金额应不低于募集资金总额的 70%
财政部	乡村振兴专项债	2018 年 8 月四川省试点	—	—
国家发改委	农村产业融合发展专项债券	2017 年 8 月 1 日	用于农村产业融合发展项目	在偿债保障措施完善的情况下，允许企业使用不超过 50% 的债券募集资金用于补充营运资金

2021 年上半年，乡村振兴类债券发行支数达 177 支，总规模达 7295.98 亿元，"三农"专项金融债相对成熟，其中中国农业发展银行发行乡村振兴相关政策银行债 5942.6 亿元，占同期乡村振兴债发行总规模的 81.45%，规模占比明显高于其他债券品种。[①]中国农业发展银行以国家信用为基础，以市场为依托，筹集支农资金，大力支持了"三农"事业的发展，是发挥国家战略支撑作用的农业政策性银行，其定位与乡村振兴战略高度相符。

（三）乡村振兴人才队伍建设

和脱贫攻坚相比，乡村振兴目标更多元化，对人才的要求也更高。《促进法》第三章"人才支撑"部分充分阐述了保障乡村人才振兴的重要性。国家层面主要着眼于健全乡村人才工作体制机制，各级政府则负责统筹农村教育和加强农村医疗人才队伍建设，培养农技、管理、法律以及社会工作等方面的专业人才，鼓励人才资源的城乡流动，健全区域、地校之间人才合作培养与交流机制。

2021 年 2 月，中共中央办公厅、国务院办公厅印发了《关于加快推进乡村人才振兴的意见》（以下简称《意见》），《意见》中明确了乡村振兴人才培养的五个方向：农业生产经营人才、二三产业发展人才、乡村公共服务人才、乡村治理人才、农业农村科技人才。在此基础上，各级政府根据本区域内实际情况制定了具有地方特色的乡村振兴人才激励措施，其中吉林省出台了《关于激发人才活力支持人才服务乡村振兴的政策措施》，该举措共包括四个方面 22 条具体措施，预计投入 2 亿元。[②]并根据本省实际创新推出了乡村人才系列职称评审政策和补贴发放政策、乡村振兴人才技能大赛补贴发放政策、村干部报酬晋升政策、农科生"订单式"培养政策等举措，力求让服务乡村振兴的人才得到切实的激励和帮助。这样具有地方特色的人才激励措施正在全国逐步开展。

---

① 《专题报告："十四五"时期乡村振兴债如何看？》，http://stock.finance.sina.com.cn/stock/go.php/vReport_Show/kind/lastest/rptid/680782312616/index.phtml。

② 吉林省人民政府，http://www.jl.gov.cn/zw/jd/xqtjx/202105/t20210511_8063083.html。

二 乡村产业发展和振兴

2020 年底召开的中央农村工作会议提出全面实施乡村振兴发展战略的七项任务，其中第一项任务就与产业振兴相关，提出要顺应产业发展规律，立足当地特色资源，推动乡村产业发展壮大。从当前乡村产业发展的整体来看，特别是就其中的农业及农业相关产业的发展看，乡村产业发展已整体进入由"基础农产品生产和供给主导，向既重视基础农产品生产和供给，又重视农业农村多功能性产业化和乡村价值深度开发"转化的新阶段。因此在当前谋划乡村产业发展时，要高度重视对乡村产业发展重要趋势和规律的尊重和运用。尽管乡村振兴的目标非常多元化，但农民收入提高和生活环境改善是基础，产业兴旺是农村经济内生性增长和居民收入持续提高的前提。目前，产业兴旺已经取得了一定的成效，主要体现在农村产业融合程度、绿色农业发展情况以及现代乡村产业体系建设等方面。

（一）农村产业融合程度持续加深

2020 年，我国在第一产业就业的人口约占总人口的 23.6%，而产值却仅占 GDP 的 7.7%，第一产业的生产效率相比于第二、第三产业显著偏低（见图1）。目前，中国已经过了单纯追求粮食增产、提高粮食自给率的阶段，产业兴旺的核心是要提高附加值率，而产业的融合发展是提升农业附加值率的有效途径，这里的融合不仅是指三次产业的融合发展，还代表了县域内城乡的融合发展。

在"三次产业融合发展"方面，主要通过延长产业链、提升价值链和完善利益链，让农民享受更多的产业增值收益。在实践中逐渐探索出了"订单收购＋分红""土地流转＋优先雇用＋社会保障""农民入股＋保底收益＋按股分红"等多种利益联结方式，农户可以分享加工、销售环节收益。我国的三次产业融合并不是最近才提出的，根据国家发改委农村经济司发布的《农村一二三产业融合发展年度报告（2017 年）》，在 2017 年我国就将农村三次

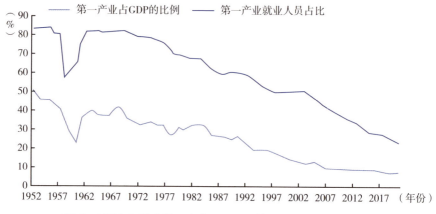

图1 1952年以来第一产业GDP及就业人员占比变化情况

资料来源：中国平安证券。

产业融合发展作为农业供给侧结构性改革的重要抓手，通过积极拓展筹资方式、增大培训力度、巩固用地保障、进行试点运行等方式，推动三次产业融合，并取得了一定的成果。2017年全国休闲农业和乡村旅游经营收入超过6200亿元，年接待游客22亿人次。同年，全国农村网络零售额达到12448.8亿元（见图2），同比增长39.1%；农村网点达到985.6万家，同比增长20.7%，带动就业人数超过2800万人。

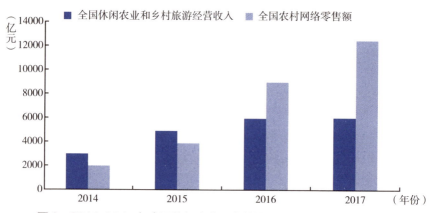

图2 2014~2017年全国休闲农业和乡村旅游经营收入及网络零售额

资料来源：国家发展和改革委员会。

从我国人多地少这一客观事实来看，乡村振兴与新型城镇化不仅不矛盾，而且是相得益彰、可以共同推进的两个行动。2021 年中央一号文件明确提出促进大中小城市和小城镇协调发展，把县域作为城乡融合发展的重要切入点。《促进法》第七章规定了"城乡融合"的核心内容，包括强化统筹谋划和顶层设计，破除城乡二元体制的弊端，加快铺平城乡双向流动的制度性道路，统筹县域空间布局，实现县乡村功能的衔接互补等。

产业融合发展和城乡融合发展也有"融合"之处：第一，立足农村优势资源，打造农业的全产业链，把主体部分留在县域。第二，针对县域布局特色农产品产地初加工和深加工，建设现代农业产业园及相关特色产业集群。以县域融合为重点的城乡融合具有三方面的优点：一是减缓农村人口空心化。第七次人口普查数据显示，2020 年中国人户分离人口达到 4.9 亿人，而在 2019 年的抽样调查结果中为 2.8 亿人，相对提高了 75%（见图 3），其中，以农村居民为主力军，大量农村人口在外工作、求学。县域内城乡融合水平提升后，将会创造更多的就业机遇。部分人群可以选择回到农村居住，在小城镇或县城工作，减缓农村地区老龄化进程、解决农村留守儿童等严峻问题。二是融合规模恰当，能够降低融合成本。以县域为单位推动城乡融合，规模适中，统筹规划和执行工作沟通成本较低，有利于城乡融合的可持续推进。三是中国城镇化进程中，县城相比小城镇有更集中的公共服务，县城房价相比地级市又更低，因而县城通常是农村人口进城的第一选择。县域内城乡融合有助于解决农村人口进城找不到工作、住房供应不足等问题。

（二）粮食自给率与良种覆盖率不断提高

世界银行数据显示，2018 年中国人均耕地面积 0.09 公顷，只有全球平均水平的一半。2020 年中国粮食产量为 6.70 亿吨，进口粮食 1.43 亿吨，出口粮食 354 万吨。如果用"粮食产量 /（粮食产量 + 粮食进口量 - 粮食出口量）"来衡量粮食自给率，那么 2020 年中国粮食自给率为 82.8%（见图 4），处于较高的水平。粮食事关国运民生，解决中国人民吃饭问题是治国安邦的首要任

图3 2010~2020 年中国人户分离调查

数据来源：国家统计局。

图4 2008~2020 年中国粮食产量与自给率

数据来源：国家统计局。

务，因此保障粮食安全有特殊的重要性，在逆全球化和贸易保护主义盛行的时候更是如此。

种子是农业现代化的基础工程，保障粮食安全需要打好种业翻身仗。近年来，农业种质资源的保护与开发、畜禽种质资源的研究采样是种业工作的重心。国家整体加强了作物、畜禽和海洋生物的种质资源库建设，并对育种基础性研究以及重点项目给予长期的资金与人才支持。此外，还支持相关的龙头企业育种体系商业化，对于重大品种研发与推广出台一定的补助政策。在多方努力之下，当前我国农作物良种覆盖率在 96% 以上，自主选育品种面积占比超过 95%，良种对粮食发展的贡献率为 45%，对畜牧业增产的贡献率也约为 40%。[①] 在全国约 7200 家持证种子企业中，国内企业达到 7185 家，年销售总额占种子市场销售额的 97% 左右。农作物种子年进口量仅占国内用种总量的 0.1%，并且以蔬菜种子为主，[②] 重要农作物和畜禽品种具备核心竞争力，如果出现极端断供情况，总体上不会出现"卡脖子"现象。

（三）绿色农业发展不断推进

农业的绿色转型发展源于人们在生活品质提高后对农产品质量有更高要求，符合发展环境友好型经济的总体态势。我国的绿色农业发展有几个重点方向，首先是降低农业环境污染。为实现该目标，我国持续推进化肥、农药等农业用品减量增效，推广绿色无污染的作物病虫害防治产品与技术，加强畜禽粪污二次利用，并全面实施秸秆综合利用和农膜、农药包装物回收行动，加强可降解农膜研发推广。经过多年的努力，我国农业生产中农药使用量呈现逐年下降的趋势（见图 5），农业生产中农用塑料薄膜使用量在 2016 年之后也逐年下降（见图 6），绿色农业推进成效显著。其次，加强农产品质量把关和食品安全监管。发展绿色农产品、有机农产品和地理标志农产品，试行了食用农产品达标合格证制度。除此之外，还逐步推进荒漠化、石漠化、坡耕地水土流失综合治理和土壤污染防治、重点区域地下水保护与超采治理。

（四）现代乡村产业体系稳步构建

除了通过绿色转型等方式提高自身产品的附加值外，第一产业还需要和

---

① 《科技日报》，http://digitalpaper.stdaily.com/http_www.kjrb.com/kjrb/html/2021-01/13/content_461068. htm?div=-1。

② 中华人民共和国商务部，http://www.mofcom.gov.cn/article/i/jyjl/j/202101/20210103031795. shtml。

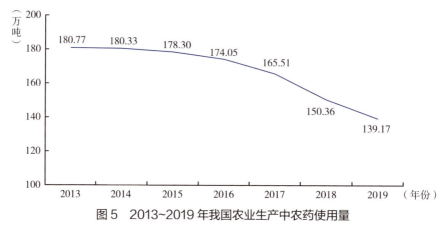

图5   2013~2019年我国农业生产中农药使用量

数据来源：国家统计局。

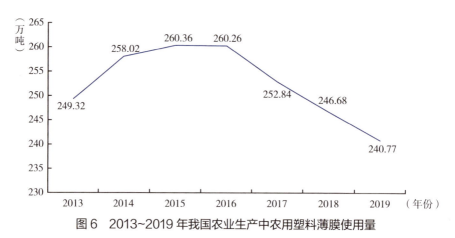

图6   2013~2019年我国农业生产中农用塑料薄膜使用量

数据来源：国家统计局。

第二、第三产业融合，构建现代化的乡村产业体系。但由于农业的生产效率较低，因此在与附加值较高的工业服务业融合时，需不断摸索、稳步前进。2021年中央一号文件非常重视这一点，强调要推进农村三次产业融合发展示范园和科技示范园区建设，把农业现代化示范区作为推进农业现代化的重要抓手，围绕提高农业产业体系、生产体系、经营体系现代化水平，建立指标体系，加强资源整合、政策集成，以县（市、区）为单位开展创建，到2025

年创建 500 个左右示范区，形成梯次推进农业现代化的格局。此外，"一村一品""一县一业"对于构建现代乡村产业体系具有重要意义。2005 年 11 月，农业部开始推动"一村一品"工作，2011 年起每年公布一批全国"一村一品"示范村镇名单，截至 2020 年已推介认定 3274 个"一村一品"示范村镇。从历年公布的示范名单看，这些示范村具有明显的特征：一是规模稳步增长，截至 2020 年，试点单位中销售量超过亿元的村约有 136 个，超过 10 亿元的镇约有 91 个。二是参与主体不断增多，相关产业的龙头企业、合作社、家庭农场等经营主体共 7.4 万家。三是业态类型丰富，超过 50% 的单位延长了深加工链条、建立了相关的线下批发市场与线上电商交易平台。四是品牌效益明显，注册商标共达 1.46 万个 。五是农户收入增多，参与"一村一品"行动的农户超过 400 万户，人均可支配收入达 1.9 万元。[①] 地方政府应在推动"一村一品"中扮演重要角色，一方面要提供人才培育、市场建设和资金帮扶等服务；另一方面则需协调、规划、组织不同的特色产品生产，避免出现农产品产能过剩的局面。

三　持续推进生态宜居的美丽乡村建设

生态宜居主要包含两方面的含义，一是居民生活环境得到改善，二是基础设施逐步齐全。生态宜居是实施乡村振兴战略的关键环节，是提高广大农村居民生态福祉的重要基础和保障，因此在建设中需要遵循人与自然和谐发展规律，从居民的生活环境建设入手，以优美环境带动乡村其他领域共同发展，实现农业农村现代化。从目前来看，我国的农村人居环境有了持续改善，农村的基础设施也在不断完善中。

（一）农村人居环境持续改善

2018 年 2 月，中共中央办公厅、国务院办公厅印发《农村人居环境整治

---

① 中华人民共和国中央人民政府，http://www.gov.cn/xinwen/2020-12/05/content_5567139.htm。

三年行动方案》，部署了 2018~2020 年三年内的农村环境整治目标。农业农村部数据显示，乡村振兴战略实施以来，我国农村厕所革命深入推进，取得有效成果。截至 2020 年底，全国农村卫生厕所普及率达 68% 以上，2018 年以来每年提高约 5 个百分点，累计改造农村户厕 4000 多万户。[①] 在国家政策的大力支持下，我国农村污水处理厂数量也快速增长，污水处理能力稳步提升，建制镇及乡污水处理厂数量由 2015 年的 3437 座增长至 2019 年的 12480 座，增长近 3 倍。2020 年，我国农村污水处理工程持续推进，初步估计，截至 2020 年底，我国建制镇及乡污水处理厂数量分别达到了 11970 座和 1952 座（见图 7）；我国建制镇及乡污水日处理能力分别达到了 2753 万立方米和 115 万立方米（见图 8）。此外，全国农村地区对污水进行处理的建制镇及乡数量不断增加。截至 2020 年底，全国对污水进行处理的建制镇及乡的数量分别为 11970 个和 3253 个。[②]2021 年发布的中央一号文件对农村人居环境提出了新的要求，启动了农村人居环境整治提升的五年计划，涉及生活污水和生活垃圾处理等多个方面。

图 7　2015~2020 年乡（镇）污水处理厂数量

数据来源：国家统计局。

---

① 中华人民共和国农业农村部，http://www.moa.gov.cn/ztzl/ymksn/rmrbbd/202109/t20210927_6378353.htm。

② 前瞻产业研究院：《预见 2021：〈2021 年中国农村污水处理行业全景图谱〉》。

图 8　2015~2020 年乡（镇）污水日处理量

数据来源：国家统计局。

村容村貌是提升农村人居环境任务的关键点之一。2021 年全国要基本完成县级国土空间规划编制，坚持从实际出发，合理规划、全面布局、明确村庄分类。在规划编制的行动中，多地按照整村推进的要求，将农村建设相关的设施、项目进行统筹安排，注重编制村庄规划要立足现有基础，保留乡村特色风貌，不搞大拆大建，并根据农村城镇化进程的步伐逐步探索，做到乡村建设为了人民。

（二）农村基础设施不断完善

农村基础设施不断完善首先体现在道路工程方面。2019 年全国公共财政支出中，用于农村道路建设的资金规模为 218.9 亿元（见图 9）。截至 2019 年，我国就已经实现具备条件的乡镇和建制村 100% 通硬化路。2021 年的中央一号文件中对建设乡村道路又做了很多部署。在资金来源方面，建立国家和省级政府的财政框架，中央与地方政府共同筹款，实现多渠道的投资机制，加大农村道路发展力度，把公共基础设施建设的重心放在农村地区。资金投向方面，畅通农村道路，有序实现道路硬化工作，打通农村路，为资源进村、产业进村打下坚实的基础。

其次是农村供水保障工程。2019 年全国集中供水的行政村比例为

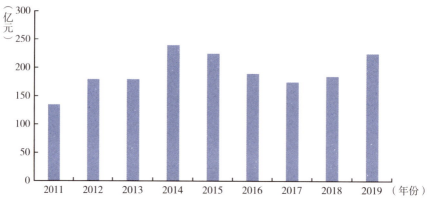

图 9　2011~2019 年全国公共财政用于农村道路建设的资金规模

数据来源：中国平安证券。

78.3%。全国省级以上水利部门在用的各类信息采集点达 43.57 万处。[①]
2021 年中央一号文件提出，到 2025 年农村自来水普及率要达到 88%。为
此，我国严格要求各流域管理机构及相关水行政主管部门加强对饮用水源的
检测，加强稳定水源工程建设与保护，实施规模化供水工程建设和小型工程
标准化改造，对于条件较好的地区持续推进城乡供水一体化，对于供水薄弱
地区加强常态化排查监测，综合采用工程措施与管理手段，保障农村用水
安全。

再次是能源清洁转型。在农村能源工作方面，国家实施了"乡村清洁能
源建设工程"，加强农村电网建设行动，提升农村电力保障水平，推进燃气进
入农村生活，建设安全清洁的乡村储气罐站和微管网供气系统，以发展生物
质能为基础，建设分散式新能源体系。农村能源体系的建设要以农民满意为
准绳，符合农村实际需要。

最后，数字乡村建设发展工程成效明显。农村水利网信水平明显提
升，全国共有 32 个省级水利部门、341 个地市级水利部门、2540 个区县
级水利部门和 15427 个乡镇接入了视频会议系统，地市级单位接入率为

---

①　中国财经报网，http://www.cfen.com.cn/dzb/dzb/page_6/202107/t20210706_3731295.html。

99.71%。[1] 中央财政和基础电信企业投资累计超过 500 亿元，支持全国 13 万个行政村光纤建设以及 3.6 万个基站建设。截至目前，全国行政村通宽带比例达到 98%，农村互联网应用快速发展。截至 2020 年 9 月，农民接入宽带的用户数接近 1.39 亿户，比上年末净增 396 万户（见图 10），比上年同期增长 8%。除此之外，乡村广播电视网络基本实现全覆盖，截至 2019 年底，农村广播节目综合人口覆盖率 98.84%，农村电视节目综合人口覆盖率 99.19%。[2]

图 10　2015 年以来农村宽带用户及占比

数据来源：农业农村部。

2020 年，国家邮政局着力巩固村村直接通邮成果，积极推动快递进村工程。组织河北、内蒙古、黑龙江、江苏、安徽、青海 6 个省（区）和太原、吉林、济宁等 15 个市（州）开展"快递进村"全国试点。鼓励各地充分发挥市场对资源配置的主导作用，加快利用社会资源推动农村末端服务网络建设，因地制宜推广驻村设点、快快合作、快邮合作、快交合作、快商合作等模式，实现快递服务进村。截至 2020 年上半年，全国乡镇快递未覆盖的网点仅占 3%。

---

[1] 《中国数字乡村发展报告（2020 年）》，http://www.gov.cn/xinwen/2020-11/28/content_5565616.htm。

[2] 《中国数字乡村发展报告（2020 年）》，http://www.gov.cn/xinwen/2020-11/28/content_5565616.htm。

同时，邮政支持的电商服务站也迈上了新的台阶，全国累计建设邮乐购电商服务站点 53.8 万个，其中设在建制村的邮乐购站点达 31 万个。据初步统计，设有邮政电商服务站点的建制村达到 24.5 万个，覆盖率约为 44.8%。[①] 乡村无人机投递示范区建设广泛开展。推动智能信包箱、无人机相关标准研究制定工作，积极支持有条件的乡村布局建设无人机起降场地，打造无人机农村投递示范区。如中国邮政在浙江安吉等地用无人机替代邮车进行报纸、信件、小包的派送；顺丰在江西赣州、四川甘孜州等地开展无人机配送服务；京东在陕西西安、江苏宿迁等地开通多条无人机配送路线，实现常态化运营。乡村智慧物流基础设施日益完善，配送体系日趋成熟。

四 农村民生持续改善

（一）农村居民收入水平不断提升

从图 11 可以看出，城乡居民人均可支配收入都呈现逐渐增长的趋势，且农村居民人均可支配收入增长率一直高于城镇居民人均可支配收入增长率，这说明城乡之间的收入差距逐渐缩小。从城乡居民家庭恩格尔系数来看，2019 年之前，城乡居民恩格尔系数呈现逐步下降的趋势（见图 12），说明农村居民的生活水平是不断提升的。2019~2020 年恩格尔系数的上升与新冠肺炎疫情的突发相关，属于突发情况，但是也可以看出，城乡居民的恩格尔系数还处于不稳定的状态，一场突如其来的事件就可能引起居民恩格尔系数的巨大浮动。

（二）农村基本公共服务水平稳步提升

农村基本公共服务是在国家经济社会发展水平基础上，为维持公民基本的生存与发展、实现公民全面发展所需要具备的基本条件。其不仅包含水、路、电等基础设施，还包括养老、医疗、教育等基本保障。中国城乡收入差

---

① 《中国数字乡村发展报告（2020 年）》，http://www.gov.cn/xinwen/2020-11/28/content_5565616. htm。

图 11　2016~2020 年城乡居民人均可支配收入及增长率

数据来源：国家统计局。

图 12　2016~2020 年我国城乡居民家庭恩格尔系数

数据来源：国家统计局。

距客观存在，基本公共服务均等化有助于缩小城乡居民的生活水平差距。

在医疗方面，2003~2019 年，农村每万人拥有卫生技术人员数从 23 人增加到 50 人（见图 13），单就增速来说明显高于城市地区。2015 年，我国农村医疗卫生机构床位数 359.70 万张，2019 年增至 445.54 万张，增加 85.84 万张。

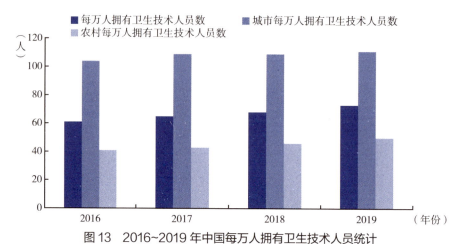

图13　2016~2019年中国每万人拥有卫生技术人员统计

数据来源：国家统计局。

农村每万人医疗机构床位数、每万农业人口乡镇卫生院床位数都呈现稳步增加的趋势（见图14），是乡村医疗卫生基础设施不断完善的有力证明。除此之外，健康乡村医疗服务体系不断健全，乡镇卫生院以及村级卫生室的建设标准和健康管理水平稳步提升，传染病等防治能力也在不断提高。我国要继

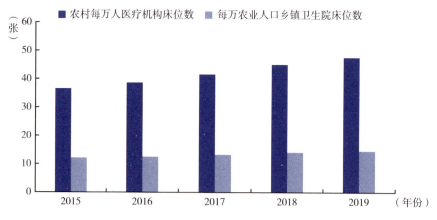

图14　2015~2019年农村医疗卫生机构床位数明细

数据来源：国家统计局。

续加强县级医院建设，持续提升县级疾控机构应对重大疫情及突发公共卫生事件能力；加强县域紧密型医共体建设，鼓励县级医院与乡镇卫生院联合共建，设立对口帮扶；完善相关人才政策，增强基层医务人员的待遇保障，加强乡村医疗体系人才建设；完善统一的城乡居民基本医疗保险制度，合理设置政府补助与个人缴费标准比例，健全重大疾病医疗保险和救助制度。

在教育方面，我国坚持教育优先，将促进城乡教育公平作为重要任务。为了提升农村教育质量、缩小城乡差距，要多渠道增加农村普惠性学前教育资源供给，办好必要的农村小规模学校，推动县域内教育资源轮流轮岗，完善乡村中小学教师队伍建设，支持城乡学校共同体发展。

在养老方面，落实城乡居民基本养老保险待遇确定和正常调整机制。健全县、乡、村衔接的三级养老服务网络，鼓励卫生院与村级养老院、幸福院、照料中心等养老服务设施共建，发展医养结合机构。在国家层面，开展了全国养老服务质量建设专项行动，重点推进养老服务领域的"放管服"改革，对养老机构建设的用地、税收等方面给予一定支持，同时鼓励社会力量也参与到养老服务中。

加强对留守儿童与留守妇女的关注。在县一级重点推进针对未成年人的保护设施建设，开展了"合力监护、相伴成长"等专项行动，截至目前，全国共有 5.6 万名乡镇（街道）儿童督导员、67.5 万名村（居）儿童主任，这支队伍的建设已然成为关爱未成年人尤其是农村留守儿童和困境儿童的坚强力量。①

在基层社会组织方面，到目前为止，我国已建成 6000 多个社工站，有近 160 万名专业社工人才以镇街为基点、深入农村基层，为困难群众提供政策落实、心理疏导、能力提升、社会融入等专业服务，增强了基层民生保障力量。与此同时，我国已建立起拥有 2 亿名志愿者、98 万个志愿服务团队的志愿服务队伍，他们在城乡社区服务、救灾、助残等民生领域不断发光发热。目前，我国城市社区综合服务设施已实现全覆盖，农村社区覆盖率超过 65%。不仅

---

① 求是网，http://www.qstheory.cn/dukan/qs/2021-10/01/c_1127915510.htm。

如此，社区还将"互联网 + 社区政务""互联网 + 社区商务"等创新形式引进社区服务内容，提升了城乡社区服务能力和服务品质。

五 乡村文化繁荣发展

乡村文化既涵盖精神方面，亦有物质内容。其具体载体包括乡风民俗、村规民约、民间信仰、民间曲艺、民间手工艺、乡土建筑等。乡村文化自信正在转型中重建，逐渐繁荣起来。在《乡村振兴战略规划（2018—2022 年）》（以下简称《规划》）中，国家从加强农村思想道德建设、保护及利用传统文化、丰富乡村文化生活等三个大的方面对乡村文化的发展做出了规划。在实践中，乡村文化的发展呈现农村思想文化阵地得到巩固、乡村文化产业蓬勃发展、乡村文化活动不断丰富等特点。

（一）农村思想文化阵地得到巩固

乡村振兴需要移风易俗、树立文明风尚。古人云："蓬生麻中，不扶而直。"在良好文化的熏陶下，即使是落后分子也会在不知不觉中受到影响、发生改变。对于当前农村地区存在的各种不良风气和陈规陋俗，如婚丧嫁娶大操大办、人情往来负担沉重、封建迷信活动有所反弹、流行打牌搓麻将等活动，各地大力推进农村文化建设，倡导文明理念和现代生活方式，摒弃传统陋习，自觉抵制腐朽落后的文化侵蚀，为乡村振兴营造良好的人文环境。在此基础上，不少地区通过举办座谈会、村里广播大喇叭等多种形式，宣讲党的方针政策，培养村民知法守法、勤劳善良、孝敬老人、文明出行、邻里互助，逐步形成和谐融洽的村民关系、绿化整洁的村容、安定有序的村貌、生态宜居的新农村，让广大农民有更多的归属感、获得感，加强了农村群众基本道德教育，营造出"风清气正"的氛围。

（二）文化产业发展助力乡村振兴

乡村振兴需要发展文化产业。农村是乡土文化和农耕文化的发源地，拥有发展特色文化产业的丰富资源。多彩的非遗技艺、古朴的古村古镇、独特的民俗风情、优美的自然景观……都是文化产业的要素，经过产业化开发就可以成为致富之源。位于四川省成都市附近的明月村现在每到周末和节假日就会游客云集、热闹非凡，因为这里拥有数十座风格各异的非遗工作坊，聚集着上百位来自全国乃至海外的艺术家，成为远近闻名的非遗村、文化村。通过开展乡村旅游，明月村迅速脱贫，不但村民家家住上小洋楼，村容村貌也大为改变，绿水青山、翠竹鲜花，处处透露着优雅整洁，让明月村赏心悦目，成为度假胜地。

旅游是文化的载体，文化是旅游的灵魂。多地的乡村旅游产业在发展过程中注重以农为本、以乡为魂，突出乡村旅游的乡土性、特色性，融入当地历史文化元素，打造具有地方特色的菜品、住宿、娱乐等，不仅开发出一系列文化产品，吸引了更多的游客，还打造出具有地方特色的旅游文化产业。文化产业与乡村旅游的融合发展，促使乡村旅游从最早的"吃农家饭、住农家院"发展到现在的现代农业、休闲农场、乡村酒店、主题民宿、艺术空间、乡村营地、农业庄园、乡土博物馆、农耕文化体验中心等全方位立体形态，形成了极为丰富和多层次的产业业态、组织形态、生活状态和社会生态。各种形态、各种样式、各种档次、各种风格的乡村旅游已然成为促进乡村发展、实现乡村振兴的一种重要方式。

（三）乡村文化活动不断丰富

不断丰富的乡村文化生活，不仅增强了乡村集体的凝聚力和向心力，还增强了乡村集体的认同感，让广大农民都能够参与具有乡土特色的文化娱乐活动，如利用晚上、传统节日、农闲季节开展政策宣传、各种文艺演出、扭秧歌、旗袍走秀、科技培训、读书交流等文娱活动。通过举办主题演讲比赛、知识竞赛等活动，唱响主旋律、传递正能量。吸引村民参与到乡村文化建设之中，建立农村文化自信，找到文化归属感。

乡村是我国农耕文明的发源地和重要载体，有乡村生产、生活方式的长期积淀。我国幅员辽阔、民族众多，造就了丰富多元的乡村文化，当下我国文化建设取得了不错的成效。乡镇文化站从业人员数量稳中有进（见图15），反映出基层对乡村文化的重视。但基层单位特别是乡村文化发展相对滞后、日渐衰落，农民的文化权益得不到满足，乡村文化繁荣依然迫在眉睫。乡村文化建设是乡村振兴战略的重要组成部分，实施乡村文化振兴，需要不同主体参与到乡村建设中，重塑乡村精神文化空间，促进农村文化繁荣，保障农民日益增长的精神文化需要。

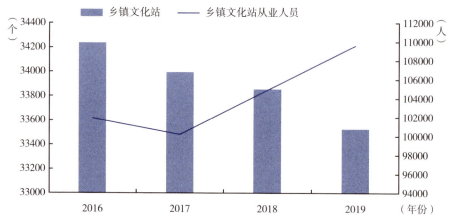

图15　2016~2019年乡镇文化站与乡镇文化站从业人员数量

数据来源：国家统计局。

六　持续构建现代乡村治理体系

乡村治理是乡村振兴战略的根基，是国家治理体系和治理能力现代化的重要组成部分。十九大提出的乡村振兴战略强调了要健全"自治、法治、德治"三治结合的乡村治理体系，推动政府、社会组织、农民等多个主体发挥治理功能，激发乡村活力。2020年12月11日，中央农办、农业农村部在江苏省南通市海门区召开全国乡村治理体系建设推进会，交流乡村治理试点示范工作情况。试点工作启动一年来，各地将试点示范工作作为乡村治理的重要抓手，在乡村治理的重要领域和关键环节，形成了一批可复制、可推广的好经验好做法，充分发挥了乡村治理"试验田"的作用，为走中国特色社会主义乡村善治之路探索了新路子、创造了新模式。

（一）加强基层党组织建设，健全乡村基层组织体系

乡村基层党组织是乡村治理体系的核心。只有坚持党的领导核心地位，乡村治理才会有坚实的领导力量。要构建乡村治理体系，必须根据时代需要，加强基层党组织建设，不断完善基层组织建设体系。首先要充分发挥基层党组织总揽全局、协调各方的作用，切实发挥基层党组织的战斗堡垒作用，发挥基层党员的先锋模范作用，使其更具行动能力、组织能力与战斗能力。其次，加强农村党员干部教育管理。利用教育网络终端，开展教育培训工作，提升基层党员的工作能力与活力，提高党员队伍整体素质。最后，推进乡村基层组织治理方式创新。通过国家与社会、农民的合作共治，最终实现乡村善治的目标。

（二）整合乡村治理资源，强化村民自治管理体系

村民自治是中国特色社会主义制度的重要内容，村民是乡村治理体系的主体。在新时代构建乡村治理体系，关键在于乡村治理资源的整合，搭建相关平台，强化村民自治体系，进一步提升农民群众自我管理、自我服务水平，推进民主选举、民主决策、民主管理、民主监督。农村基层自治组织充分发挥农村基层党组织的领导核心作用，推进村务公开，发挥各类人才在乡村治理中的作用。针对乡村社区公共事务，在自上而下大力推动的同时，提供渠道让农民参与表达意见、决策和监督，充分尊重农民意愿，让村民感受到自己的主人翁地位。村民参与社区工作，也包括规范村民委员会等自治组织的选举、决策、议事、监督制度，村民参与制定自治章程、村规民约等基本规则制度建设。

积分制是村民自治实践中的创新形式，各地对积分制的探索形式多样、亮点纷呈。在宁夏固原，以各行政村家庭为单元，将脱贫攻坚、移风易俗等

十二大类 51 项内容，按基础积分、民主积分、贡献积分 3 个层面进行量化赋分，村民持卡按 1 分兑换 1 元标准，在爱心超市选购生活用品；在湖南津市，51 个村社里建起"绿色银行"，对垃圾分类量化积分，为每个农户发放"绿色存折"，推动农村垃圾分类处理率达到 100%。

（三）加强依法治理，提升乡村治理法治化水平

法治是健全乡村治理体系的保证，法治的保障作用是不可或缺的，乡村治理体系的运行情况很大程度上取决于乡村社会治理法治化程度。目前，我国乡村治理基本做到了有法可依，主要体现在以下三点。第一，提升基层政府依法行政水平。严格对相关干部进行依法行政能力培训，依托各类资源，系统学习相关理论。加强对乡村基层政府和基层干部的法律约束，让其感受行政中的法律力量、自觉维护法律尊严，依法依规行使职权、处理事务。第二，加大农村普法力度，引导农民自觉守法用法，积极营造良好法治环境。针对农村群众的知识水平与学习方式，不少地区创造了新的乡村法治教育工作方式，开展专题培训，鼓励村民积极参与法治实践活动，潜移默化形成信法守法的好习惯。第三，不断完善乡村法律服务体系。组建相关的农村法律志愿者队伍，加强农村法律援助，大幅度降低农村群众用法成本，引导群众以法律的手段争取自身权益，解决矛盾纠纷。引导广大农民群众自觉守法用法，用法律维护自身权益。建立基本公共法律服务体系，为农民群众提供优质高效的法律服务，让农村知法懂法用法，让法治建设为乡村振兴创造和谐的社会环境。

（四）整合社会价值，推进乡村德治建设

德治是健全乡村社会治理体系的重要支撑。乡村是人情社会、熟人社会，而人情与道德、习俗等相连，善加利用引导便可形成与法治相辅相成的德治。一方面，培育和践行社会主义核心价值观，将其融入农村道德教育的全过程。进入新时代，塑造乡村德治秩序，必须要培育弘扬社会主义核心价值观，形成新的社会道德标准，把核心价值观写入村规民约，开展涵养社会主义核心

价值观的实践活动，整合社会价值，让农民用自己的价值规范进行自我约束。坚持教育引导与文化涵养相结合，使社会主义核心价值观融入农民的生产生活和精神世界。另一方面，完善道德激励约束，形成良好的社会局面。坚持正确的价值取向和舆论导向，开展各种模范的评选活动，用榜样的力量带动村民奋发向上，强化农民群众的集体意识、社会责任感以及主人翁精神。在文化公园、文化礼堂等阵地，设立道德讲堂，引导农民讲道德、守道德。建立道德激励机制，开展"道德模范""文明家庭"等评选活动，形成正确的价值导向，鼓励宣传好人好事，发挥榜样示范带动作用，促进农村社会和谐稳定，涵养争当榜样、超越榜样的文明乡风，用美德的感召带动村民和睦相处，在全社会形成见贤思齐的良好氛围。

七 乡村振兴工作面临的挑战及政策建议

（一）乡村振兴工作面临的挑战

1. 资金投入不足，各地乡村振兴发展不均衡

目前各地乡村振兴推进的过程中普遍存在资金不足、使用不科学的现象，也导致各地的乡村振兴发展不平衡。首要原因是村庄资金来源渠道有限，村庄层面获取资金的渠道主要有三种：一是上级政府下拨的专项补助资金或者各类奖补资金，对于大多数村庄来说，这是可以获得的用于推进乡村振兴工作的主要资金来源；二是村集体资产获得的收入，但是由于村庄之间发展水平不尽相同，许多村庄集体资产收入为零，甚至有的村庄负债，并不能为乡村振兴推进工作提供资金支持；三是村干部自主筹集资金，但是由于能力差异的问题，这部分所得资金也十分有限。其次是资金使用无规划、不科学，造成大量资金浪费现象，有的村庄将主要资金用于打造村庄的面子工程，对于关乎村民生活的公共基础设施忽视不管，甚至形成了外在光鲜、内在破败的村庄景象，造成了资金浪费。最后是各地乡村振兴工作推进程度不平衡，有的早早完成了村庄产业结构的调整，兴办起村庄实业经济，为农民拓宽了就业途径，但是有的村庄还停留在以传统农业项目为主的发展阶段，村民在

村内不能获得就业机会，只能继续通过外出打工的方式获得收入。

2. 村庄人才缺乏，发展内生动力不足

一方面，改革开放后，我国逐渐进入了劳动人口大流动时代，农村中大批青壮年劳动力进入城市，留在农村的主要为妇女、老人、儿童等弱劳力，乡村建设主力严重流失，农业产业中缺乏有知识、懂技术、会管理经营的专业人才，因此也造成了先进的农业生产技术推广困难，产业推广和创新能力低。另一方面，村庄中的产业和发展水平的提升在前期需要投入大量的资源和精力，但是有些村庄受制于地理位置与有限的可利用资源，已有的产业基础薄弱，同时也无人主动作为，积极发展村庄产业，因此无法吸引外出的年轻人向乡村回流，乡村对于年轻人的吸引力有限，乡村振兴缺乏发展的内生动力。

3. 农村产业发展规划不足，发展速度慢质量低

产业作为带动农民增收致富的重要方式，应该在建立之初进行合理规划，但是近年来，多地在推进乡村振兴过程中急于上马各种项目，对产业的发展缺乏长远规划、缺乏对市场规律的正确把握，而且经营者自身缺乏现代市场知识，导致部分产业项目生产出来的产品出现质量较低、销售困难等情况，部分以此为主业的农民收入下降甚至负债。而且由于资金有限，有的村庄建立的产业处于产业链的最低端，规模较小，产业技术含量和附加值较低，发展缓慢，能够提供的工作岗位也不能满足村民的就业需求。

4. 民生保障水平较低，与人民群众的需求不匹配

随着农村居民收入水平的提升，其生活需求也越来越趋向于多样化，但是目前农村各项民生保障还处于较低水平，并不能满足农民的生活需求。首先是农村居民的富裕程度还不高，基本只达到了小康水平，还有很大的提升空间。其次，大量留守儿童的存在使得农村教育需要肩负更大的职责，也加重了农村教育的负担。然后是农村医疗保障水平不足，虽然农民都有了合作医疗、大病保险等医疗保障项目，但是在看病中出现的检验费、化验费等检查费用对农民来说依旧是一笔不小的负担。最后，农村基础设施建设存在短板。有的村庄文化设施建设不足，无法为农民提供服务，乡村小学设施陈旧

无钱翻新，乡村卫生室条件差，医疗水平低，道路损坏无人过问等现象长期存在，与农民对美好生活的需求相去甚远。

5. 乡村治理能力不足，基层工作薄弱

乡村治理能力是体现乡村振兴发展水平的重要方面，也是保证乡村振兴工作推进的基础。但是在实际发展过程中可以发现，有的村庄的党组织和村"两委"并未在乡村治理中发挥应有的作用。部分村庄存在党建工作与村级事务的管理职责不明、分工混乱等现象，未能充分发挥党员的"领头雁"作用。部分村"两委"班子成员由于政治素养不高、管理知识缺乏，在乡村治理工作中用人唯亲不唯贤，不听取群众意见，甚至与群众的核心利益相背离，组织原则脱离群众，导致其在群众中难以树立起威信，也就难以建立村庄的良性治理体系。还有部分村庄中的村"两委"成员出现"微腐败"现象，对村庄的发展不仅未能起到促进作用，反而起到了阻碍作用，此类现象的长期存在对于构建治理有效的乡村社会是一种不小的挑战。

（二）更好推进乡村振兴战略实施的建议

1. 拓展资金来源渠道，加大乡村振兴资金支持力度

一方面，国家要加大对乡村振兴推进工作的财政支持力度，保障乡村振兴各项工作的顺利推进，同时要积极引导金融部门参与到支持"三农"项目的贷款扶持中，拓宽村级组织的资金来源。另一方面，村"两委"要主动作为，做好资金使用规划工作，将每一分政策资金用到最适合的项目中，同时还要积极争取各种社会帮扶资金，发挥村庄中能人的作用，努力获取外部帮助。村集体还要将争取外部帮扶力量与充分激活本村各种资源相结合，发展壮大村集体产业和改革集体资产分配两手同时抓，在做大蛋糕的同时把蛋糕分好，切实提升农民收入水平。

2. 加大新型职业农民培育力度，为乡村振兴提供人才支持

人才是乡村振兴工作推进的重要内生动力，而且在现代农业的要求下，需要新型职业农民的加入，基于乡村中新型职业农民数量不足的现状，政府要加大对新型职业农民的培育力度，将有文化、懂技术、会经营，同时具有

高度的社会责任感和现代观念作为培育新型职业农民的重要内容，提升农业产业中劳动者的素质水平，不断壮大农村人才队伍。同时，村庄应该搭建志愿服务平台，为大学生、志愿者服务乡村提供渠道，吸引"懂农业、爱农村、爱农民"的人才服务乡村。政府还应该出台相关政策，为乡村人才创业创新提供资金支持，让更多的人才愿意留在乡村、服务乡村。

3. 聚焦乡村产业兴旺，提升产业发展质量

产业兴旺是乡村振兴的重中之重，是乡村振兴的基础。在发展乡村产业时要注重三个方面，首先要对落地产业进行精心选择，要从本村的实际出发挑选符合本村资源禀赋、人口特点的产业形式，力求落地产业能够惠及村庄中尽可能多的群众。其次，要对本村区域内的产业发展进行片区规划，优化产业发展结构，注重产业的规模效益。同时还要注重产业链的延长，发展生态高效的现代农业产业，将种植、加工和旅游相互结合，走一二三产业相互融合的发展道路。最后，要主动利用信息技术，引进电商、互联网、大数据等资源，创新农业产业发展方式，让信息技术、科技和管理为"三农"发展助力。

4. 逐步提升民生保障水平，更好地呼应群众所需

民生保障水平的提升应该从多个方面入手，首先要提升农民收入水平，只有村民的收入增加了，才更有积极性投入村庄建设。因此要积极创建农民就业平台，拓展多种增收渠道，鼓励农民创新创业，实现农村剩余劳动力的就地转移，让乡村能够留得住人。除此之外还要加强农村教育，特别是偏远地区的乡村教育，提高乡村教师待遇，缓解城乡教育发展不均衡问题。其次要着力提升乡村基础设施建设水平，加快完善村庄中道路、水电气、网络、物流等基础设施，提升群众生活质量。最后要完善社会保障兜底政策，让村庄中的留守儿童、老人、残疾人等弱势群体都能享受到国家的关爱。

5. 提升乡村治理能力，完善乡村治理机制

要强化县乡两级政府的领导作用，抓好基层党建工作，建设好基层战斗堡垒。乡村治理水平的提升还体现在村"两委"干部的治理能力提升上，因此要加强对村干部政治素质、知识水平、管理方式等综合素质的培养，要让

村干部认识到，除了自身素质的提升之外，更要贴近群众、心系群众，想群众所想、急群众所急，铭记治理为了群众，治理依靠群众，重点提拔培养政治思想觉悟高、有知识有能力的年轻干部。在村庄事务的管理方面，不断推动管理的制度化、民主化、规范化运行，建设高效透明的村级事务管理体系，提升村级事务服务水平，切实方便群众办事。同时，要不断完善村民自治制度，加强乡村法治、德治和文化建设，拓展群众参与村庄事务的渠道，建设有内生动力的村庄自治机制。

附　录
Appendix

B.19
中国社会发展统计概览（2021）

邹宇春　李建栋[*]

一　经济发展

2020 年全年国内生产总值（GDP）为 101.6 万亿元，较 2019 年的 98.6 万亿元，名义增长 3.0%[①]。中国继续保持世界第二大经济体的地位。人均 GDP接近 7.2 万元，较 2019 年的 7.0 万元，增长 2.4%。特别地，2020 年中国全面建成小康社会，困扰中华民族几千年的绝对贫困问题得到历史性解决。

对国内生产总值进行产业分解，第一产业增加值 7.8 万亿元（占国内生

---

[*]　邹宇春，中国社会科学院社会学研究所副研究员，中国社会科学院国情调查与大数据研究中心特邀研究员；李建栋，中央财经大学文化与传媒学院助理教授。

[①]　按照我国国内生产总值（GDP）数据修订制度和国际通行做法，本文 2019 年 GDP、人均GDP 数据等皆为修订后的数据。

产总值的比重为 7.7%），增长 10.3%；第二产业增加值 38.4 万亿元（比重为 37.8%），增长 0.9%；第三产业增加值 55.4 万亿元（比重为 54.5%），增长 3.5%。

若以可比价格计算（以 2019 年为基准），2020 年 GDP 增速为 2.3%；相应地，三次产业的增长率分别为 3.0%、2.6% 和 2.1%；对生产总值增速的贡献，第一产业、第二产业和第三产业分别是 0.2%、0.9% 和 1.3%。

对国内生产总值进行成分分析，全年最终消费支出对国内生产总值增长的贡献率为 54.3%，资本形成总额贡献率为 43.1%，货物和服务净出口贡献率为 2.6%。最终消费支出贡献率较上年（55.8%）有所下降，资本形成总额贡献率与上年持平，出口贡献率略有增加（上年是 1.2%）。

2020 年是特殊的一年，中国是国际上唯一保持正增长的重大经济体。在贸易摩擦加剧的情况下，出口仍旧为经济助力，一方面说明中国生产的坚强韧劲，另一方面也反映了其他国家在疫情下组织生产的乏力。

2021 年前三季度，国内生产总值初步核算为 82.3 万亿元，按可比价格计算，同比增长 9.8%（见图 1）。分产业看，第一产业增加值 5.1 万亿元，同比增长 7.4%；第二产业增加值 32.1 万亿元，同比增长 10.6%；第三产业增加值 45.1 万亿元，同比增长 9.5%。这样的增速显示国民经济总体从 2020 年疫情中持续恢复发展。

图 1　2000 年以来国内生产总值增长情况

社会消费品零售总额是指企业（单位）通过交易售给个人、社会集团非生产、非经营用的实物商品金额，以及提供餐饮服务所取得的收入金额。出于疫情原因，2020 年社会消费品零售总额为 39.2 万亿元，较上年下降 3.9%。2021年前三季度，社会消费品零售总额 31.8 万亿元，同比增长 16.4%（见图 2）。

图 2　2000 年以来社会消费品零售总额情况

不同地区的社会消费品零售总额表现出较大差异，但与往年相比，格局并未有较大变化。从大往小排，前几名是广东、江苏、山东、浙江、河南、四川六省，此六省零售总额皆超过 2 万亿元。湖北省曾进入 2 万亿元零售总额队伍，但 2020 年下跌明显（见图 3）。

考虑到年末人口数（常住人口口径），我们计算 2020 年各地区人均消费额，排名最高的是上海，人均消费额 6.4 万元，其次是北京 6.3 万元。人均消费额大于 4 万元的还有福建、江苏、浙江三个省。

网络经济的发展继续保持高速增长。2020 年全国网上零售额达到 11.7万亿元，其中实物商品网上零售额为 9.8 万亿元，分别比上年增长 10.9% 和14.8%。分区域看，网上零售五强没有改变，广东、浙江、上海、江苏、北京的网上零售额远高于其他省份（见图 4）。

2020 年全社会固定资产投资 52.7 万亿元，其中房地产开发投资 14.1 万亿元。长期看，2001~2020 年，全社会固定资产投资平均每年增长 17.1%，房

图3　2016~2020 年分地区社会消费品零售总额及人均消费额

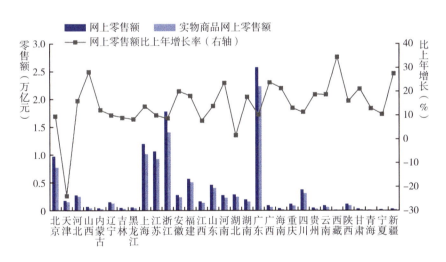

图4　2020 年分地区网上零售额

地产开发投资平均每年增长 20.8%（见图 5）。

　　按照行业区分，固定资产投资较大的四个行业分别是：制造业，房地产业，水利、环境和公共设施管理业，交通运输、仓储和邮政业（见图 6）。与上年相比，固定资产投资增加的行业包括：卫生和社会工作（增幅 26.8%），农林

图5 2000~2020年社会固定资产投资情况

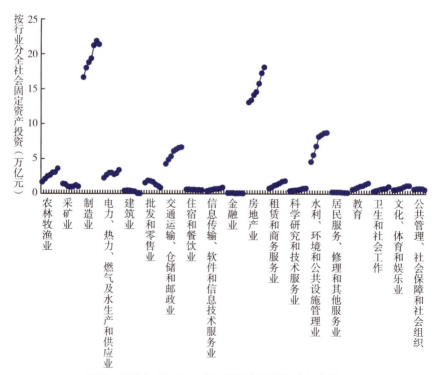

图6 2014~2020年分行业社会固定资产投资情况

牧渔业（19.1%），信息传输、软件和信息技术服务业（18.7%），电力、热力、燃气及水生产和供应业（17.6%），教育（12.3%）等。固定资产投资减少的行业包括：批发和零售业（-21.5%）、采矿业（-14.1%）、金融业（-13.3%）等。

分地区看社会固定资产投资，湖北省出于疫情突发的原因，有较大的降低（-18.8%），青海省也有 12.2% 的降幅。山西、上海、新疆三地有两位数的增幅（见图 7）。

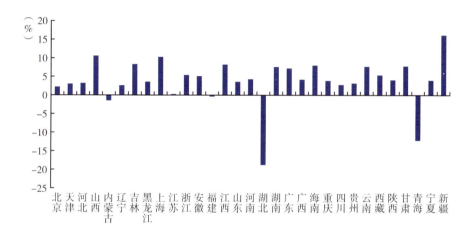

图 7　2020 年分地区社会固定资产投资增速

2020 年全年货物进出口总额 32.2 万亿元（约 4.7 万亿美元），比上年增长 2.1%（以美元计则为 1.7%）。其中，出口 17.9 万亿元，增长 4.0%；进口 14.3 万亿元，下降 0.2%（见图 8）。货物顺差（出口减进口）3.6 万亿元，比上年增加 24.8%。

在商品出口方面，初级产品 [食品及活动物、饮料及烟类、非食用原料（燃料除外）、矿物燃料、润滑油及有关原料、动植物油脂及蜡] 占 4.5%，工业制品（化学成品及有关产品、按原料分类的制成品、机械及运输设备、杂项制品）占 95.5%。在商品进口方面，初级产品占比 33.3%，工业制品占比 66.7%。

服务进出口包括运输、旅行、建筑、保险服务、金融服务、电信、计算

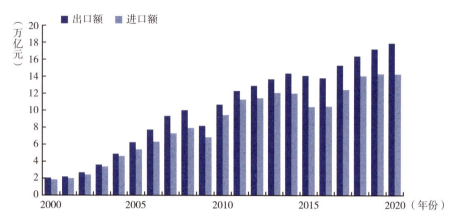

图8　2000~2020年对外货物贸易情况

机和信息服务、知识产权使用费、个人文化和娱乐服务、维护和维修服务、加工服务、其他商业服务、政府服务等。2020年服务进出口总额4.6万亿元，相当于当年货物进出口总额的14.2%。

以美元计，2020年服务进出口总额6617亿美元，其中，出口2806亿美元，进口3810亿美元，逆差1004亿美元（见图9）。逆差较上年有大幅下降（2019年逆差为2178亿美元）。

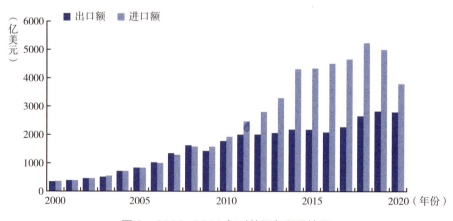

图9　2000~2020年对外服务贸易情况

外商直接投资（FDI）是指外国投资者在我国境内通过设立外商投资企业、合伙企业、与中方投资者共同进行石油资源的合作勘探开发以及设立外国公司分支机构等方式进行投资。在直接投资方面，2020 年我国实际使用外资金额为 1444 亿美元，较上年增加 62 亿美元；与之相对，我国对外 FDI 为 1537 亿美元，较上年增加 168 亿美元。截至 2020 年，我国对外直接投资存量为 25806 亿美元。

FDI 在不同行业的分布显示，我国接受的 FDI 最大部分在制造业（310 亿美元），租赁和商务服务业（266 亿美元），房地产业（203 亿美元），科学研究和技术服务业（179 亿美元），信息传输、软件和信息技术服务业（164 亿美元），批发和零售业（118 亿美元）。我国对外 FDI 集中在租赁和商务服务业（387 亿美元）、制造业（258 亿美元）、批发和零售业（230 亿美元）、金融业（197 亿美元）四个行业（见图 10）。

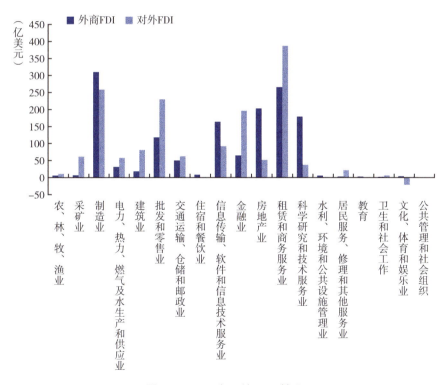

图 10　2020 年双边 FDI 情况

2020 年末国家外汇储备 32165 亿美元，比上年末增加 1086 亿美元。黄金储备为 6264 万盎司，与 2019 年持平，为历史最高点（见图 11）。2020 年全

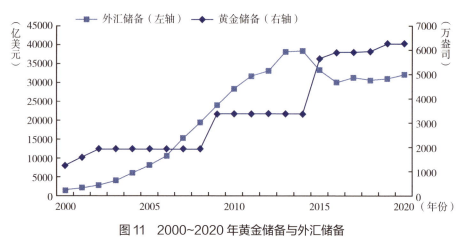

图 11　2000~2020 年黄金储备与外汇储备

年人民币平均汇率为 1 美元兑 6.8974 元人民币，与 2019 年（1 美元兑 6.8985 元人民币）相比，略有升值。

2020 年末广义货币供应量（M₂）余额 218.7 万亿元，比上年末增长 10.1%；狭义货币供应量（M₁）余额 62.6 万亿元，增长 8.6%；流通中货币（M₀）余额 8.4 万亿元，增长 9.2%（见图 12）。基于宏观经济基本面好转趋势确定但风险仍存的判断，整个货币政策仍以稳为主，保持流动性合理充裕。2020 年末 1 年期基准存款利率 1.50%，1 年期基准贷款利率 4.35%。这是自

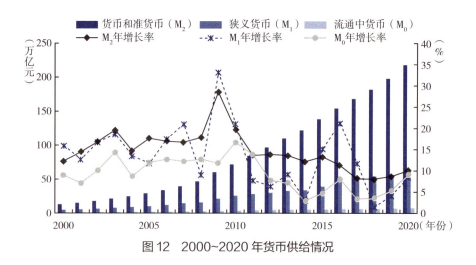

图 12　2000~2020 年货币供给情况

2015 年 10 月以来一直保持的基准利率。说明我国经济处于相对稳定运行状态，货币政策未做激烈变化。

社会融资规模增量指一定时期内实体经济从金融体系获得的资金总额。主要包括：人民币贷款、外币贷款（折合人民币）、委托贷款、信托贷款、未贴现的银行承兑汇票、企业债券、非金融企业境内股票融资等。我国 2020 年社会融资规模增量为 34.8 万亿元。其中人民币贷款 20.0 万亿元，企业债券融资额为 4.4 万亿元，非金融企业境内股票融资 0.9 万亿元（见图 13）。

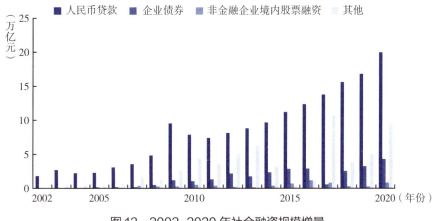

图 13　2002~2020 年社会融资规模增量

在国家财政方面，2020 年一般公共预算收入为 18.3 万亿元，其中中央财政收入 8.3 万亿元，占比 45.3%，地方财政收入为 10.0 万亿元，占比 54.7%。财政收入增长速度为 −3.9%。受疫情严重冲击，中央一般公共预算收入大幅下降，为 2000 年以来首次负增长。

2020 年一般公共预算支出为 24.6 万亿元，其中中央部分为 3.5 万亿元，占比 14.2%，地方部分为 21.1 万亿元，占比 85.8%。财政支出增长速度为 2.9%（见图 14）。

2020 年，国家坚持积极的财政政策，更加积极有为，推动了经济运行逐步恢复常态和民生持续改善，全力支持抗击新冠肺炎疫情，推动三大攻坚战取得决定性成就。在 2020 年采取的特殊举措包括：赤字率提高至 3.7%，发行

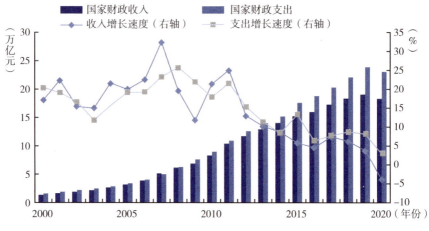

图14 2000~2020年国家财政收入与支出

1万亿元抗疫特别国债，增加1.6万亿元地方政府专项债券，主要用于保居民就业、保基本民生、保市场主体，支持减税降费、减租降息、扩大消费和投资等。

二 人口与就业

2020年出生人口1200万人，比2019年出生人口数1465万人减少了265万人，为该数据统计以来最低值。人口出生率为8.52‰，人口自然增长率为1.45‰（见图15）。自2015年生育政策调整允许生育二孩以来，出生人口并未出现大幅增长。人口出生率和人口自然增长率都在下行轨道。依此趋势，中国未来潜藏着人口危机，人口老龄化与人口负增长将很快带来整个社会面貌的变化。2021年，三孩政策出台，希望扭转下行的生育率。

人口的城乡结构变化沿袭过去态势，2020年底总人口数量为141212万人，其中城镇人口比重上升到63.9%，为90220万人；乡村人口比重降至36.1%，为50992万人。以性别区分，男性占51.24%，女性占48.76%。

除人口数量和城乡结构的变化外，人口年龄结构也处于变化之中。

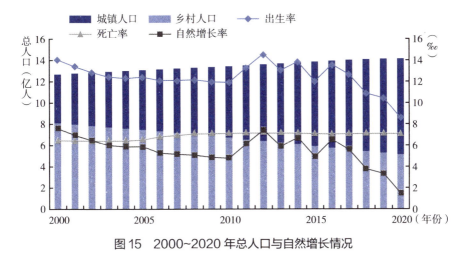

图15　2000~2020年总人口与自然增长情况

注：2000年、2010年、2020年数据为当年人口普查数据推算数；其余年份数据为年度人口抽样调查推算数据。

2020年比2019年人口数增加204万人。其中，少儿人口数量较上年增加1588万人，达25277万人；15~64岁劳动年龄人口数量则较上年减少2681万人，为96871万人；65岁及以上老年人口数量增加1297万人，达19064万人，占总人口的13.5%。人口抚养比相应地也发生改变，2020年总抚养比继续上升，为45.9%，少儿抚养比提高到26.2%，老年抚养比提高到19.7%（见图16）。

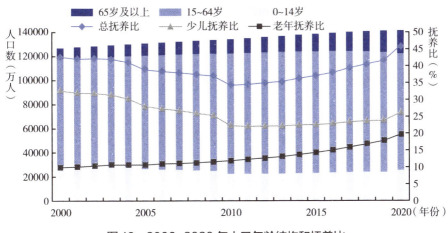

图16　2000~2020年人口年龄结构和抚养比

2020 年劳动力 78392 万人，就业人员 75064 万人。就业人员比 2019 年下降 383 万人。从产业结构来看，第一产业就业人口占比为 23.6%，第二、第三产业就业人口分别占 28.7% 和 47.7%。当前我国就业形势保持基本稳定。2020 年城镇登记失业人数 1160 万人，比 2019 年上升 215 万人。城镇登记失业率为 4.24%（见图 17）。

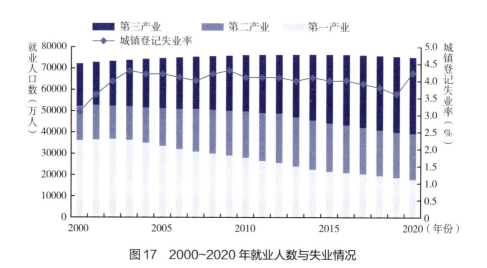

图 17　2000~2020 年就业人数与失业情况

三　城乡居民生活

城乡居民收入保持增长，全国居民人均可支配收入 32189 元，比上年增长 4.7%。

从城乡收入对比看，2019 年到 2020 年城镇居民家庭人均可支配收入从 42359 元提高到 43834 元，增长 3.5%。农村居民家庭人均纯收入从 16021 元提高到 17132 元，增长 6.9%。随着农村居民收入的提高，农村居民家庭人均纯收入的增长率要高于城镇，城乡居民收入差距继续缩小（见图 18）。

如果不以城镇、农村为分类标准，考察全国居民按收入五等份分组的人均可支配收入，可发现 2020 年最低一组收入为 7869 元，最高一组收入为 80294 元（见图 19）。

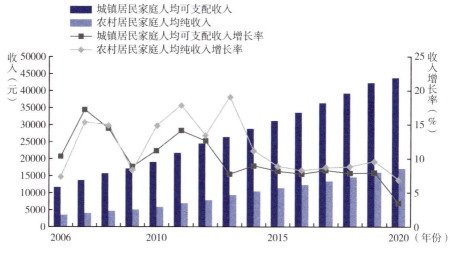

图18　2006~2020年城乡居民收支变化情况

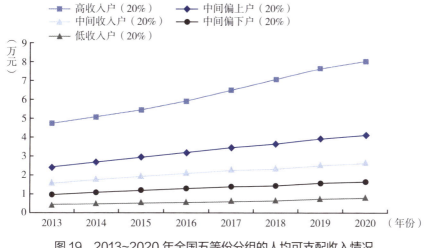

图19　2013~2020年全国五等份分组的人均可支配收入情况

在2020年居民收入中，工资性收入、经营净收入、财产净收入、转移净收入四项所占比例分别为55.7%、16.4%、8.7%、19.2%（见图20）。

居民消费支出也呈增长趋势，2020年人均为21210元，比上年下降1.6%。其中，食品烟酒类支出占比最高，占比为30.2%，其次是居住类占24.6%，再次为交通通信，所占比例为13.0%（见图21）。

图 20　2013~2020 年居民人均可支配收入情况

图 21　2013~2020 年居民人均消费支出

四　科技、教育、卫生、文化与社会保障

2020 年，全国共投入研究与试验发展（R&D）经费 24393 亿元，比上年增长 10.2%；研究与试验发展（R&D）经费投入强度（与国内生产总值之比）为 2.4%。按活动类型看，全国基础研究经费为 1467 亿元（比重 6.0%），应

用研究经费为 2757 亿元（比重 11.3%），试验发展经费为 20169 亿元（比重 82.7%）（见图 22）。

图 22　2010~2020 年研究与试验发展（R&D）经费投入情况

教师人数稳步增加。2020 年我国拥有普通高等学校专任教师人数 183.3 万人，中等职业教育专任教师 85.7 万人，普通高中专任教师 193.3 万人，初中专任教师 386.1 万人，小学专任教师 643.4 万人，学前教育专任教师 291.3 万人（见图 23）。另外，特殊教育专任教师 6.2 万人。

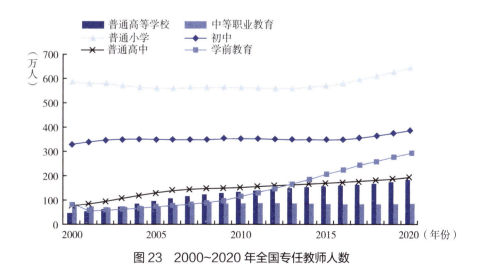

图 23　2000~2020 年全国专任教师人数

卫生总费用的总量稳步增加。2020 年全国卫生总费用达 7.2 万亿元。其中，政府卫生支出 2.2 万亿元（占 30.6%），社会卫生支出 3.0 万亿元（占 41.7%），个人卫生支出 2.0 万亿元（占 27.8%，较 2019 年下降了 0.7 个百分点）。卫生总费用占 GDP 的比重为 7.1%，较 2019 年增长 0.43 个百分点（见图 24）。人均卫生总费用 5112 元。

图 24 2000~2020 年卫生总费用支出情况

党的十八大以来，我国文化产业进入快速发展的新时期，文化产业增加值在国民经济中的占比逐年提高。2020 年十九届五中全会对文化建设高度重视，明确提出到 2035 年建成文化强国。这是党中央首次明确了建成文化强国的具体时间表。

文化及相关产业增加值是指一个国家所有常驻单位一定时期内进行文化及相关产业生产活动而创造的新增价值。2019 年全国文化及相关产业增加值为 44363 亿元，占 GDP 的比重为 4.5%。2020 年全国规模以上文化及相关产业企业营业收入 98514 亿元，按可比口径计算，比上年增长 2.2%。据测算，2020 年全国文化产业增加值为 45250 亿元，占 GDP 的 4.4%（见图 25）。

随着社会保障体系建设的推进，劳动者的各项保险制度逐步建立和完善，

图 25　2012~2020 年我国文化产业增加值及其占 GDP 的比重

覆盖人群不断扩大，保障能力不断增强。2020 年，全国参加基本养老保险人数为 99864 万人，参加基本医疗保险人数为 136131 万人（我国总人口 14.1 亿，因此接近全民医保），参加失业保险人数为 21689 万人，参加工伤保险人数为 26763 万人，参加生育保险人数为 23567 万人（见图 26）。

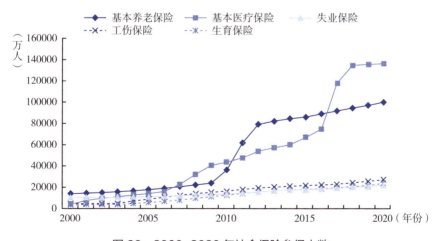

图 26　2000~2020 年社会保险参保人数

参考文献

中华人民共和国国家统计局:《中国统计年鉴2021》,中国统计出版社,2021。

中华人民共和国国家统计局:《中国统计摘要2021》,中国统计出版社,2021。

中华人民共和国国家统计局:《中华人民共和国2020年国民经济和社会发展统计公报》。

中华人民共和国国家统计局网站,http://www.stats.gov.cn。

中华人民共和国人力资源和社会保障部网站,http://www.mohrss.gov.cn/。

中华人民共和国财政部网站,http://www.mof.gov.cn/zyyjsgkpt/。

Abstract

This is the 2021 Annual Report (the Blue Book of China's Society) from the Research Group on "The Analysis and Forecast of China's Social Development", issued by Chinese Academy of Social Sciences (CASS). Researchers and scholars from various research institutions, universities and government departments report on statistical data released by the government or social science surveys. This project is organized by the Institute of Sociology at Chinese Academy of Social Sciences.

Based on the main theme of social development in the new era, this book analyzes the general situation of economic and social development in 2021, and points out that there still exists significant amount of problems and challenges. According to the report, with the start of the new journey of building a modern socialist country in an all-round way and the beginning of the 14th five year plan for national economic and social development, social development will enter into a new stage. Over the last year, new steps have been taken in promoting the common prosperity of all people. The central government supported the construction of a pilot program for common prosperity in Zhejiang Province and issued the Opinions of the CPC Central Committee and the State Council on Supporting the High-quality Development and Construction of Common Prosperity in Zhejiang, which formulated the first blueprint for promoting the common prosperity of all people. The employment situation across the country was basically stable, the number of new jobs exceeded expectations, and employment quality and working conditions were further improved. The income of

urban and rural residents increased significantly compared with that in 2020, and the growth rate was higher than that of GDP in the same period. The income growth of rural residents continued to be faster than that of urban residents, and the income gap between urban and rural residents continued to narrow. New achievements have been made in the areas of basic public services, urban and rural infrastructure construction, and people's livelihood and social security. The strategy of integrating urban and rural development and the Rural Revitalization was launched in an all-round way, and agricultural and rural modernization was promoted. The modernization of social governance has entered a new stage of the overall security system construction, and the construction of ecological civilization has entered a new era focusing on "carbon peak and carbon neutralization". The report also points out that while the overall economic and social development is stable, it also faces many difficulties and challenges. In 2022, the 20th National Congress of the Communist Party of China will be held, which will play a key role in leading China's socialist modernization in the future. However, the uncertainty of the international environment is still severe, and its impact on China's economic and social development will be significant. We should implement more effective employment policies, constantly broaden employment channels and continuously improve the quality of employment. We should also continue to promote the reform in areas such as education, medical care, elderly care and community services. We should further promote innovation in social governance and better coordinate social development and social security. It is also important to push forward the construction of common prosperity, build an income distribution system that reflects efficiency and promotes fairness, and further narrow income gaps. We should further promote the achievements in poverty alleviation, consolidate its effective connection with rural revitalization, promote the integrated development of urban and rural areas with the focus of constructing people-centered urbanization, so as to push forward the process of common prosperity.

Based on the topics above, this book, on the one hand, builds the foundation of discussion on reliable survey data and statistics; and on the other hand, offers insightful opinions on various topics. There are four parts of this book. The general report and 18 individual reports provide discussion on the comprehensive analysis of China's social and economic development in 2021, coupled with forecast of future development. The general report discusses the overall situation of social and economic development in 2021, and points out some significant problems and challenges ahead. The second part includes 6 reports on various issues, which examine problems such as the residents' income and consumption, employment situation, education reform, social security and social safety. The third part includes 7 survey reports, which provide data on the quality of China's social development, the development of voluntary services, the development of new business forms and the employment situation among youth, the employment and living conditions of college students, the fertility intention among urban and rural residents, and the satisfaction level of urban consumers. The fourth part of this book has 5 reports on special topics, which include the internet-based public opinion, food and drug safety, the construction of environmental and ecological civilization, the development of elderly care, and the progress of Rural Revitalization Strategy. In general, each chapter of this book gives both insightful and detailed policy recommendation.

Contents

I General Report

Abstract: In 2021, after building a well-off society in an all-round way and completing the task of poverty alleviation, China begins a new starting point for the journey towards building a modern socialist country in an all-round way. It is also the beginning of the implementation of the 14th five-year plan for national economic and social development and the outline of long-term objectives in 2035. During the pandemic of the COVID, under the leadership of the CPC Central Committee, China has been making persistent efforts to fight against the COVID pandemic. The economy and employment remain stable, and the income of residents keeps rising. Meanwhile, absolute poverty has been eliminated and common prosperity has been promoted. A number of major policies in the field of people's livelihood have been launched, a comprehensive plan for Rural Revitalization has been planned, and the construction of ecological civilization has been continuously promoted. It marks the transition of China towards a new economic and social development stage. However, there are many risks and challenges in economic and social development. First, the domestic and international situation is still complex with uncertainties. The COVID is still influencing the whole world. High quality employment needs to be promoted and the achievement of common prosperity needs detailed planning. The impact of aging population and low fertility rate on economic and social development is more urgent, and the equalization and fairness of basic public services still need to be paid more attention. There are still some difficulties in the effective connection between the Rural Revitalization and the poverty alleviation. In 2022 and throughout the 14th Five Year Plan period, economic and social development will focus on the task and requirements of promoting Rural Revitalization and the construction of a common prosperous society with high-quality development, and strive to promote the comprehensive construction of a modern socialist society.

Keywords: New Development Stage; High-quality Development; Common Prosperity; Rural Revitalization

II   Reports on Social Development

B.2   2021: Income and Consumption Report of Urban and Rural Residents in China

Jia Degang / 024

Abstract: In 2021, the residents' income maintained a restorative growth under multiple tests, and the income gap between urban and rural areas and among different regions continued to narrow. Consumer spending has gradually improved, and the consumption potential remains to be released. Consumer confidence is generally strong, and employment confidence is better than income confidence. In

recent years, the national income distribution has been steadily improved, and the resident consumption rate has experienced some fluctuation. In order to realize the steady growth of income and consumption of urban and rural residents for the 2022 and the 14th Five Year Plan period, the government should pay more attention to promote common prosperity and improve the quality of economic development. Hard work spirit and innovation should be encouraged, and residents' labor income should be stabilized. The three-child policy and the delaying of retirement should be implemented. The fairness and sustainability of people's livelihood should be promoted. Meanwhile, government should optimize the structure of tax system and enhance residents' consumption ability. Policies regarding the improvement of level of supply and the steady upgrading of consumption should be supported.

Keywords: Restorative Growth; Consumption Potential; Income Distribution; Labor Income

B.3   2021: Employment Situation and Future Prospect

Chen Yun / 044

Abstract: In 2021, the COVID pandemic continued to affect the employment situation. And the macroeconomic condition is uncertain at both domestic and international level. However, the employment situation remained stable, new employment increased steadily, the unemployment rate gradually returned to a low level, the employment condition for key groups was basically stable, and the working hours increased with rising wage level. However, at the same time, the employment growth has not yet returned to the pre COVID pandemic level, the employment in some service industries is still undesirable, small and medium-sized enterprises are facing various difficulties, the employment demand is decreasing, the risk of unemployment is increased due to factors such as policy supervision and supply shortage, and the employment of some groups is still facing challenges. In the next step, the employment situation will remain stable. However, it is also affected by various factors such as population aging, industrial digitization, new urbanization, employment diversification and new wave of globalization. We need to further strengthen macro policy support with employment priority, strengthen the coordination between employment policy and economic and social policy, provide continuous policy support to key industries, regions, and entities affected by the COVID pandemic, provide precise policy assistance to key groups, and improve the quality of labor market to achieve fuller and higher quality employment.

Keywords: Employment Situation; Unemployment Rate; COVID; Labor Market; Aging Population

B.4 2021: The Development of China's Social Security System

Hui Dashuai, Lv Xuejing / 060

Abstract: The 14th Five Year Plan Period is a key period for China to comprehensively start a new journey of building a socialist modern country and move towards the second Centennial goal after building a well-off society in an all-round way and realizing the first Centennial goal. In the future, China's social security reform will achieve fuller and higher quality in the field of employment, build a multi-level social security system comprehensively, strive to stimulate the innovative vitality of talents, establish a more harmonious labor relation in the labor market, and continue to improve the public service level and quality. The year of 2021 is the 100th anniversary of the Party and the beginning of the 14th Five-Year plan. Affected by the global COVID, China has undertaken tremendous economic pressure to protect the people's livelihood in the process of fighting the COVID. The social security system reform also shoulders the important task of stabilizing the society and protecting the people's

livelihood. Under the great external pressure, although China's social security faced difficulties in 2021, it still made significant progress in various areas.

Keywords: Medical Insurance; Population Aging; Employment; Labor Relation

B.5 2021: The Report of China's Education Reform and Development

Li Tao, Liu Liyun and Deng Shuangjiao / 080

Abstract: 2021 is the 100th year since the establishment of the Communist Party of China. Standing at the historical intersection, China has embarked on a new journey of building a socialist modern country in an all-round way. The 13th five year plan was successfully concluded, and the 14th five year plan is launched. In 2021, China's education reform started a new round of evaluation. Over the last year, remarkable achievements have been made in the development at all levels, and the scale of education has continued to expand. Substantial progress has been made in the educational reform in the areas such as ideological and political education, teachers management, education and teaching, education legislation and education supervision, which has promoted the coverage of preschool education, enhanced the balance of compulsory education at the county level, strengthened the characteristic development of high schools, facilitated the improvement and innovation of higher education, standardized the system of private education and constructed the modern vocational education system. It has promoted the coordinated development of various educations at all levels. In 2021, China's education reform focuses on equality and strive to improve the satisfaction of the people through the effective connection between the achievements of poverty alleviation and rural revitalization. Meanwhile, the improvement of the education quality among rural teachers and the reform of the college entrance examination system are also the central part of education reform. 2021 is an extraordinary year for China's education reform. Under the background of the normalization of COVID prevention and control, the implementation of education burden reduction, the promotion of "double first-class" construction, the improvement of employment of college graduates, the strengthening of mobile phone management of primary and secondary school students, and the improvement of scientific research fund management reform, China's education reform has made significant achievement.

Keywords: Education Reform; Education Development; Education Challenges

B.6 2021: Report on the Situation of Public Order and Public Safety in China

Liu Wei / 109

Abstract: In 2021, China's domestic and external environment is undergoing profound changes. On the whole, the overall social situation in China is stable, the anti-terrorism condition is generally positive, and the satisfaction of public safety continues to improve. The campaign against organizational crimes and underworld groups turns to the stage of normalization with high-pressure status. The social environment and people's security continue to improve. However, at the same time, the challenges in the field of political security are becoming more and more prominent, and there are several cases of extreme violence crimes. The campaign against organizational crimes and underworld groups still needs to be strengthened. The situation of internet and telecom fraud crime is still severe. And possibility of the transmission, evolution and upgrading of various risks still exists. Government should take the initiative to deal with the challenges of political security risks, improve the public security governance, eradicate the organizational crimes, undertake thorough risk analysis, focus on combating and rectifying new types of cybercrime, improve the social security prevention and control system, and continue to safeguard China's public security and the legal system.

Keywords: Safe China; Rule of Law in China; Political Safety; Prevention and Control System

B.7   2021: China's Public Health and Medical Service Development Report

—Reform and Development of China's Grass-root Level Health Service System

Yuan Beibei / 129

Abstract: In recent ten years, with the support of new medical reform, China's grass-roots medical and health service facilities and human resources have been significantly improved. Further, it improves the functions of health service system at the grass-roots level. The coverage of basic public health services has been significantly improved, the volume of basic medical services has increased, and the fairness of medical service has been significantly improved. However, the quality of basic public health services provided by the grass-roots health service system needs to be strengthened. Moreover, the number of medical services is still significantly insufficient, and can not effectively undertake the function of first diagnosis at the grass-roots level. These problems can be attributed to the long-standing challenges, including the insufficient service capacity of the grass-roots health system, especially the shortage of grass-roots health technical human resource, and the insufficient integration of financing sources, limited growth space and lack of new compensation channels caused by the design defects of the compensation mechanism at the grass-roots level. To fundamentally meet these challenges and strengthen the grass-roots level, this paper suggests that, with the implementation of hierarchical diagnosis and treatment policy, and the construction of medical community, a closer community of interests between the grass-roots level and hospitals should be formed, and a joint force at the grass-roots level should be established by integrating resource channels, optimizing payment methods and innovating personnel incentive mechanism. So that various departments or institutions in the medical community can achieve the goals by participating the grass-roots construction, and finally build an integrated health service system with grass-roots as the core.

Keywords: Grass-roots Level Medical and Health Service; Public Health and Medical Service; Human Resources in Public Health and Medical Service; Hierarchical Diagnosis and Treatment Policy

III Reports on Social Survey

B.8 Survey Report on the Quality of China's Social Development in 2021

Tian Zhipeng / 161

Abstract: In 2021, China builds a well-off society in an all-round way, people's lives are improved in an all-round way, social governance is promoted to a new level, and social condition remains stable and orderly. The data of the Chinese Social Survey in 2021 show that the quality of social development has been further improved. In the area of social and economic security, the income of urban and rural residents has increased steadily, the income gap has been narrowed, the housing situation has been further improved, the coverage of the social security system has been continuously expanded, and the employment situation is stable. In terms of social cohesion, China's moral and legal environment and national development achievements have been fully recognized by the public, and the level of interpersonal trust and institutional trust of the public has been significantly improved. In terms of social inclusion, all kinds of institutional and non institutional social discrimination and social exclusion are reduced, and the public's sense of social equity is increasing. In terms of social empowerment, the channels and the level of public social participation and political participation have been continuously widened, and the evaluation of local government has been significantly improved. People's sense of gain, happiness and security is

comprehensively enhanced.

Keywords: Social Development; Social and Economic Security; Social Cohesion; Social Inclusion; Social Empowerment

B.9　Survey Report on the Current Situation of Chinese Active Volunteers in 2021

Zou Yuchun, Liang Yinlan / 184

Abstract: Voluntary service is an important social force in grass-roots social governance. Understanding the current situation of volunteers in China will help us to promote the sustainable development of voluntary service. Therefore, this report uses the voluntary service data from the 2021 Chinese Social Survey to analyze the current development status of active volunteers in China, and compares it with that in 2019. The study finds that: (1) Active volunteers in China account for about 30% of the total respondents, and the amount of volunteers, the degree of participation and the economic contribution are significantly higher than those in 2019; (2) Compared with non-active volunteers, active volunteers are younger with higher political participation, better family economic background and more positive social mentality; (3) There are some differences in the participation rate of various voluntary service fields, and the imbalance of regional development and the mismatch of supply and demand are more prominent; (4) Although the network of voluntary service, the level of specialization and the training rate of voluntary services have been improved, they are still at a low level. Finally, this report summarizes the development trend and existing problems of volunteers and voluntary service in China, and puts forward corresponding suggestions.

Keywords: Voluntary Service; Active Volunteers; Social Participation; Social Mentality

Abstract: The rapid development of the new economy characterized by intelligence, digitization and informatization has created flexible and diverse new forms of employment, which has become a force that can not be ignored in China's current and future labor market. This report investigates the working condition and difficulties faced by new business practitioners aged 18-45 in China, and puts forward policy suggestions. Generally speaking, most of the young people in the new business are employed within their own province, and their primary motivation is mostly driven by personal interests and low threshold of entry. Their job satisfaction is slightly higher than that of the young people as a whole, and they hold a positive attitude towards future social mobility and career development. However, on the other hand, young people in the new business generally complain the long working hours, career instability, occupational discrimination and lack of basic salary guarantee. The report suggests redefining the labor relations, improving the social security mechanism, and promoting vocational training, so as to effectively protect the labor rights and interests of this group and improve their social security and social integration.

Keywords: Young People in New Business; New Forms of Occupation among Youth; Internet Delivery Worker; Career Development; Social Welfare; Social Recognition

Abstract: When college students step into the society from the "ivory tower", and

walk from the campus to the workplace, they will experience a significant role change in their life, and become the major force in the process of socialist modernization. We need to pay attention to the basic situation and possible problems of their employment, personal life and mental health in this transformation process. Based on the survey data PSCUS of 2019 and 2020, this report analyzes the employment, personal life and psychological status of Chinese college graduates. The study found that the COVID epidemic had an obvious impact on the employment of college graduates. The proportion of college graduates working in the government and state-owned enterprises increased and the proportion of working in private enterprises decreased. There is still a considerable gap between the actual salary and income expectation of college graduates. A considerable proportion of college graduates show the worry of unemployment and the phenomenon of "job hopping" is quite common. The job satisfaction of college graduates is generally low, especially with low satisfaction on income level and professional reputation. The housing problem of most graduates is relatively prominent, and the living quality is relatively low. College graduates face great pressure and prominent mental health problems. College graduates are important human resource for the country, and government should actively pay attention to the problems faced by college graduates, help them solve practical difficulties and promote them to actively participate in the construction of the country's modernization.

Keywords: College Graduates; Working Condition; Living Condition; Mental Health

B.12 Survey Report on the Fertility Willingness of Chinese Urban and Rural Residents in 2021

Zhang Liping, Wang Guangzhou / 251

Abstract: Accurately measuring women's reproductive intention and its influencing factors after the adjustment of China's reproductive policy, and correctly evaluating the trend of reproductive intention have become key issues in the study of China's reproductive policy adjustment. Based on the survey data of CSS2021, this paper studies the current situation of fertility level, fertility willingness and family planning. It is found that: (1) The average number of children for women aged 18-49 is 1.37, and about 40% of them have two children, who are the main body of the fertility policy target population; (2) The average number of children in Northeast, North China and East China is less than 1.3; (3) The ideal number of children of this group is highly stable, and the average ideal number of children is between 1.96-2.00, which is lower than the fertility replacement level of 2.10. (4) Although the second child fertility intention is absolutely dominant, the relative proportion decreases and the first and third child fertility intention increases, where the differentiation of fertility intention has begun to take shape. (5) People of childbearing age are less willing to have another child, and the proportion of women planning to have another child is lower than that of men. (6) There is still room to improve the third child fertility willingness of the post-90s. The key is to realize the transformation of fertility willingness into reality among people with uncertain intention.

Keywords: Fertility Willingness; Reproductive Intention; Three-child Policy

Abstract: 2020 is the end of the 13th five year plan. At the same time, it is a milestone for China to build a well-off society in an all-round way and achieve the first Centennial goal. The sudden outbreak of COVID pandemic has a great impact on China's society and economy and has a profound impact on the consumption of residents. In order to understand the consumers' perception and the fluctuation of

satisfaction under the epidemic situation, the China Consumers Association conducted a consumers satisfaction survey in 100 large and medium-sized cities nationwide in 2020, and analyzed the urban residents' satisfaction, regional differences and existing problems. The study found that consumers satisfaction is generally good. And compared with data before the epidemic, it shows an upward trend. The larger the scale of the city, the higher the development level, and the higher the consumers satisfaction. Among the indicators of consumers satisfaction, "consumption supply" scored the highest value, while "consumer rights protection" scored the lowest. Meanwhile, "consumption publicity", "information authenticity", "transaction security" and "rights and interests protection" are the aspects that need to be focused. This report puts forward corresponding suggestions.

Keywords: Consumers Satisfaction; Consumption Environment; Consumers' Confidence; Consumption Rights Protection

VI   Reports on Special Subjects

Abstract: In 2021, the public opinion field is full of energy. The 100th anniversary of the party is an important event on the Internet. The COVID prevention and control has been normalized, and the Chinese Strategy has brought a sense of security and institutional trust to the Chinese people. Western countries' boycott of Xinjiang cotton has been widely discussed among the Chinese public. Government's effort on anti-monopoly and the prevention of the unordered expansion of capital has formed a consensus field with the working class. The strict review of public figures in the public opinion field has cleared up the space of socialist literature and art. There has also been cyber violence in some cases and the construction of positive public opinion field has a long way to go.

Keywords: Platform Governance; Employed Workers; Fans Group; Social Death; Common Sense and Rationality

B.15   Analysis and Forecast of Food and Drug Safety Situation in 2021

Tian Ming, Feng Jun /316

Abstract: Food and drug safety is related to people's lives and health. In recent years, China's food and drug safety situation has been stable, relevant industries have developed rapidly, and the capacity of safety management has been continuously improved. But problems and risks still exist. Based on the relevant regulatory data released by the food and drug regulatory department, this paper analyzes the current situation and existing problems of food and drug safety in China, and puts forward policy suggestions to further protect people's health and life safety.

Keywords: Food Safety; Drug Safety; Safety Supervision

B.16   China's Ecology and Environment Protection Report in 2021

Research Group of Center for Environmental Education and Communications

of Ministry of Ecology and Environment / 331

Abstract: In 2020, the nine eco-environmental compulsory indicators and tasks of pollution prevention and governance determined in the outline of the 13th five year plan are successfully completed, and the eco-environmental quality is improved significantly. 2021 is the first year of the 14th five year plan. China's economic development and social activities are gradually restored. The construction of ecological civilization has entered a key period which is focusing on carbon reduction,

promoting the synergy of pollution prevention and carbon reduction, facilitating the comprehensive green transformation of economic and social development, and realizing the improvement of ecological environment quality from quantitative increment to qualitative increment. In 2022, we should adhere to the general tone of promoting progress while maintaining stability, focus on carbon reduction with the priority of improving people's well-being, launch the campaign to fight against pollution, realize the synergy between economic recovery and green and low-carbon development, broaden the area of ecological and environmental protection, and form a new governance pattern with the extensive participation of the general public.

Keywords: Double Carbon Objective; Pollution Reduction and Carbon Reduction; Ecological Red Line; Biodiversity; Waste Free City; Rural Revitalization

B.17   China's Elderly Care Report in 2021

Zhang Lilong, Wang Jing / 351

Abstract: In 2016 and 2020, China selected 29 cities to take the pilot reform of long-term care insurance system. This report systematically studies the differences and changes in financing arrangements, payment policies and management methods between the two rounds of pilot projects. It is found that compared with the first round of pilot projects, the coverage of long-term care insurance in the second round is more extensive, the provision methods of insurance payment care services are more diversified, the payment level is improved, and the regional differences are narrowing. The evaluation of disability level is standardized. However, there are still some problems in the pilot areas, such as the fragmentation of pilot policies, which increases the difficulties in formulating the national framework. System of disability prevention and the institutional framework guiding the elderly care service have not been formed. To this end, this report proposes to speed up the formulation of long-term care insurance law, broaden financing channels and expand the scope of payment. Government should also pay attention to disability prevention services and guide the in-house and institutional care through payment rules. It is also important to realize the transformation from payment "according to bed" to payment "according to service", accelerate the transformation from "supply-side orientation" to "demand-side orientation", and include the purchase and rental of elderly care equipment and the elderly-friendly house reconstruction into the scope of insurance payment.

Keywords: Elderly Care; Long-term Care Insurance; the Combination of Medical and Care Service; Financing Arrangement; Payment Policy

B.18   Report on Rural Revitalization Promotion in 2021

Wu Huifang, Li Wenhui / 373

Abstract: 2021 is the first year of comprehensively promoting rural revitalization after building a well-off society in an all-round way, and positive results have been achieved in Rural Revitalization. The state has provided strong institutional support for the promotion of Rural Revitalization from the aspects of legislation, finance, professionals, organization and land. The rural industry keeps expanding, and the modern rural industrial system is under steady construction. With the continuous improvement of rural living environment and infrastructure construction, and the continuous improvement of basic public services, the construction of ecological and beautiful countryside has been on the right track. Rural cultural activities have been continuously enriched, the ideological and cultural foundation has been consolidated, and the positive cultural environment has been promoted. By strengthening the construction of grass-roots party organizations, integrating rural governance resources, strengthening legal governance and promoting moral education, the modern rural governance system is gradually improving. However, Rural Revitalization still faces

many challenges, such as unbalanced regional development, insufficient human resources, low quality of industrial development, insufficient social security for people's basic livelihood, and the low level of capacity of the grass-roots governance. Therefore, we must further increase the strategic financial support for rural revitalization, cultivate new generation of farmers, promote the prosperity of rural industry, strengthen the rural governance capacity, comply with the expectations of the people, and improve the prosperity and development of rural economy and society.

Keywords: Rural Revitalization; Poverty Alleviation; Prosperity of Rural Industry; Common Prosperity

V   Appendix

权威报告·连续出版·独家资源

皮书数据库
ANNUAL REPORT(YEARBOOK)
DATABASE

分析解读当下中国发展变迁的高端智库平台

所获荣誉

- 2020年，入选全国新闻出版深度融合发展创新案例
- 2019年，入选国家新闻出版署数字出版精品遴选推荐计划
- 2016年，入选"十三五"国家重点电子出版物出版规划骨干工程
- 2013年，荣获"中国出版政府奖·网络出版物奖"提名奖
- 连续多年荣获中国数字出版博览会"数字出版·优秀品牌"奖

皮书数据库

"社科数托邦"
微信公众号

成为会员

　　登录网址www.pishu.com.cn访问皮书数据库网站或下载皮书数据库APP，通过手机号码验证或邮箱验证即可成为皮书数据库会员。

会员福利

- 已注册用户购书后可免费获赠100元皮书数据库充值卡。刮开充值卡涂层获取充值密码，登录并进入"会员中心"—"在线充值"—"充值卡充值"，充值成功即可购买和查看数据库内容。
- 会员福利最终解释权归社会科学文献出版社所有。

数据库服务热线：400-008-6695
数据库服务QQ：2475522410
数据库服务邮箱：database@ssap.cn
图书销售热线：010-59367070/7028
图书服务QQ：1265056568
图书服务邮箱：duzhe@ssap.cn

社会科学文献出版社 皮书系列
SOCIAL SCIENCES ACADEMIC PRESS (CHINA)
卡号： 415567277533
密码：

基本子库 SUB DATABASE

中国社会发展数据库（下设 12 个专题子库）

紧扣人口、政治、外交、法律、教育、医疗卫生、资源环境等 12 个社会发展领域的前沿和热点，全面整合专业著作、智库报告、学术资讯、调研数据等类型资源，帮助用户追踪中国社会发展动态、研究社会发展战略与政策、了解社会热点问题、分析社会发展趋势。

中国经济发展数据库（下设 12 专题子库）

内容涵盖宏观经济、产业经济、工业经济、农业经济、财政金融、房地产经济、城市经济、商业贸易等 12 个重点经济领域，为把握经济运行态势、洞察经济发展规律、研判经济发展趋势、进行经济调控决策提供参考和依据。

中国行业发展数据库（下设 17 个专题子库）

以中国国民经济行业分类为依据，覆盖金融业、旅游业、交通运输业、能源矿产业、制造业等 100 多个行业，跟踪分析国民经济相关行业市场运行状况和政策导向，汇集行业发展前沿资讯，为投资、从业及各种经济决策提供理论支撑和实践指导。

中国区域发展数据库（下设 4 个专题子库）

对中国特定区域内的经济、社会、文化等领域现状与发展情况进行深度分析和预测，涉及省级行政区、城市群、城市、农村等不同维度，研究层级至县及县以下行政区，为学者研究地方经济社会宏观态势、经验模式、发展案例提供支撑，为地方政府决策提供参考。

中国文化传媒数据库（下设 18 个专题子库）

内容覆盖文化产业、新闻传播、电影娱乐、文学艺术、群众文化、图书情报等 18 个重点研究领域，聚焦文化传媒领域发展前沿、热点话题、行业实践，服务用户的教学科研、文化投资、企业规划等需要。

世界经济与国际关系数据库（下设 6 个专题子库）

整合世界经济、国际政治、世界文化与科技、全球性问题、国际组织与国际法、区域研究 6 大领域研究成果，对世界经济形势、国际形势进行连续性深度分析，对年度热点问题进行专题解读，为研判全球发展趋势提供事实和数据支持。

法律声明

"皮书系列"（含蓝皮书、绿皮书、黄皮书）之品牌由社会科学文献出版社最早使用并持续至今，现已被中国图书行业所熟知。"皮书系列"的相关商标已在国家商标管理部门商标局注册，包括但不限于 LOGO（ ）、皮书、Pishu、经济蓝皮书、社会蓝皮书等。"皮书系列"图书的注册商标专用权及封面设计、版式设计的著作权均为社会科学文献出版社所有。未经社会科学文献出版社书面授权许可，任何使用与"皮书系列"图书注册商标、封面设计、版式设计相同或者近似的文字、图形或其组合的行为均系侵权行为。

经作者授权，本书的专有出版权及信息网络传播权等为社会科学文献出版社享有。未经社会科学文献出版社书面授权许可，任何就本书内容的复制、发行或以数字形式进行网络传播的行为均系侵权行为。

社会科学文献出版社将通过法律途径追究上述侵权行为的法律责任，维护自身合法权益。

欢迎社会各界人士对侵犯社会科学文献出版社上述权利的侵权行为进行举报。电话：010-59367121，电子邮箱：fawubu@ssap.cn。

社会科学文献出版社